Holger Reibold

Scribus 1.4 kompakt

BRAIN MEDIA

Herausgeber: Dr. Holger Reibold

Umschlaggestaltung: Brain-Media.de

Satz: Brain-Media.de

Coverbild: Photocase/smile4mone

Druck: COD

ISBN: 978-3-939316-91-6

Inhaltsverzeichnis

Vorwort

Das Desktop Publishing-Programm Scribus ist ein Musterbeispiel dafür, was die Open Source-Gemeinde auf die Beine zu stellen vermag: Ein leistungsfähiges Programm mit allen relevanten Funktionen für den typischen Anwender. Scribus bietet alles, was man von einem DTP-Programm verlangt: Leistungsfähige Text- und Zeichenfunktionen, flexible Gestaltungs- und Formatierungsmöglichkeiten, Export nach PDF und, und, und. Dabei ist das Programm auch noch einfach zu handhaben.

Mein erstes Buch zu Scribus ist 2005 erschienen – eine Ewigkeit im schnelllebigen Internet-Zeitalter. Seither sind unzählige Open Source-Projekte verschwunden, neue wurden initiiert, um dann doch nach relativ kurzer Zeit wieder zu verschwinden.

Scribus gibt es immer noch, den Verlag auch. Unsere bisherigen Scribus-Bücher haben drei Auflagen durchlaufen und hatten sich längst als Standardwerk für die Nutzung des Desktop Publishing-Programms etabliert. Doch ein zentraler Schwachpunkt aller Auflagen: der mangelnde Praxisbezug. Es fehlte an nachvollziehbaren Beispielen, anhand derer der Leser konkret erkennen konnte, was sich alles mit Scribus anstellen lässt. Diesen Schwachpunkt will das vorliegende Buch beheben.

Sicher: Wir hätten die letzte Auflage einfach um ein paar Beispiele ergänzen und erweitern können. Um allerdings ein durchgängiges Buch zu realisieren, das in sich schlüssig und für den Leser nachvollziehbar ist, entschieden wir uns, „Scribus kompakt“ komplett neu entstehen zu lassen.

Das Ergebnis halten Sie in Ihren Händen. Die Dokumentation führt Sie Kapitel für Kapitel in die Arbeit mit Scribus ein. Ich hoffe, Sie sind mit dem Ergebnis zufrieden und finden bei Ihrer Arbeit mit Scribus die notwendigen Informationen und Hilfestellungen. Das Buch besteht aus zehn Kapiteln und fünf Anhängen. Die Kapitel sind so konzipiert, dass Sie einzeln durchgearbeitet werden können. Sie müssen sich also nicht notwendigerweise von Kapitel 1 bis 10 durcharbeiten, um einen guten Flyer oder eine sehenswerte Broschüre zu erzeugen.

Wenn Sie Scribus bereits ein wenig kennen, ist es durchaus möglich, dass Sie bei dem für Sie interessantesten Themenkomplex einsteigen. Sie müssen auch nicht zwingend jede Funktion kennen – und schon gar nicht beherrschen. Die meisten von uns sind beruflich und möglicherweise auch privat derart eingespannt, dass man einen gesunden Mittelweg aus Aufwand und Ertrag gehen sollte.

Picken Sie sich daher genau die Informationen heraus, die für Sie interessant sind bzw. die Sie für Ihre Arbeit benötigen. Dem Buch liegt eine DVD bei. Darauf finden Sie nicht nur Scribus für das von Ihnen favorisierte Betriebssystem, sondern auch alle Beispiele, die Sie nach Lust und Laune für Ihre Arbeit verwenden dürfen.

Die Kapitel im Überblick:

- **Kapitel 1 – Quickstart**: In diesem ersten Kapitel erhalten Sie einen Überblick über all das, was Sie mit Scribus anstellen können. Sie erfahren, wie Sie ein typisches Projekt angehen können.
- **Kapitel 2 – Alles Wichtige über Flyer, Broschüren & Co.**: Scribus ist wie geschaffen für das Erstellen von Flyern, Broschüren, Postern und anderen Werbeträgern. In diesem Kapitel erfahren Sie, worauf Sie bei der Entwicklung achten sollten.
- **Kapitel 3 – Mit Dokumenten arbeiten**: In diesem Kapitel lernen Sie die typischen Schritte beim Erstellen eines ersten Dokuments kennen. Sie lernen das Anlegen, Bearbeiten, Erweitern und Navigieren kennen.
- **Kapitel 4 – Mit Text arbeiten**: Texte sind die wesentlichen Bausteine eines Scribus-Dokuments. Dieses Kapitel stellt die grundlegenden Arbeiten beim Anlegen und Bearbeiten von Texten vor. Sie lernen auch den wichtigen Eigenschaften-Dialog kennen.
- **Kapitel 5 – Textformatierungen**: Sind die ersten Texte angelegt, wollen diese ansprechend gestaltet und professionell bearbeitet werden. In diesem Kapitel stelle ich Ihnen die Stilvorlagen und den Story Editor vor.
- **Kapitel 6 – Zeichnen wie die Profis**: In vielen Werbeträgern kommen Formen wie Rechtecke, Kreise, Pfeile etc. zum Einsatz. In diesem Kapitel erfahren Sie, wie Sie diese anlegen und welche Gestaltungsmöglichkeiten es gibt.
- **Kapitel 7 – Erweiterte Gestaltungsmittel**: Mit Scribus können Sie die absonderlichsten Formen, Polygone und Objekte erstellen. In diesem Kapitel lernen Sie die erweiterten Gestaltungsmittel kennen.
- **Kapitel 8 – Drucken und exportieren**: Das Drucken und insbesondere der Export Ihrer Dokumente in das PDF-Format werden in diesem Kapitel ausführlich dokumentiert.
- **Kapitel 9 – Formulare und Präsentationen**: Sie können mit Scribus nicht nur PDF-Dokumente, sondern auch Formulare und Präsentationen auf PDF-Basis erstellen. Wie das geht, erfahren Sie in Kapitel 9.

- **Kapitel 10 – Scribus anpassen**: Sie können Scribus in vielen Bereichen an Ihre Anforderungen anpassen. Alle wichtigen Anpassungsmöglichkeiten und Einstellungen sind in diesem Kapitel beschrieben.
- **Anhang A – More Info**: Dieses Buch ist als Einstieg in die Welt des Desktop-Publishing mit Scribus konzipiert. Wenn Sie das Buch durchgearbeitet haben, werden Sie mehr wissen wollen. In diesem Anhang finden Sie einige Anregungen.
- **Anhang B – Scribus in Betrieb nehmen**: Bevor Sie mit Scribus loslegen können, müssen Sie das Programm installieren. Dieser Anhang beschreibt die Installation.
- **Anhang D – Scripter in Aktion**: Der Scripter erlaubt die Erweiterung der Programmfunktionalität. Der Anhang stellt einige Möglichkeiten vor.
- **Anhang E – Tastenkombinationen**: In der Praxis geht mit den richtigen Tastenkombinationen vieles einfacher von der Hand. Hier finden Sie eine Übersicht aller Tastenkombinationen.
- **Anhang F – Glossar**: Ihnen ist ein Begriff nicht geläufig? Dann sollten Sie einen Blick ins Glossar werfen.
- **Anhang G – Die Buch-DVD**: Die beiliegende Buch-DVD ist randvoll mit Programmen, Tausenden von Schriften und Cliparts – eine wahre Fundgrube für Kreative.

Wenn Sie dieses Buch durchgearbeitet haben, werden Sie sehen, dass Franz Schmid, der Kopf des Scribus-Teams, und seine Mitstreiter in den vergangenen Jahren ganze Arbeit geleistet haben. Scribus ist inzwischen ein erstklassiges Werkzeug, das sich nicht vor kommerziellen Lösungen verstecken muss.

Bleibt uns nur, Ihnen viel Vergnügen zu wünschen.

Herzlichst,

Holger Reibold

(Dezember 2011)

1 Quickstart

Mit beachtlichem Tempo entwickeln sich nun endlich auch freie Produktivitätsapplikationen für Desktop-Betriebssysteme. Erst wenn ernstzunehmende Alternativen zu MS Office & Co. verfügbar sind, werden sich auch Open Source-Anwendungen im professionellen Desktop-Bereich durchsetzen können.

Bislang mangelte es insbesondere an Alternativen für die Desktop Publishing-Programme Pagemaker, Quark XPress und InDesign. Diese Lücke schließt nun das von Franz Schmid entwickelte Scribus. Scribus orientiert sich laut Schmid an der Funktionalität von Quark XPress 4. Es berücksichtigt dabei auch interessante und nützliche Funktionen von Indesign und Pagemaker.

1.1 Was ist Scribus?

Scribus zählt wie die oben genannten Windows-Programme zur Kategorie der Desktop Publishing-Werkzeuge. Diese Tools dienen der Gestaltung von Druckvorlagen, wie sie für das Erstellen von Handzetteln, Prospekten, Büchern etc. verwendet werden. Sie kombinieren Text und Grafiken und erlauben außerdem das exakte Setzen der verwendeten Elemente. Ein wichtiger Aspekt ist die so genannte WYSIWYG-Entwicklung (What you see is what you get), die Bildschirmdarstellung entspricht weitgehend dem Druckergebnis.

Das Scribus-Logo.

Scribus will dem Anwender ein einfach zu handhabendes Programm zur Verfügung stellen, mit dem sich professionelle Dokumente erstellen lassen. Insbesondere das Erzeugen von druckfertigen PDF-Dokumenten ist möglich. Dazu stehen umfangreiche EPS und PDF-Import-/-Exportfunktionen, Farbseparierung sowie ein nahezu vollständiges ICC-Farbmanagement zur Verfügung.

Scribus unterstützt alle relevanten Grafikformate und auch den SVG-Import und -Export. Für das Drucken steht ein eigener PostScript Level 3-Treiber zur Verfügung, der PostScript Level 2 vollständig und Level 3 in weitem Umfang unterstützt. Das von Scribus erzeugte Dateiformat ist XML-basiert. Der Vorteil: Bei einem Systemcrash können im Unterschied zu proprietären Formaten beschädigte Dokumente zumindest teilweise mit einem einfachen Texteditor wieder hergestellt werden. Scribus unterstützt außerdem Drag&Drop.

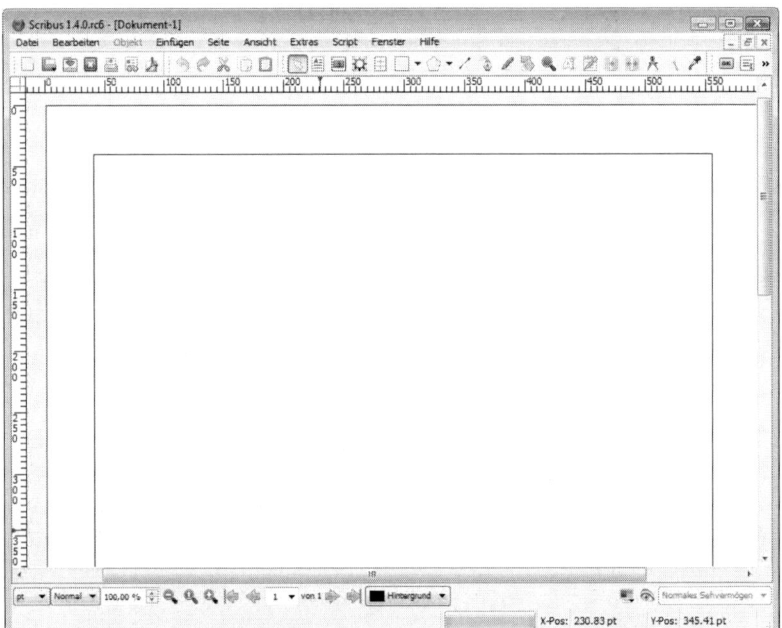

Ein erster Blick auf Scribus 1.4.

Die vorliegende Version 1.4 deckt bereits alle typischen Funktionen klassischer Desktop Publishing-Programme ab. Wenn die Entwicklung in einem ähnlich schnellen Tempo weitergeht, kann Scribus in absehbarer Zeit kommerzielle Lösungen nahezu vollends ablösen – und das alles zum Nulltarif. Zum Vergleich: Pagemaker kostet ca. 900, InDesign ebenfalls um die 900 und Quark XPress gar satte 1.400 EUR.

Nicht minder interessant: Scribus ist auch mit deutscher Menüführung verfügbar. Das Programm erkennt bei der Installation die verwendete Sprachvariante des Betriebssystems.

1.2 Was ist Desktop Publishing eigentlich?

Bevor wir uns der Scribus-Praxis widmen, kommen wir kurz auf Desktop Publishing (DTP) und das, was damit verknüpft ist, zu sprechen. Ein Grundverständnis der DTP-spezifischen Begriffe ist Voraussetzung für die erfolgreiche Arbeit mit Scribus. Unter dem Begriff Desktop Publishing versteht man das Erstellen von reproduktionsfähigen Druckvorlagen unter Verwendung eines typischen PCs samt DTP-Programm und der erforderlichen Peripherie wie Scanner und Drucker. DTP erweitert dabei die klassischen Textverarbeitungsfunktionen um die Elemente Grafik und Layout. Ein weiterer wichtiger Bestandteil ist die so genannte Typographie (Schriftauszeichnung).

Ziel des Desktop Publishings ist es, Inhalte durch eine ansprechende Gestaltung, Form und Präsentation besser zu vermitteln (verkaufen). Ob man nun einen Flyer oder ein Magazin gestaltet, ist dabei zweitrangig. Wichtig ist, wie man seine Inhalte kommuniziert.

Eben diese Anforderungen lassen sich dank DTP-Programmen vergleichsweise einfach realisieren. Tools wie Scribus führen zu einer deutlichen Vereinfachung der Arbeitsabläufe, da die erforderlichen Schritte von der Textproduktion bis zur Herstellung der druckfähigen Textvorlage von einem Anwender an einem Arbeitsplatz durchgeführt werden. Durch die flexiblen Funktionen, die DTP-Programme bieten, ist man zudem sehr schnell und flexibel, wenn Änderungen in letzter Minute durchgeführt werden müssen. Da DTP-Programme typischen Textverarbeitungen ähnlich sind, ist auch die Einarbeitungszeit überschaubar.

Problematischer ist allerdings, dass zur Gestaltung professioneller Dokumente typographische und gestalterische Grundkenntnisse erforderlich sind. Wer ein Gespür für diese Form der digitalen Kommunikation mitbringt, wird andererseits DTP-Programme kaum missen wollen.

1.2.1 Typographie

Wenden wir uns kurz der Typographie zu. Sie beschreibt all das, was mit der Schrift zu tun hat. Ein wichtiger Begriff ist der der Schriftart. Eine Schriftart ist ein vollständiger Zeichensatz (Groß- und Kleinbuchstaben, Ziffern, Satz- und Sonderzeichen) mit einem einheitlichen Charakter. Auch der Begriff der Schriftschnitte taucht immer wieder auf. MS Word-Anwender kennen ihn auch als Stil.

Die klassischen Effekte der Typographie sind die Formatierungen normal (plain), kursiv (italic), fett (bold) und die Mischung fett und kursiv (bold italic). Auch Stileffekte wie Kapitälchen, Konturschrift und schattierte Schriften werden häufig als Gestaltungsmittel eingesetzt.

1.2.2 Schriftfamilien

Ein weiterer zentraler Begriff ist der der Schriftfamilien. Man bezeichnet alle Schriftschnitte einer Schriftart als Schriftfamilie. Dabei unterscheidet man zwischen serifenbetonten und serifenlosen Schriften. Serifenbetonte Schriften wie beispielsweise Times New Roman wirken eher klassisch. Sie eignen sich insbesondere für längere Textpassagen. Serifenlose Schriften wie beispielsweise Helvetica (Arial unter Windows) wirken moderner. Sie haben einen eher sachlichen Touch und werden daher häufig in Titeln oder auch bei Gebrauchsanweisungen verwendet. Die Schriftgröße wird in typographischen Punkten angegeben.

1.2.3 Layout

Unter Layout versteht man die Gestaltung eines Dokuments oder einer wie auch immer gearteten Seite. Wichtig für das Seitenlayout sind der Seitenaufbau und die Seitenränder. Dabei gibt es zwischen einseitigen Seiten und doppelseitig bedruckten Buchseiten Unterschiede. Bei Doppelseiten ist zusätzlich zum normalen Rand ein so genannter Bundsteg notwendig. Es schafft Platz für die Bindung.

Beim Seitenlayout sollte man darauf achten, dass die Seite einen „ausgewogenen und ruhigen Gesamteindruck" macht. Bei der Anordnung von Texten und Bildern sollte auf den so genannten Lesefluss geachtet werden. Man liest von links oben nach rechts unten.

DTP-Kenntnisse lassen sich außerdem durch die aufmerksame Analyse von Zeitschriften festigen. Gerade Frauenzeitschriften tun sich durch – wie ich finde – gut aufbereitetes Layout hervor. Aber das ist natürlich immer auch eine Frage des Geschmacks und der Ziele/Zielgruppe.

1.3 Scribus kennenlernen – ein Workshop

Vermutlich haben sie mehr oder minder konkrete Vorstellungen davon, was Sie mit Scribus alles anstellen können. Verschaffen wir uns also einen Überblick über das Programm, seine wichtigsten Funktionen und Möglichkeiten.

Das Erstellen eines neuen Dokuments.

Damit Sie einen ersten Eindruck davon bekommen, wie die typischen Schritte bei der Arbeit mit einem Dokument aussehen, erstellen wir in diesem Workshop ein Dokument, für das eine Vielzahl von Aufgaben erforderlich ist: Wir generieren das Cover zum vorliegenden Buch. Wenn Sie noch nie mit Scribus gearbeitet haben, müssen Sie keinen Schreck bekommen. Auch Entsetzen angesichts einer scheinbar nur schwer zu bewältigenden Aufgabe, ist völlig unangebracht. Sie werden sehen, dass Sie mithilfe von Scribus alles recht einfach erledigen können.

1.3.1 Vorüberlegungen

Wenn Sie ein Projekt wie das Buchcover angehen, müssen Sie zunächst ein paar Vorüberlegungen anstellen und Vorarbeiten leisten. Die größte Hürde zu Anfang: Welche Größe muss das Dokument besitzen. Das ist bei einem Buchcover zugegebenermaßen ein wenig kompliziert, da Sie die Breite des Buchrückens noch nicht kennen.

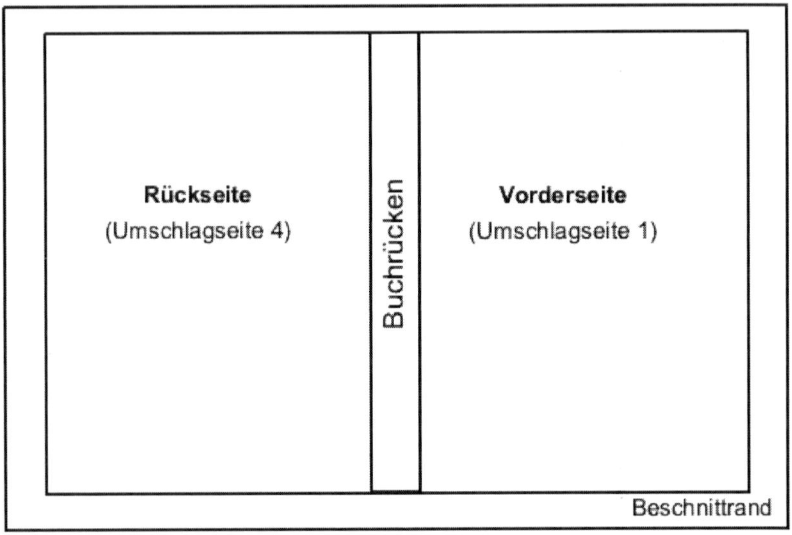

Das Cover für unser Buch.

Um die exakte Größe des zu erstellenden Cover-Dokuments bestimmen zu können, benötigen Sie zunächst folgende Daten:

- Seitenzahl des Buches
- Buchformat
- Papiertyp

Anhand dieser Daten kann Ihnen Ihre Druckerei genau sagen, wie breit der Rücken wird. Die Grundlage für die Berechnung der Maße für das vorliegende Buch sieht wie folgt aus:

- Umschlag: farbfähiges Papier 280 g
- Innenteil: hochwertiges Papier cremeweiß 90g

- Größe: 14,8 cm x 21 cm (A5)
- Seitenzahl: 400 Seiten

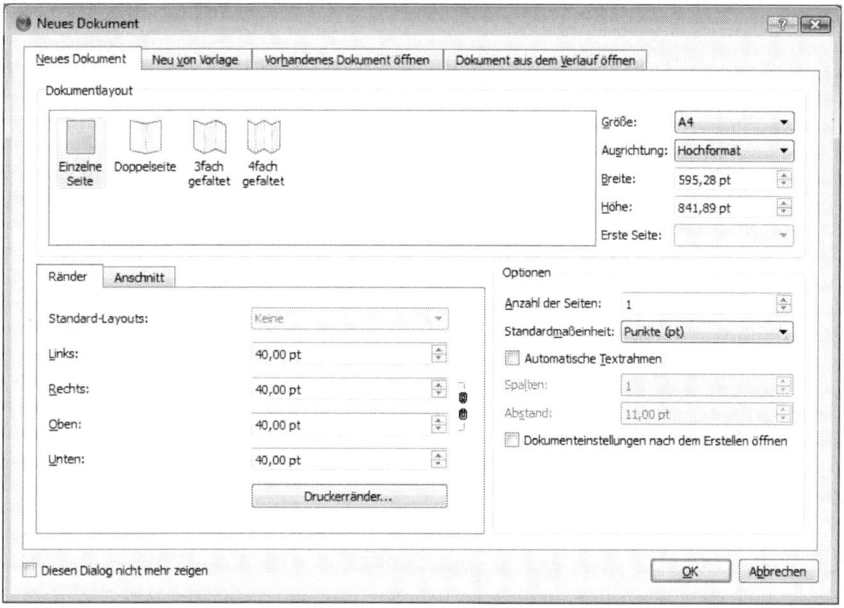

Die Eigenschaften des Cover-Dokuments werden angelegt.

Aus diesen Daten kann Ihnen Ihr Dienstleister genau ermittelt, welche Maße das Dokument besitzen sollte. In unserem Fall sehen diese wie folgt aus:

- Breite Buchrücken: 2,4 cm
- Beschnittrand oben/unten/außen: 0,5 cm
- Breite U1/U4 ohne Beschnittrand: 14,80 cm
- Breite U1/U4 mit Beschnittrand: 15,30 cm
- Gesamtbreite ohne Beschnittrand: 32 cm
- Gesamtbreite mit Beschnittrand: 33 cm
- Höhe ohne Beschnittrand: 21 cm

- Höhe mit Beschnittrand: 22 cm

Wir müssen also ein Dokument mit 22 cm Höhe x 33 cm Breite anlegen.

1.3.2 Dokument anlegen

Um unser Cover-Dokument anzulegen, erzeugen wir mit Scribus ein neues Dokument. Wenn Sie Scribus bereits gestartet haben, klicken Sie auf das Icon *Neu* in der Scribus-Symbolleiste. Scribus präsentiert Ihnen den Dialog *Neues Dokument,* in dem Sie die Eigenschaften der Cover-Datei bestimmen.

Unter Dokumentlayout markieren Sie *Einzelne Seite*. Dann bestimmen Sie die Dokumentengröße. Im Auswahlmenü *Größe* wählen Sie den Eintrag *Benutzerdefiniert* aus. Unter *Ausrichtung* wählen Sie *Querformat.*

Verwenden Sie im Bereich *Optionen* als Standardmaßeinheit den Eintrag cm oder mm – je nach Vorliebe – und geben Sie dann unter *Breite* und *Höhe* die oben angegebenen Werte ein.

Setzen Sie als Nächstes die Ränder auf 0 und wechseln Sie zur Registerkarte *Anschnitt*. Hier geben Sie für alle vier Seiten den Wert 0,5 cm an. Ist das Kettensymbol aktiviert, genügt die Angabe des ersten Werts. Bestätigen Sie das Erstellen des Dokuments mit *OK*. Damit ist das Dokument angelegt und es gilt, dieses im nächsten Schnitt mit Inhalten zu füllen.

In diesem Zusammenhang sollte ich noch darauf hinweisen, dass zumindest die meisten Online-Druckereien auf Ihren Websites Vorlagen bzw. genaue Spezifikationen für Ihre Druckerzeugnisse bereitstellen. So wissen Sie immer, welche Dateigrößen Sie für Ihr Projekt verwenden müssen. Im Zweifelsfall sollten Sie die Druckerei kontaktieren.

Wie Sie nachstehender Abbildung entnehmen können, umfasst das Dokument einen äußeren und einen inneren Rahmen. Der äußere ist schwarz, der innere rot. Der rote Rahmen kennzeichnet das Zieldokument mit dem Beschnittrand.

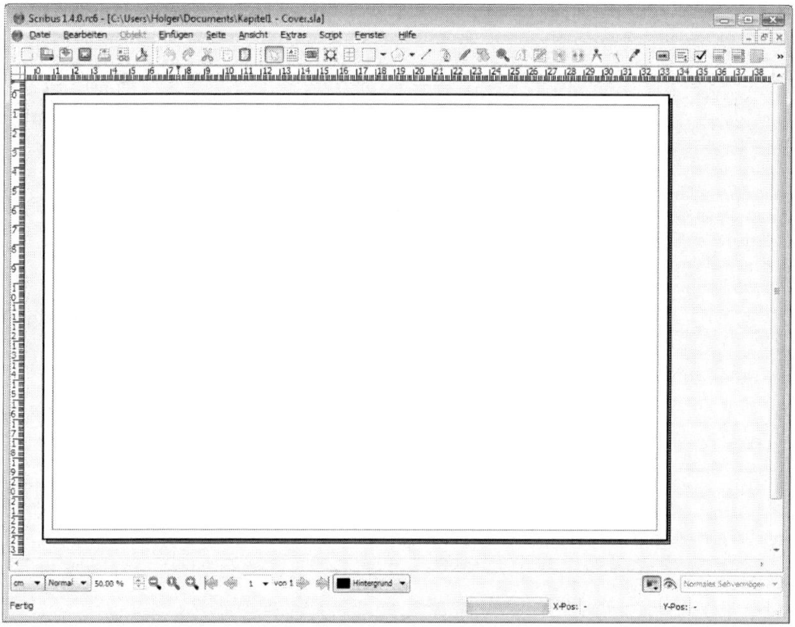

Es ist angerichtet: Das Cover-Dokument ist angelegt und kann mit Inhalten gefüllt werden.

Wie verfahren wir nun weiter? Bei diesem Dokument ist es zunächst hilfreich, die Rahmen für Vorder- und Rückseite sowie den Buchrücken anzulegen. Beginnen wir mit dem Buchrücken. Der zugehörige Rahmen muss eine Höhe von 22 cm und eine Breite von 2,4 cm besitzen.

Damit sich die Positionierung der Objekte vereinfacht, sollten Sie das Dokument exakt an die Lineale anlegen. Dazu wechseln Sie mit dem Menübefehl *Datei> Dokument einrichten* zu den Dokumenteneinstellungen. Öffnen Sie dort die Kategorie *Anzeige* und verwenden Sie unter *Ablagefläche* die Werte 0.

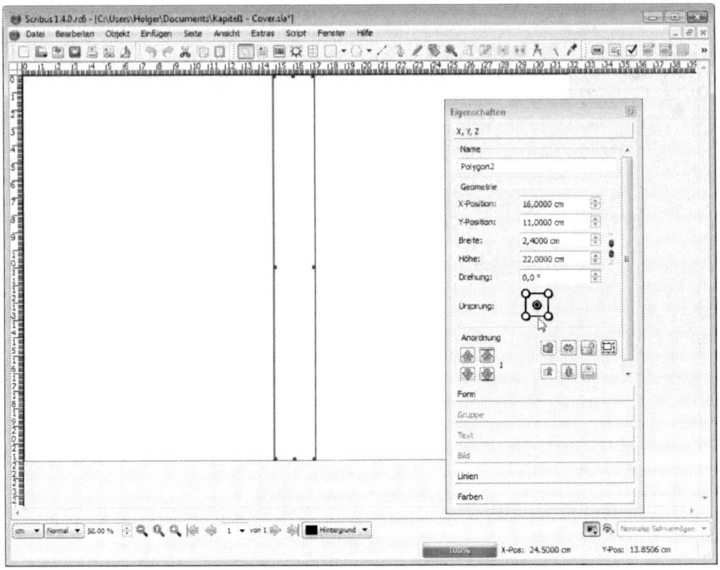

Der Buchrücken in der Entstehung.

1.3.3 Buchrücken anlegen

Als Nächstes machen wir uns an das Erstellen des Buchrückens. Das hat gleich mehrere Vorteile: Zum einen ist er einfach anzulegen und enthält wenige Schrittfolgen, zum anderen haben Sie eine gute Orientierung für die weitere Gestaltung des Dokuments.

Die weitere Vorgehensweise:

1. Wir erzeugen mit den Form-Objekten ein Rechteck. Klicken Sie dazu in der *Werkzeug*-Symbolleiste auf das Symbol Form einfügen. Wählen Sie die Rechteck-Form aus und ziehen Sie diese mit gedrückter Maustaste ungefähr an die Position, an der Sie den Buchrücken platzieren wollen. Es genügt, wenn die Größe und Position ungefähr der endgültigen Platzierung entsprechen. Im nächsten Schritt machen wir uns an die Feinarbeiten.

2. Markieren Sie das Rechteck und führen Sie mit der rechten Maustaste den Befehl *Eigenschaften* aus. Alternativ können Sie nach dem Markieren auch die Funktionstaste *F2* betätigen, um den *Eigenschaften*-Dialog zu öffnen.

3. Dann bestimmen wir die Größe des Buchrückenobjekts. Geben Sie unter *Breite* und *Höhe* die beiden Werte 2,4 und 22 cm ein.

4. Der nächste Schritt dient der exakten Positionierung des Objekts auf dem Dokument. Dazu aktivieren Sie in der Ursprung-Darstellung den Mittelpunkt des Objekts. Mit dieser Funktion können Sie das Objekt an den fünf Punkten ausrichten.

5. Um unser Buchrückobjekt genau mittig auf dem Dokument zu platzieren, weisen Sie ihm folgende Werte zu:

   - X-Position: 16 cm
   - Y-Position: 11 cm

   Die Positionen werden absolut zum Ausgangspunkt des Montagebereichs bestimmt. Dabei entspricht die linke obere Ecke dem Punkt 0/0. Der Buchrücken ist zumindest schon einmal exakt positioniert und besitzt die richtige Größe.

6. Um den Buchrücken farblich – zumindest für die weiteren Schritte – von den Vorder- und Rückseiten abzuheben, weisen wir diesen eine andere Farbe zu. Dazu öffnen wir im *Eigenschaften*-Dialog den Funktionsbereich *Farbe*. Mit den hier befindlichen Funktionen können Sie den Rücken einfärben.

7. Objekte wie Rechtecke, Kreise etc. besitzen immer einen Rand und einen Füllung. Diese können Sie unterschiedlich einfärben.

8. Um die Linienfarbe festzulegen, klicken Sie unterhalb der Farben-Schaltfläche auf das linke Icon mit der Bezeichnung *Linienfarbe bearbeiten* und weisen der Linie im darunterliegenden Auswahlfeld die gewünschte Farbe zu.

9. Dann bestimmen Sie die Füllfarbe. Dazu klicken Sie auf das reche Sinnbild *Füllfarbe bearbeiten* und weisen dem Objekt die gleiche Farbe zu.

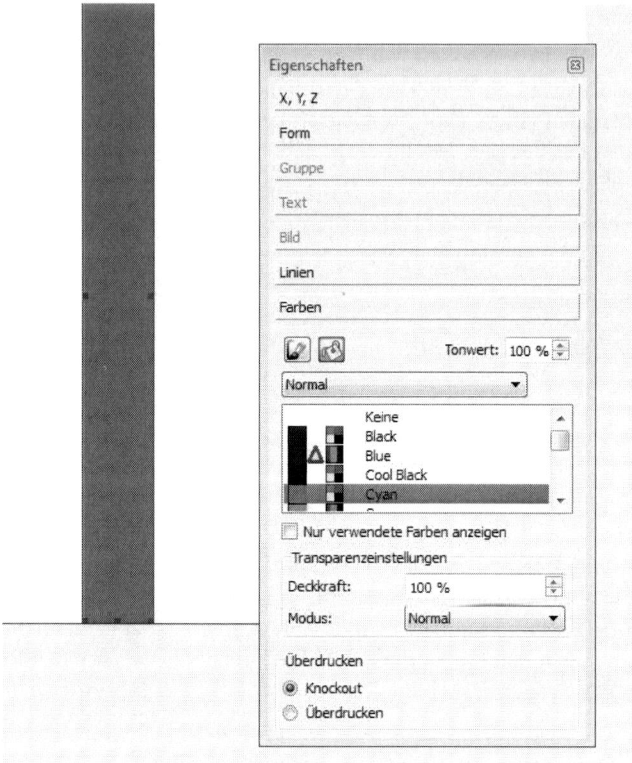

Der Buchrücken wird eingefärbt.

10. Als Nächstes legen wir den Text für den Buchrücken an. Dazu klicken Sie in der Werkzeugleiste auf die Schaltfläche *Textrahmen einfügen*.
11. Ziehen Sie im Montagebereich den Textrahmen. Um mit der Texteingabe beginnen zu können, müssen Sie den Rahmen in den Editiermodus versetzen. Dazu klicken Sie diesen doppelt an.
12. Geben Sie den gewünschten Text ein. In unserem Fall lautet dieser *Reibold – Scribus kompakt*.

13. Hier warten nun drei kleinere Herausforderungen auf uns:
    a. Die Textgröße passt noch nicht.
    b. Ein Gedankenstrich zwischen Autorennamen und Buchtitel soll eingefügt werden.
    c. Der Textrahmen muss rotiert werden, damit er längs des Buchrückens laufen kann.

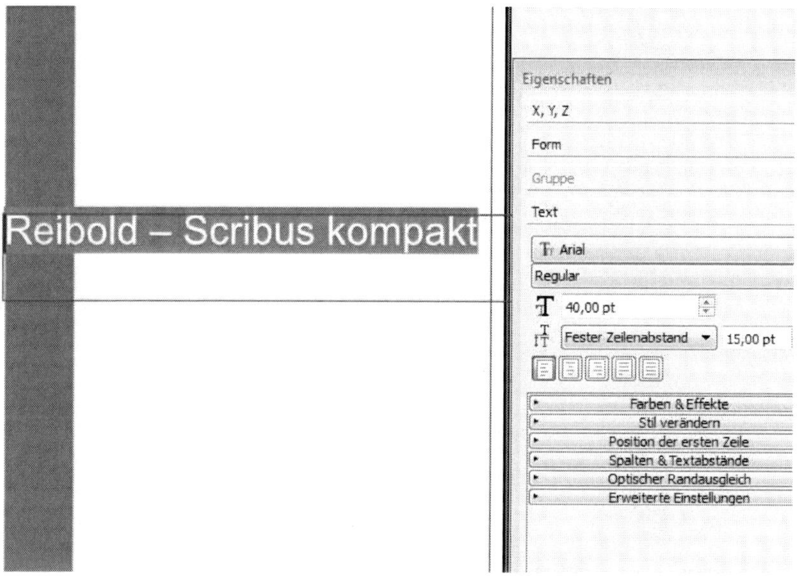

Die Schrift des Buchrückens wird angepasst.

14. Das Anpassen der Schriftgröße ist einfach: Markieren Sie den Text und öffnen Sie mit *F2* den *Eigenschaften*-Dialog. Hier greifen Sie auf die Kategorie *Text* zu, in der Sie die Funktionen für die Textformatierungen finden.
15. In unserem Fall verwenden wir die Schriftgröße 35 pt. Wenn es Ihnen sinnvoll erscheint, können Sie auch eine andere Schriftart verwenden.
16. Das Einfügen eines Gedankenstrichs ist ebenfalls einfach: Dazu führen Sie den Befehl *Einfügen> Zeichen> Halbgeviertstrich* aus.

17. Nun müssen wir nur noch den Textrahmen rotieren. Scribus platziert Textrahmen bei Einfügen waagerecht. Er kann also wie gewohnt gelesen werden. In unserem Fall ist allerdings eine Drehung um 90 Grad nach links erforderlich.

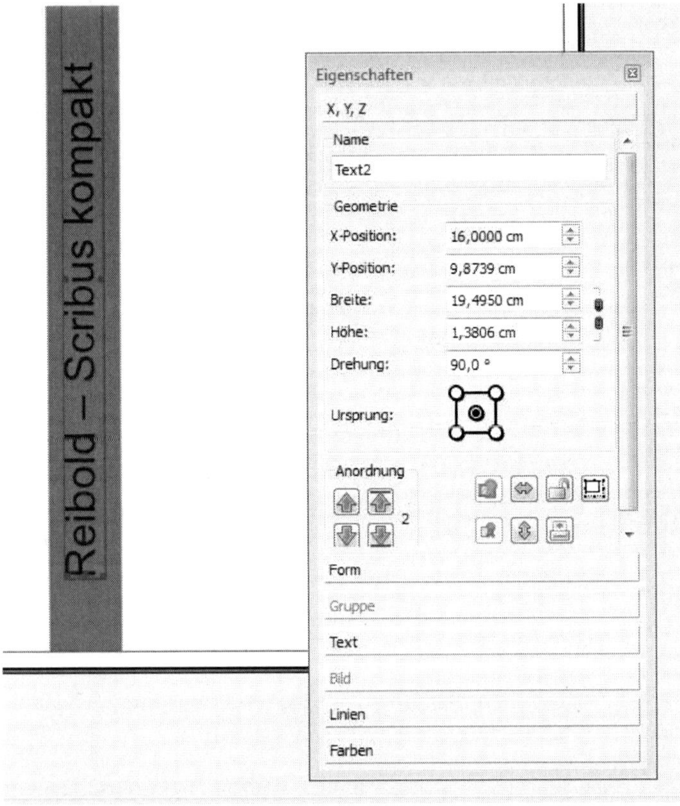

Der Textrahmen ist rotiert und mittig auf dem Buchrückenobjekt platziert.

18. Um den Textrahmen zu drehen, markieren Sie diesen und öffnen wieder die Objekteigenschaften.

19. Öffnen Sie die Kategorie *X, Y, Z*. Dort können Sie dem Objekt eine eigene Bezeichnung zuweisen. Falls Sie das nicht tun, nummeriert Scribus die Objekte aufsteigend mit *Text1*, *Text2* etc.

20. Um das Objekt zu drehen, geben Sie den Wert *90* in das Eingabefeld *Drehen* ein.

21. Verwenden Sie außerdem die Positionseinstellungen, um den Textrahmen mittig auf dem Buchrücken zu platzieren. Beachten Sie dabei, dass Scribus immer die tatsächliche Rahmengröße für die Positionierung verwendet.

22. Mit dem bisherigen Zwischenergebnis sind wir fürs Erste zufrieden. Ich verzichte hier auf die Feinheiten wie das Einfügen des Logos und des Verlagsnamens. Schauen wir uns als Nächstes lieber an, wie die Frontseite erstellt werden kann.

1.3.4 Titelseite anlegen

Schauen wir uns nun an, welches die wichtigsten Schritte beim Anlegen der Vorderseite des Buchs sind. Um diese zu gestalten, können Sie folgenden Weg einschlagen:

1. Zunächst legen wir wieder einen Objektrahmen an, der den gesamten Bereich der Titelseite bedeckt. Er dient uns quasi als Hintergrund und bestimmt die Farbe.

2. Die Breite für die Titelseite, man bezeichnet sie auch als U1, beträgt mit Beschnittrand 15,30 cm. U1 steht für Umschlagseite 1.

3. Also legen wir einen Objektrahmen mit der Größe 15,30 x 22 cm an. Platzieren Sie diesen exakt neben den Buchrücken. Verwenden Sie dabei wieder die Geometrieeinstellungen des *Eigenschaften*-Dialogs.

4. Dieses Objekt können Sie auch in den linken Dokumentenbereich kopieren, denn die Größe der Rückseite ist natürlich mit der der Titelseite identisch.

5. Weisen Sie der Titelseite anschließend die gewünschte Linien- und Füllfarbe zu. Im Montagebereich erkennen Sie, dass das Buch-Cover allmählich Gestalt annimmt.

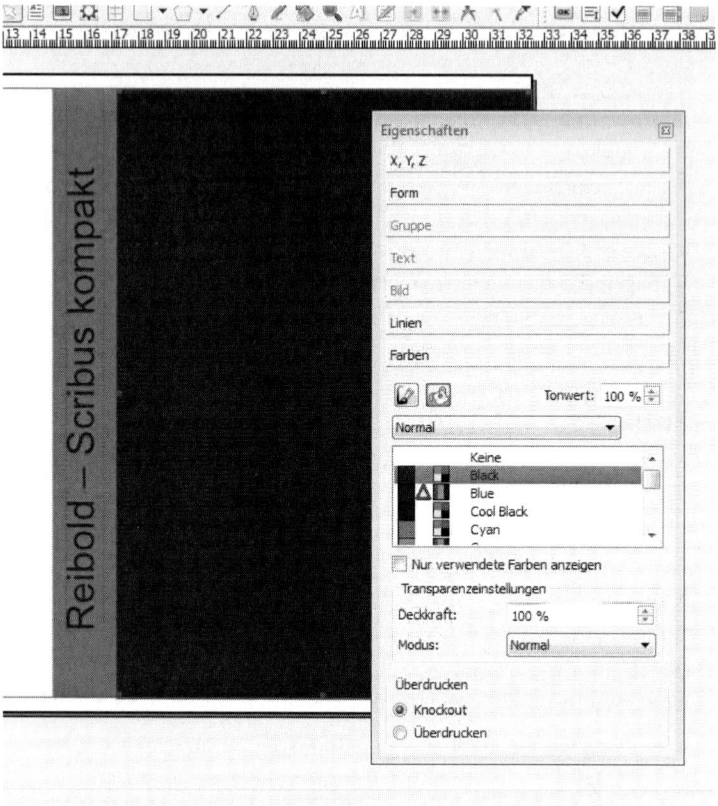

Die Titelseite ist angelegt und mit Farbe gefüllt.

6. Die Titelseite umfasst bei einem typischen Brain-Media-Buch folgende Elemente bzw. Informationen

   a. Name des Autors

   b. Buchtitel

   c. Bild, das Bezug auf den Inhalt nimmt

   d. Untertitel

   Gelegentlich finden sich weitere Elemente auf dem Titel, beispielsweise der Hinweis auf ein Vorwort oder eine Rezension.

7. Die notwendigen Schritte für das Einfügen des Autorenamens, des Buchtitels und der Untertitels kennen Sie bereits. Sie müssen lediglich drei Textrahmen mit den Inhalten einfügen.

8. Weisen Sie den drei Textrahmen eine unterschiedliche Schriftgröße zu und richten Sie sie aus. Wir verwenden bei der Titelseite immer die rechtsbündige Ausrichtung. Aber das ist sicherlich eine Frage des individuellen Geschmacks.

9. Beachten Sie bei der Bearbeitung des Textes, dass der *Eigenschaften*-Dialog für den Text eine Vielzahl von Unterfunktionen verfügt, mit denen Sie beispielsweise die Textfarbe anpassen können.

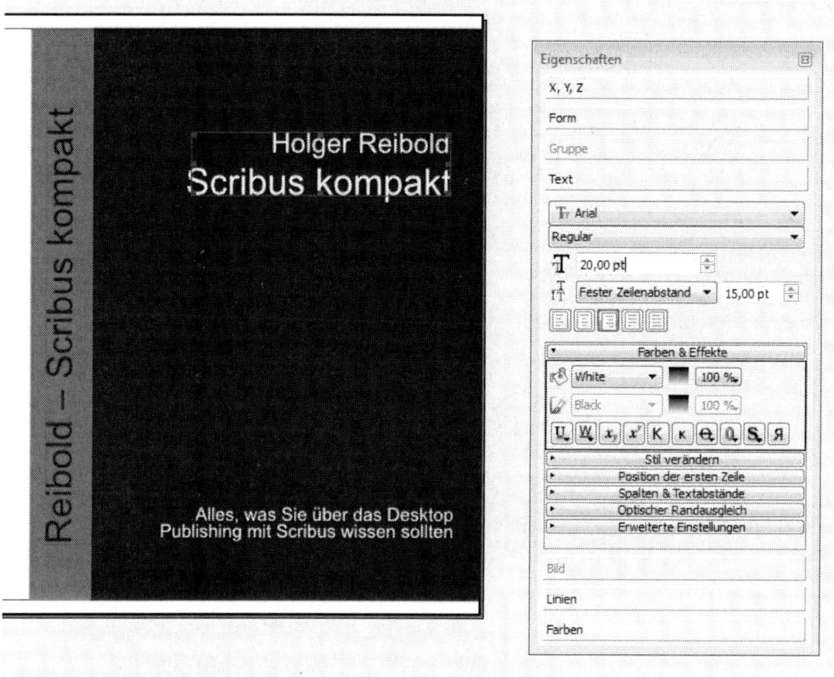

Die Titelseite nimmt Form an.

10. Wir kommen zu einer weiteren neuen Funktion: dem Einfügen eines Bilds. Dazu klicken Sie in der Werkzeugleiste auf das Icon *Bildrahmen einfügen* und ziehen diesen auf die Titelseite.

11. Passen Sie die Größe an und positionieren Sie den Bildrahmen exakt auf der Buchfront.
12. Als Nächstes markieren Sie den Rahmen mit der rechten Maustaste und führen den Befehl *Bild laden* aus.
13. Scribus präsentiert Ihnen den *Öffnen*-Dialog, in dem Sie die gewünschte Abbildung auswählen.

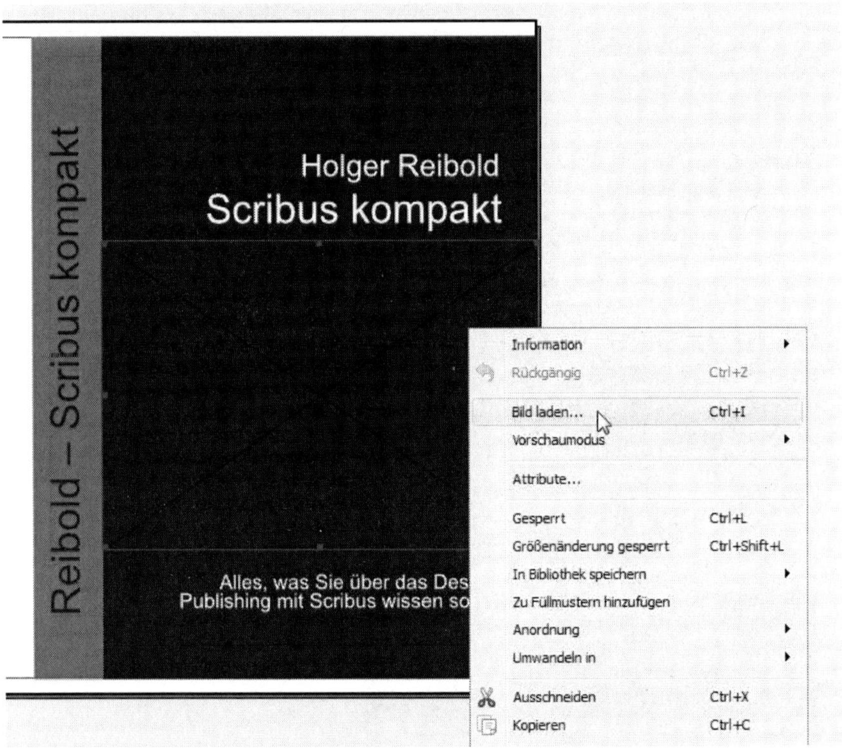

Das Laden des Bilds in den zuvor angelegten Bildrahmen.

14. Da das von Ihnen geladene Bild vermutlich eher nicht die Maße besitzt, um exakt in den Bildrahmen zu passen, sollten Sie das Bild an den Bildrahmen anpassen. Auch dies kann Scribus ohne auf eine Drittanwendung zurückzugreifen. Markieren Sie den Rahmen erneut mit der rechten Maustaste und führen Sie dann den Befehl *Bild an Rahmen anpassen* aus.

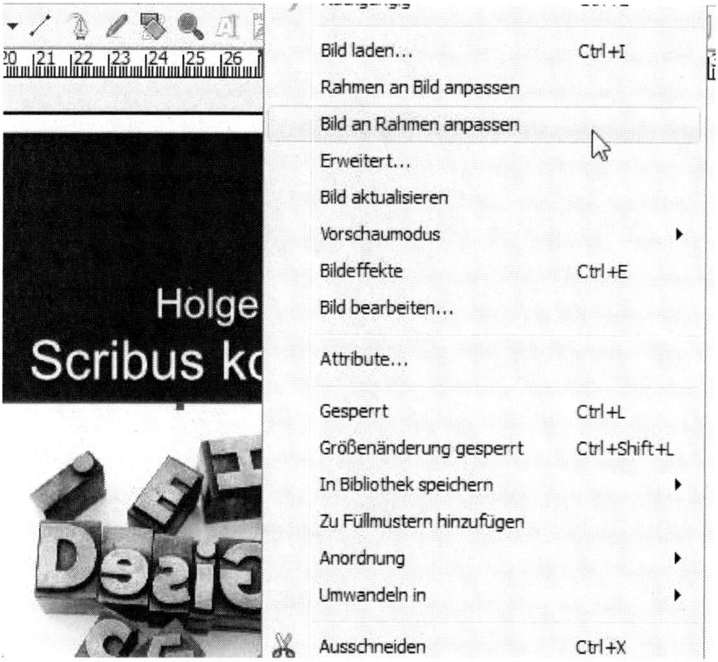

Das Anpassen des Bilds an die Rahmengröße.

15. Alternativ können Sie natürlich auch mit Gimp oder einem anderen Bildbearbeitungsprogramm die Ausgangsabbildung entsprechend der Bildrahmengröße anpassen, einen bestimmten Bildbereich ausschneiden oder diesen bearbeiten.

16. Während der Arbeit an Ihrem Dokument sollten Sie sich immer mal wieder einen Gesamtüberblick über das Dokument verschaffen, denn nicht immer ist bei der Entstehung bzw. Bearbeitung am Monitor gut zu erkennen, ob das Dokument die gewünschte Form annimmt. Hierfür bietet sich die Verwendung der sogenannten Ansichtsleiste an, die Sie im Fußbereich von Scribus finden. Hier können Sie die Ansicht über die Plus- und Minuszeichen vergrößern bzw. verkleinern. Wenn Sie an mehrseitigen Dokumenten arbeiten, können Sie auch mit den Vor- und Zurück-Pfeilen zwischen den Seiten hin und her blättern.

Die Vorschau der bisher geleisteten Arbeit.

17. Wenn Sie mit dem Zwischenergebnis zufrieden sind, können Sie die Bearbeitung fortsetzen und sich dem nächsten Abschnitt zuwenden. In der Praxis ist es immer auch mal sinnvoll, die Arbeit direkt auf einen Drucker auszugeben und/oder sie nach PDF zu exportieren und die Druckausgabe zu prüfen bzw. sie auf einem Drittsystem in Augenschein zu nehmen.

1.3.5 Rückseite gestalten

Wenn Sie einen Blick auf die bis hierher geleistete Arbeit werfen, so stellen Sie fest, dass die bisherigen Schritte nicht sonderlich kompliziert waren. Die Arbeit mit Scribus geht in der Regel leicht von der Hand, wenn Sie ein wenig mit dem Programm vertraut sind.

Als Nächstes machen wir uns an das Erstellen der Rückseite, die man in der Fachsprache gerne auch als U4 für Umschlagseite 4 bezeichnet.

Auf U4 finden Sie bei einem Buch standardmäßig den sogenannten Klappentext, den Barcode samt ISBN und den Preis. Je nach Layout und Vorstellungen können Sie hier auch weitere Elemente unterbringen. Wie beschränken uns hier auf die wichtigsten Elemente.

Und so gehen Sie vor:

1. Sofern noch nicht geschehen, kopieren Sie den Rahmen der Titelseite mit den Maßen 15,3 x 22 cm in den Bereich, der späteren die Rückseite des Buchs ziert.
2. Das Kopieren ist einfach: Markieren Sie das Objekt mit der Maus und führen den Befehl *Bearbeiten> Kopieren* aus. Alternativ verwenden Sie die Tastenkombination *Strg + C*.
3. Um das markierte Objekt einzufügen, führen Sie den Befehl *Bearbeiten> einfügen* aus. Alternativ verwenden Sie das Tastenkürzel *Strg + V*.
4. Nach dem Einfügen positionieren Sie den U4-Hintergrund mithilfe des *Eigenschaften*-Dialogs.
5. Als Nächstes machen wir uns an das Anlegen des Klappentextes. Dazu erzeugen Sie einen Textrahmen und platzieren diesen auf dem U4-Objekt.
6. Das Verfassen eines knackigen Klappentextes ist nicht so einfach, wie es auch den ersten Blick scheint. Er sollte die wesentlichen Elemente des Buchs nennen bzw. den potenziellen Leser derart neugierig machen können, dass er Ihr Buch unbedingt erwerben möchte. Verzichten Sie auf Floskeln, halten Sie sich an die Fakten und versuchen Sie durch geschicktes Formulieren, das Interesse des Lesers zu wecken.

   Darüber, wie ein Klappentext formuliert sein sollte, kann man sicherlich streiten. Er muss sich auch am Inhalt des Buchs orientieren. Es macht natürlich wenig Sinn, bei einem Krimi zu verraten, wer der Mörder ist. Bei Sachbüchern sollten Sie den Nutzen des Buchs herausarbeiten.
7. Füllen Sie den Textrahmen auf U4 mit den gewünschten Informationen, richten Sie den Rahmen mittig aus und sorgen Sie für ein angenehmes Schriftbild und ein übersichtliches Layout.

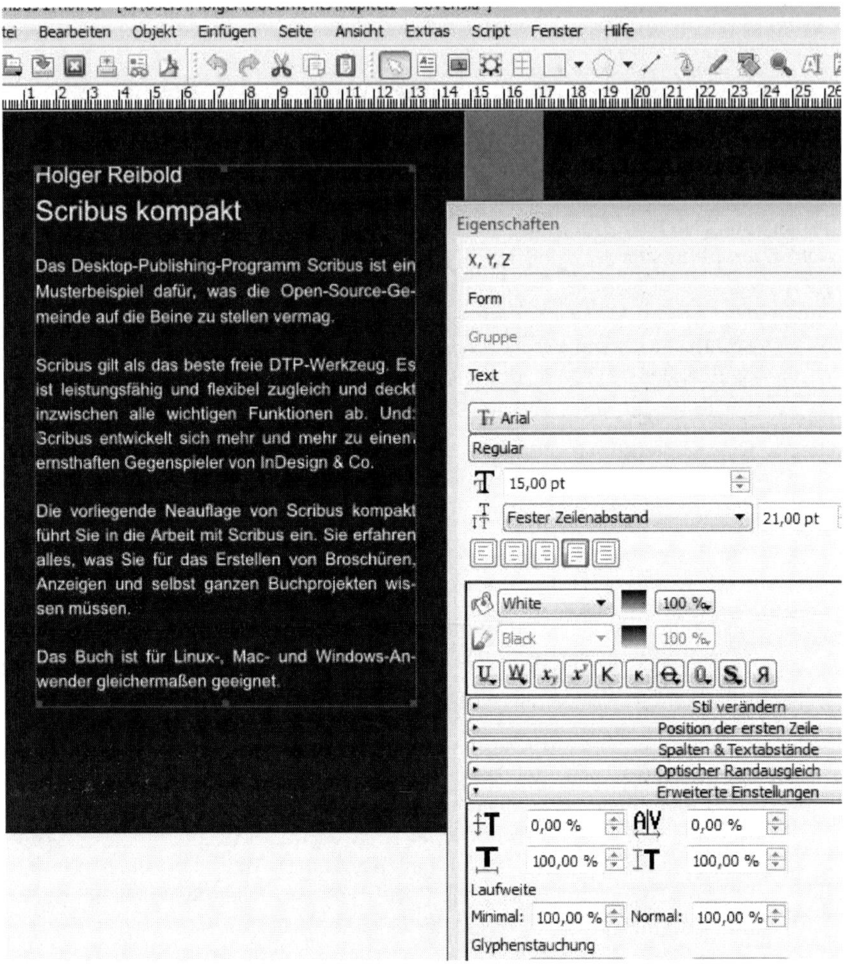

Der Klappentext ist fertig und in Grundzügen formatiert.

8. Nachdem Sie den Klappentext angelegt haben, müssen Sie ihn ein wenig formatieren. Setzen Sie verschiedene Informationen wie Autor, Titel und Inhalt durch verschiedene Formatierungen von einander ab.

9. Die Textinformationen von U4 müssen auch keineswegs in einem einzigen Textrahmen enthalten sein. Erstellen Sie für verschiedene Absätze

und Inhalte mehreren Textrahmen – ganz, wie es Ihrem grafischen Gefühl am besten entspricht.

10. Für die Formatierung des Textes greifen Sie wieder zum *Eigenschaften*-Dialog. Mit seiner Hilfe können Sie nicht nur die Schriftart und -größe anpassen, sondern auch die Ausrichtung, den Zeilenabstand oder die Farbe ändern und weitere Effekte anwenden.

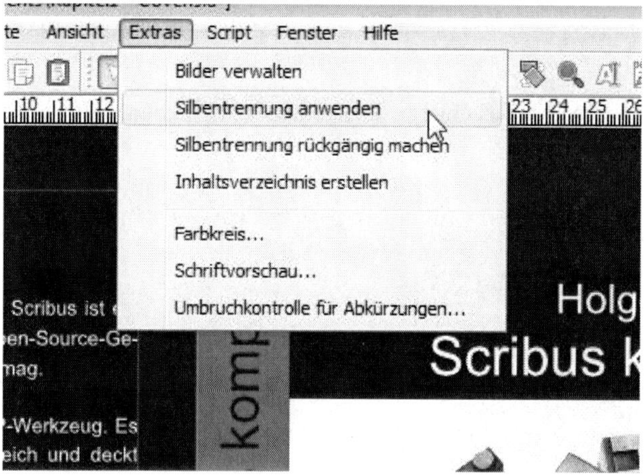

Das Anwenden der Silbentrennung.

11. Wenn Sie einen längeren Text auf der hinteren Umschlagsseite verwenden, so sollten Sie die Silbentrennung ausführen, damit Ihr Text nicht stellenweise wie ein auseinandergezogenes Kaugummi wirkt. Sie können die Silbentrennung pro Textrahmen anwenden und auch dokumenten- und sogar programmweit aktivieren. Um die Trennung auf den aktuell markierten Textrahmen zu beschränken, führen Sie den Befehl *Extras> Silbentrennung* aus.

    Sie können die Silbentrennung auch für das gesamte Dokument aktivieren. Dazu führen Sie den Befehl *Datei> Dokument einrichten* aus und aktivieren Sie in der Kategorie *Silbentrennung* die Trennung. Um sie für alle neuen Dokumente zu aktivieren, führen Sie den Befehl *Datei> Allgemeinen Einstellungen* aus und wechseln ebenfalls zur Kategorie *Silbentrennung.*

12. Als Nächstes kommt ein absolutes Highlight von Scribus zum Zuge: das Barcode-Plug-in. Schon alleine der Umstand, dass Sie mit dem freien DTP-Programm alle wichtigen Barcode-Varianten in Ihrem Dokument einfügen können, macht Scribus so interessant. Kommerzielle Produkte können das per se nicht. Sie müssen über ebenfalls kostenpflichtige Add-ons erweitert werden oder aber Sie müssen zu einer Drittanwendung greifen.

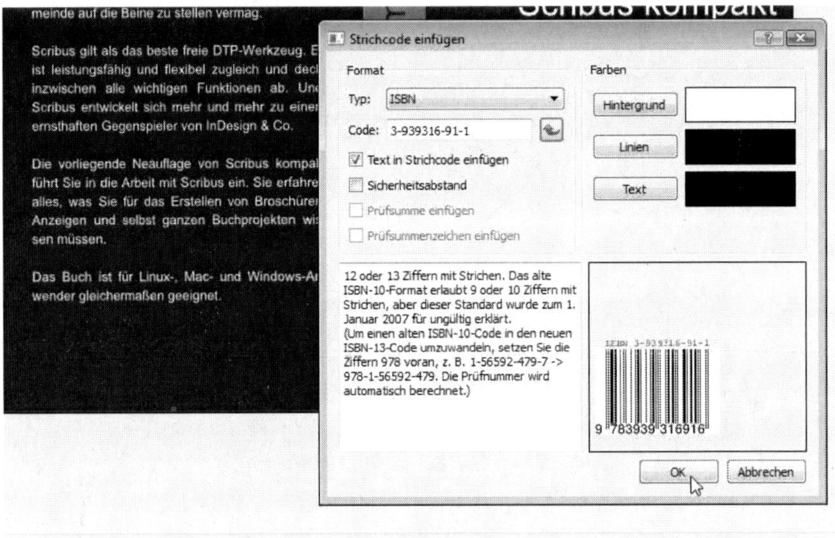

Das Barcode-Plug-in in Aktion.

13. Der Aufruf des Barcode-Plug-ins erfolgt über das Menü *Einfügen> Strichcode.* Im Dialog *Strichcode einfügen* bestimmen Sie zunächst das Format (in unserem Fall ISBN), geben den Code in das gleichnamige Eingabefeld ein und klicken auf *OK.*

14. Da das Barcode-Plug-in einen PostScript-Output generiert, müssen Sie vor der Verwendung des Plug-ins den GhostScript-Interpreter installiert haben.

15. Sie können am Bildschirm anhand einer Fortschrittsanzeige erkennen, dass das Barcode-Element generiert wird. Ist der Vorgang abgeschlossen,

nimmt der Mauszeiger das Barcode-Symbol an und Sie können mit dem Mauszeiger nur den Barcode-Bereich auf das Dokument ziehen.

Der Mauszeiger verwandelt sich in das Barcode-Symbol.

16. Das Barcode-Element können Sie nun mithilfe des *Eigenschaften*-Dialogs positionieren und seine Größe anpassen.

Die hintere Umschlagseite besitzt jetzt auch den für den Handel so wichtigen Barcode.

1.3.6 PDF-Dokument erstellen

Wenn Sie in der Seitenansicht einen Blick auf das Dokument werfen, werden Sie feststellen, ob es Ihren Vorstellungen entspricht. Wenn Sie mit dem Ergebnis zufrieden sind, können Sie eine PDF-Datei für den Druck erzeugen.

Und so gehen Sie vor:

1. Klicken Sie in der Symbolleiste auf das Icon *Als PDF speichern*. Im Idealfall meldet sich nachstehender Dialog, auf dem Sie eine Fülle von PDF-Einstellungen vornehmen können.
2. Bestimmen Sie zunächst mit *Ausgabe in Datei* den Pfad und den Dateinamen.
3. Auf der Registerkarte *Allgemein* bestimmen Sie den Seitenbereich. Dieser muss in unserem Beispiel nicht anpasst werden.

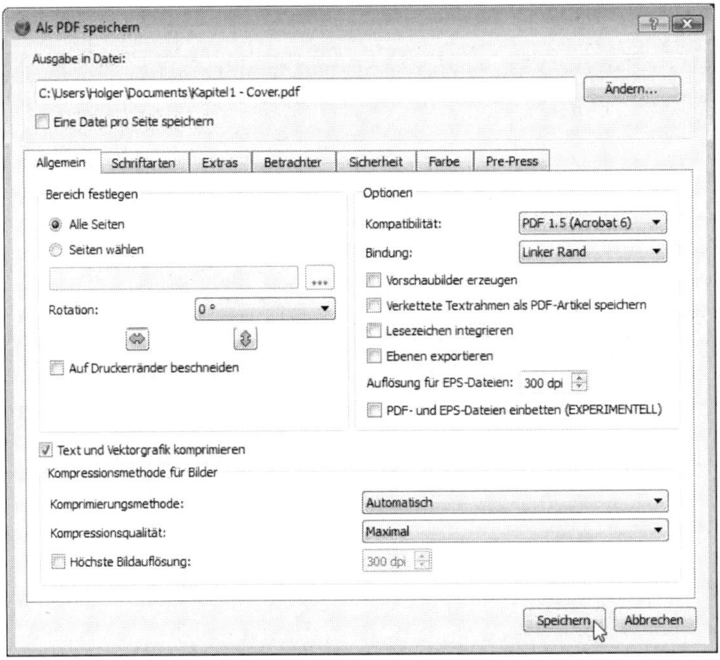

Die Einstellungen für den PDF-Export.

4. Legen Sie im Bereich *Optionen* das PDF-Format fest, in das Sie die Scribus-Datei exportieren wollen. Sprechen Sie das Format, genauer die PDF-Version, im Zweifelsfall mit Ihrer Druckerei ab.
5. Wenn Sie ungewöhnliche Schriften verwenden, sollten Sie auf der Registerkarte *Schriftarten* für die Einbettung dieser Fonts sorgen.

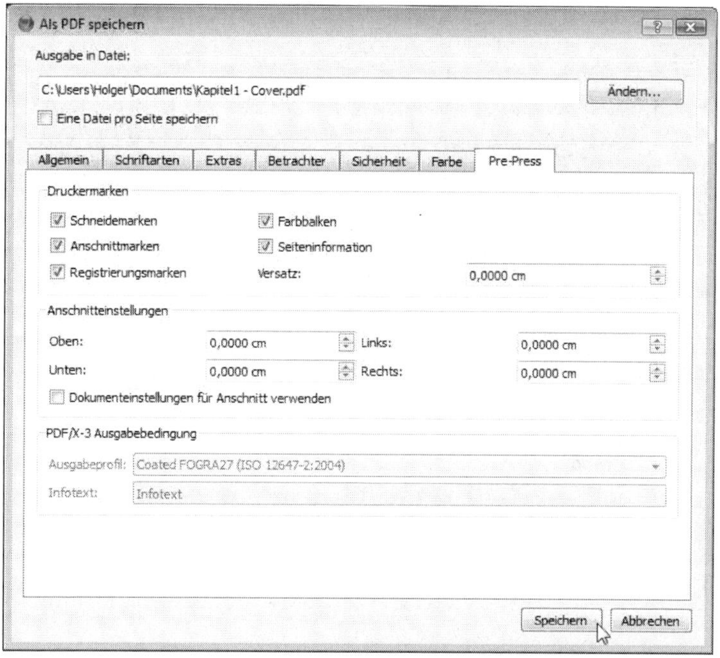

In der Regel ist es sinnvoll, die verschiedenen Schnittmarken zu aktivieren.

6. Für die Übergabe des PDF-Exports kann es zudem wichtig sein, dass Sie Schnittmarken in den Export einbauen. Dazu wechseln Sie zur Registerkarten *Pre-Press* und aktivieren im Bereich *Druckermarken* die verschiedene Marken. Ob auch das Einbetten des Farbbalkens und der Seiteninformationen notwendig ist, sollte mit der Druckerei abgestimmt werden.
7. Nachdem Sie alle wichtigen Export-Einstellungen vorgenommen haben, klicken Sie auf die Schaltfläche *Speichern*, um den Exportvorgang einzuleiten. Scribus zeigt mit einer Fortschrittsanzeige den Vorgang an.
8. Ist der Export abgeschlossen, finden Sie die PDF-Datei in dem von Ihnen angegebenen Verzeichnis und können diese mit Ihren PDF-Viewer öffnen.
9. Im PDF-Viewer können Sie nun prüfen, ob das generierte PDF-Dokument Ihren Vorstellungen entspricht. Falls nicht, heißt es nacharbeiten und die Schwachstellen der Reihen nach abarbeiten.

Das vorläufige Ergebnis unseres Workshops.

Die Exportfunktion von Scribus ist intelligent. Sie erkennt, wenn das Ausgangsdokument nicht mit den Zielvorgaben übereinstimmt. Probleme bereiten beispielsweise Objekte, die über den Dokumentenrand hinausreichen. Findet die Exportfunktion derlei Mängel, präsentiert Ihnen Scribus nach dem Klick auf den PDF-Export-Button die sogenannte Druckvorstufenüberprüfung.

In dem zugehörigen Dialog werden die gefundenen Probleme aufgeführt. Mit einem Klick auf einen Listeneintrag wird das betreffende Objekt im Montagebereich markiert und Sie können sich direkt an die notwendige Korrektur machen.

Beachten Sie, dass bereits ein einzelnes Objekt, das Sie versehentlich außerhalb des Dokumentenbereichs platziert haben, mehrere Fehler produzieren kann.

Haben Sie Korrekturen vorgenommen, können Sie die Prüfung mit einem Klick auf die Schaltfläche *Nochmals überprüfen* wiederholen.

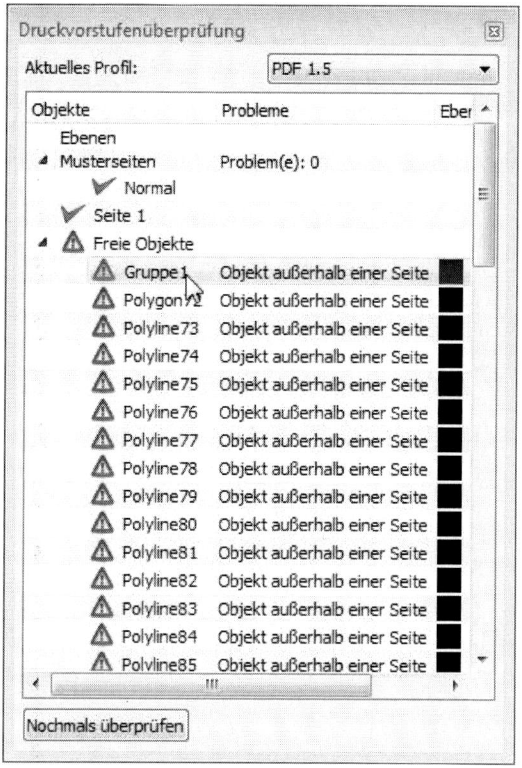

Die Druckvorstufenüberprüfung hat eine Vielzahl von Problemen identifiziert.

Damit haben Sie anhand eines Beispiels gesehen, wie Sie verschiedene typische Aufgaben mit Scribus lösen. Sie werden im Verlauf dieses Buchs die verfügbaren Funktionen detailliert kennenlernen.

1.4 Grundlegende Konzepte

Zu Beginn dieses Kapitels wurden einige zentrale Begriffe eingeführt, denen Sie bei der Beschäftigung mit DTP im Allgemeinen und Scribus in Besonderem immer wieder begegnen werden. Doch damit kennen Sie längst nicht alle wichtigen Begriffe und Metaphern, denen Sie bei der Arbeit mit dem freien Programm begegnen.

Nachdem Sie in dem vorangegangenen Workshop bereits einige wichtige Herangehensweisen, Aktionen und Kommandos kennengelernt haben, möchte ich in diesem Abschnitt einige weitere Konzepte einführen. Mit diesem Grundwissen sind Sie dann bestens für alle weiteren Schritte gerüstet.

1.4.1 Spezielle Eigenschafen von Scribus

Wie Sie anhand des Buch-Cover-Beispiels gesehen haben, ist der Begriff der Seite ein ganz zentraler. Auch wenn Textverarbeitungsprogramme inzwischen auch als einfache Layout-Programme taugen, stehen doch bei der Arbeit mit Scribus die Gestaltung und das Seitenlayout im Vordergrund.

Scribus dient dazu, Seiten zu entwerfen und zu gestalten, die dann – meist professionell – gedruckt und verteilt werden. Einen großen Raum nimmt bei Scribus die visuelle Gestaltung ein – weit mehr, also das bei LibreOffice Writer oder MS Word der Fall wäre.

Im Unterschied zu Textverarbeitungsprogrammen sind mehrseitige DTP-Dokumente dazu prädestiniert, ein unterschiedliches Aussehen zu besitzen. Unabhängig davon, können Sie aber auch in Scribus & Co. Vorlagen verwenden, die die Eckpunkte der Seitengestaltung festlegen.

DTP-Programme unterscheiden sich insbesondere in der Verarbeitung von Text erheblich von Textverarbeitungsprogrammen. Bei letztgenannten steht der Text im Mittelpunkt, der meist fortlaufend Seite für Seite füllt.

Beim Scribus müssen Sie zuerst einen speziellen Textrahmen einführen und diesen dann mit Ihren Inhalten füllen. Dabei kommt Ihnen zu gute, dass Scribus unterschiedliche Textformate importieren bzw. in einen Textrahmen laden kann.

Mit dem Story Editor besitzt Scribus zwar einen Werkzeug, dass einer klassischen Textverarbeitung in Grundzügen ähnlich ist, aber das Bearbeiten von Text steht nicht im Mittelpunkt von Scribus.

Der Story Editor erlaubt das Bearbeiten von Text in Textrahmen.

Ein weiterer wichtiger Begriff in Scribus: der Rahmen. Seine Verwendung hat wohl auch historische Gründe, denn in der Anfangszeit des Buchdrucks und der Gestaltung von druckfähigen Dokumenten wurden die Schriften in Druckrahmen positioniert und dann für die Vervielfältigung verwendet.

Dank moderner Computer-Technik ist es heute allerdings unproblematisch, eine Initiale einzuführen, Überschriften eine andere Schrift und Größe zuzuweisen, Abschnitte komplett zu verschieben etc.

Auch wenn Sie in Word & Co. inzwischen auch Rahmen mit rudimentären Gestaltungsmöglichkeiten anlegen und in einem Dokument platzieren können, sind die Möglichkeiten in Scribus doch deutlich umfangreicher. An dieser Stelle wird der Unterschied zwischen diesen beiden Programmtypen deutlich.

DTP-Programme unterscheiden sich in einem weiteren zentralen Punkt von Texteditoren und Textverarbeitungsprogrammen: Scribus & Co. können Ebenen einführen, in diesen die verschiedensten Inhalte überlagern und auch verschiedene Darstellungsschichten einführen. Sie können – sofern erforderlich – die Reihenfolge verändern undneue Ebenen einführen.

Sie können sich eine solche Ebene als eine Sammlung von mehr oder minder vielen Objekten und Gestaltungselementen vorstellen, die in Ihrer Gesamtheit beispielsweise in den Vordergrund oder eine Ebene tiefer gebracht werden können.

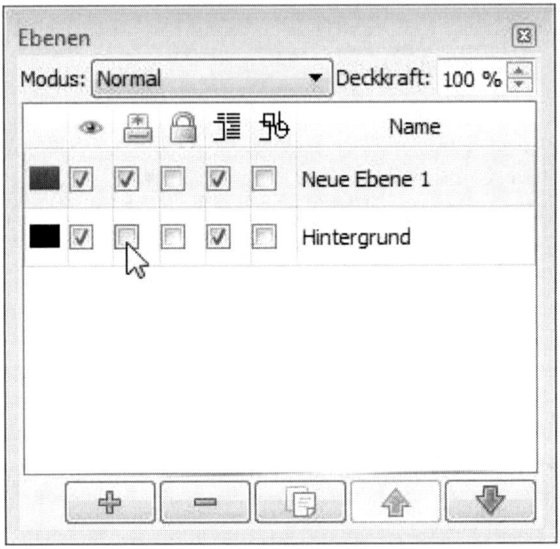

Eine Ebene wird nicht mehr gedruckt.

Das Tolle an diesen Ebenen: Sie können festlegen, welche Ebenen sichtbar und druckbar sind. Damit können Sie aus einem Dokument gleich mehrere Zieldokumente erstellen – mit völlig unterschiedlichen Eigenschaften und Inhalten.

1.4.2 Bedienungskonzept

Die meisten Anwender kennen eine Textverarbeitung wie MS Word oder OpenOffice Writer/LibreOfficeWriter mehr oder minder gut. Wenn Sie die Arbeit mit diesen Programmen gewohnt sind, werden Sie sich bei Scribus ein wenig umstellen müssen, denn hier ist doch manches anders. Scribus ist, was die Herangehensweise beim Erstellen von Dokumenten betrifft, Grafikprogrammen ähnlicher als den klassischen Textverarbeitungsprogrammen.

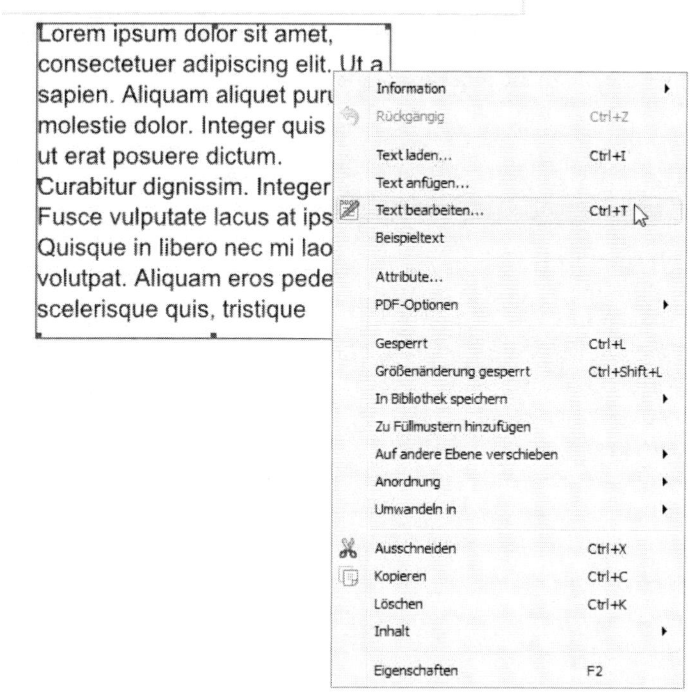

Das Kontextmenü der rechten Maustaste.

Auch von Ihrer Textverarbeitung kennen Sie vermutlich das Kontextmenü, das sich öffnet, wenn Sie ein Objekt mit der rechten Maustaste markieren. Bei Word & Co. stehen hier die am häufigsten verwendeten Bearbeitungsfunktionen zur Verfügung.

Das ist bei Scribus ebenfalls der Fall. Doch der entscheidende Unterschied: Bei Scribus finden Sie weiter mehr Funktionen. Wenn Sie sich einmal die Mühe machen, Word in dieser Hinsicht direkt mit Scribus zu vergleichen, werden Sie feststellen, dass bei Scribus fast doppelt so viele Funktionen verfügbar sind.

Das ist auch gut so, denn die Maus ist eines der wichtigsten Werkzeuge beim Anlegen, Verschieben, Ausrichten, Positionieren und Bearbeiten der unterschiedlichen Rahmenvarianten.

Eine weitere zentrale Funktion haben Sie im voranstehenden Workshop bereits kennengelernt: den *Eigenschaften*-Dialog. Hierbei handelt es sich um eine essentielle Funktion, die Sie so nicht in einer Textverarbeitung finden.

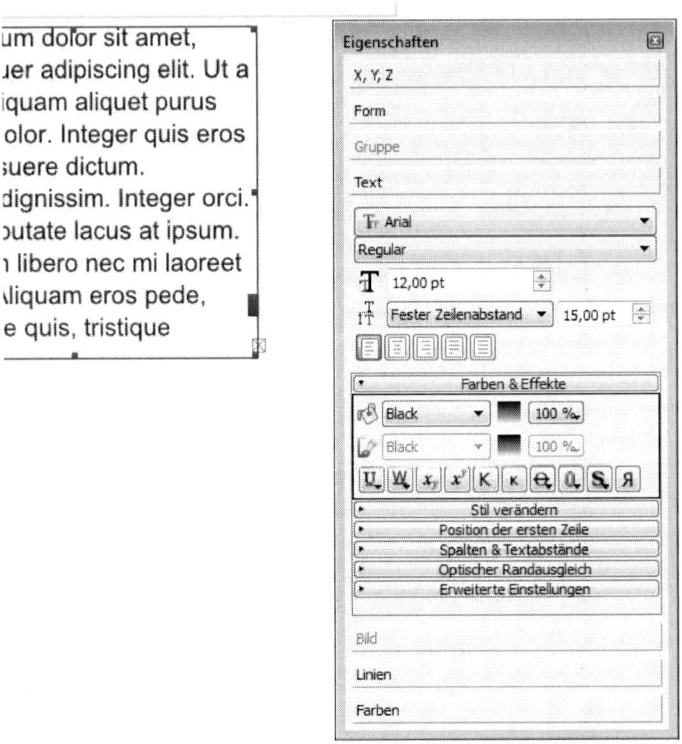

Ohne den *Eigenschaften*-Dialog geht nichts – zumindest nichts, was dem Begriff DTP gerecht wird.

Was den *Eigenschaften*-Dialog, den Sie nach dem Markieren eines Objekts am einfachsten mit der Funktionstaste *F2* aufrufen, so besonders macht, ist der Umstand, dass er alle relevanten Bearbeitungsfunktionen an zentraler Stelle vereint. Und: Er dient der Bearbeitung aller Objekte. Ist es geöffnet und Sie markieren einen Textrahmen, so sind über ihn alle textrahmenspezifischen Funktionen verfügbar. Wenn Sie dann einen Bildrahmen markieren, sind im gleichen Dialog die bildrahmenspezifischen Funktionen verfügbar. Nicht verfügbare Funktionen werden einfach deaktiviert. Und da Sie den *Eigenschaften*-Dialog bequem auf dem Desktop verschieben können – auch außerhalb des Montagebereichs bzw. des Scribus-Hauptfensters, ist ein Zugriff immer schnell und einfach möglich.

Die Stilverwaltung – ein Muss für jeden Scribus-Anwender.

Wenn Sie mit der Gestaltung eines Dokuments begonnen haben, kristallisieren sich im Laufe der Arbeit häufig Formatierungen heraus, die Sie immer und immer wieder verwenden werden. Das gilt insbesondere bei größeren Projekten.

Konkret können das beispielsweise die Schriftformatierungen für Überschriften oder Lauftext sein, aber auch Linien und/oder Zeichen, denen Sie wiederkehrende Formatierungen zuweisen wollen.

Irgendwie kennt und nutzt man diese Funktionen ja auch bei einer Textverarbeitung, aber die wenigsten Anwender schöpfen das Potenzial dieser Funktion ganz aus.

Bei Word 2010 trägt diese Funktion die Bezeichnung Formatvorlage. Bei Scribus spricht man von Stilen. Diese werden in der sogenannten Stilverwaltung angelegt und verwaltet.

Der entscheidende Unterschied zu den Möglichkeiten, die eine Textverarbeitung bietet wurde bereits erwähnt: Scribus kann nicht nur Linien-, sondern auch Absatz und Zeichenstile anlegen.

Das Tolle an dieser Funktion: Sie können einem Objekt mit einem einzigen Mausklick einen gewünschten Stil zuweisen. Damit vereinfacht und beschleunigt sich die Formatierung von Objekten erheblich.

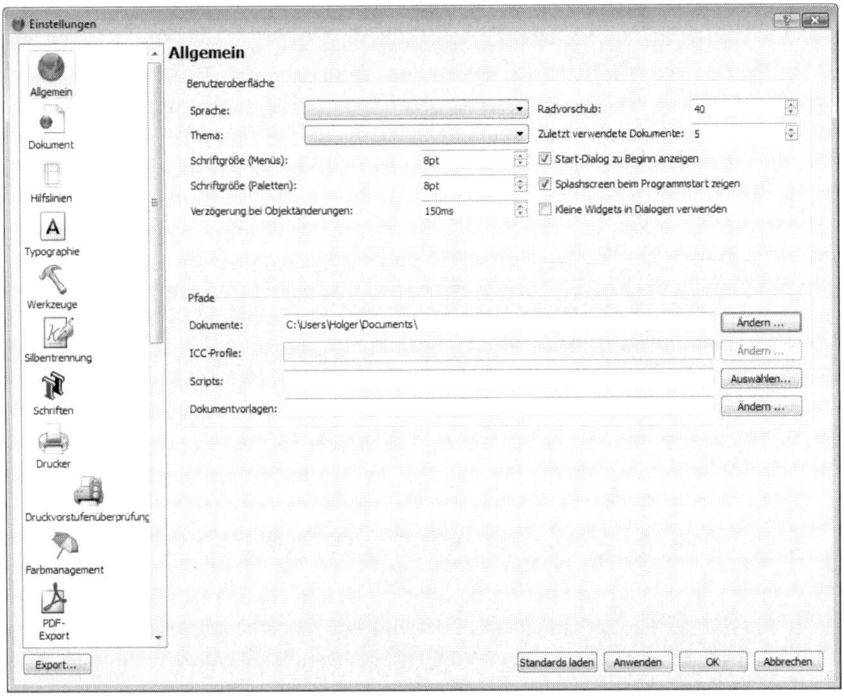

Die Programmeinstellungen von Scribus – eine wahre Fundgrube für Fortgeschrittene und Profis.

Eine weitere Besonderheit von Scribus: Das Programm ist für Neulinge einfach zu bedienen, bietet Profis und Fortgeschrittenen aber auch jede Menge Möglichkeiten, ein Maximum aus dem Programm herauszuholen.

Hierbei sind Ihnen insbesondere die umfangreichen Einstellungen der Programmkonfiguration eine wertvolle Hilfe. Wie Sie in Kapitel 10 noch sehen werden, können Sie eine Vielzahl von Anpassungen vornehmen, um Scribus an Ihre Bedürfnisse und Anforderungen anzupassen.

Sie können beispielsweise die verfügbaren Tastenkombinationen und den PDF-Export anpassen. Wir kommen später noch detailliert auf diese Anpassungsmöglichkeiten zu sprechen. Sie werden staunen, in wie vielen Bereichen Sie Scribus anpassen können.

DTP-Programme werden mit der Maus, aber auch viel mit der Tastatur gesteuert. Da macht auch Scribus keine Ausnahme. Da aber die klassischen Desktop-Rechner mehr und mehr aussterben, ist es wichtig, dass Programme auch auf Notebooks benutzerfreundlich zu bedienen sind.

Hier kommen insbesondere Tastenfunktionen ins Spiel, die helfen, die verschiedensten Befehle auszuführen. Auch hier hat Scribus seine Stärken, denn Sie können bereits in der Standardkonfiguration eine Fülle von Kommandos mit Tastenkürzeln ausführen.

Doch damit nicht genug: In den Programmeinstellungen können Sie quasi jeden Scribus-Befehl eine eigene Tastenkombination zuweisen.

Eine weitere Besonderheit von Scribus ist, dass nicht nur der Quellcode des Programms offen ist, sondern es auch ein offenes Dateiformat verwendet. Scribus erzeugt SLA-Dateien. Das SLA-Format ist ein XML-basiertes Format. Sie können die Dateien also mit jedem beliebigen Texteditor öffnen und gegebenenfalls bearbeiten. Ein weiterer Vorteil: Sollten SLA-Dateien beispielsweise durch einen Systemabsturz oder einen Festplatten-Crash beschädigt sein, können Sie zumindest teilweise wieder hergestellt werden. Das ist bei proprietären Formaten oftmals nicht möglich.

Scribus spielt außerdem hervorragend mit anderen offenen Formaten wie HTML, SVG, ODF etc. zusammen. Auch die PostScript- und PDF-Unterstützung ist ausgezeichnet.

Einschränkungen gibt es allerdings beim Import von proprietären Formaten die dem Photoshop-Format PSD. Aber das werden die meisten Anwender verkraften können.

Zum Abschluss dieses Abschnitts möchte ich noch ein paar generelle Worte zum Einsatz von Scribus verlieren. Gerade Hobby-Anwender tendieren dazu, Aufgaben, die sich auch irgendwie mit vertrauten Werkzeugen bewältigen lassen, mit diesen zu erledigen. So taugen Textverarbeitungsprogramme durchaus für das Erstellen von einfach gestalteten Texten. Aber schon mit der Gestaltung eines Covers wie es oben beschrieben ist, sind MS Word, LibreOffice Writer & Co. völlig überfordert.

Sie sollten sich daher an den Leitspruch „Verwende immer das passende Werkzeug für die anstehende Aufgabe“ halten. Ein Handwerker verwendet auch keinen normalen Schraubendreher, wenn er eine Kreuzschlitzschraube versenken will, sondern greift vorzugsweise zu einem Akkuschrauber samt passendem Einsatz. So sollten Sie auch vorgehen: Wenn Sie also ein Dokument mit einem gewissen grafischen Anspruch erstellen wollen, greifen Sie lieber gleich zum passenden Spezialisten – in unserem Fall zu Scribus.

Generell sollten Sie dabei auch folgende Ratschläge befolgen:

- Beschränken Sie sich bei der Gestaltung auf das Wesentliche. Meist ist weniger mehr.
- Sichern Sie Ihre Entwürfe in projektbezogenen Ordnern und weisen Sie diesen und auch Ihren Scribus-Dokumenten aussagekräftigen Bezeichnungen zu. Nutzen Sie für weitere Erläuterungen die Dokumenteninformationen, eine Funktion, auf die wir in Kapitel 7.8 noch zu sprechen kommen.
- Überfordern Sie Scribus und Ihren Rechner nicht. Je nach Systemausstattung können Sie mit Scribus Dokumente mit 20 bis 30 Seiten erstellen. Aber von mehr ist abzuraten, gerade auch dann, wenn diese viel Text und/oder hochauflösende Abbildungen enthalten. Bei sehr umfangreichen Dokumenten sollten Sie die Möglichkeit der Master-Seiten nutzen.
- Verwenden Sie das „richtige“ Grafikformat. Wenn Sie Ihre Inhalte bereits für das Internet aufbereitet haben oder dies vorhaben, liegen Ihre Fotos und Abbildungen vermutlich bereits als JPEG-, GIF- oder PNG-Dateien vor. Das ist bei der Veröffentlichung von Bildern im Web auch erforderlich.

  Aber: Abbildungen in diesem Formaten besitzen eine Qualität, die in der Regel nicht druckfähig ist. Achten Sie bei der Verwendung von grafischen Elementen darauf, dass diese in einer möglichst hohen Qualität vorliegen. TIFF-Dateien besitzen in der Regel eine deutlich bessere Qualität. Aber auch das Einbetten von PDF-Dateien in Ihre Scribus-Dokumente ist möglich.
- Wenn Sie umfangreiche Dokumente mit vielen Seiten erstellen wollen, sollten Sie die Vorlagen-Funktion nutzen, mit der Sie grundlegende Seiteneigenschaften bestimmen und vorgeben können.
- Das Ziel der Arbeit mit Scribus ist in der Regel, ein druckfähiges PDF zu erzeugen. Dazu verwenden Sie die Export-Funktion, die Ihr Scribus-Dokument nach PDF exportiert. Scribus besitzt mit der sogenannten Druckvorstufenüberprüfung eine Funktion, mit der Sie Ihr Dokument auf

mögliche Mängel überprüfen können. Wird die Prüfung bei der Analyse fündig, meldet sich ein entsprechender Hinweisdialog, der alle gefundenen Probleme aufführt. Diese Warnungen sollten Sie nur dann ignorieren, wenn Sie genau wissen, was Sie tun bzw. sicher sind, dass Ihre Einstellungen das gewünschte Exportergebnis liefern.

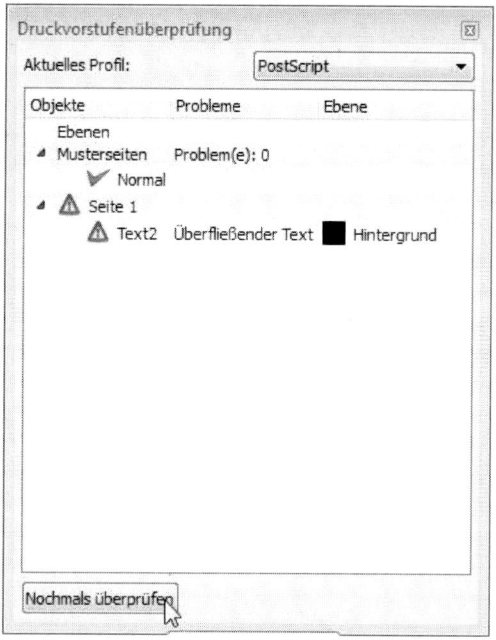

Die Druckvorstufenüberprüfung nimmt Ihr Dokument vor dem PDF-Export unter die Lupe und weist Sie auf mögliche Probleme hin, beispielsweise auf einen Textrahmen, dessen Inhalte im Export teilweise nicht zu sehen sein werden. Ignorieren Sie diese Warnung nicht!

- Stellen Sie in den Programmeinstellungen sicher, dass Scribus permanent Ihre Arbeit sichert. Dazu steht Ihnen eine Funktion zur Verfügung, die in definierbaren Zeitintervallen eine Sicherung vornimmt.
- Schließlich sollten Sie vor dem Erzeugen von PDF-Dokumenten immer erst sicherstellen, dass Ihr Dienstleister die von Ihnen generierten Dokumente verarbeiten kann. Sprechen Sie daher frühzeitig mit Ihrem Drucker, welche Formate bzw. PDF-Versionen von ihm verarbeitet werden können

und welche nicht. Die meisten Druckereien stellen Ihren Kunden auch exakte Spezifikationen zur Verfügung, denen Sie die spezifischen Anforderungen entnehmen können.

Mit diesen Hinweisen sind Sie bestens für den Einstieg in Scribus gerüstet. Als Nächstes schauen wir uns die Bedienungselemente des Programms genauer an.

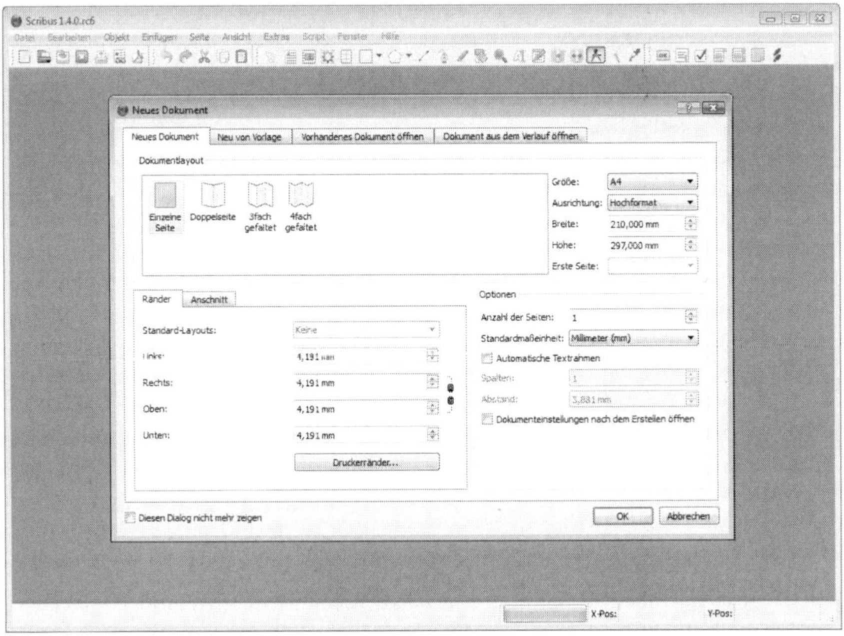

Die Benutzerschnittstelle von Scribus nach dem ersten Start.

1.5 Dokumente anlegen und speichern

Um effektiv mit Scribus arbeiten zu können, müssen Sie die wichtigsten Bedienelemente und den Arbeitsbereich kennen. In diesem Abschnitt schauen wir uns diese wichtigen Elemente genau an.

Nach dem ersten Start von Scribus präsentiert Ihnen das Programm das Hauptfenster und davor den Dialog *Neues Dokument* geöffnet. Dieser Dialog erlaubt Ihnen die Auswahl einer Layout-Vorlage bzw. das Anlegen eines Dokuments mit spezifischen Eigenschaften.

1.5.1 Neues Dokument

Der Dialog *Neues Dokument* besitzt seinerseits verschiedene Registerkarten, mit denen Sie auf weitere Vorlagen, bereits vorhandene Dokumente und Dokumente aus dem Verlauf zugreifen können.

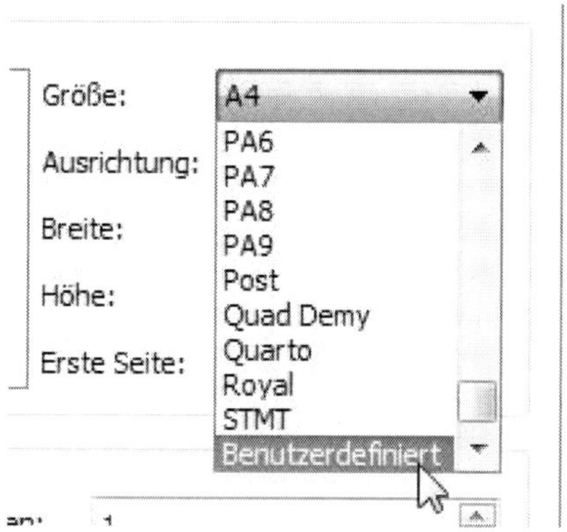

Sie benötigen ein ungewöhnliches Format? Kein Problem mit Scribus. Legen Sie einfach das gewünschte Seitenformat fest.

Beim Programmstart öffnen der *Neues Dokument*-Dialog automatisch die Registerkarte *Neues Dokument*, auf dem Sie die Eigenschaften des neuen Dokuments festlegen. Auf dieser Registerkarte finden Sie folgende Funktionen und Einstellungs- bzw. Auswahlmöglichkeiten:

- **Dokumentlayout**: Dieser Bereich stellt Ihnen vier verschiedene Dokumentenlayouts zur Auswahl bereit. Sie können festlegen, ob Ihr Dokument gefaltet werden soll und falls ja, in welcher Form. Wenn Sie sich für die Standardeinstellung *Einzelne Seite* entscheiden, sind das Auswahlmenü *Erste Seite*, mit dem Sie festlegen, um welcher Seite es sich handelt, und die Standard-Layouts deaktiviert.
- **Größe**: Mit diesem Auswahlmenü bestimmen Sie das Seitenformat. Sie haben die Wahl zwischen gängigen DIN-Größen und einer Fülle nordamerikanischer Formate. Wenn Sie ein eigenes Format anlegen wollen, ist

auch das kein Problem: Wählen Sie die Option und bestimmen Sie die Eigenschaften des Formats mit den weiteren Einstellungen.

- **Ausrichtung**: Dieses Auswahlmenü stellt Ihnen die beiden Ausrichtung *Hochformat* und *Querformat* zur Verfügung.
- **Breite/Höhe**: Wenn Sie sich für eines der vielen vordefinierten Formate entscheiden, werden hier die zugehörigen Werte für die Breite und die Höhe angezeigt. Wollen sie ein benutzerdefiniertes Seitenformat anlegen, können Sie hier exakt die Größe bestimmen. Die Eingabe kann direkt in das Feld oder aber mithilfe des Hoch- und Runter-Pfeile erfolgen.

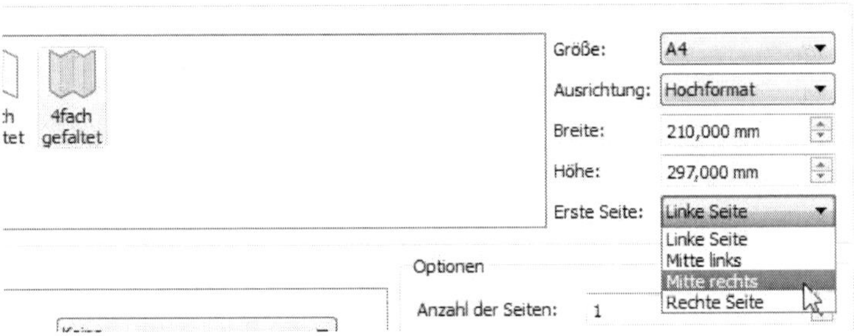

Die Wahl, welche Seite Sie erzeugen wollen.

- **Erste Seite**: Wenn Sie sich für die Verwendung eines mehrseitigen Dokumentlayouts entschieden haben, können Sie mit diesem Auswahlmenü bestimmen, um welche Seite es sich handelt. Die verfügbaren Optionen ergeben sich aus der Wahl des Dokumentlayouts. Bei einem 3fach gefalteten Layout haben Sie beispielsweise die Wahl zwischen drei Optionen:
  - Linke Seite
  - Mitte
  - Rechte Seite

Bei einem 4fach gefalteten Layout haben Sie die Wahl zwischen folgenden Optionen:

- Linke Seite
- Mitte links

- Mitte recht
- Rechte Seite

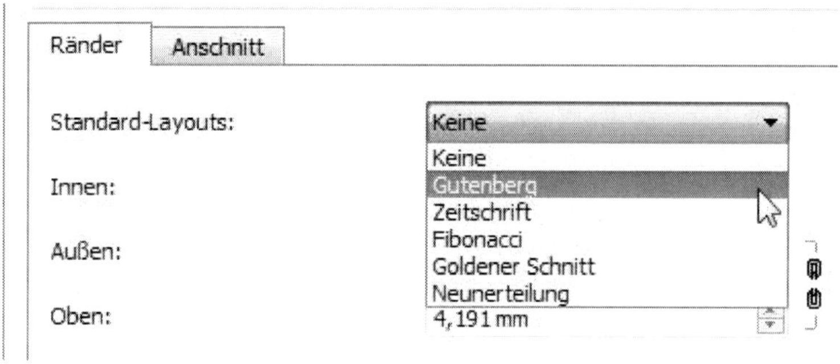

Hier geht es um die Wahl des sogenannten Satzspiegels.

Unterhalb der Dokumentlayout-Auswahl finden Sie die beiden Registerkarten *Ränder* und *Anschnitt*. Standardmäßig wird die Registerkarte *Ränder* geöffnet. Hier bestimmen Sie zunächst mit dem Auswahlmenü *Standard-Layouts* das Seitenlayout, genauer genommen geht es hier um die Definition des sogenannten Satzspiegels.

Dieses Auswahlmenü steht Ihnen bei allen Dokumentlayouts außer dem Dokumentlayout *Einzelne Seite* zur Verfügung. Sie haben die Wahl zwischen folgenden Optionen:

- Keine
- Gutenberg
- Zeitschrift
- Fibonacci
- Goldener Schnitt
- Neunerteilung

Scribus weist jeder dieser Optionen einen Satz Standard-Seitenränder zu, die in den darunter befindlichen Feldern angezeigt werden.

Da Sie vermutlich keine Ausbildung als Mediengestalter oder ähnliches absolviert haben, sind Ihnen diese Begriffe vermutlich eher nicht geläufig. Sie sollten dennoch zumindest soweit erläutert werden, wie es für die Verwendung von Scribus wichtig sind.

Der sogenannte Satzspiegel sorgt für eine gewisse Ordnung auf einer Seite und definiert das Verhältnis von Textfläche und (leerem) Seitenrand – und das immer im Hinblick auf eine grafisch ansprechende Gestaltung, in deren Mittelpunkt die Kommunikation der Inhalte steht. Nachstehende Abbildung fasst die wichtigsten Elemente einer Seite zusammen. Die aufgeführten Elemente müssen nicht zwangsläufig auf einem Dokument vorhanden sein.

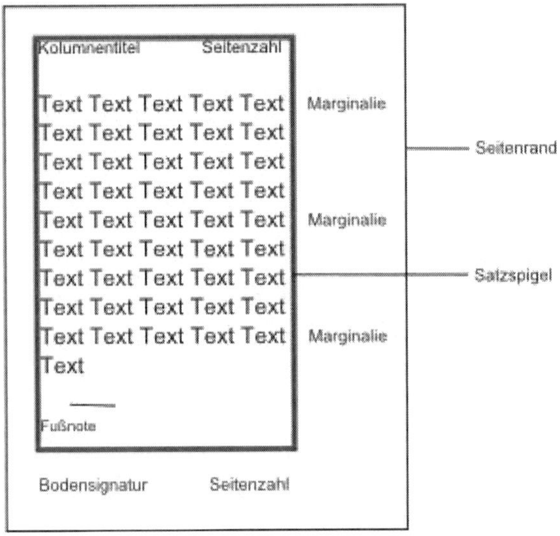

Die wichtigsten Elemente einer typischen Seite.

Da das Seitenlayout immer dazu dienen soll, die Inhalte möglichst übersichtlich zu transportieren, ist es beim Entwurf von Dokumenten immer sinnvoll, sich Gedanken über die optimale Verwendung zu machen.

Was macht nun der Satzspiegel genau? Er legt in erster Linie die Nutzfläche auf dem ausgewählten Seitenformat fest, die mit dem Satz, also den Texten, Bildern etc., gefüllt werden soll.

Aus der Größe des Satzspiegels ergibt sich dann die Größe des Papierrandes, der in einem ansprechenden Verhältnis zur Nutzfläche stehen soll. Wie in voranstehender Abbildung dargestellt können Sie den Satzspiegel, also das gedachte Rechteck verstehen, das Ihren Text und die eingebetteten Elemente umgibt.

Verschiedene weitere Elemente wie die Marginalien, die Bogensignatur und die Seitenzahl liegen in der Regel außerhalb des Satzspiegels, Fußnoten wiederum gehören ebenso dazu wie eventuelle Kolumnen. In diesem Zusammenhang sollte auch der Begriff des Stegs erwähnt werden. Er bezeichnet die nicht bedruckten Ränder.

Der verwendete Satzspiegel ist immer auch im Zusammenhang mit der zu erstellenden Drucksache zu verstehen. Prinzipiell unterscheidet man zwischen Drucksachen, die mehrere Seiten umfassen und beidseitig bedruckt sind, und solchen, die nur aus einer Seite bestehen. Im ersten Fall spricht man von doppelseitigem, im zweiten Fall von einseitigem Satzspiegel.

Unabhängig davon, welche Art Drucksache Sie erstellen und welches Konstruktionsmodell Sie verwenden wollen, empfiehlt es sich, nach der Wahl des Satzspiegels ein Gestaltungsraster zu entwerfen.

Der Satzspiegel Goldene Schnitt gilt als Garant für harmonische Proportionen. Diese Variante wird schon sehr lange verwendet. Sie verwendet ein Größenverhältnis von 5:8, das als besonders harmonisch empfunden wird.

Glaubt man da Vinci, so hängt das mit den Proportionen des menschlichen Körpers zusammen, der sich vom Nabel ausgehend in drei obere und fünf untere Teile auflösen lässt. Mit der Konstruktion des Goldenen Schnitts müssen Sie sich dank des vordefinierten Layouts in Scribus keine Gedanken machen.

Wenn Sie mit der Verwendung einer Layout-Vorlage nicht zufrieden sind, sollten Sie einfach eine andere testen. Es gibt keine allgemeingültigen Grundsätze, wann der Einsatz eines bestimmen Satzspiegels sinnvoll ist.

Und oftmals ist es ja auch so, dass man erst durch die Verwendung eines völlig anderen Ansatzes ein wesentlich besseres Ergebnis erzielt.

Wenn Sie sich für das Erstellen eines mehrseitigen Dokuments entschieden haben, können Sie nach der Wahl der Standard-Layouts mit den vier folgenden Felder die Ränder bestimmen. Standardmäßig ist die Maßeinheit pt. Wenn Sie eine andere Maßeinheit vorziehen, können Sie diese über das Listenfenster *Standardmaßeinheit* auswählen. Die Einstellungen:

- **Innen**: Hier legen Sie den Abstand zwischen dem linken Seitenrand und dem linken Rand des Satzspiegels fest.

- **Außen**: Hier bestimmen Sie den Abstand zwischen rechtem Seitenrand und dem rechten Rand des Satzspiegels. Bei gefalteten Layouts kann hier die Bindung mit berücksichtigt werden.
- **Oben**: Bestimmen Sie mit dieser Einstellung den sogenannten Kopfsteg. Dabei handelt es sich um den Abstand zwischen oberem Seitenrand und oberem Satzspiegel.
- **Unten**: Bestimmen Sie hier den sogenannten Fußsteg fest. Dies ist der Abstand zwischen unterem Seitenrand und unterem Satzspiegel.

Anstelle der manuellen Anpassung der Seitenränder können Sie über die Schaltfläche *Druckerränder* auch die Einstellungen der Druckränder eines installierten Druckers übernehmen.

Die Verwendung dieser Funktion ist einfach: Wählen Sie den gewünschten Drucker aus und passen Sie gegebenenfalls die Voreinstellungen an. In der Regel sind allerdings keine Änderungen notwendig.

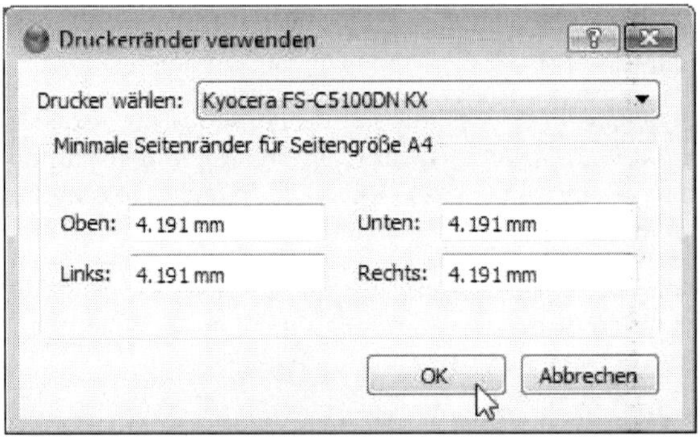

Die Verwendung der druckerspezifischen Ränder.

Auf der Registerkarte *Anschnitt* können Sie Links, Rechts, Oben und Unten den Anschnitt anpassen. Mithilfe des Verkettungssymbols werden alle Werte gemeinsam hoch- bzw. heruntergefahren. Mit einem Klick lösen Sie die Verknüpfung und Sie können dann unterschiedliche Werte verwenden.

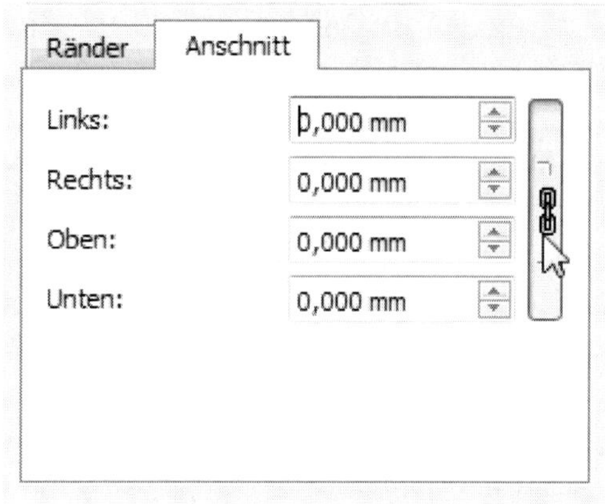

Die Anschnitteinstellungen sind verkettet.

Im rechten unteren Bereich des Dialogs *Neues Dokument* finden Sie den Bereich *Optionen*, in dem Sie folgende Einstellungen vornehmen können:

- **Anzahl der Seiten**: In diesem Eingabefeld bestimmen Sie die Seitenzahl Ihres Dokuments. Der zulässige Wertebereich: 1 – 10.000.
- **Standardmaßeinheit**: Hier bestimmen Sie die zu verwendende Maßeinheit. Standardmäßig ist pt für Punkt voreingestellt. Sie können aber auch folgende Einheiten verwenden:
    - Millimeter (mm)
    - Zoll (in)
    - Picas (p)
    - Zentimeter (cm)
    - Cicero (c)

- **Automatische Textrahmen**: Durch Aktivieren dieser Option wird in jedem neuen Dokument ein Textrahmen angelegt, dessen Eigenschaften Sie in den beiden darunterliegenden Feldern *Spalten* und *Abstand* bestimmen.
- **Spalten**: In diesem Feld bestimmen Sie die Spaltenzahl des automatisch erzeugten Textrahmens. Der mögliche Wertebereich: 1 – 99.

- **Abstand**: Mit dieser Einstellung bestimmen Sie den Abstand zwischen den Spalten.
- **Dokumenteinstellungen nach dem Erstellen öffnen**: Wenn Sie dieses Kontrollkästchen aktivieren, wird mit dem Erstellen des Dokuments der Dialog *Dokument einrichten* geöffnet, in dem Sie verschiedene Eigenschaften und Einstellungen anlegen können, die sich ausschließlich auf das aktuelle Dokument beziehen. So können Sie beispielsweise verschiedene Metadaten wie den Autor oder eine kurze Inhaltsbeschreibung hinterlegen.

Nachdem Sie Ihrem Dokument die gewünschten Eigenschaften zugewiesen haben, klicken Sie auf *OK* und Scribus erzeugt das Dokument.

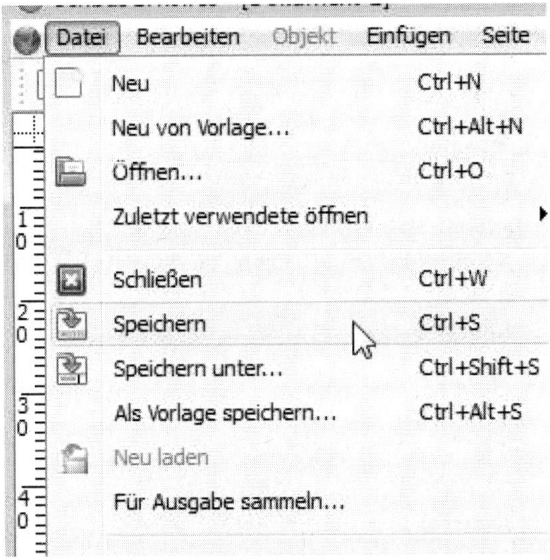

Das Speichern eines Dokuments.

1.5.2 Scribus-Dokumente speichern und öffnen

Nach dem Anlegen des Dokuments sollten Sie es speichern. Dazu stellt Ihnen das *Datei*-Menü verschiedene Funktionen zur Verfügung. Sie können ein Dokument mit dem Befehl *Datei> Speichern* in dem Standardordner sichern. Scribus präsentiert Ihnen den Dialog *Speichern unter*, in dem Sie das Zielverzeichnis und die Dateibezeichnung selbst angeben.

Scribus bezeichnet die Dokumente der Reihe nach mit *Dokument-1.sla*, *Dokument-2.sla* etc. Wenn Sie ein Dokument bereits zumindest einmal gespeichert haben, sichert die Ausführung des *Speichern*-Befehls die letzten Änderungen.

Der *Speichern*-Dialog unterstützt lediglich das Sichern Ihrer Dokumente im Scribus-eigenen SLA-Format. Wenn Sie ein Dokument in einem anderen Format speichern wollen, greifen Sie zu den Exportfunktionen, auf die wir später noch detailliert zu sprechen kommen.

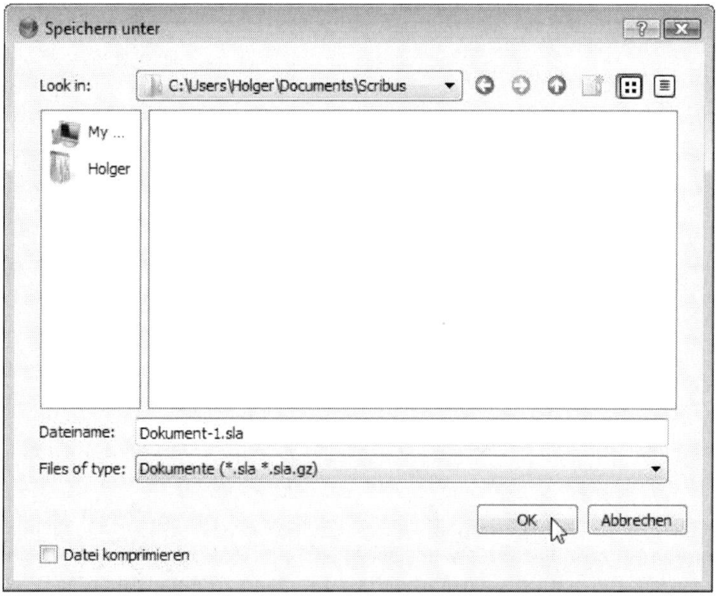

Das Speichern eines neuen Dokuments.

Haben Sie ein Dokument bereits gespeichert, können Sie es mit dem Befehl *Datei> Speichern unter* auch in einem anderen Verzeichnis als dem Standardsicherungsverzeichnis ablegen. Dabei öffnet sich der in voranstehender Abbildung dargestellte Dialog, in dem Sie das Zielverzeichnis und den Dateinamen gegebenenfalls anpassen können.

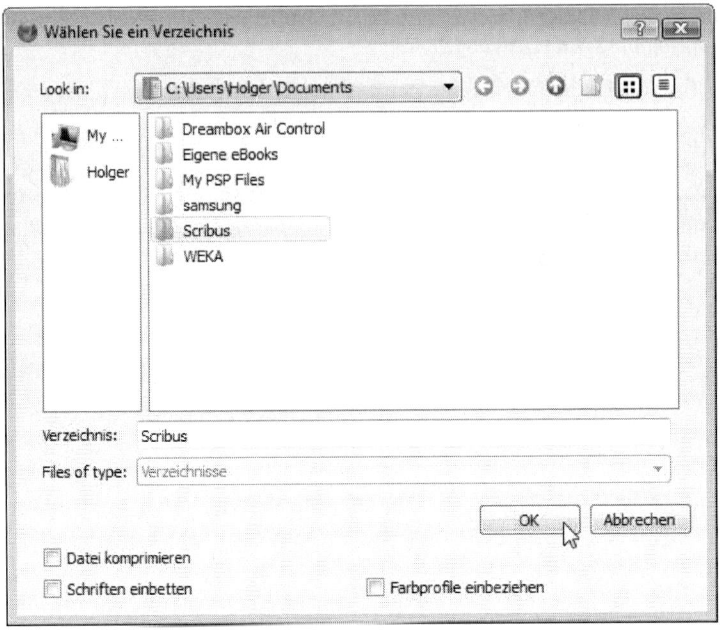

Das Sammeln von Dokumenten für die Ausgabe.

Wenn Sie an einem Scribus-Dokument arbeiten, in dem Bilder eingebettet sind, und Sie dieses einer dritten Person zur weiteren Bearbeitung zukommen lassen oder das Dokument auf einem anderen Rechner weiter bearbeiten wollen, so verwenden Sie hierfür den Befehl *Datei> Für Ausgabe sammeln.*

Da Scribus Referenzen zu Bilddateien verwendet, das Bildmaterial aber nicht in eine Scribus-Datei eingebettet wird, benötigen Sie eine Möglichkeit, alle Dateien zusammenzufassen und dann verarbeiten zu können. Beim Sammeln-Befehl werden sowohl die Scribus- als auch die eingebetteten Bilddateien in ein von Ihnen zu bestimmendes Verzeichnis kopiert.

Wenn Sie zu einem späteren Zeitpunkt weitere Bilder einbauen oder das eine oder andere entfernen, müssen Sie diesen Befehl erneut ausführen, damit der Ordnerinhalt auf dem aktuellen Stand bleibt.

Der Dialog für die Auswahl eines Verzeichnisses erlaubt Ihnen das Einbetten von Schriften und Farbprofilen sowie das Komprimieren der Daten. Zumindest das Einbetten der Schriften und Einbeziehen der Farbprofile sollten Sie dabei aktivieren.

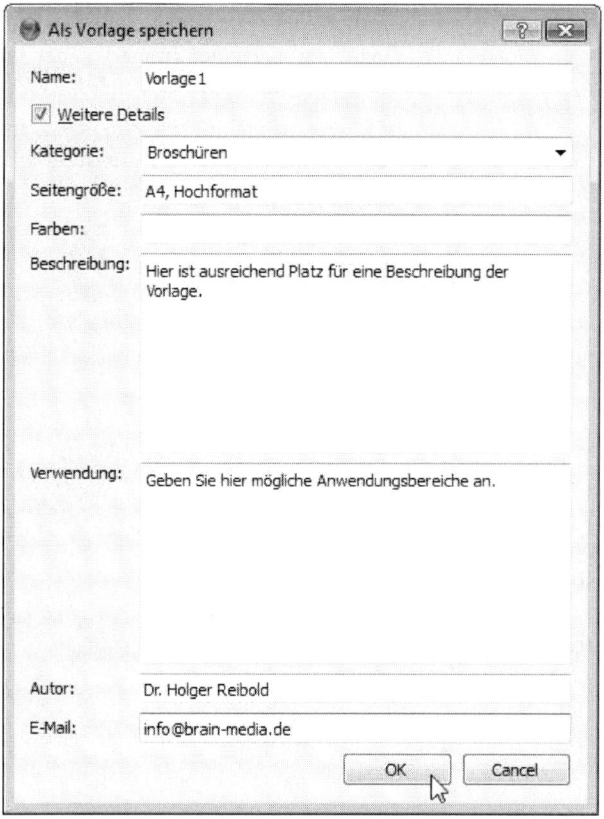

Das Speichern eines Dokuments als Vorlage.

1.5.3 Vorlage anlegen

Wenn Sie immer wieder mit Scribus an Dokumenten arbeiten, sollten Sie eine weitere tolle Funktion von Scribus kennen, die Ihnen viel Arbeit abnehmen kann: Sie können Ihre Dokumente zur Wiederverwendung als Vorlagen speichern.

Dabei unterscheidet Scribus zwischen zwei Dokumententypen:

- Vorlagen
- Musterseiten

Wenn Sie Ihren Werbeflyer monatlich mit aktualisierten Inhalten herausbringen, bietet es sich an, eine Vorlage anzulegen, die Ihnen immer wieder als Grundbaustein für das Erstellen eines neuen Dokuments dient.

Idealerweise sind in einer solchen Vorlage all die Standardelemente wie Logos, Kontaktdaten etc. enthalten, die unveränderlich bleiben. Für die Elemente, die bei einer Neuauflage ausgetauscht werden, können Sie Platzhalter anlegen.

Um ein bestehendes Dokument als Vorlage zu speichern, führen Sie den Befehl *Datei> Als Vorlage speichern* aus. Bestimmen Sie im Dialog *Wählen Sie ein Verzeichnis* das Verzeichnis, in dem Sie die Vorlage ablegen wollen. Scribus verwendet standardmäßig unter Windows das Verzeichnis *\Users\IhrBenutzername\Scribus\templates*, unter Linux entsprechend */home/Benutzername/Scribus/templates*.

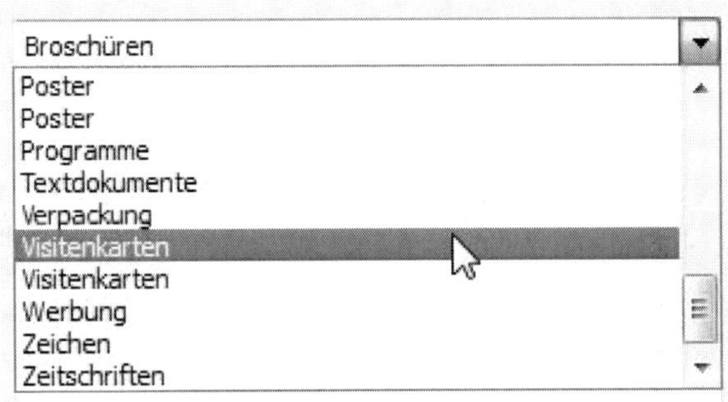

Die Kategorienauswahl für Ihre Vorlage.

Weisen Sie der Vorlage eine Bezeichnung zu. Durch Aktivieren der Option *Weitere Details* können Sie weitere Informationen an die Vorlage knüpfen:

- **Kategorie**: Dieses Auswahlmenü stellt Ihnen eine Fülle von vordefinierten Kategorien zur Verfügung. Diese helfen Ihnen, Ordnung in die Vorlagenerstellung zu bringen. Sie haben die Wahl zwischen folgenden Kategorien: Ankündigungen, Beschriftungen, Briefköpfe, Briefumschläge, Broschüren, Cover, Eigenen Vorlagen, Flyer, Hefter, Karten, Kataloge, Menüs, Newsletter, PDF-Präsentationen, PDF-Formulare, Poster, Programme, Textdokumente, Verpackung, Visitenkarten, Werbung, Zeichen und Zeitschriften.

- **Seitengröße**: Hier wird die von Ihnen gewählte Seitengröße samt Ausrichtung aufgeführt. Ein Eintrag könnte beispielsweise *A4, Hochformat* oder *A5, Querformat* lauten.
- **Farben**: Hier können Sie die zu verwendenden Farben angeben.
- **Beschreibung**: In diesem Eingabefeld ist ausreichend Platz, um eine Beschreibung der Vorlage zu hinterlegen.
- **Verwendung**: Gehen Sie hier optional an, für welche Anwendungsbereiche die Vorlage konzipiert wurde. Das Eingabefeld ist ausreichend groß, um eine Fülle von Anwendungs- und Einsatzmöglichkeiten anzugeben.
- **Autor**: In diesem Feld geben Sie den oder die Autoren der Vorlage an.
- **E-Mail**: Schließlich können Sie die E-Mail-Adresse des Erstellers hinterlegen.

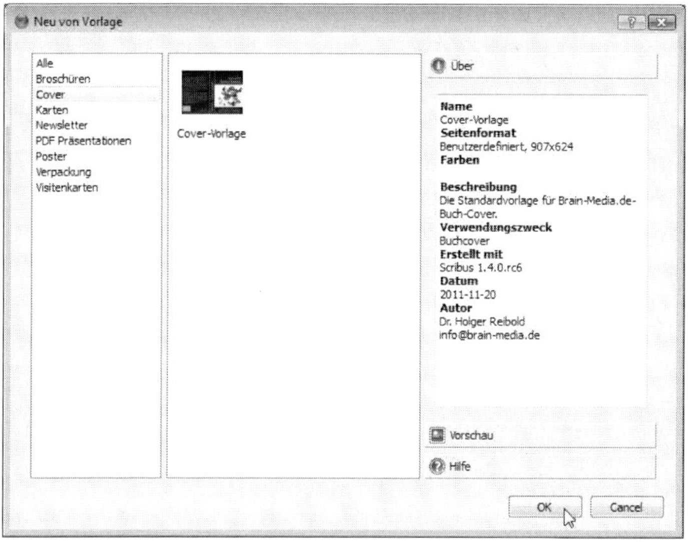

Das Erstellen eines neuen Dokuments auf Grundlage einer Vorlage.

Nach dem Speichern des Dokuments als Vorlage können Sie es in Zukunft mit dem Menübefehl *Datei> Neu von Vorlage* verwenden. Scribus präsentiert Ihnen dabei den Dialog *Neu von Vorlage*, über den die vorhandenen Vorlagen verfügbar sind.

Navigieren Sie zu der Kategorie, der Sie Ihre Vorlage zugewiesen haben. In unserem Beispiel wurde die Cover-Datei des Einstiegs-Workshops der Kategorie *Cover* zugeordnet. Dort finden Sie dann die Vorlage. Der Dialog *Neu von Vorlage* zeigt Ihnen in der Mitte die Vorschau und rechts die hinterlegten Eigenschaften an.

Zwei weitere Besonderheiten von Scribus sollten Sie im Zusammenhang mit dem Speichern von Dokumenten noch kennen. Scribus verfügt über einen Mechanismus, der in definierbaren Zeitintervallen Ihre Arbeit sichert. Wenn Sie die Sicherungsfunktion für ein einzelnes Dokument anpassen wollen, öffnen Sie die Dokumenteneigenschaften, oder die Programmeinstellungen, falls Sie das Speichern programmweit konfigurieren wollen.

Auf die Sicherungseinstellungen greifen Sie mit *Datei> Dokument einrichten* oder mit *Datei> Allgemeine Einstellungen* zu. In der Kategorie *Dokument* ist das automatische Speichern aktiviert. Das Sicherungsintervall beträgt standardmäßig 10 Minuten. Passen Sie diesen Wert gegebenenfalls an. Wir kommen später noch auf diese beiden Einrichtungsfunktionen zu sprechen.

Scribus versucht bei einem unerwarteten Systemabsturz oder nachdem sich das Programm aufgehängt hat, immer noch den letzten Stand der Dinge zu sichern. Gelingt das, generiert das Programm eine Datei mit der Erweiterung *sla.emergency*. Diese Notfallsicherung wird im aktuellen Verzeichnis abgelegt, in dem sich die Datei befindet, die Sie während des Ereignisses bearbeitet haben. Im Idealfall ist in der Notfallsicherung der letzte Stand der Bearbeitung festgehalten. Im Falle eines Crashs oder einem anderen kritischen Ereignisses greifen Sie durch Öffnen der letzten Dokumentenversion auf die Sicherung zu.

1.5.4 Dokumente öffnen

Neben dem Speichern ist das Öffnen die zweite wichtige Dateifunktion von Scribus. Sie benötigen die *Öffnen*-Funktion, um Dateien, die Sie mit Scribus angelegt haben, öffnen und dann bearbeiten zu können. Scribus kann über seine *Öffnen*-Funktion nicht nur Scribus-Dateien mit der Dateierweiterung *SLA* öffnen, sondern auch ODG und SVG-Dateien.

Für das Öffnen einer Datei gibt es mehrere Wege. Der einfachste: Sie klicken auf das *Öffnen*-Symbol der Datei-Symbolleiste. Scribus präsentiert Ihnen den *Öffnen*-Dialog, in dem Sie sich in der Dateistruktur bewegen und die gewünschte Datei auswählen und mit einem Klick auf *OK* öffnen.

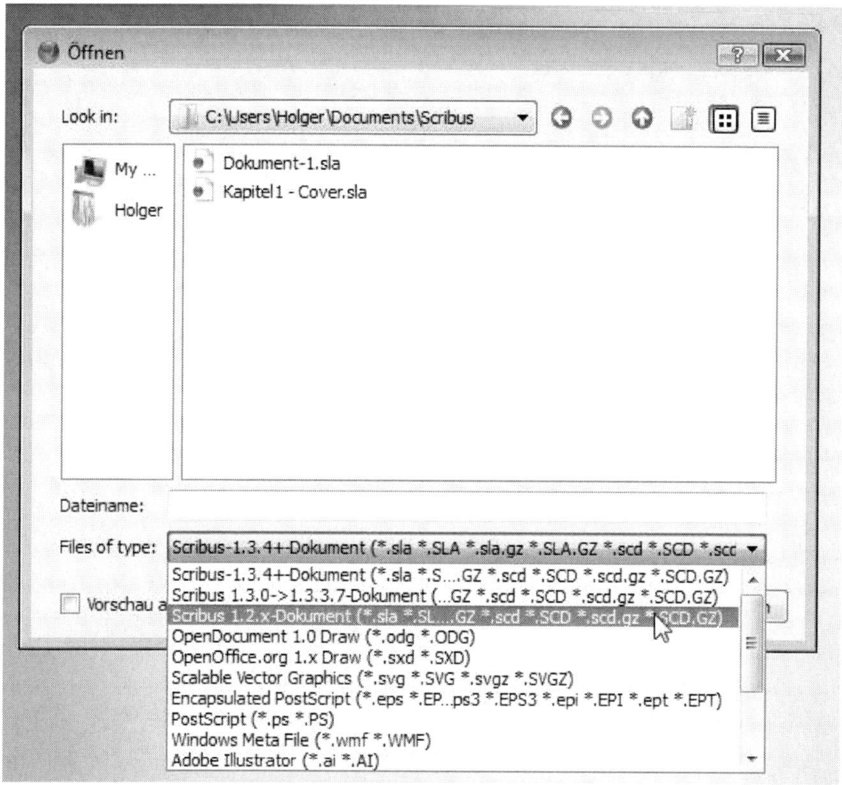

Der Öffnen-Dialog von Scribus.

Das Auswahlmenü *File of type* stellt Ihnen die unterstützen Dateiformate zur Auswahl. Mit der Auswahl schränken Sie die Ansicht in der Datei- bzw. Ordnerliste gezielt ein. Scribus 1.4 unterstützt das Öffnen von folgenden Dateitypen:

- **Scribus 1.3.4-Dokumente und höher**: SLA, SLA.GZ, SCD, SCD.GZ
- **Scribus 1.3.0- bis 1.3.3.7-Dokumente**: SLA, SLA.GZ, SCD, SCD.GZ
- **Scribus 1.2.x-Dokumente**: SLA, SLA.GZ, SCD, SCD.GZ
- **OpenDocument 1.x Draw**: ODG
- **OpenOffice 1.x Draw**: SXD
- **Scalable Vector Graphics**: SVG, SVGZ

- **Encapsulated PostScript**: EPS, EP, PS3, EPS3, EPI, EPT
- **PostScript**: PS
- **Windows Meta File**: WMF
- **Adobe Illustrator**: AI

Ob die Dateierweiterungen in Groß- oder Kleinbuchstaben geschrieben sind, spielt dabei keine Rolle.

Unterhalb der Auswahlliste *Dateityp* finden Sie das Kontrollkästchen *Vorschau* anzeigen. Erwarten Sie von dieser Funktion nicht zu viel. Sie kann lediglich bei Scribus-Dateien einige Meta-Informationen wie den Dokumententyp, den Titel, den Autor und das Dateiformat, genauer die Version, ausgeben. Eine echte Vorschau steht auch bei Grafikformaten wie SVG nicht zur Verfügung.

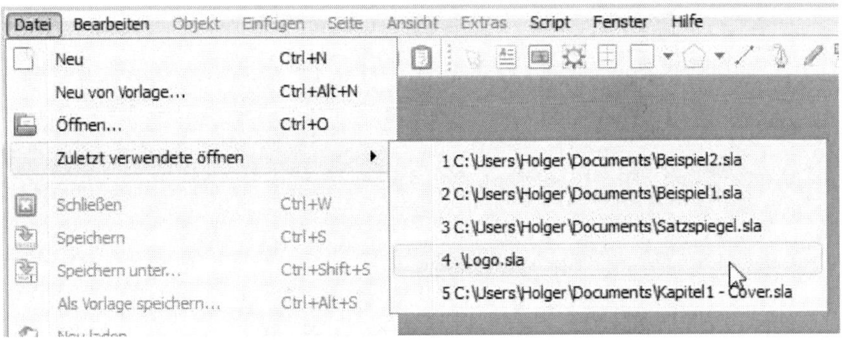

Der schnelle Zugriff auf die zuletzt verwendeten Dateien.

Besonders bequem ist der Zugriff auf die Dateien, die Sie zuletzt verwendet haben. Dazu führen Sie den Befehl *Datei> Zuletzt verwendete öffnen* aus. Das Untermenü führt die fünf Dokumente auf, die Sie zuletzt geöffnet haben. Mit der Maus ist also ein sehr schneller Zugriff auf diese Dokumente möglich.

1.6 Die Elemente des Arbeitsbereichs

Im bisherigen Verlauf dieses Buchs haben Sie bereits eine ganze Menge von Funktionen und Bedienelementen von Scribus kennengelernt. Nun ist es an der Zeit, sich diese und deren Aufgaben genauer anzuschauen.

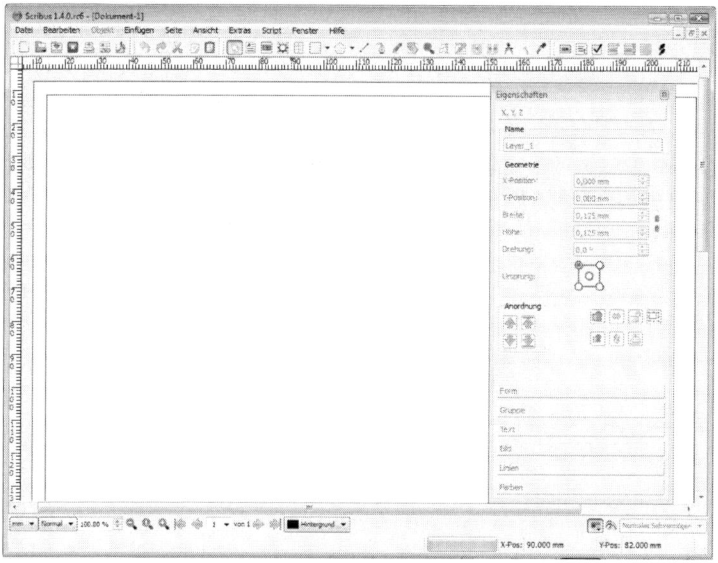

Scribus 1.4 mit einem noch leeren Arbeitsplatz und geöffnetem *Eigenschaften*-Dialog.

Wenn Sie Scribus starten, ein erstes Dokument anlegen wollen und mit einem Druck der Funktionstaste *F2* bereits den *Eigenschaften*-Dialog geöffnet haben, präsentiert sich Ihnen ungefähr ein Bild, wie es voranstehende Abbildung zeigt.

1.6.1 Die Bereiche der Scribus-Benutzerschnittstelle

Die Benutzerschnittstelle von Scribus umfasst mehrere Bereiche. Die sogenannte Titelleiste zeigt den Programmnamen, die Programmversion und den Dokumenttitel an. Darunter finden Sie die Menüleiste mit den Menüs *Datei*, *Bearbeiten*, *Objekt*, *Einfügen*, *Seite*, *Ansicht*, *Extras*, *Script*, *Fenster* und *Hilfe*.

Es folgen die sogenannten Symbolleisten, über die die wichtigsten Funktionen von Scribus per Mausklick verfügbar sind. Scribus besitzt vier solcher Leisten, in denen die Befehle nach Funktionalität gruppiert sind:

- Datei
- Bearbeiten
- Werkzeuge
- PDF-Werkzeuge

Sie können die einzelnen Symbolleisten quasi beliebig auf dem Desktop positionieren. Dazu klicken Sie mit der linken Maustaste auf den Anfasser und verschieben die Leiste mit gedrückter Maustaste an die gewünschte Position.

Standardmäßig sind alle vier Symbolleisten eingeblendet.

Sie können die Leisten auch ein- und ausblenden. Dazu klicken Sie mit der rechten Maustaste in eine der Leisten. Über den Pop-up-Dialog können Sie dann die gewünschten Leisten aktivieren bzw. deaktivieren.

Die beiden Leisten *Werkzeuge* und *PDF-Werkzeuge* können auch über das *Fenster*-Menü ein- oder ausgeblendet werden.

Es folgt das horizontale Lineal, darunter der sogenannte Arbeitsbereich, der bei designorientierten Anwendungen gerne auch als Montagefläche bezeichnet wird.

Scribus besitzt neben dem horizontalen noch ein vertikales Lineal. Die beiden Lineale sind eine wertvolle Hilfe zur Orientierung und Platzierung von Elementen in einem Dokument. Außerdem können Sie aus den Linealen heraus Hilfslinien ziehen, an denen Sie dann Objekte ausrichten können.

Unterhalb des Montagebereichs finden Sie die sogenannte Ansichtsleiste, die Ihnen beispielsweise das Ändern der Maßeinheit und der Dokumentansicht erlaubt. Sie können auch die Ansicht ändern und bequem in mehrseitigen Dokumenten navigieren.

Am Fuße des Programmfensters finden Sie die Statusleiste, die die Fortschrittsanzeige beinhaltet und die exakte Mausposition in der eingestellten Maßeinheit anzeigt.

1.6.2 Die Symbolleisten

Nachfolgend sind die Funktionen der vier Symbolleisten dokumentiert. Sie sollten die Bedeutung der verschiedenen Symbole kennen, um effektiv mit Scribus arbeiten zu können. In diesem Zusammenhang sei darauf hingewiesen, dass Sie die Leisten beliebig vom Desktop verschieben können. Auch das erneute Einrasten oder Umsortieren ist mithilfe der Halter problemlos möglich.

Eine Funktion hat Scribus 1.4 allerdings nicht mehr zu bieten, die man noch bei Vorgängerversionen finden konnte: Die Andockoptionen und Ausrichtungsmöglichkeiten sind nicht mehr vorhanden.

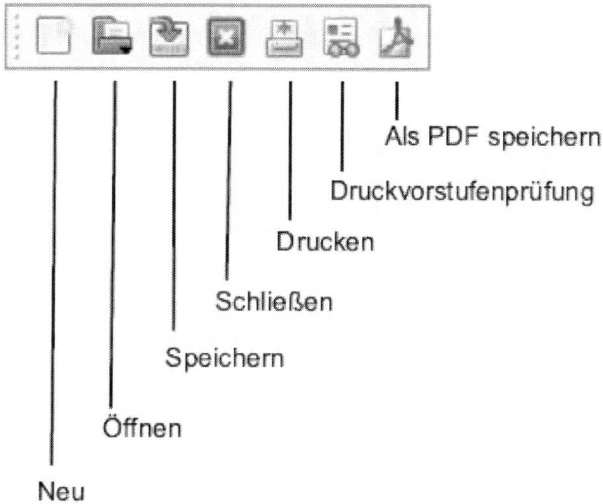

Die Funktionen der Symbolleiste *Datei*.

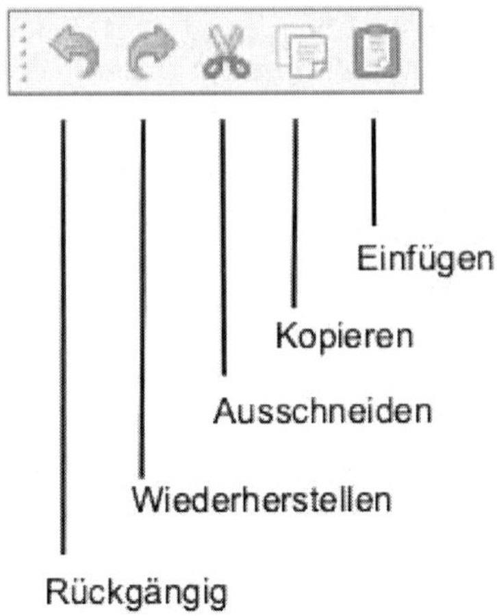

Die Funktionen der Symbolleiste *Bearbeiten*.

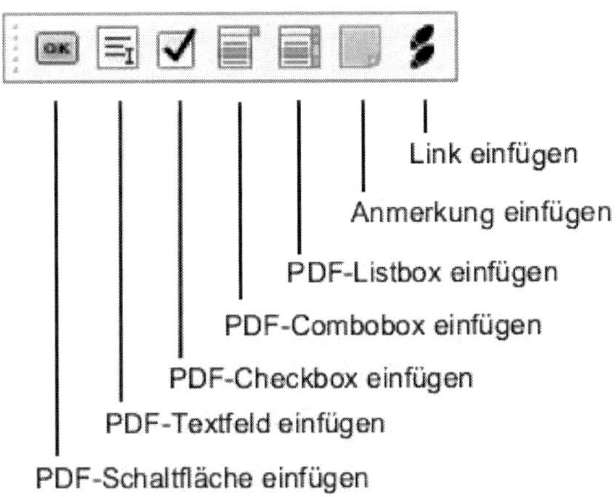

Die Funktionen der Symbolleiste *PDF-Werkzeuge*.

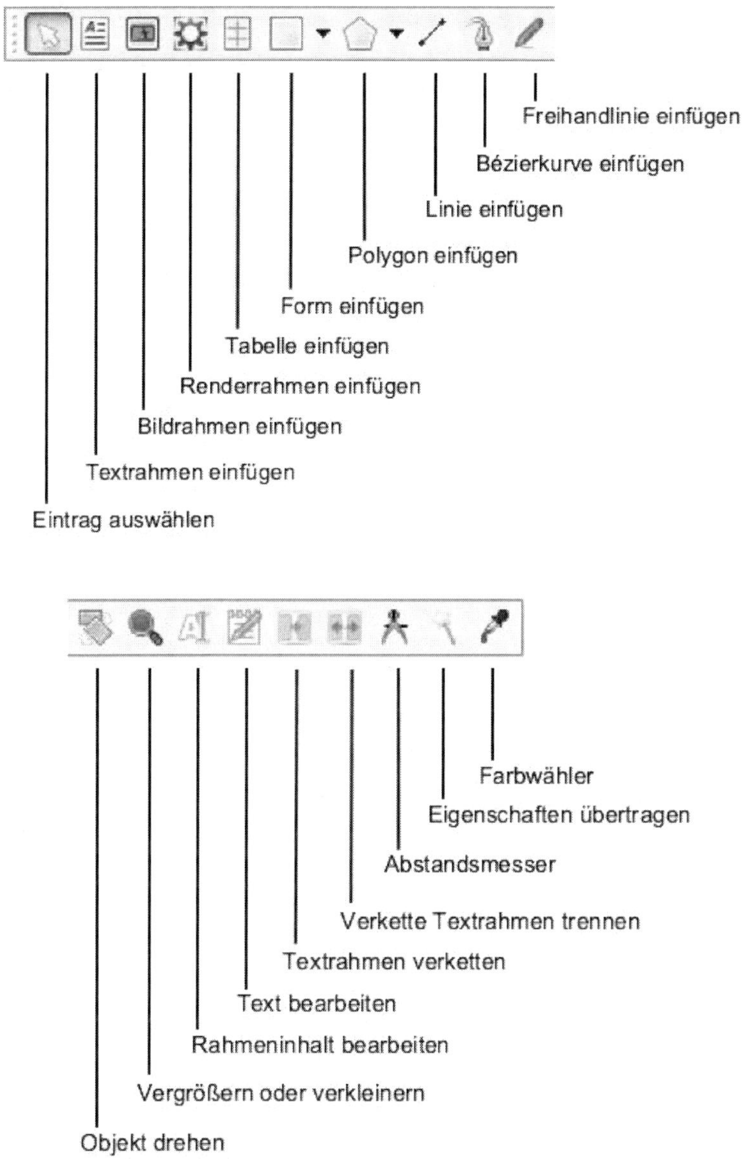

Die Funktionen der Symbolleiste *Werkzeuge*.

1.6.3 Die Ansichtsleiste

Zwischen dem Montagebereich und der Statuszeile finden Sie die sogenannte Ansichtsleiste, mit der Sie die aktuelle Darstellung ändern, in mehrseitigen Dokumenten und verschiedene Ebenen aktivieren können.

Die Ansichtsleiste.

Mit einem Klick auf das erste Auswahlmenü können Sie die Einheiten anpassen. Statt Millimeter können Sie Punkte, Zoll, Picas, Zentimeter und Cicero verwenden.

Das zweite Auswahlmenü erlaubt Ihnen die Anpassung der Bildvorschauqualität. Sie haben die Wahl zwischen drei Werten:

- Hoch
- Mittel
- Niedrig

Es folgen die Einstellungen für die aktuelle Vergrößerungsstufe. Sie können die Vergrößerung anpassen, indem Sie den gewünschten Wert in das dafür vorgesehen Feld eingeben oder indem Sie die beiden Hoch- und Runterpfeile verwenden. Über die Pfeile verringern bzw. vergrößern Sie die Ansicht mit einem Klick um jeweils 10 Prozent.

Über die drei folgenden Symbole halbieren Sie die Ansicht (Minus), wechseln zurück zur 1-zu-1-Ansicht und verdoppeln die Ansicht (Plus):

Haben Sie ein mehrseitiges Dokument angelegt, so können Sie über die grünen Pfeile in den Seiten navigieren. Um eine bestimmte Seite zu öffnen, wählen Sie diese im mittleren Feld aus oder geben die Seitenzahl ein:

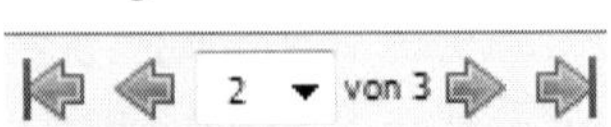

Wenn Sie in Ihrem Dokument mehrere Ebenen angelegt haben, können Sie diese über das folgende Auswahlmenü auswählen:

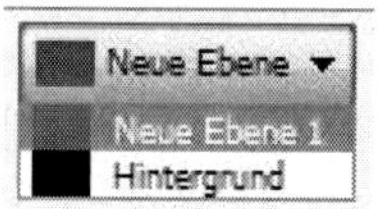

Im rechten Bereich der Ansichtsleisten finden Sie drei weitere Funktionen bzw. Informationen. Mit dem ersten Icon können Sie das Farbmanagement ein- und ausschalten. Haben Sie es eingeschaltet, ist der Zugriff auf die Farbmanagementkonfiguration über das kleine schwarze Dreieck verfügbar. Für Anwender mit einem eingeschränkten Sehvermögen sind die Optionen des letzten Auswahlmenüs interessant. Es ist standardmäßig auf *Normales Sehvermögen* setzt. Alternative Einstellungen sind folgende:

- Rotgrünblindheit
- Grünblindheit
- Blaublindheit
- Komplett farbenblind

Unterhalb der Ansichtsleiste finden Sie die Statusleiste, die Ihnen zwei Informationen bietet: Die Fortschrittsanzeige, die beispielsweise beim Sichern eines Dokuments die Abarbeitung der Speicherung anzeigt, und die exakte Position Ihres Mauszeigers.

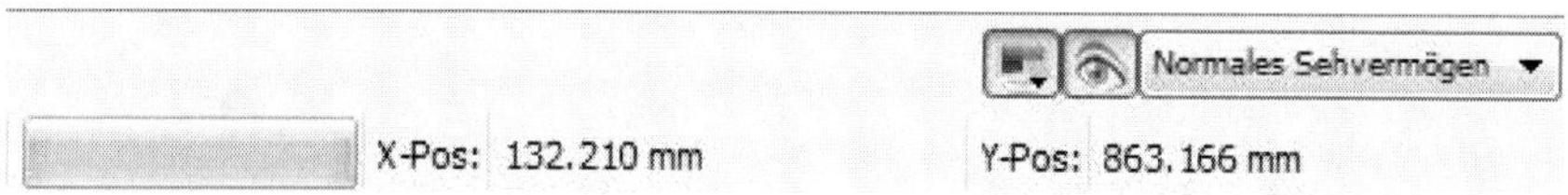

Die Statusleiste verrät Ihnen auch die exakte Cursor-Position.

1.7 Mit der Maus und Tastatur arbeiten

Bei einer designorientieren Anwendung wie Scribus, steht die Bedienung des Programms mit der Maus im Mittelpunkt. Mithilfe der Maus können Sie in Scribus nahezu alle wichtigen Aktionen durchführen und Aufgaben bewältigen.

Doch längst nicht alle Anwendungs- und Nutzungsmöglichkeiten ergeben sich von selbst. Scribus bietet einige raffinierte Zusatzfunktionen, die Sie kennen sollten, denn viele machen das Arbeiten effizienter. Beachten Sie dabei allerdings, dass es von Betriebssystem zu Betriebssystem kleinere Unterschiede gibt.

Wenn Sie den Cursor auf einen Objektrahmen führen, ändert sich dessen Form: Bei horizontalen Seiten zu einem senkrechten, bei vertikalen Seiten zu einem waagerechten, an Eckpunkten zu einem diagonalen Doppelpfeil. Der Cursor nimmt dann beispielsweise folgende Form an:

In diesem Fall können Sie die Objektgröße mit gedrückter Maustaste ändern. Sie können das Objekt vergrößern und verkleinern.

Wenn Sie mit der Maus auf ein Objekt klicken und den Mauszeiger in den Objektrahmen führen, so verwandelt sich der Mauszeiger in eine offene Hand. Mit einem weiteren Linksklick greifen Sie das Objekt und können es an die gewünschte Position verschieben:

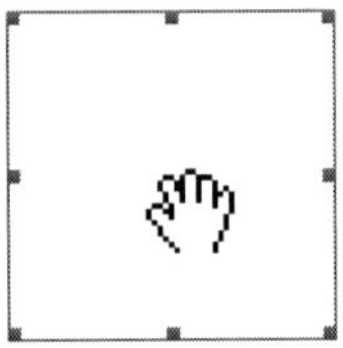

Lassen Sie die Maustaste los, um das Objekt an der endgültigen Position abzulegen.

Mit einem Doppelklick in einen Textrahmen wechseln sie in den sogenannten Editiermodus. Dabei verwandelt sich der Mauszeiger in einen blinkenden Cursor und Sie können mit der Eingabe des Textes beginnen.

Klicken Sie hingegen doppelt in einen unbefüllten Bildrahmen, so öffnet sich der *Öffnen*-Dialog, in dem Sie die Bilddatei bestimmen. Anders ist das bei einem Doppelklick auf einen gefüllten Bildrahmen. Hier wechseln Sie in den sogenannten Verschiebemodus. Der Mauszeiger wird wieder zur offenen Hand und Sie können das Bild innerhalb des Rahmens verschieben. Beachten Sie allerdings, dass der Verschiebemodus deaktiviert ist, wenn Sie das Bild bereits an den Rahmen angepasst haben.

Das Verschieben eines Bilds im Bildrahmen.

Es gibt weitere Einsatzmöglichkeiten der Maus:

- **Mausklick der mittleren Maustaste** (oder Scroll-Rads bzw. linke und rechte Maustasten gleichzeitig): Sorgt für die Aktualisierung der Ansicht.
- **Strg + Shift + Maustaste**: Dient der Auswahl eines Objekts, das sich im Hintergrund auf der gleichen Ebene befindet.
- **Gehaltene rechte Maustaste + Verschieben**: Diese Kombination ermöglicht das Verschieben oder Kopieren des Objekts. Wenn Sie die rechte Maustaste loslassen, öffnet sich ein Kontextmenü, in dem Sie bestimmen, ob Sie das Objekt kopieren oder verschieben wollen.
- **Strg + Mausrad**: Verkleinert bzw. vergrößert die aktuelle Ansicht. Dabei wird die Ansicht halbiert bzw. verdoppelt.

Mithilfe der Pfeiltasten Ihrer Tastatur können Sie außerdem die Lage und Größe eines markierten Objekts verändern. Hierfür stehen Ihnen folgende Möglichkeiten zur Verfügung:

- **Pfeiltaste**: Mit den Pfeiltasten verschieben Sie das markierte Objekt in 1er Schritten in die jeweilige Pfeilrichtung.
- **Strg + Pfeiltaste**: Verschiebt das markierte Objekt in 10er Schritten in die gewünschte Richtung.
- **Strg + Shift + Pfeiltaste**: Verschiebt das markierte Objekt in 100stel Schritten in die jeweilige Pfeilrichtung.
- **Alt + Pfeiltaste**: Vergrößert das Objekt in 1er Schritten in die verwendete Pfeilrichtung.
- **Alt + Shift + Pfeiltaste**: Verkleinert das Objekt in 1er Schritten in die gewählte Richtung.

Im Anhang C finden Sie einen Überblick über alle Tastenkombinationen, die Scribus zu bieten hat.

Damit kennen Sie die wesentlichen Bedienelemente und Sie wissen bereits, welches die typischen Schritte beim Erstellen eines anspruchsvollen Dokuments mit Scribus sind. Das nächste Kapitel beschreibt die unterschiedlichen Einsatzmöglichkeiten von Scribus. Dabei steht die Flyer-Entwicklung im Mittelpunkt – von deren ersten Überlegungen bis hin zur fertigen Druckdatei. Außerdem stelle ich Ihnen einige gelungene Beispiele vor, die zeigen, wie professionelle Dokumente aussehen können.

2 Alles Wichtige über Flyer, Broschüren & Co.

Der Haupteinsatzbereich von Scribus wurde bereits mehrfach erwähnt: Meist werden Flyer, Broschüren, Plakate, Briefpapier, Visitenkarten und ähnliches erstellt. Scribus kann auch durchaus für das Erstellen von ganzen Büchern verwendet werden, doch wird dieser Einsatzbereich im Vergleich zu anderen genannten Bereichen eher die Ausnahme bleiben. In der Regel sind dafür ein wenig grafisches Gespür und Geschick für solche Aufgaben erforderlich.

Ich darf Sie beruhigen: Sie müssen keineswegs Grafiker sein oder eine vergleichbare Ausbildung besitzen, um ein professionelles Ergebnis erzielen zu können. Sie müssen vielmehr wissen, wie Sie an ein solches Projekt herangehen, Ideen entwickeln und wieder verwerfen, eine Struktur und den passenden Text entwerfen sowie die notwendigen Grafiken erstellen. Schließlich müssen Sie Ihr Dokument „nur" noch für die Produktion vorbereiten.

Gerade in den Konzeptions- und Planungsphasen ist es hilfreich, sich mit den Arbeiten von Profis zu beschäftigen. Sie eignen sich hervorragend, um sich Anregungen zu holen, und können als Inspirationsquelle dienen. Dass Sie Ideen übernehmen und auf Ihren Anwendungsbereich adaptieren können, ist klar, aber es versteht von selbst, dass Sie keine Ideen klauen dürfen.

Bei nahezu allen Aufgaben ist Scribus Ihr Werkzeugkasten, der Ihnen alle notwendigen Funktionen für das Erstellen von Broschüren, Flyer & Co. zur Verfügung stellt. Alles, was Sie lernen müssen, ist Ihre kreativen Ideen in die Praxis umzusetzen.

Wenn Sie sich einmal in Scribus und die Gestaltung unterschiedlichster Dokumente eingearbeitet und womöglich am kreativen Arbeiten Freunde gefunden haben, werden Sie immer wieder auf Scribus zurückgreifen – ganz sicher.

Die meisten Leser sind vermutlich keine ausgebildeten Spezialisten, sondern versuchen sich ohne Vorkenntnisse an der praktischen Umsetzung solcher Projekte.

Aus diesem Grund möchte ich Ihnen in diesem Kapitel einige Tipps und Tricks aus der Praxis mit auf den Weg geben, die Ihnen helfen werden, Ihr Projekt zu einem erfolgreichen Ende zu führen. Neben den praktischen Schritten, die Sie mit Scribus ausführen, steht und fällt Ihr Projekt mit dem richtigen Konzept und den damit verbundenen Überlegungen.

Anhand verschiedener Beispiele möchte ich Ihnen außerdem zeigen, wie professionelle Ergebnisse in der Praxis aussehen können.

2.1 Flyer, Visitenkarten und mehr

Desktop Publishing-Programme kommen in erster Linie für die Umsetzung gestalterischer Aufgaben zum Einsatz. Sie werden in Verlagen, Werbeagenturen und natürlich auch vielfach von Privatanwendern für das Erstellen unterschiedlichster Projekte eingesetzt.

So wurde beispielsweise das Cover dieses Buchs mit einem solchen Programm realisiert. Wenn Sie dieses Buch beim Verlag direkt erworben haben, haben Sie unser Broschüre und eine Visitenkarte erhalten. Beide sind ebenfalls mit Scribus entstanden.

Die meisten Zeitschriften, die Sie am Kiosk um die Ecke finden, entstehen ebenfalls mithilfe von DTP-Programmen, genauso wie die Flyer, die Sie Woche für Woche in Ihrem Briefkasten finden.

Viele Verlage setzen auch bei der Buchproduktion auf etablierte DTP-Programme. Womöglich ist Ihnen auf der Scribus-Website nicht entgangen, dass das Linux Magazin einer der Sponsoren des Scribus-Projekts ist. Der Hintergrund ist offensichtlich: Bei Linux New Media kommt bislang noch InDesign für die Gestaltung der Artikel und Zeitschriften zum Einsatz. Wenn man als Unternehmen allerdings ganze Redaktionen mit kommerziellen Lizenzen ausstatten muss, kommen hier schnell beträchtliche Summen zusammen. Diese Kosten ließen sich mittel- bis langfristig deutlich senken, wenn man eben mit freier Software arbeiten könnte.

Auch wenn sich Scribus in den letzten Jahren hervorragend entwickelt hat, so bedeutet das dennoch nicht, dass das Programm es mit InDesign aufnehmen könnte. Es ist zwar in den Grundfunktionen ein ebenbürtiger Konkurrent, aber lässt doch bei den Profifunktionen noch so manches zu wünschen übrig.

2.1.1 Flyer

In den Mittelpunkt unserer Überlegungen möchte ich den Flyer stellen, denn er ist zweifelsohne der Werbeträger, der am häufigsten mit Scribus erstellt werden dürfte. Die nachfolgend dargestellten Überlegungen lassen sich nahezu eins zu eins auf andere Gestaltungsmittel übertragen.

Bei einem Flyer, zu Deutsch Flugblatt, handelt es sich um ein mehr oder minder häufig gefaltetes Papier. In der Fachsprache spricht man nicht von falten, sondern von falzen.

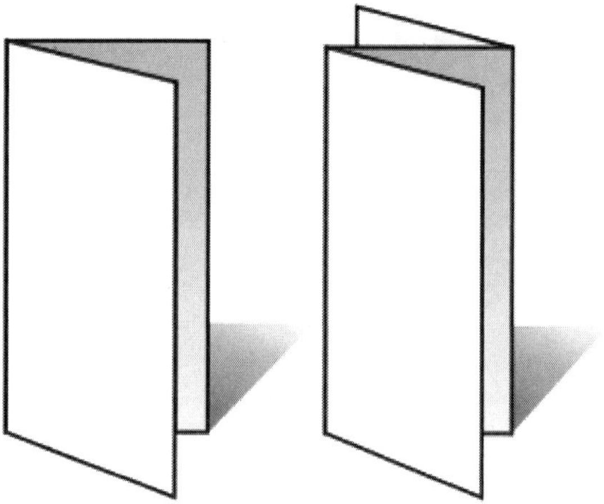

Die beiden gängigsten Flyer-Formate, links mit Einbruch-, recht mit Zickzackfalz.

Der gefalzte Flyer ist aus einem einfachen Grund sehr beliebt: Da die Ausgangsseite lediglich gefaltet wird, sind keine weiteren Arbeitsschritte wie Heften oder Kleben erforderlich. Das wiederum macht die Produktion preiswert.

Diese Flyer-Varianten können Sie in Druckereien schnell und – abhängig von der Auflage – für wenig Geld produzieren lassen. Im Zeitalter moderner Digitaldruckverfahren lassen sich auch kleine Auflagen günstig realisieren.

Sollten Sie Vorort keine Druckerei finden können, die Ihre kreativen Dokumente drucken kann, ist auch das heute kein Problem mehr, denn es gibt eine Fülle von sogenannten Online-Druckereien, die ausgesprochen interessante Angebote haben. Gerade auch dann, wenn Sie Kleinauflagen drucken lassen wollen.

Aber kehren wir zurück zu den Flyern und den gängigsten Flyer-Varianten, genauer den Falzarten. Unter Falzart versteht man die vielfältigen Möglichkeiten, einen Druckbogen in das gewünschte Endformat zu falzen.

Jede dieser Varianten ist für unterschiedliche Einsatzbereiche geeignet. Das Ausgangsdokument ist häufig eine DIN A4-Seite, aber es sind auch andere Größen denkbar – immer abhängig davon, was Sie genau realisieren wollen. Wenn Sie als Ausgangsformat eine eher ungewöhnliche Größe verwenden wollen, sollten Sie gegebenenfalls mit Ihrer Druckerei Rücksprache halten, ob diese das gewünschte Format produzieren kann. Nicht minder wichtig: Bei Nicht-Standardformaten müssen Sie auch mit zum deutlich höheren Kosten rechnen, die nicht selten um einen Faktor 2 über denen eines Standardformats liegen. Lassen Sie sich daher im Zweifelsfall immer ein verbindliches Angebot erstellen.

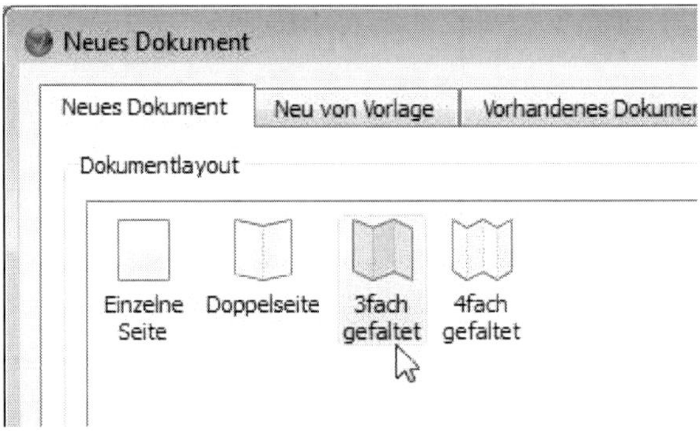

Scribus bietet Ihnen beim Anlegen eines neuen Dokuments die gängigsten Flyer-Formate zur Auswahl an.

Wenn Sie bereits ein wenig Erfahrung mit Scribus gesammelt haben, ist Ihrer Aufmerksamkeit sicherlich nicht entgangen, dass Scribus die wichtigsten Flyer-Formate kennt und Sie bei Erstellen eines neuen Dokuments aus diesen Layout-Varianten die passende auswählen können. Sie können mit Scribus aber nicht nur diese Standardformate realisieren, sondern auch jeden anderen beliebigen Typ auch. Doch dazu mehr im nächsten Kapitel.

Nachstehende Tabelle fasst die wichtigsten Falzarten und deren typische Anwendungsbereiche zusammen:

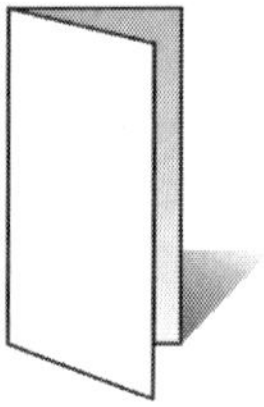

Einbruchfalz

Beim sogenannten Einbruchfalz handelt es sich um die einfachste Falzvariante. Bei dieser Falttechnik wird der Papierbogen einmal mittig gefaltet. Man spricht auch gelegentlich von Lagenfalz.

Bei dieser Variante wird häufig ein DIN A4- oder DIN A5-Papierbogen verwendet. Wenn Sie eine DIN A4-Seite aus Ausgangsseite verwenden, erhalten Sie einen Flyer im DIN A5-Format.

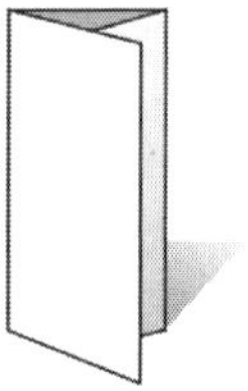

Wickelfalz

Bei dieser Falzart werden zwei oder mehrere gleich breite Teile des Falzbogens ohne Richtungswechsel um ein Bogenteil gefalzt.

Da die Falzung jeweils in die gleiche Richtung läuft, ergibt sich die namensgebende Wicklung. Bei zwei parallelen Falzungen ergeben sich aus einem Falzbogen 3 Blatt bzw. 6 Seiten. In diesem Fall spricht man auch von einem Zweibruch-Wickelfalz.

Es sind auch andere Varianten denkbar. Bei einem Dreibruch-Wickelfalz ergeben sich 4 Blatt bzw. 8 Seiten. Diese Falzart ist für alle gängigen Anwendungsbereiche geeignet.

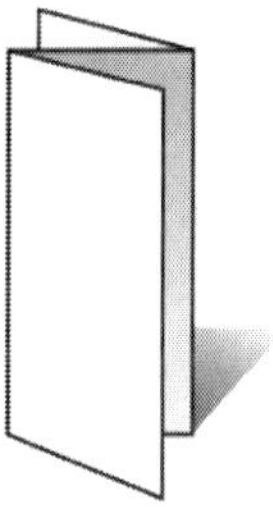

Leporello-/ Zickzack-Falz

Beim sogenannten Leporello-Falz handelt es sich um eine gängige Form des Parallelfalzes, bei der zwei oder mehrere Teile des Falzbogens in wechselnden Richtungen gefaltet werden. Das Ergebnis ist eine Zickzack-artige Falzung, daher auch die Bezeichnung.

Bei dieser Falzart ergeben sich aus einem Falzbogen 3 Blatt bzw. 6 Seiten. Man spricht hier von einem Zweibruch-Leporellofalz. Entsprechend ergeben sich bei einem Dreibruch-Leporellofalz vier Blatt bzw. acht Seiten.

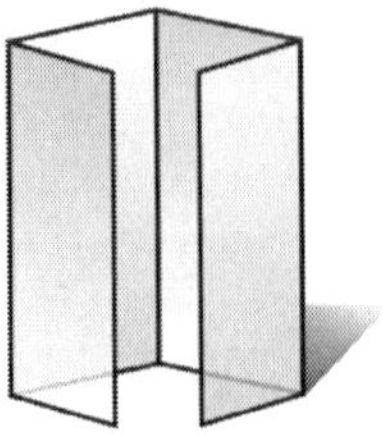

Altarfalz

Diese Falzart wird gelegentlich auch als Fensterfalz bezeichnet. Sie verdankt ihre Bezeichnung der Ähnlichkeit zu dreiteiligen Flügelaltären in Kirchen.

Es handelt sich ebenfalls um eine Form des Parallelfalzes, bei der die äußeren Teile des Falzbogens ohne Überlappung nach innen gefaltet werden. Der Altarfalz besitzt sechs Seiten, ein zusätzlicher Bruch in der Bogenmitte ergibt den achtseitigen Altarfalz.

Neben diesen Falzarten sollte auch die Kreuzfalz-Variante erwähnt werden. Hier wird der Druckbogen mehrfach im rechten Winkel gefalzt. Dieses Verfahren findet bei der Herstellung von Broschüren Anwendung. Mit derartigen Falzungen lassen sich sehr interessante Flyer herstellen, die beispielsweise ihren Inhalt erst dann vollständig preisgeben, wenn der Flyer komplett aufgeschlagen wurde.

2.1.2 „Gute“ und „schlechte“ Flyer

Flyer sind ein tolles Werbemittel, mit dem Sie eine beträchtliche Wirkung erzielen können. Mit der Wahl des möglichen Formats haben Sie unter Umständen bereits die erste wichtige Entscheidung bei der Planung und Umsetzung Ihres Projekts getroffen.

Sie sollten sich allerdings nicht scheuen, auch andere Varianten zu testen. Lassen Sie Dritte – im Idealfall Mitglieder der anvisierten Zielgruppe – die Ergebnisse prüfen und entscheiden Sie dann, welches das optimale Format ist.

Die Überschrift dieses Abschnitts ist bewusst ein wenig provokant gewählt. Ob ein Flyer oder ein Plakat gut oder schlecht ist, ist vielfach eine Frage des individuellen Geschmacks. Gut oder schlecht gibt es in diesem Sinne daher nicht. Entscheidend ist die Frage, ob Sie die gewünschte Wirkung erzielen. In der Regel ist das Ziel eines Flyers das Wecken von Interesse.

Mögliche Einsatzbereiche sind folgende:

- Bewerben von Dienstleistungen wie Beratung, Kosmetik, Medizinisches
- Vorstellen der aktuellen Produktpalette
- Ankündigungen bestimmter Veranstaltungen
- Sonderaktionen eines Unternehmens

- Vermittlung von grundlegenden Eigenschaften und Nutzen eines neuen Produkts
- Vorstellung eines Unternehmens oder einer Filiale

Diese Liste erhebt natürlich keinen Anspruch auf Vollständigkeit. Sie können mit einem Flyer genauso gut die kommende Aufführung Ihrer Theatergruppe oder mit einem Plakat für den nächsten Schulflohmarkt oder ein Konzert werben.

Auch inhaltlich gibt es keine Grenzen – solange Sie nicht versuchen, zu viele Informationen zu transportieren. Auf die inhaltliche Seite kommen wir später noch zu sprechen.

Die Stärken eines Flyers liegen in verschiedenen Bereichen. So können Sie damit hervorragend Informationen in komprimierter Form transportieren. Wichtig ist dabei natürlich, dass Sie inhaltlich auf den Punkt kommen.

Ein weiterer Vorzug wurde bereits erwähnt. Flyer lassen sich mithilfe von Scribus einfach entwerfen und umsetzen. Auch die Produktion ist heute innerhalb von wenigen Tagen möglich.

Für die Verwendung von Flyern spricht außerdem, dass sie leicht zu verteilen und preiswert zu produzieren sind.

Aber nicht nur Sie als Hersteller und Verteiler profitieren von dieser Art Werbeträger, auch den Empfängern bringen die Flyer Vorteile. Ihre Zielgruppe profitiert davon, dass sie wesentliche Informationen in handlicher Form vorliegen hat. Da Flyer immer auch alle relevanten Kontaktmöglichkeiten nennen, ist bei Bedarf oder Interesse eine Kontaktaufnahme einfach.

Was zeichnet nun einen guten Flyer aus? Es sind insbesondere folgende Punkte, die Sie permanent in allen Produktionsphasen im Hinterkopf behalten sollten:

- Knappe, aber klare Erläuterung des Produkts, der Dienstleistung etc.
- Ausreichende Bebilderung mit aussagekräftigen Abbildungen, Grafiken, Schaubildern etc.
- Positive und motivierende Schreibe
- Design unterstützt Inhalt, Motivation etc. des Flyers

Diese Ratschläge sind zugegebenermaßen recht abstrakt, aber je intensiver Sie sich mit dem Inhalt, den sie transportieren, und der Zielgruppe, die Sie erreichen wollen, beschäftigen, um so klarer werden die notwendigen Elemente und Komponenten.

Etwas einfacher und klarer ist die Nennung der Kriterien, die einen misslungenen Flyer ausmachen, der damit meist auch die gewünschte Wirkung verpasst:

- Text überladen. Niemand ist an zu viel Text interessiert.
- Komplexe Formulierungen
- Zu viele und zu komplexe Darstellungen
- Mangelhafte oder unzureichende Druck- und Papierqualität
- Unvollständige oder gar fehlende Kontaktmöglichkeiten
- Schreib- und/oder Darstellungsfehler in Text bzw. Grafiken

2.1.3 Projekt: Flyer-Erstellung

Die Beschäftigung mit Scribus erfolgt in der Regel nicht aus reinem Spielbetrieb oder Interesse heraus, sondern ist meist mit einer grob umrissenen Aufgabe verbunden, die da beispielsweise lautet: „Kannst Du uns nicht das Plakat für den nächsten Auftritt machen?“ oder „Wir brauchen unbedingt einen Flyer, den wir auslegen und verteilen können“.

Während mittlere und große Unternehmen meist eine eigene Marketingabteilung besitzen oder diese Aufgaben an eine Agentur auslagern, sind Scribus-Anwender doch eher der Typ Einzelkämpfer, die alle anfallenden Aufgaben in Eigenregie übernehmen (müssen).

Dennoch ist es auch in einem solchen Szenario praktikabel, das Erstellen eines Werbeträgers als Projekt zu betrachten. Ein Projekt wiederum ist durch verschiedene Phasen gekennzeichnet.

Dies sind in der Regel folgende:

- **Schritt 1 – Vorarbeiten**: Ist der Entschluss gefallen, einen Flyer oder ein Plakat zu realisieren, müssen zunächst dessen Ziele und die Zielgruppe bestimmt werden. In diese Phase fallen auch die Verteilung von Aufgaben, die klassische Projektplanung, das Aufstellen eines Zeitplans sowie eine grobe Kalkulation. Bei gemeinnützigen und nicht kommerziellen Zielen sollte auch die mögliche Sponsorensuche in dieser Phase erfolgen.
- **Schritt 2 – Konzeption**: In dieser Phase geht es um die inhaltliche und gestalterische Konzeption. Legen Sie fest, welche Inhalte in welcher Form

in dem Flyer enthalten sein müssen. Prüfen Sie, welches Material bereits existiert und was noch erzeugt bzw. entworfen werden muss.

- **Schritt 3 – Text erstellen**: In dieser Phase widmen Sie sich den Texten. Verfassen Sie die Über- und Zwischenschriften sowie alle weiteren notwendigen Textelemente. Auch das Erstellen von Grafiken, Schaubildern, Fotos gehört in diese Phase.
- **Schritt 4 – Gestaltung**: Diese Phase dient der konkreten Gestaltung des Flyers. Erstellen Sie erste Layout-Entwürfe, verwerfen Sie diese, erstellen Sie neue, bis Sie zu einem, oder bessere mehreren guten Ergebnissen gelangen. Entscheiden Sie sich schließlich für einen Entwurf und arbeiten Sie diesen vollständig aus.
- **Schritt 5 – Druckvorbereitung**: In diese Phase fallen abschließende Korrekturen, Korrekturlesen sowie die Freigabe des Flyers für den Druck.
- **Schritt 6 – Produktion**: Der sechste Schritt dient dem Erstellen eines ersten Proofs durch die Druckerei. Nach der abschließenden Prüfung durch die Verantwortlichen kann die endgültige Druckfreigabe erfolgen.
- **Schritt 7 – Verteilung**: Schließlich müssen Sie noch die Verteilung des Flyers bzw. den Ausgang eines Plakats organisieren. Dies kann durch Auslegen, Postversand oder aktives Verteilen erfolgen.

In der Praxis ist es natürlich durchaus denkbar, dass Sie Ihre Scribus-Kenntnisse und gestalterischen Fähigkeiten Dritten zur Verfügung stellen und Auftragsarbeiten ausführen.

In einem solchen Szenario muss obiger Projektablauf ein wenig angepasst werden. Sie müssen mit Ihrem (potenziellen) Kunden darüber sprechen, welches Format, welche Größe und welche Verarbeitung verwendet werden soll.

Sie müssen auch Fragen des Budgets, des Tons und der Ansprache sowie der Anpassung an bestehende Marketingkonzepte berücksichtigen. Auch Corporate Identity spielt bei Auftragsarbeiten eine wichtige Rolle.

Gegebenenfalls müssen auch juristische Fragen bei der Verwendung von Bildmaterialien etc. berücksichtigt werden. Ein eindringlicher Hinweis: Klären Sie im Vorfeld die Zuständigkeiten bzw. Verantwortlichkeiten.

Sie sollten außerdem schriftlich die wesentlichen Auftragselemente fixieren und sich diese bestätigen lassen.

2.2 Grundstein: Konzeption

Der Erfolg eines Flyers, einer Broschüre oder eines Plakats ist von vielen Faktoren abhängig. Damit er (ich verwende nachfolgend den Begriff Flyer als Synonym für alle anderen Werbeträger) die gewünschte Wirkung entfalten kann, ist die Ausarbeitung eines schlüssigen Konzepts erforderlich.

Dabei geht es in erster Linie darum, grundlegende Eigenschaften des Flyers zu definieren, also welche Inhalte sollen verwendet werden, wie soll die Struktur aussehen und wie soll er gestaltet werden.

In dieser Phase ist es wichtig, dass sich alle an dem Projekt bzw. Unternehmen oder Produkt beteiligten Personen einbringen. Idealerweise setzt man sich als Team zusammen und erarbeitet in einer ersten oder mehrere Brainstorming-Sessions ein Gesamtkonzept. Wenn Sie als Einzelkämpfer unterwegs sind, sind Sie Produktion, Marketing-Abteilung, Geschäftsführung/Abteilungsleiter in Personalunion.

Sehr hilfreich kann in dieser Phase das Erstellen und die Verwendung von Mindmaps sein. Damit können Sie Ihre Gedanken sammeln und diese peu à peu in Form bringen, bis sich ein schlüssiges Konzept bildet. Sehr hilfreich kann dabei die Verwendung geeigneter Software wie beispielsweise FreeMind (*http://www.brain-media.de/index.php/freemind.html*) sein. Damit können Sie beispielsweise Ihre Ideen sammeln – auch im Team – diese über eine Website für alle Beteiligten zugänglich machen und vieles mehr.

Natürlich sind auch andere Brainstorming-Techniken denkbar. Wichtig ist, dass Sie sich den notwendigen kreativen Rahmen verschaffen.

Bei der Erarbeitung eines Konzepts sollten Sie der Reihe nach folgende Punkte abarbeiten:

- Wie sieht die Zielgruppe aus?
- Was interessiert die Zielgruppe?
- Was wollen Sie mit dem Flyer erreichen?
- Welche Inhalte gehören in den Flyer?
- Welches sind Ihre schlagkräftigsten Argumente?

Nachdem Sie einen ersten Überblick über die üblichen Schritte bei der Flyer-Konzeption haben, können Sie sich als Nächstes an die Detailarbeiten machen.

2.2.1 Zielgruppe

Wenn Sie als Unternehmen einen Flyer entwerfen, haben Sie sich bereits bei der Unternehmensgründung bzw. bei der Übernahme einer verantwortlichen Position Gedanken über die mögliche Zielgruppe gemacht. Falls nicht, müssen Sie diese spätestens jetzt nachholen.

Unter einer Zielgruppe versteht man im Marketing die „Marktteilnehmer, die auf kommunikationspolitische Maßnahmen homogener reagieren als der Gesamtmarkt."

Im Mittelpunkt steht dabei zunächst die Zielgruppenfindung. Meist erfolgt die Beschreibung einer Zielgruppe durch traditionelle und soziodemografische Merkmale. Dazu gehören beispielsweise Alter, Familienstand, verfügbares Haushaltseinkommen, geografisches Gebiet etc.

Großunternehmen mit entsprechenden Marketingmöglichkeiten und großzügigen Budgets betreiben meist mehr Aufwand und ziehen auch psychografische Merkmale wie beispielsweise die Einstellungen und Werte mit dem daraus resultierenden Konsumverhalten, Vorlieben, Statusbewusstsein, Offenheit, ästhetisches Empfinden etc. für die Zielgruppendefinition heran. Ausschlussmerkmale sind in der Regel nicht Bestandteile einer Zielgruppenbeschreibung.

Um herauszufinden, wie Ihre Zielgruppe aussieht, um die daraus resultierenden Schlussfolgerungen für die praktische Umsetzung des Projekts zu ziehen, gibt es mehrere Möglichkeiten. In der Regel kommen Sie am weitesten, indem Sie das Produkt, die Dienstleistung so genau wie möglich beschreiben. Hilfreich ist dabei die Beantwortung folgender Fragen:

- Wer kann Ihr Produkt gebrauchen?
- Welche Einkommensschicht kann es sich leisten?
- In welchem Umfeld wohnen diese Menschen?
- Haben Sie in Ihrem Bekanntenkreis solche Menschen?
- Nach welchen Kriterien kaufen diese Menschen?
- Wie alt sind diese Menschen?
- Welche Anforderungen haben Sie an ein Produkt?

Meist werden Sie bei der Beschäftigung mit der Zielgruppenfrage feststellen, dass es mehrere Gruppen gibt und diese keineswegs ein einheitlicher Typ sind. In diesem Fall ist es ratsam, die Hauptzielgruppen zu definieren und im folgenden Schritt Zielgruppenprofile zu erstellen.

Generell gilt: Je exakter das Zielgruppenprofil ist und je eindeutiger Sie Ihre Zielgruppe identifizieren können, umso eher werden Sie in der Lage sein, Ihre Zielgruppe zu erreichen.

Ein Beispiel: Der typische Abnehmer einer Dreambox dürfte überwiegend männlichen Geschlechts sein. Der Marktteilnehmer im Alter von 28 bis 58 Jahren verfügt über ein überdurchschnittliches Einkommen ab ca. 40.000 Euro. Er ist technisch interessiert und legt im häuslichen Bereich gesteigerten Wert auf hohe Qualität von Video- oder Fernsehdarstellung.

Sicher: Dieses Beispiel ist noch nicht detailliert genug, aber bereits ein guter Anfang. Ähnlich sollten Sie auch bei Ihrer Zielgruppendefinition vorgehen. Am besten schriftlich, denn durch die Verschriftlichung wird vieles deutlicher und klarer.

Verlieren Sie bei der Zielgruppendefinition nicht den B2B-Bereich aus den Augen. Ihr Produkt oder Ihre Dienstleistung ist womöglich auch für andere Unternehmen, Vertriebe, Zwischenhändler etc. interessant.

2.2.1 Die Interessen der Zielgruppe

Im Idealfall haben Sie bereits bei der Produktentwicklung oder dem Entwurf einer Dienstleistung darüber nachgedacht bzw. definiert, welchen Nutzen Ihr Angebot dem potenziellen Kunden bringt.

In der zweiten Phase der Konzeption ist es unabdingbar, dass Sie sich die Interessen der Zielgruppe vergegenwärtigen. Wenn Sie wissen, was Ihre Zielgruppe will und Sie mit Ihrem Angebot genau diesen Bedarf befriedigen können, ist es ein Leichtes, dies in einem Flyer oder einem anderen Werbeträger zu transportieren.

Unternehmen unterliegen allerdings oft dem Irrtum, dass sie zu wissen glauben, was die Kunden tatsächlich interessiert. Die wenigsten Kunden interessieren sich beispielsweise beim Erwerb eines elektronischen Geräts für die technischen Details, sondern vielmehr für den praktischen Nutzen.

Machen Sie daher nicht den Fehler zu glauben, die Interessen der Zielgruppe exakt zu kennen. Im Zweifelsfall sollten Sie versuchen, mit der Gruppe ins Gespräch zu kommen. Das Internet und seine vielfältigen Kommunikations- und Austauschmöglichkeiten ist hierfür eine wunderbare Plattform. Besonders wichtig ist es, den Nutzen herauszubilden und diesen entsprechend zu transportieren.

Wenn es Ihnen gelingt, die Interessen und den Produktnutzen herauszuarbeiten, wird es leicht sein, die Kunden zu überzeugen.

Wenn Sie das Interesse der Zielgruppe zu kennen glauben, können Sie die Erwartungen hinsichtlich der Gestaltung und Inhalte einfacher beurteilen. Berücksichtigen Sie folgende Punkte:

- Gestalterische Konzeption des Flyers
  - Gesamtlayout
  - Verwenden Sie kurze und knappe Formulierungen
  - Bebilderung, Grafiken, Fotos
  - Papierformat und Qualität
  - Typografie

- Inhaltliche Konzeption:
  - Flyer als zusammenfassende Darstellung
  - Klare Formulierung des Produkt-/Service-Nutzens
  - Auszüge aus Tests
  - Kontaktmöglichkeiten
  - Preise
  - Einführungsangebote etc.

Selbst bei Flyern, Broschüren und Plakaten, die von Profis entworfen wurden, muss man immer wieder feststellen, dass diese essentiellen Informationen fehlen. Das können Öffnungszeiten, die Telefonnummer und Adresse, die Anfahrtsbeschreibung, der Termin etc. sein.

Beachten Sie, dass nicht bei allen Flyern auch diese genannten Informationen notwendig sind. Wenn Sie einen Online-Shop betreiben, kommt Ihr Flyer auch ohne Anfahrtsskizze aus, nicht aber ohne die URL des Shops. Wenn Sie allerdings einen beratungsintensiven Service offerieren, muss Ihr Flyer alle Kontaktinformationen, die Erreichbarkeit und die Adresse enthalten.

2.2.2 Zieldefinition

Nachdem Sie herausgearbeitet haben, welches die vermeintlichen Wünsche und Interessen Ihrer Zielgruppe sind, können Sie im nächsten Schritt Ihre eigenen Ziele definieren.

Oftmals entsteht der Wunsch nach einem Flyer aus dem Gefühl heraus, man müsse „etwas“ tun, um den eigenen Bekanntheitsgrad, den Absatz zu steigen oder das Interesse an den eigenen Angebote zu wecken. Klar formuliert und bis zu Ende gedacht wird dieser Gedanke allerdings selten. Das sollten Sie ändern. Formulieren Sie klar und eindeutig, was Sie mit Ihrem Flyer erreichen wollen.

Im Idealfall gelingt es Ihnen, Ihre potenziellen Kunden zu weiteren Einkäufen zu bewegen, Zuschauer für eine Veranstaltung zu gewinnen etc. Hier ein paar mögliche Ziele, die Sie verfolgen:

- Absatz bestehender Produkte steigern
- Bekanntheitsgrad erhöhen
- Interesse für einen Problembereich wecken
- Karten für Veranstaltung reservieren
- Katalog anfordern
- Newsletter abonnieren
- Bewusstsein schaffen
- Mitgliedschaft beantragen

Auch bei der Zieledefinition kann es sinnvoll sein, auf bewährte Brainstorming-Methoden zurückzugreifen. Sammeln Sie ruhig alle Ziele – und seien sie auch noch so abwegig oder illusorisch.

2.2.3 Inhaltliche Konzeption

Die meisten Dienstleister und Unternehmen haben eine weit größere Palette an Produkten und Informationsvielfalt zu bieten, als man mit einem typischen Flyer transportieren könnte. Sie sollten daher erst gar nicht versuchen, alle Ihnen wichtigen Aspekte zu transportieren.

Die Zauberformel lautet: Beschränken Sie sich auf das Wesentliche. Sie können im Flyer immer noch auf verfügbare weitere Informationen, Websites etc. verweisen.

Mit der inhaltlichen Konzeption bestimmen Sie daher, welche Informationen am besten für die Realisierung Ihre Ziele geeignet sind. Die folgenden Stichpunkte sollen Ihnen dabei behilflich sein:

- **Grafische Elemente**
  - Logo/CI
  - Titelbild samt Überschrift
  - Fotos
  - Portraits
  - Diagramme
  - Lageplan

- **Textelemente**
  - Service-/Produktname
  - Service-/Produktbeschreibung
  - Produktnutzen
  - Abgrenzung zur Konkurrenz
  - Auszüge aus Testberichten etc.
  - Informationen zu Ort, Zeit und Preis

- **Element zur Förderung der Kundenreaktion**
  - Antwortkarte
  - Rabattmarke
  - Kostenlose Beratung/Probestunde
  - Verweis auf weiterführende Kontakt- und Informationsangebote
  - und, und, und

2.2.4 Nutzen herausarbeiten

Mit dem letzten Schritt der Konzeption geht es darum, schlagkräftige Argumente für Ihre Produkte, Dienstleistungen etc. zu finden und zu formulieren. Sie bilden den Grundstock dafür, dass Sie erfolgreiche Überzeugungsarbeit leisten können.

Nur wenn es Ihnen gelingt, den Empfänger Ihrer Werbebotschaft zu erreichen, wird der gewünschte Marketingeffekt eintreten. Sammeln Sie daher alle Vorzüge Ihres Produkts. Versetzen Sie sich in die Lage des potenziellen Empfängers und arbeiten Sie heraus, warum er auf Ihren Flyer die gewünschte Reaktion zeigen sollte.

Je länger Ihre Liste mit Vorteilen ist, umso besser. Die Beschränkung auf die wesentlichen Punkt erfolgt später.

Der zweite wichtige Punkt in dieser Phase: Das Herausarbeiten des Produktnutzens. Der kann wie folgt aussehen:

- Sie sparen …
- Sie senken …
- Sie können …
- Sie erfahren/lernen …
- Sie verbessern …

Der nächste Punkt ist häufig ein kritischer: Das Herausarbeiten des Alleinstellungsmerkmals. Nehmen wir an, Sie wollen einen Friseursalon oder ein Tattoo-Studio bewerben. Beides gibt es in Städten heute an jeder Straßenecke. Also wird es sehr schwierig, sich erkennbar von der Konkurrenz abzusetzen.

Wenn Sie aber eine oder besser noch mehrere Besonderheiten zu bieten haben, beispielsweise einen Bericht über Ihre Tattoos in einem Magazin oder womöglich einen Preis, den sie bei einem Friseur-Wettbewerb gewonnen haben, sollten Sie diesen Pluspunkt ausschlachten.

Auch hier gilt: Je länger Ihre Liste, umso besser. Wenn Sie alle Argumente und Nutzen zusammengetragen haben, geht es im nächsten Schritt darum, die gewichtigsten Pluspunkte herauszufiltern. Beschränken Sie sich auf eine Handvoll Argumente.

Setzen Sie als Nächstes diese Argumente in Text- und Bildform um.

2.3 Die optimale Struktur

Sind die wesentlichen Elemente und Inhalte ausgewählt, geht es im nächsten Schritt darum festzulegen, wie die konkrete Struktur des Flyers aussehen soll. Wie viele Elemente Sie verwenden können, ist natürlich von dem gewählten Flyer-Format abhängig. Wie wir zu Beginn dieses Kapitels gesehen haben, gibt es die verschiedensten Formen.

Um Ihnen einen Eindruck zu vermitteln, wo Sie welche Elemente platzieren, sei dies anhand des gängigsten Flyer-Formats beschrieben: DIN lang. Dabei wird eine DIN A4-Seite zweimal parallel nach innen gefaltet. Das Ergebnis zeigt nachstehende Abbildung.

Die gängigste Flyer-Variante: Zweibruch-Wickelfalz DIN lang.

Diese Flyer-Typ ist aus verschiedenen Gründen so beliebt: Zum einen ist er einfach zu produzieren und recht preiswert herzustellen. Doch für Sie als Gestalter bietet er eine weitere tolle Eigenschaft: Sie können den Empfänger schrittweise zu immer weiteren Informationen führen. Die Titelseite dient dabei als Eye-Catcher. Schlägt man den Flyer auf, kann man auf der Einklappseite die zentralen Botschaften kurz und prägnant unterbringen und diese dann in den drei Innerseiten verfeinern.

Die Titelseite Ihres Flyers ist so etwas wie das Aushängeschild oder der Appetithappen. Hier ist nicht viel Platz für ausschweifende Erläuterungen. Hier genügen ein knackiger Titel und/oder ein tolles Bild. Mit einen gutem Bild und einem kurzen Slogan sind Sie hier bestens bedient. Vergessen Sie nicht, das Firmenlogo auf der Titelseite unterzubringen.

Öffnet der Betrachter den Flyer, so sollten ihm auf der rechten Einklappseite die zuvor herausgearbeiteten Argumente und Nutzen entgegenspringen. Beides muss mit knapp, aber verständlich formuliert werden. Gegebenenfalls mit Unterstützung der einen oder anderen Abbildung. Aber gehen Sie sparsam damit um. Auf dieser Seite wecken Sie auch das Interesse für die weiteren Inhalte.

Auf den drei Innenseiten haben Sie nun ausreichend Platz, um die weiteren zentralen Botschaften zu transportieren. Hier ist Platz für kleinere Textpassagen, Kundenmeinungen, Abbildungen, Diagramme und dergleichen mehr. Je nach Inhalt kann es auch sinnvoll sein, die gesamte Seite für die Präsentation zu nutzen statt diese auf drei Abschnitte zu verteilen.

Die Rückseite wird typischerweise für die Kontaktinformationen verwendet. Bringen Sie hier alle relevanten Adressen, Rufnummern, Internet- und Social Network-Adressen unter. Sofern erforderlich, können Sie hier auch eine Anfahrtsskizze platzieren.

Wenn Sie Ihren Flyer bei unterschiedlichen Anlässen oder zu verschiedenen Aktionen einsetzen wollen, können Sie zusätzlich ein Einlegeblatt verwenden. Darauf könnten Sie beispielsweise einen Gutschein für ein kostenloses Beratungsgespräch oder eine Anforderungskarte unterbringen. Auch zeitlich begrenzte Sonderangebote lassen sich wunderbar in dieser Form unterbringen.

2.4 Der perfekte Text

Wenn Sie zu den eifrigen Internet-Nutzern gehören, dann konsumieren Sie vermutlich nicht nur die vielen angebotenen Inhalte, sondern machen auch Gebrauch von den unzähligen Kommunikationsmöglichkeiten.

Im Netz wird viel geschrieben. Daher scheinen viele der Meinung zu sein, dass das Schreiben der einfachste Part beim Erstellen von Inhalten ist. Doch weit gefehlt. Oftmals stecken Techniker oder Unternehmensmitarbeiter viel zu tief in der Materie, als dass sie die Inhalte leichtverdaulich für die Zielgruppe formulieren könnten. Dabei ist gerade die Schnittstelle zwischen Profis und normalen Lesern so wichtig.

Erst, wenn es Ihnen gelingt, Ihre Informationen leicht verständlich zu präsentieren, werden Sie das gewünschte Ergebnis erzielen. Wichtig ist, dass Sie strukturiert, klar, aber dennoch überzeugend und motivierend schreiben. Und das ist weitaus schwieriger als gemeinhin angenommen.

Im Rahmen eines solchen Handbuchs ist es nicht möglich, dieses Wissen und die Besonderheiten beim Schreiben zu erläutern. Ein oftmals sehr nützlicher Ansatzpunkt: Verfassen Sie die Inhalts so, wie Sie selbst gerne lesen würden. Sachlich, aber dennoch mit der notwendigen Überzeugungskraft.

Strukturiert bedeutet in diesem Zusammenhang, dass Sie einen Einstieg, einen Mittelteil und ein Ende verfassen. Inhaltlich bietet der Einstieg die für das Produkt oder die Dienstleistung wichtigen einführenden Informationen. Im Mittelteil präsentieren Sie dem Leser die Fakten und fordern ihn an Ende zu einer Aktion auf, beispielsweise zu einer Bestellung oder einer Kontaktaufnahme.

Sprachlich sollten Sie darauf achten, dass Sie verständliche, nicht zu komplexe Satzgebilde verfassen. Verzichten Sie auf Floskeln und Füllworte. Der Platz ist ohnehin knapp bemessen und will optimal genutzt werden – gerade auch inhaltlich.

Apropos Inhalt: Arbeiten Sie mit Bildern, aber bleiben Sie immer mit den Füßen auf dem Boden. An gehaltlosen Sätzen ist niemand interessiert. Auch leere Worthülsen sollten Sie sich schenken.

2.5 Das passende Design

Ein wesentliches Merkmal eines Flyers ist seine visuelle Gestaltung. Hierbei sollten Sie sich den Umstand zunutze machen, dass der Mensch visuelle Informationen meist besser wahrnimmt werden als Geschriebenes.

Über die Frage, ob ein Flyer nun grafisch „schön" aufbereitet sein sollte oder nicht, kann man sicherlich streiten. Doch wenn Sie bei der Flyer-Gestaltung Sinn für Ästhetik und Geschmack beweisen, wird Sie der Betrachter unwillkürlich eher positiv bewerten, als wenn Sie nur eine schöne Faktensammlung auf Ihrem Faltblatt präsentieren.

Neben der Bebilderung und dem Zusammenspiel von Farben und Schrift können Sie auch ungewöhnliche Wege einschlagen. Wenn Sie die Winterkollektionen einer Schuhhauses bewerben wollen, könnten Sie den Flyer in Form eines Schuhs produzieren lassen, der Wein- oder Getränkehändler könnte eine Flaschenform verwenden und, und, und.

Im übernächsten Abschnitt stelle ich Ihnen einige Arbeiten vor. Diese können Ihnen einen Geschmack davon vermitteln, wie vielfältig Ihre Gestaltungsmöglichkeiten sind.

2.6 Produktion

Dank moderner Drucktechnik lässt sich heute nahezu jedes Material in jeder x-beliebigen Form bedrucken. Wenn Sie einen Form-Flyer produzieren wollen, der kein Standardformat besitzt, sollten Sie vor der eigentlichen Gestaltung einige Angebote einholen. Nur so können Sie sicherstellen, dass die Produktionskosten Ihr Budget nicht übersteigen. Es empfiehlt sich prinzipiell, immer mehrere Vergleichsangebote einzuholen. Eine Online-Druckerei muss nicht zwingend preiswerter sein als eine Vorort. Manchmal ist es besser, man kann mit einem Profi direkt über verschiedene Produktionsmöglichkeiten diskutieren oder mal schnell einen Probedruck herstellen lassen.

2.7 Beispiele aus der Praxis

Die vorgegangenen Abschnitte waren alle mehr oder minder theoretisch. Damit Sie ein Gefühl dafür bekommen, wie gelungene Flyer, Broschüren, Plakate und Visitenkarten aussehen können, folgen nun einige Beispiele.

Die Front des Verlagsprogramms.

2.7.1 Beispiel 1 – Verlagsprogramm

Als ich die ersten Cover-Entwürfe für den Verlag erstellte, kannte ich nur Adobe InDesign. Scribus war zu dem Zeitpunkt noch in einer sehr frühen Entwicklungsphase. Doch seit der Veröffentlichung von Scribus 1.2 entstehen alle Flyer und Buch-Cover mit dem freien DTP-Programm.

Allen Bestellungen legen wir immer eine aktuelle Broschüre bei, damit sich unsere Kunden auch über andere Titel aus unserem Programm informieren können.

Die Gestaltung ist recht simpel: Auf der Cover-Seite finden Sie das Verlagslogo samt Titel und Zeitraum. Als Hintergrund verwenden wir ein stylisches Foto mit einem leicht abstrakten Touch. Sehr passend zu technischen Büchern – wie wir finden. Das Foto verwenden wir durchgängig in der gesamten Broschüre.

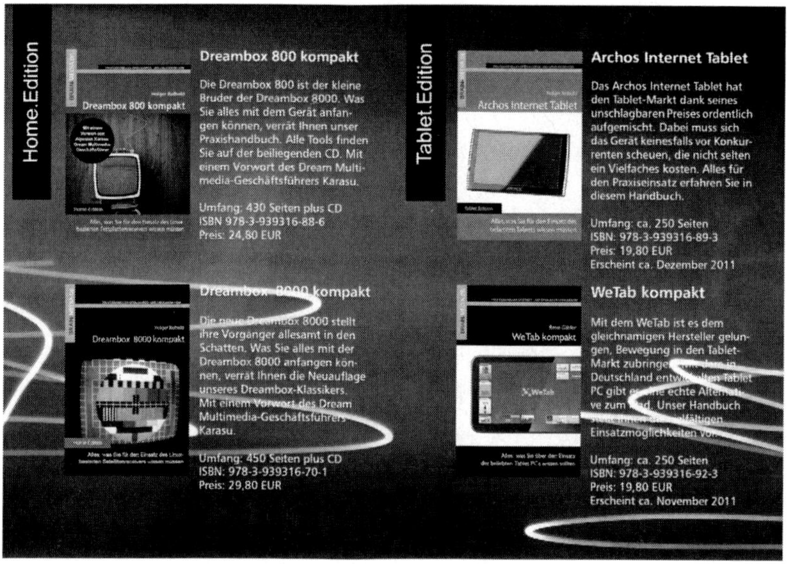

Zwei gegenüberliegende Seiten unserer Broschüre.

Für unsere Broschüre verwenden wir das DIN A6-Format. Es ist handlich und kann auch Standardbriefen problemlos beigelegt werden. Es ist so handlich, dass man es auch bequem in die Jacken- oder Hosentasche stecken kann.

Im Innenteil werden pro Seite zwei Bücher samt den wichtigsten Informationen aufgeführt: Titel, Kurzinfo zum Buchinhalt, Umfang, ISBN, Preis und sofern noch nicht erschienen, das geplante Erscheinungsdatum.

Die Rückseite der Broschüre.

Auf der Rückseite unserer Broschüre finden Sie alle wichtigen Informationen für die Kontaktaufnahme mit dem Verlag. Hier erfahren Sie, wo Sie weitere Informationen finden, wann und wo Sie uns am besten telefonisch erreichen können und unter welcher E-Mail-Adresse Sie uns anschreiben können. Mehr braucht es nicht an Informationen.

Das Tolle an diesem Flyer: Er lässt sich sehr preiswert herstellen und einfach verteilen. Ein weiterer Pluspunkt: Er ist einfach anzupassen. Aus einer Winter- lässt sich mit wenig Aufwand eine Frühjahr- oder Sommer-Broschüre erstellen.

2.7.2 Beispiel 2 – Visitenkarten

Scribus eignet sich – wie wir später noch sehen werden – wunderbar für das Erstellen von Visitenkarten. Das Programm stellt Ihnen in der Vorlagenverwaltung eine Vielzahl von Visitenkarten zur Verfügung, die Sie nur an Ihre Bedürfnisse anpassen müssen.

Visitenkarten tauscht man hauptsächlich im Berufsleben – auf Messen oder Konferenzen – aus, sowie bei jedem Erstkontakt zwischen möglichen Geschäftspartnern. In der Regel will man dem Gegenüber dabei auch diskret die eigene Position im Unternehmen vermitteln.

Sie tragen immer den Namen, die Adresse und die Telefonnummer der betreffenden Person, selten ein Foto. Bei geschäftlichen Visitenkarten tragen sie außerdem das Firmenlogo sowie die Titel und Funktion der Person. Auch die URL und E-Mail-Adresse sind bei geschäftlichen Karten Pflicht.

Immer häufiger werden auch auf der Rückseite weitere Informationen untergebracht, beispielsweise eine englischsprachige Version oder der Firmen-Slogan.

Eine einfache Visitenkarte

Wenn Sie sich an die Gestaltung einer Visitenkarte machen, gelten alle oben beschriebenen Schritte ebenfalls. Sie sollten gerade bei der Visitenkarte beachten, dass diese ein sehr wirksamer Werbeträger sein kann.

Die perforierte Visitenkarte eines Scheidungsanwalts, die man mit wenig Kraft auseinanderreisen kann, ist ein Musterbeispiel für eine ungewöhnliche und kreative Idee.

Und: Sie müssen längst nicht mehr nur aus Papier bestehen. Wenn Sie Schreiner sind, können Sie Ihre Firmen- und Kontaktdaten auf einem kleinen Stück Holz aufbringen lassen. Als Schlosser bietet sich die Verwendung eines flachen Blechs oder Aluträgers an.

Eine weitere, sehr wirksame Variante: Verwenden Sie Kunststoffkarten. Diese können die Form einer typischen Bankkarte besitzen. Besondere Aufmerksamkeit erzielen Sie mit transparenten Karten.

Ein Beispiel für eine transparente Visitenkarte.

Bei der Herstellung transparenter Karten sollten Sie allerdings zwei Dinge beachten: Verwenden Sie einen Hintergrund, der dafür sorgt, dass die Schrift auch dann noch leserlich ist, wenn Sie die Karte ohne Hintergrund (z. B. ein weißes Blatt Papier) betrachten. Sie sollen außerdem mit Ihrer Druckerei abstimmen, ob ein glatter Kantenschnitt möglich ist. Sollte das nicht gewährleistet sein, müssen Sie mit einem unsauberen Schnitt rechnen. Ihre Karte wirkt dann ein wenig „angefressen". Das wiederum zerstört dann schnell das gute Bild und kehrt im ungünstigsten Fall die Wirkung um.

Manche Druckereien stellen Ihnen auch einen Musterkatalog zur Verfügung. Nutzen Sie solche Angebote, denn wenn Sie reale Beispiele in den Händen halten, bekommen Sie eher ein Gefühl dafür, was zu Ihren Anforderungen passen könnte und was nicht. Manch schicke Visitenkarten sieht in einer anderen Gestaltung schnell langweilig aus.

2.7.3 Beispiel 3 – Form-Flyer

Anfang 2010 entschied sich der Verlag, Bücher vermehrt mit CDs auszustatten. Für uns bedeutet das zwar einen nicht unerheblichen Mehraufwand, weil die Medien erst produziert und dann auch in der Druckerei verarbeitet werden müssen. Dennoch wollten wir überall dort, wo es uns sinnvoll erschien, ein Medium beilegen können.

Um bei der Produktion möglichst flexibel zu sein, investierten wir in eine professionelle Kopier- und Druckstation. Das sprach sich schnell herum und wir entschlossen uns, auch einen Brenn- und Kopierservice anzubieten.

Ein Form-Flyer – einfach, aber sehr wirkungsvoll.

Um insbesondere lokal unseren Service zu promoten, erstellten wir mit Scribus einen Flyer, der an Werbeagenturen, kleine und mittlere Medientreibende etc. verschickt wurde.

Was lag näher, als diesen Flyer in Form einer CD zu produzieren. Auf der Vorderseite fanden sich die wesentlichen Punkte des Service, das Logo und die Kontaktmöglichkeiten.

Auf der Rückseite druckten wir einige Musterangebote samt Eigenschaften und Preis ab. Damit waren alle relevanten Informationen auf einem gerade mal 12 cm runden Form-Flyer untergebracht.

Wir verschickten den Flyer überwiegend per Post. Auf der Rückseite war ein Adressfeld ausgespart, in dem die Adresse und das maschinell erstellte Porto unterbringen konnten.

Auf der Rückseite: konkrete Angebote für die Zielgruppe.

Wenn Sie einen Service oder Produkte anbieten, die ebenfalls mit einem Form-Flyer beworben werden können, sprechen Sie mit Ihrer Druckerei, ob sie die gewünschte Form produzieren kann.

2.7.4 Beispiel 4 – Logo-Entwurf

Es gibt eine weitere Eigenschaft, die ich an Scribus sehr schätze: Selbst Anwender, die keine Ausbildung als Designer, Mediengestalter oder ähnliches besitzen, können mit Scribus mit wenigen Mausklicks ein eigenes Logo erzeugen.

Nachstehende Abbildung zeigt ein solches Beispiel. Dabei kommt lediglich eine frei verfügbare Clipart-Darstellung und eine Schrift in einer „rockigen“ Schriftart zum Einsatz. Schon ist das Logo fertig.

Sie finden auf der beiliegenden DVD im Ordner *Cliparts* viele Hundert freie Darstellungen, die Sie nach Belieben in Ihren Scribus-Dokumenten verwenden können.

Ein simples, aber knackiges Logo.

Scribus stellt Ihnen für das Erstellen und Bearbeiten solcher Darstellungen alle notwendigen Funktionen zur Verfügung. Es liegt nur an Ihnen, etwas aus diesen Möglichkeiten zu machen.

2.7.5 Beispiel 6 – Perfektes Plakat

Wenn Sie Scribus für das Erstellen eines Plakats verwenden, so kommen Sie auch hier mit den Funktionen des Programms sehr weit. Wie so oft ist die kreative Idee für das Gelingen eines Entwurfs entscheidend.

Und manchmal ist weniger auch mehr. Ein gelungenes Beispiel für ein solches Plakat zeigt nachstehende Abbildung. Es handelt sich um das offizielle Plakat für die Preisverleihung des Grimme Preises 2011.

Es wurde von Markus Thiele realisiert und bezieht sich auf eine kurze, aber entscheidende Szene aus dem Film „Iran Elections 2009“ von Regisseur Ali Samadi Ahadi.

Das verwendete Foto ist klar und unscharf zugleich. Zunächst springt einem förmlich das berühmte Siegeszeichen ins Auge. Es steht bekanntlich für Sieg, Triumph und Victoria. Aber es steckt indirekt ebenfalls darin: Gegensätze, Auseinandersetzung und Kampf. Die Unschärfe ist dabei gewollt.

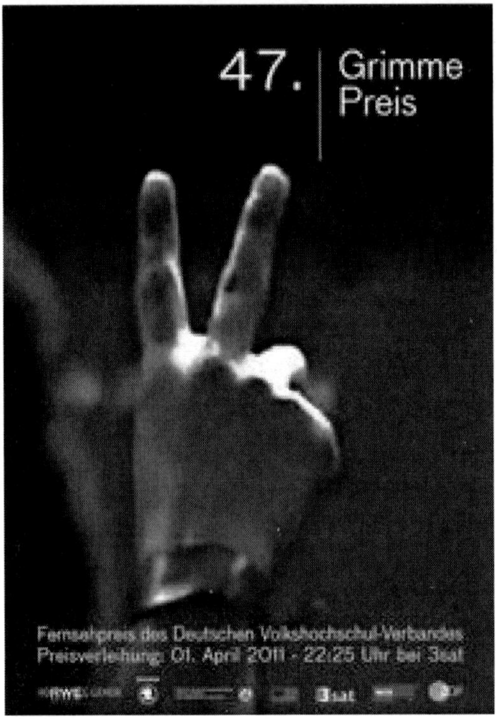

Mit dem perfekten Bild realisieren Sie mit wenig Aufwand ein professionelles Plakat.

Für die meisten stellt sich nun die Frage, wo man denn derart aussagekräftige Bilder herbekommt. Das Internet ist voll mit mehr oder minder gut sortierten Bilddatenbanken.

Eine der am besten sortierten Datenbanken ist Photocase (*http://www.photocase.de*). Dabei handelt es sich um eine Fotodatenbank für hochauflösende, außergewöhnliche Fotografie. Dabei werden alle Fotos von Usern bereitgestellt. Diese Fotos dürfen im Rahmen der Nutzungsbedingungen des Betreibers für kommerzielle und nicht-kommerzielle Projekte genutzt werden.

Die Nutzung des Service ist simpel: Die Fotos werden von Usern hochgeladen, daraufhin von der Fotoredaktion gesichtet, kontrolliert und dann bestätigt bzw. nicht bestätigt. Alle bestätigten Fotos sind für den Download verfügbar und können für Website-Design, Printprodukte etc. verwendet werden.

Der User kann die Bilder mit sogenannten Download-Credits oder über die Einzelkaufoption herunterladen. Für wenige Euros können Sie hier wirklich tolle Bilder erwerben.

Wenn Sie hier nicht fündig werden, starten Sie einfach mit Google eine Suche nach weiteren Bilddatenbanken. Sie werden staunen, wie viele es gibt.

Schlicht und einfach – eine gelungene grafische Arbeit.

2.7.6 Beispiel 7 – Klar und eindeutig

Die Saarbrücker Grafiker Leis und Kuckert (*http://www.leisundkuckert.de*) sind Spezialisten in Sachen Konzeption und Gestaltung von Broschüren, Webseiten, Plakaten, Erscheinungsbildern und Geschäftspapieren.

Sie zeichnen sich für eine Vielzahl von bemerkenswerten Arbeiten aus. Mit dem Programmheft zum Primeurs-Festival haben sie ein schickes Programm realisiert, das wunderbar zum Thema des Festivals passt. Die Titelseite des Programms beschränkt sich auf die wesentlichen Inhalte. Ein gelungenes Beispiel für modernes Design.

Beschränkung auf das Wesentliche.

2.7.7 Beispiel 8 – Weniger ist mehr

Mit dem Folder für die Kammerkonzerte des Saarländischen Staatorchesters haben Leis und Kuckert ein weiteres schönes Beispiel geschaffen, dass zeigt, dass die Beschränkung auf das Wesentliche oftmals die besten Ergebnisse erzielt. Voranstehendes Beispiel zeigt sehr schön, wie wirkungsvoll die Beschränkung auf das Wesentliche sein kann.

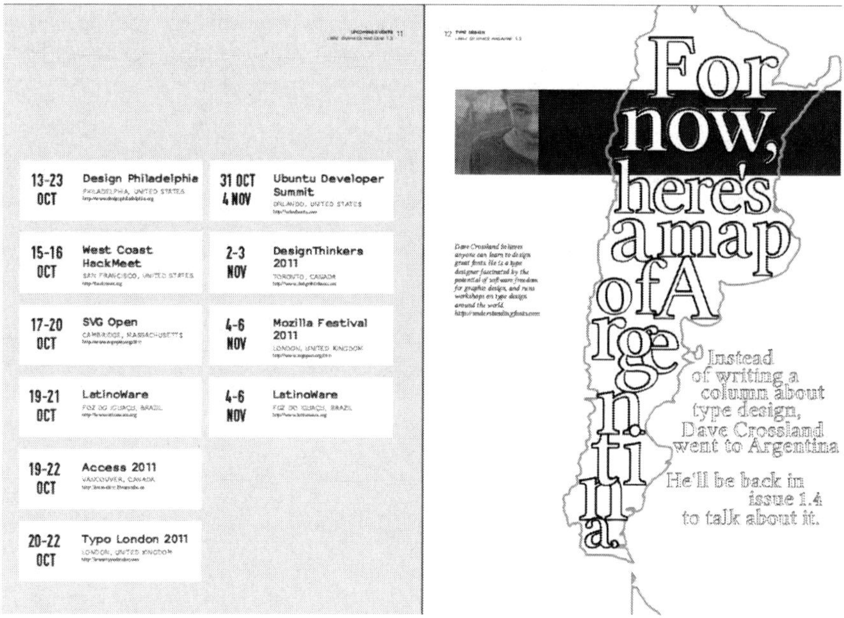

Das Libre Graphics Magazine entsteht mit Scribus & Co.

2.7.8 Beispiel 9 – Magazin auf Scribus-Basis

Das Libre Graphics Magazine (*http://libregraphicsmag.com*) zeigt in beeindruckender Weise, was man alles mit freier Software realisieren kann. Das im November 2010 in Kanada ins Leben gerufenes Magazin setzt ausschließlich auf Scribus und andere freie Programme.

Es ist in gedruckter und Online-Form verfügbar. Die Intention des Teams: Man will zeigen, welche erstklassigen Werke mit freien Programmen realisiert werden können. Wie Sie sich selbst auf der Homepage überzeugen können, ist das bislang hervorragend gelungen.

Auch das Scribus-Team hat einige Beispiele zusammengetragen, welche Dokumente und Projekte bereits mit Scribus realisiert wurden. Einen Überblick über bisherige Arbeiten finden Sie hier:

http://wiki.scribus.net/canvas/Made_with_Scribus

3 Der Umgang mit Dokumenten

Genug der Vorrede! Schauen wir uns an, wie Sie in der Praxis ein Dokument erzeugen, wie Sie es erweitern und wie Sie sich in Dokumenten bewegen und orientieren können.

Wie Sie in einfaches Dokument in Scribus anlegen und dieses mit ersten Inhalten füllen, ist in Kapitel 1 beschrieben. In der Regel wird es nicht dabei bleiben, dass Sie nur an einem Dokument, sondern an mehreren gleichzeitig oder auch an bisweilen sehr umfangreichen Dokumenten arbeiten.

Scribus stellt Ihnen für den Umgang mit Dokumenten und deren Ansicht eine Fülle von nützlichen Funktionen zur Verfügung. Wenn Sie mehrere Dokumente gleichzeitig geöffnet haben, können Sie diese hinter- und nebeneinander auf dem Montagebereich platzieren. Dazu führen Sie die Befehl *Fenster> Hintereinander* aus. Auch das Nebeneinanderanordnen von Dokumenten ist möglich. Führen Sie dazu den Befehl *Fenster> Nebeneinander* aus.

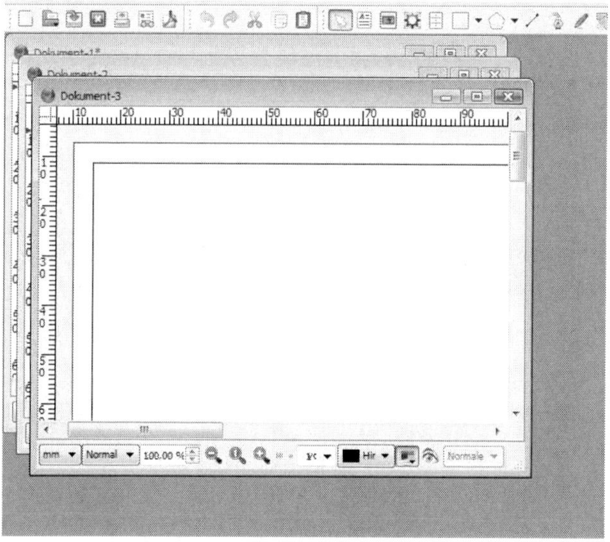

Drei hintereinander angeordnete Dokumentenfenster.

Wenn Sie über einen ausreichend dimensionierten Monitor verfügen, können Sie beispielsweise zwei nebeneinander liegende Dokumente für einen direkten Vergleich nutzen.

Bei beiden Darstellungsvarianten können sie bequem von einer zu anderen Seiten wechseln. Klicken Sie dazu auf die Titelzeile und Sie können die Verarbeitung fortsetzen.

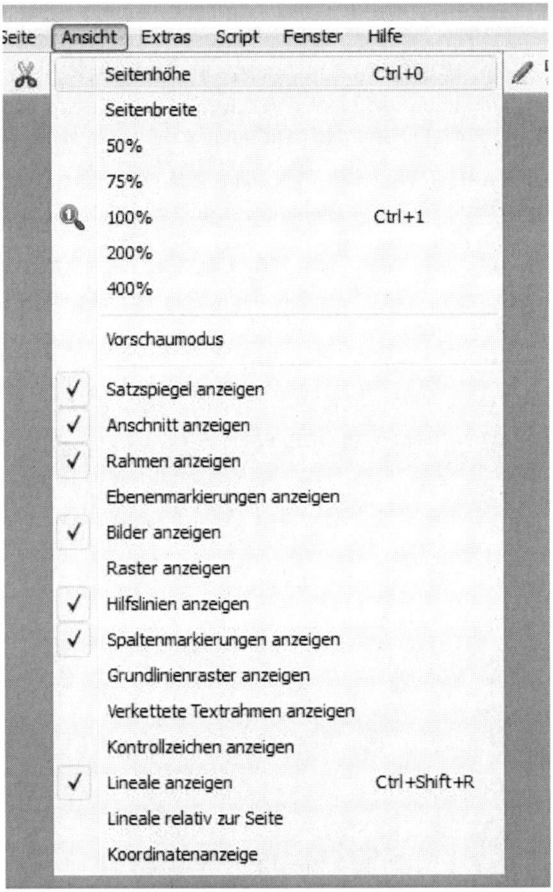

Das Anpassen der Ansicht.

3.1 Darstellung der Dokumente

Wie wir später noch in Kapitel 10 sehen werden, stehen in den Programmoptionen verschiedene Anpassungsmöglichkeiten für die Konfiguration der Ansicht zur Verfügung. Fürs Erste genügt es zu wissen, dass Sie die Voreinstellungen der meisten Ansichtseinstellungen programmübergreifend anpassen können.

Unabhängig davon sollten Sie die verschieden Ansichtsmöglichkeiten kennen, die Scribus zu bieten hat. Sie werden diese Möglichkeiten immer wieder nutzen, um beispielsweise das Seitenlayout aus unterschiedlichen Perspektiven begutachten zu können.

Aus Kapitel 1 kennen Sie die verschiedenen Möglichkeiten der Ansichtsleiste, mit denen Sie insbesondere die Darstellungsgröße des Dokuments anpassen können.

Mit den ersten beiden Menüeinträgen können Sie Darstellung auf die Seitenhöhe und -breite anpassen. Es folgen verschiedene Vergrößerungs- und Verkleinerungsstufen: 50, 75, 100, 200 und 400 Prozent. Die beiden vermeintlich wichtigsten Darstellungsgrößen sind über Tastenkombinationen ausführbar:

- **Seitenhöhe**: *Strg + 0*
- **100 %**: *Strg + 1*

Die Belegung der Tastenkombinationen können Sie in den Programmeinstellungen ändern. Dazu mehr in Kapitel 12.

Sollten Ihnen die vordefinierten Zoom-Varianten nicht genügen, können Sie die Ansicht wie bereits in Kapitel 1 beschrieben, mithilfe der Ansichtsleiste ändern. Dort stehen Ihnen Werte zwischen 10 und 3200 Prozent zur Verfügung.

In diesem Zusammenhang sollte auch noch erwähnt werden, dass sich Änderungen der Ansichtsgröße immer nur auf das aktuelle Dokument auswirken. Haben Sie also beispielsweise mehrere Dokumente geöffnet, so können diese jeweils eine unterschiedliche Größe besitzen.

Unterhalb der vordefinierten Seitengrößen können Sie in den Vorschaumodus schalten. In diesem Modus sind beispielsweise Hilfslinien und sonstige Markierungen nicht zu sehen. Wir kommen im nächsten Abschnitt noch auf die Einzelheiten zu sprechen.

Mit dem nächsten Bereich der *Ansicht*-Menüs können Sie verschiedene Hilfsmittel auf dem Montagebereich ein und ausblenden:

- **Satzspiegel anzeigen**: Beim Anlegen des Dokuments haben Sie mit dem Standard-Seitenlayout den Satzspiegel gewählt. Dieser wird auf dem Montagebereich standardmäßig durch eine blaue Linie gekennzeichnet.
- **Anschnitt**: Haben Sie beim Anlegen eines Dokuments einen Anschnitt vorgesehen oder diesen später über die Dokumenteneigenschaften hinzugefügt, wird dieser ebenfalls standardmäßig auf dem Arbeitsbereich angezeigt. Der Anschnitt befindet sich zwischen der schwarzen und der roten Linie.

Drei wichtige Orientierungslinien des Montagebereichs: Seitenformat (außen, schwarz), Dokumentrahmen (innen, rot) und Satzspiegel (innen, blau).

- **Rahmen anzeigen**: Diese Ansichtsoption umschließt die verschiedenen Rahmentypen (Bild-, Text-, und Renderrahmen) mit einer hauchdünnen Linie, die anzeigt, dass sich dort ein Rahmen befindet. Sie sollten Sie Ansicht des Rahmens immer aktivieren, denn wie anhand nachstehender Abbildung zu erkennen ist, erkennt man bei einem leeren Bildrahmen nicht, dass sich auf dem Montagebereich ein solcher befindet. Auch leere Textrahmen sind dann nicht zu erkennen.

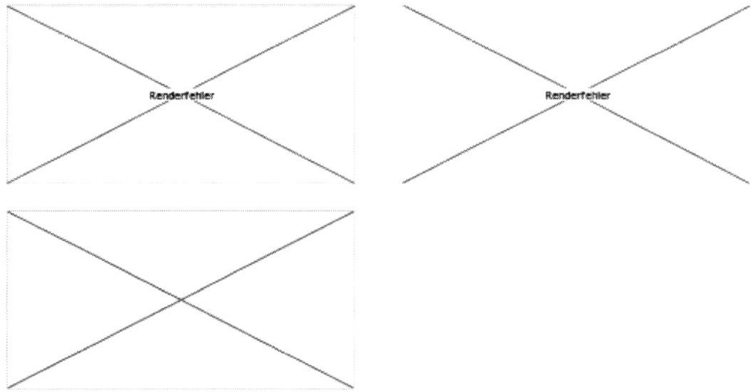

Bild- und Renderrahmen. Links ist die Ansicht des Rahmens aktiviert, rechts ist sie deaktiviert.

- **Ebenenmarkierungen anzeigen**: Die können in Ihren Dokumenten mehrere Ebenen anlegen und auf den verschiedenen Ebenen unterschiedliche Elemente und Objekte platzieren. Durch die Anzeige der Ebenenmarkierungen, die definierbare Farben besitzen, erkennen Sie direkt, welche Elemente welcher Ebene zugeordnet sind.

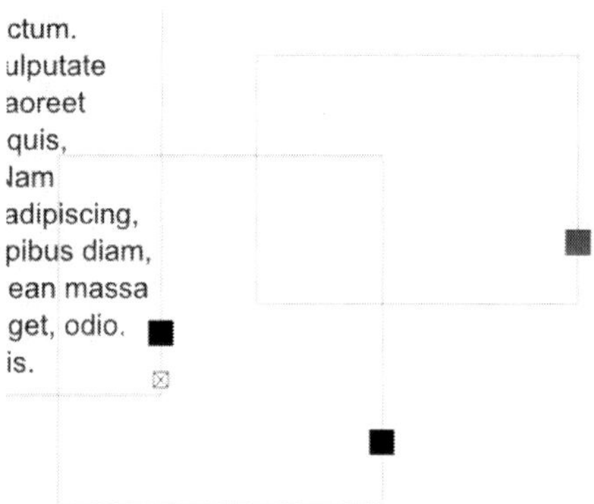

Die Ebenenmarkierungen verwenden unterschiedliche, von Ihnen definierbare Farben und werden durch ein kleines Rechteck in der rechten unteren Ecke eines Objektrahmens angezeigt.

- **Bilder anzeigen**: Diese Ansichtsoption ist für die Vorschau relevant. Dazu weiter unten mehr.
- **Raster anzeigen**: Scribus stellt Ihnen ein Raster zur Verfügung, das zwei verschiedene Rasterlinien verwendet, eine hellgrün durchgezogene und eine hellgrün gepunktete Linie. Diese Rasterlinien können Ihnen bei der Platzierung von Elementen wertvolle Dienste leisten.
- **Hilfslinien**: Sie können aus den Linealen heraus Hilfslinien ziehen und dann daran Objekte passgenau positionieren. Die Linie blenden Sie mit diesem Menübefehl ein und aus. Es handelt sich um eine blaue Strichpunktlinie.
- **Spaltenmarkierungen anzeigen**: Wenn Sie einen mehrspaltigen Textrahmen in Ihr Dokument einführen und diese Option aktivieren, werden die Spalten durch senkrechte Trennlinien angezeigt. Das ist gerade beim Anlegen solcher Elemente nützlich, weil Sie ein genaues Bild für die Spaltenaufteilungen haben.

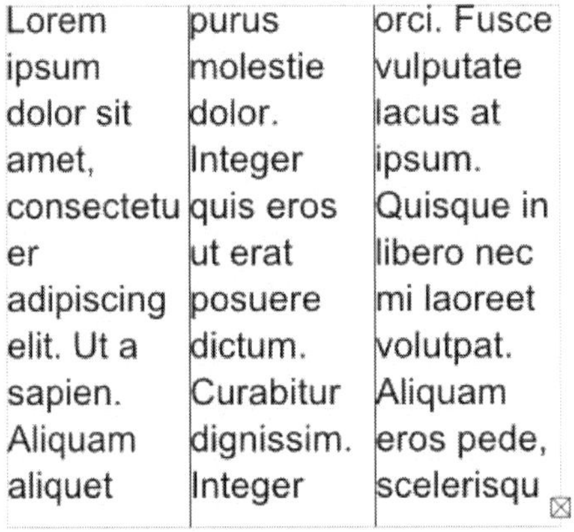

Ein dreispaltiger Textrahmen samt eingeblendeter Spaltenmarkierung.

- **Grundlinienraster**: Dieser Rastertyp ist ein grafisches Fundament, das die Gestaltung von Zeitschriften, Büchern, Inseraten, Prospekten und anderen Druckerzeugnissen prägt. Es wird insbesondere für die Textausrichtung verwendet.

- **Verkettete Textrahmen anzeigen**: Wie wir in Kapitel 4.2.2 noch sehen werden, können Sie einen Text über mehrere Textrahmen hinweg laufen lassen. Dazu ist die Verkettung der Rahmen erforderlich. Mit dieser Option wird die Verkettung angezeigt.
- **Kontrollzeichen anzeigen**: Wenn Sie die Kontrollzeichen für Leerzeichen, Tabs, Zeilenumbruch etc. in den Textrahmen einblenden wollen, aktivieren Sie diese Option.
- **Lineale anzeigen**: Die Lineale werden standardmäßig eingeblendet. Sie sind ein unverzichtbares Hilfsmittel für das Positionieren von Objekten auf dem Montagebereich. Sie werden auch benötigt, um Hilfslinien zu generieren.
- **Lineale relativ zur Seite**: Wenn Sie diese Option aktivieren, verändern sich die Lineale relativ zur Seite.
- **Koordinatenanzeige**: Ist diese Funktion aktiviert, werden beim Verschieben eines Objekts die Koordinaten des linken oberen Punkts des Objektsrahmens in einem kleinen Info-Dialog angezeigt.

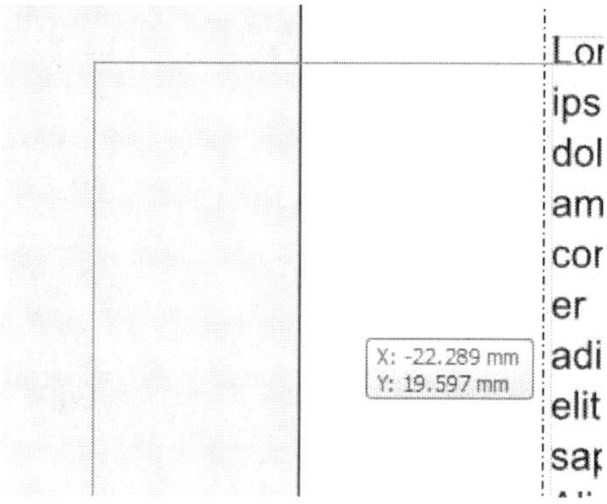

Die Koordinatenanzeige ist aktiviert.

3.2 Vorschaufunktion

Bei der Arbeit an Ihren Scribus-Dokumenten sollten Sie immer mal wieder einen Blick auf die Vorschau werfen. Nur so können Sie prüfen, ob sich Ihr Dokument in die gewünschte Richtung entwickelt oder ob Sie doch die eine oder andere Design-Idee verwerfen oder überdenken müssen.

Scribus bietet zwei Möglichkeiten, um sich einen Überblick über den aktuellen Stand des Dokuments zu verschaffen. Durch Betätigen der Funktionstaste *F11* blenden Sie alle Raster, Hilfslinien, Lineale etc. aus. Alternativ führen Sie den Menübefehl *Ansicht> Vorschaumodus* aus. Hier wird sogar der Schatten ausgeblendet, mit dem Scribus Ihre Dokumente standardmäßig hinterlegt. Wohlgemerkt: Es handelt sich bei dem Schatten nur um ein grafisches Element am Computer. Beim Drucken wird der Schatten nicht generiert.

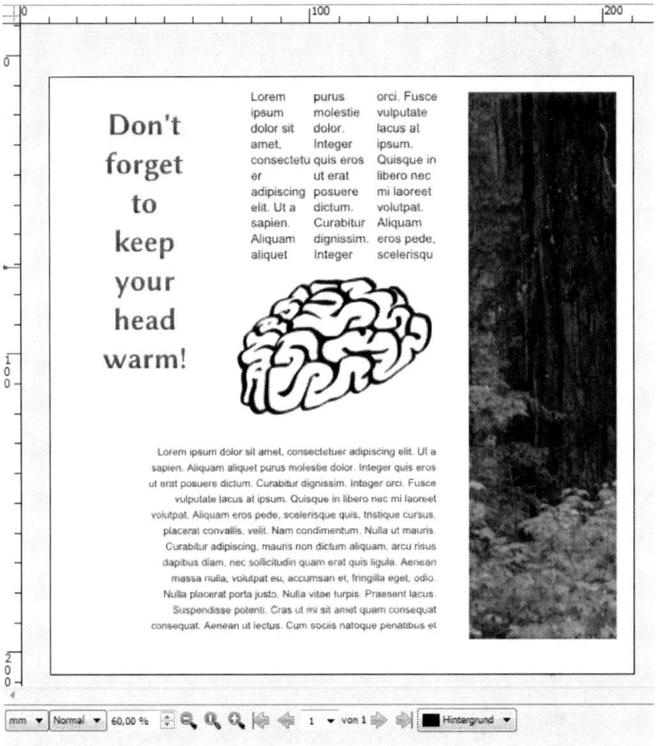

Ein benutzerdefiniertes Dokument in der Vorschau.

Das Interessante an der Vorschau: Sie können auch in diesem Modus Änderungen an dem Dokument vornehmen, Rahmen verschieben, neue Elemente einbetten, Rechtschreibfehler korrigieren etc.

Wenn Sie sich bei der Vorschau auf den Text konzentrieren wollen, können Sie auch die Bilder mit dem Menübefehl *Ansicht> Bilder anzeigen* ausblenden.

Sie können eingebettete Abbildungen auch über das Kontextmenü der rechten Maustaste ein- und ausblenden. Der Menüeintrag *Vorschaumodus* erlaubt es Ihnen, das Bild auszublenden. Sie können außerdem die Auflösung anpassen. Dazu stehen Ihnen die niedrige, die normale und die hohe Auflösung zur Wahl.

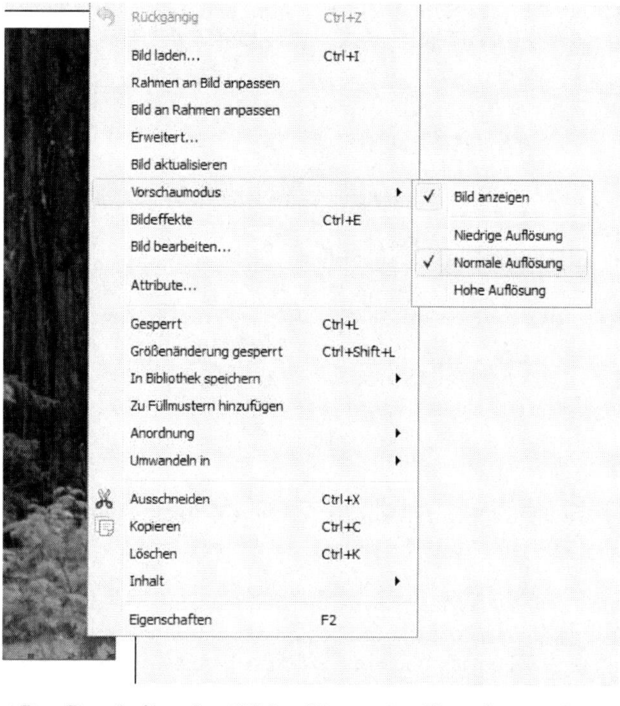

Das Bearbeiten der Bildauflösung im Vorschaumodus.

Wenn Sie ein Dokument im Vorschaumodus unter die Lupe nehmen, ist eine weitere Funktion hilfreich, die bereits oben beschrieben wurde: die Zoom-Funktion.

Sie finden die Zoom-Funktion in der Ansichtsleiste. Wenn Sie eine Maus mit Rad besitzen, können Sie das Dokument mit gedrückter *Strg*-Taste und dem Rad heran- und herauszoomen. Das funktioniert auch im Bearbeitungsmodus.

3.3 Navigation in Dokumenten

Scribus taugt nicht nur für das Erstellen von Visitenkarten und einfachen Flyern, sondern Sie können mit dem Programm auch aufwändige Projekte, sogar ganze Bücher und Zeitschriften realisieren.

Das Programm stellt Ihnen verschiedene Funktionen für die Navigation in mehrseitigen Dokumenten zur Verfügung. Eine dieser Funktionen kennen Sie bereits aus Kapitel 1.3.6: Das Auswahlmenü *Seite*. Es zeigt Ihnen die Seitenzahl des Dokuments an und erlaubt das Öffnen einer bestimmten Seite. Über die Pfeilsymbole können Sie außerdem bequem zwischen den Seiten des Dokuments hin und her navigieren.

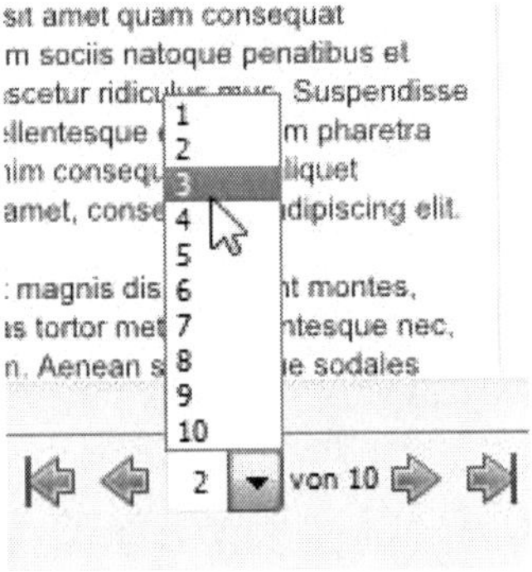

Die Seitenliste erlaubt das gezielte Öffnen einer Seite.

Scribus unterstützt eine weitere Navigationsmöglichkeit: Mit den Tasten *Bild hoch* und *Bild runter* können Sie zwischen den Seiten hin- und herspringen. Ein Tastendruck springt eine Seite nach oben bzw. eine nach unten.

Mit dem Menübefehl *Fenster> Seiten anordnen* öffnen Sie den gleichnamigen Dialog, der Ihnen neben der verfügbaren Musterseite die einzelnen Seiten durch ein kleines Symbol im Bereich *Seiten des Dokuments* aufführt.

Unterhalb der Seitenübersicht können Sie das Dokumentlayout anpassen. Wie die Seitenmarkierung aussieht, bestimmen Sie in den Dokumenteneinstellungen mit *Datei> Dokument einrichten> Abschnitte*. Ein Dokument besitzt standardmäßig den Stil 1,2 3, …, aber Sie können auch die Stil I, II, III, … oder A, B, C, … verwenden.

Dieser Dialog hat zwei sehr nützliche Funktionen zu bieten: Mit einem Klick auf einen Seiteneintrag wird die zugehörige Seite im Montagebereich geöffnet. Und:

Sie können Seiten verschieben. Dazu markieren Sie ein Seitensymbol mit der linken Maustaste und verschieben es an die gewünschte Position. Die Einfügeposition wird durch einen blauen Balken angezeigt.

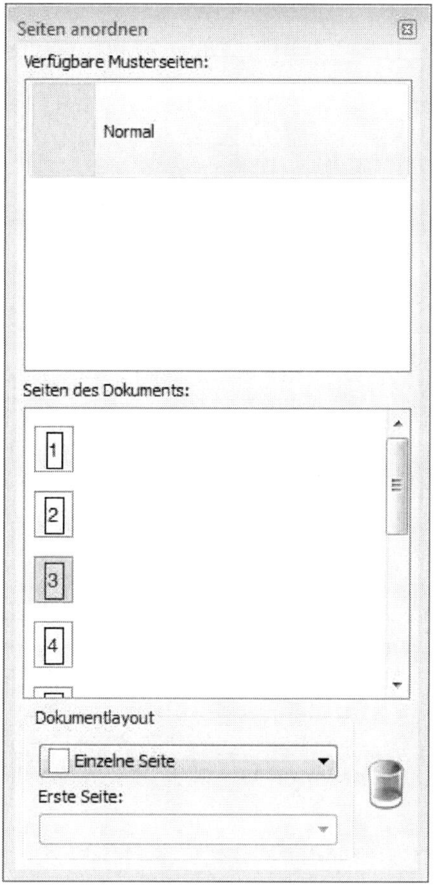

Der Dialog *Seite anordnen*.

Wenn Sie eine Seite an eine neue Position verschieben, nimmt der Mauszeiger die Form einer Seite samt Globus an. Wird der Einfügebalken angezeigt, lassen Sie die Maustaste los, um die Seite an der neuen Position abzulegen.

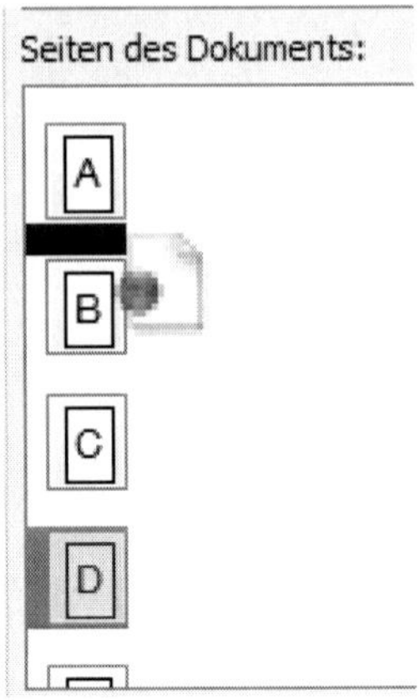

Das Verschieben von Seite D zwischen Seite A und B.

Der Dialog *Seiten anordnen* erlaubt Ihnen außerdem das Löschen von Seiten. Dazu markieren Sie die nicht mehr benötigte Seite und ziehen sie in den Papierkorb in der rechten unteren Ecke. Alternativ markieren Sie die Seite und betätigen die *Entfernen*-Taste. In diesem Fall erfolgt eine Sicherheitsabfrage, ob Sie die Seite tatsächlich entfernen wollen.

Wenn Sie eine gelöschte Seite wiederherstellen wollen, ist das nur mit dem Menübefehl *Bearbeiten> Rückgängig* möglich. Die Seiten werden also nicht in einem Papierkorb gesammelt. Beachten Sie auch, dass das Rückgängigmachen nach dem Schließen des Programms nicht mehr möglich ist.

Scribus stellt Ihnen mit der Seitenübersicht eine weitere Funktion zur Verfügung, mit der Sie schnell und einfach in einem mehrseitigen Dokument navigieren können. Den zugehörigen Dialog öffnen Sie mit dem Befehl *Fenster> Dokumentstruktur*. Es ist ein wenig irritierend, dass der Menübefehl und die Dialogbezeichnung unterschiedlich ist.

Die Seitenübersicht präsentiert Ihnen eine hierarchische Ansicht Ihres Dokuments. Mit einem Klick auf den Dokumententitel öffnen Sie die Hierarchie. Unterhalb des Titels werden zuerst die Musterseiten aufgeführt. Dann folgen die einzelnen Seiten. Besitzen Seiten weitere Elemente wie Textrahmen, Bildrahmen, Tabellen, Objektgruppen etc., werden diese in der Hierarchie ebenfalls durch eigene Symbole angezeigt.

Das Tolle an der Seitenübersicht: Sie können nicht nur Seiten gezielt anspringen, sondern auch eingebettete Objekte direkt ansteuern, um sie dann zu bearbeiten.

Sie können auch die Bezeichnung von Elementen ändern, die einer Seite untergeordnet sind. Dazu klicken Sie doppelt auf einen Eintrag und ändern diesen. Das funktioniert leider nicht mit Seitenbezeichnungen.

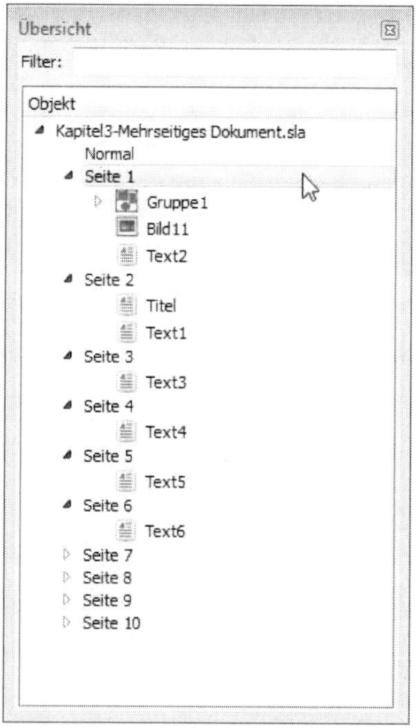

Die Seitenübersicht eines mehrseitigen Dokuments.

Wenn Sie es mit sehr umfangreichen Dokumenten zu tun haben, können Sie über das Suchfeld *Filter* die Ansicht gezielt einschränken. Entfernen Sie die Eingabe, um die Ausgangsansicht wiederherzustellen.

Die Seitenübersicht taugt übrigens nicht dazu, die Dokumentenstruktur zu verändern. Hierfür greifen Sie zum oben beschriebenen Dialog *Seiten anordnen*.

Eine weitere Funktion, die der Navigation in einem Dokument dient, hat Scribus noch zu bieten. Sie können Lesezeichen in den PDF-Export einfügen. Diese sind zwar nicht in Scribus direkt nutzbar, aber im exportierten PDF-Dokument enthalten.

Das Einfügen von PDF-Lesezeichen in ein Scribus-Dokument ist einfach: Markieren Sie einen Testrahmen mit der rechten Maustaste und führen Sie dann den Befehl *PDF-Option> Als PDF-Lesezeichen verwenden* aus. Damit wird das Objekt als Bookmark vorgesehen.

Sie können die angelegten Lesezeichen im Bookmark-Dialog einsehen und deren Reihenfolge verändern. Das Ändern kann notwendig sein, weil die Einträge in der Reihenfolge des Entstehens in dem Bookmark-Dialog aufgeführt werden. Nun kann es aber natürlich sein, dass diese Reihenfolge nicht mit der im Dokument übereinstimmt.

Die Bookmark-Liste öffnen Sie mit dem Befehl *Fenster> Lesezeichen*. Das Bearbeiten der Reihenfolge ist ebenfalls einfach: Markieren Sie einen Eintrag mit der linken Maustaste, halten Sie diese gedrückt und verschieben sie den Eintrag an eine neue Position.

Nach dem Export der Scribus-Datei können Sie dann die Lesezeichen im PDF-Viewer verwenden. Sollte die Bookmark-Liste nicht eingeblendet sein, müssen Sie diese gegebenenfalls im Viewer öffnen.

3.4 Mit Seiten jonglieren

Die Arbeit an Dokumenten ist in der Regel ein kreativer Prozess, bei dem Überlegungen verworfen, Dokumente und Gestaltungsmittel neu arrangiert werden und, und, und.

In der Praxis bedeutet das, dass Sie nicht nur Seiten in Dokumenten verschieben, sondern auch neue Seiten einfügen, bestehende an andere Stellen im Dokument verschieben oder auch bestehende Seiten importieren müssen. Manchmal erweisen sich auch Seiten als unbrauchbar und müssen aus dem Dokument entfernt werden.

Für all diese Aufgaben hält Scribus die passenden Werkzeuge und Funktionen bereit. Sie müssen sie nur noch kennen- und einsetzen lernen.

3.4.1 Seiten hinzufügen, entfernen und verschieben

Als aufmerksamem Leser ist Ihnen sicherlich nicht entgangen, dass Scribus über das Menü *Seite* verfügt. Damit – Sie ahnen es schon – können Sie die erwähnten Aktionen ausführen.

Um Ihr Dokument um eine oder mehrere Seiten zu erweitern, führen Sie den Menübefehl *Seite> Seite einfügen* aus. In dem *Seiten einfügen*-Dialog bestimmen Sie zunächst die Anzahl Seiten, die Sie dem aktuellen Dokument hinzufügen wollen.

Mit dem darunterliegenden Auswahlmenü bestimmen Sie die Position innerhalb des Dokuments. Sie haben die Wahl zwischen folgenden Optionen:

- Am Dokumentende
- Vor Seite x
- Nach Seite y

Wenn Sie sich für die Optionen *Vor Seite* oder *Nach Seite* entscheiden, bestimmen Sie im rechts daneben befindlichen Feld die Seitenzahl für die Einfügung.

Das Einfügen einer neuen Seite.

Mit dem Auswahlmenü *Musterseite* weisen Sie den neuen Seiten ein Muster zu. Auf die Anwendungsmöglichkeiten von Musterseiten kommen wir in Kapitel 7.2 noch zu sprechen. Mit dem Bereich *Seitenformat* bestimmen Sie die Größe, Ausrichtung und gegebenenfalls die Breite der neuen Seiten.

Sie sollten außerdem sicherstellen, dass das Kontrollkästchen *Objekte mit der Seite verschieben* aktiviert ist, damit die Objekte Ihre Position beim Einfügen einer neuen Seite beibehalten.

Noch einfacher als das Einfügen von weiteren Seiten ist das Löschen einer oder mehrere Seiten. Führen Sie dazu den Befehl *Seiten> Seiten löschen* aus.

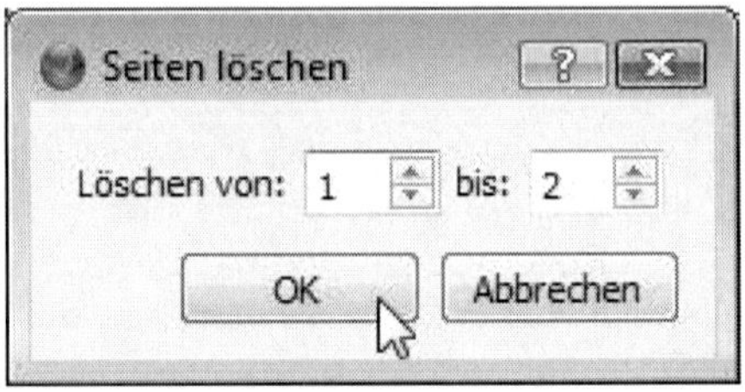

Das Löschen von Seiten aus einem Scribus-Dokument.

In dem Dialog *Seiten löschen* bestimmen Sie, welche Seiten Sie aus dem Scribus-Dokument entfernen wollen. Geben Sie dazu einfach den Seitenbereich ein. Leider bietet Scribus keine Möglichkeit, mehrere Seitenbereiche und einzelne Seiten zu entfernen.

Seien Sie vorsichtig bei der Ausführung dieser Funktion. Gelöschte Seiten können nur mit dem Rückgängigmachen-Befehl wiederhergestellt werden. Und auch das nur solange Sie Scribus nicht schließen.

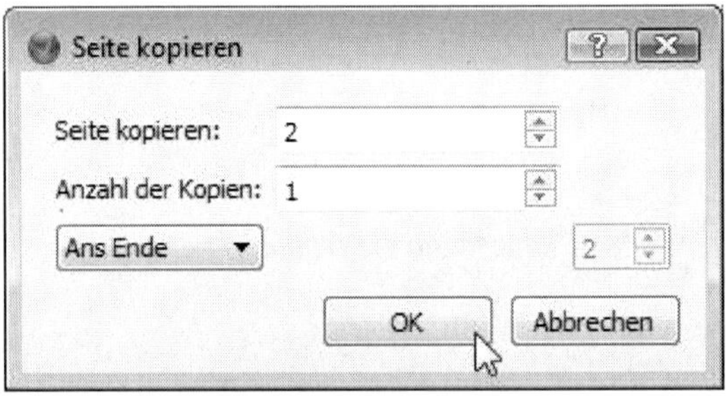

Das Kopieren von Seiten.

Eine weitere Möglichkeit, neue Seiten in einem Scribus-Dokument zu erstellen: Kopieren Sie eine bestimmte Seite an eine andere Stelle im Dokument. Das ist insbesondere dann sinnvoll, wenn Sie auf mehreren Seiten nahezu identische Inhalte verwenden und diese mit wenigen Mausklicks austauschen wollen.

Die Verwendung der Kopierfunktion ist ebenfalls einfach: Führen Sie den Befehl *Seite> Kopieren* aus. Im Dialog *Seite kopieren* bestimmen Sie die Ausgangsseite, dann die Anzahl der Kopien und schließlich die Position. Bei der Positionierung der Kopien haben Sie wieder die Wahl, ob diese am Ende des Dokuments oder vor bzw. nach einer bestimmten Seite eingefügt werden.

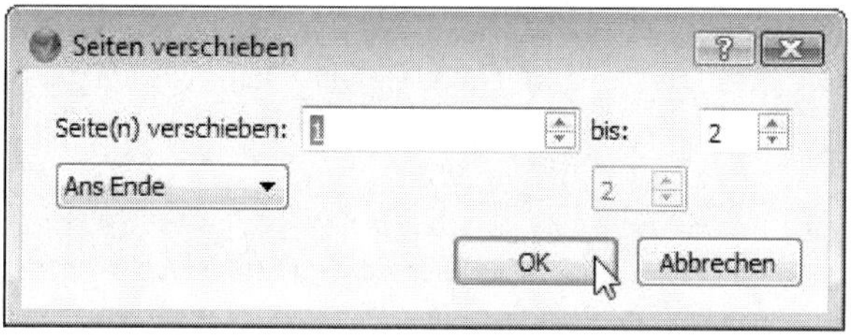

Verschieben von Seiten leichtgemacht.

Eine weitere praktische Funktion: Sie können ganze Seitenbereiche an eine andere Position verschieben. Dazu verwenden Sie den Befehl *Seite> Verschieben.* Im Dialog *Seite verschieben* bestimmen Sie den Bereich und das Ziel. Bestätigen Sei den Verschiebevorgang mit *OK*. Fertig.

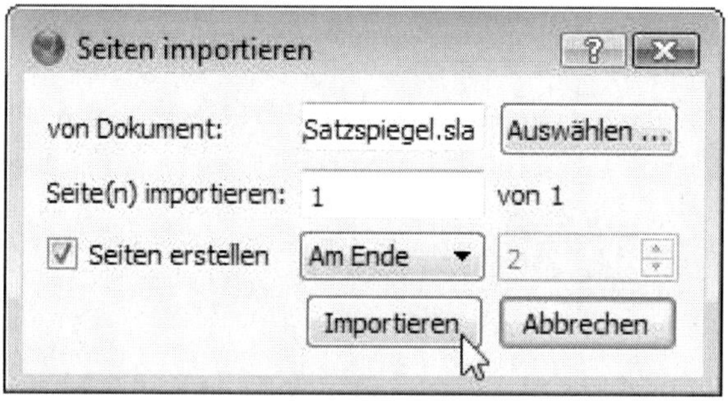

Das gezielte Importieren bestehender Seiten.

In der Praxis kommt es immer wieder vor, dass Sie beim Erstellen eines neuen Dokuments auf bestehende Inhalte zurückgreifen wollen. Manchmal existieren beispielsweise bereits verschiedene Produktbeschreibungen oder Sie wollen ein bereits angelegtes Firmenportrait oder eine Kontaktseite mit Anfahrtsskizze wiederverwenden.

Wenn Sie wissen, wo sich diese Daten befinden, können Sie sie ganz einfach in das aktuelle Dokument importieren. Dazu verwenden Sie die Importfunktion, die Sie mit dem Menübefehl *Seite> Importieren* aufrufen.

Wählen Sie das Scribus-Dokument aus, von dem die Inhalte stammen. Sollte es sich um ein mehrseitiges Dokument handeln, können Sie die Seiten spezifizieren, die Sie importieren wollen. Eine mögliche Eingabe sieht wie folgt aus:

```
1,3,10-20,45
```

Dabei werden die Seiten 1, 3 und 45 sowie der Seitenbereich 10 bis 20 in das aktuelle Dokument übernommen.

Mit der letzten Einstellungen *Seite erstellen* legen Sie fest, ob bestehende Seiten ersetzt oder ob neue Seiten erzeugen sollen. Standardmäßig ist die Option aktiviert und sorgt dafür, dass neue Seiten erzeugt werden die zu importierenden Inhalte in den neuen Seiten enthalten sind. Sie sollten außerdem festlegen, wo die Importseiten platziert werden sollen. Den Import-Vorgang starten Sie mit einem Klick auf die Schaltfläche *Importieren*.

Sollte das zu importierende Dokument ein anderes Format als das Zieldokument besitzt, wird den zu importierenden Seiten das Format des Ziels zugewiesen.

3.4.2 Seiteneigenschaften bearbeiten

Beim Anlegen eines Dokuments haben Sie mit der Seitengröße sowie dem Dokument- und Standard-Layout die wichtigsten Eigenschaften eines Dokuments bestimmt. Was aber, wenn Sie bei der Arbeit an Ihrem Dokument feststellen, dass ein anderes Format womöglich ein viel besseres Ergebnis liefert? Was, wenn Sie statt eines einseitigen Dokuments doch lieber eine Doppelseite ausprobieren möchten? Was, wenn Sie vielleicht sogar nur die Einstellungen einer einzelnen Seiten anpassen wollten, weil sich bei einer bestimmten Darstellung etwa ein anderer Rand anbietet?

Auch für all solche Anforderungen ist Scribus bestens gerüstet. Um die Einstellungen des gesamten Dokuments zu bearbeiten, führen Sie den Befehl *Datei> Dokument einrichten* aus.

Auf die Seiten- und Dokumenteneigenschaften kommen wir in Kapitel 7.8 noch detailliert zu sprechen. Für den Moment genügt es zu wissen, dass Sie diese bei Bedarf anpassen können.

Was aber, wenn der erwähnte Fall eintritt und Sie einer Seite beispielsweise von den übrigen Seiten abweichende Randeinstellungen zuweisen wollen?

Das Bearbeiten der Seiteneigenschaften.

Auch hierfür hat Scribus die passende Lösung: Führen Sie den Menübefehl *Seiten> Eigenschaften der Seite bearbeiten …* aus. Voranstehende Abbildung zeigt den zugehörigen Dialog. Hier können Sie die Seitengröße, die Ausrichtung und die Ränder seitenspezifisch konfigurieren. Auch die Verwendung einer Musterseite ist möglich.

Der Aufruf der Seiteneigenschaften kann auch aus dem Seitenübersicht-Dialog erfolgen. Markieren Sie in dem Dialog die gewünschte Seite mit der rechten Maustaste und führen Sie den Befehl *Eigenschaften der Seite bearbeiten …* aus.

3.5 Umgang mit Rahmen

Die Rahmen gehören zweifelsohne zu den wichtigsten Funktionen, denen Sie bei der Arbeit mit Scribus immer wieder begegnen. Wie wir bereits gesehen haben, werden Textbausteine, Bilder und andere Objekte immer in Rahmen auf dem Montagebereich platziert.

Da der Umgang mit den Rahmen, die im Englischen Frames heißen, so wichtig ist, schauen wir uns in diesem Abschnitt noch die vielen Funktionen an, die Sie immer wieder beim Hantieren mit Rahmen benötigen werden.

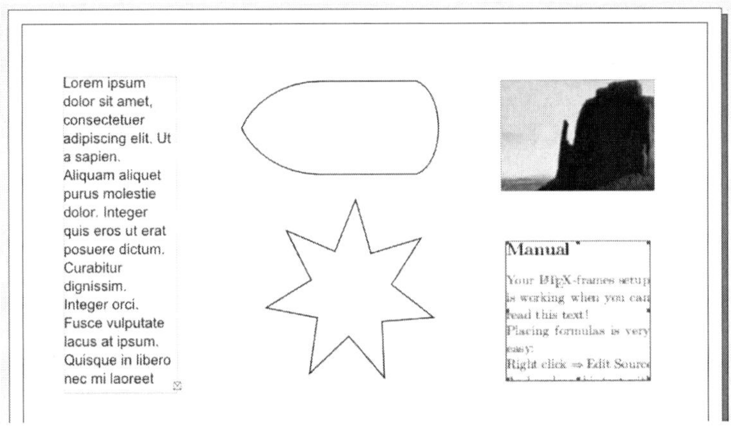

Eine Handvoll typischer Rahmen auf dem Montage-Bereich.

Die wichtigste rahmenspezifische Funktion: das Erstellen eines Rahmens. Hierzu stehen Ihnen drei Wege offen. Verwenden Sie …

- den Menübefehl *Einfügen> Rahmentyp*,
- Das entsprechende Icon auf der Symbolleiste oder
- eine Tastenkombination. Mit *T* erzeugen Sie beispielsweise einen Textrahmen, mit *I* einen Bildrahmen und mit *S* eine Form.

3.5.1 Rahmen bearbeiten

Um mit einem Rahmen arbeiten zu können, d. h., ihm eine bestimmtes Position zuzuweisen, ihn zu verschieden oder ihn einfach hinter ein anderes Objekt zu positionieren, müssen Sie den Rahmen zunächst ausgewählt haben.

Um einen Rahmen auszuwählen, klicken Sie mit der linken Maustaste auf das Objekt. Der Rahmen wird durch eine durchgezogene rote Linie eingeblendet. Um die Markierung aufzuheben, klicken Sie außerhalb des Rahmens.

Sie können auch mehrere Rahmen markieren. Das ist beispielsweise sinnvoll, wenn Sie mehrere Objekte an eine neue Position verschieben wollen. Halten Sie dazu die *Strg*-Taste gedrückt und markieren Sie der Reihe nach die gewünschten Rahmen.

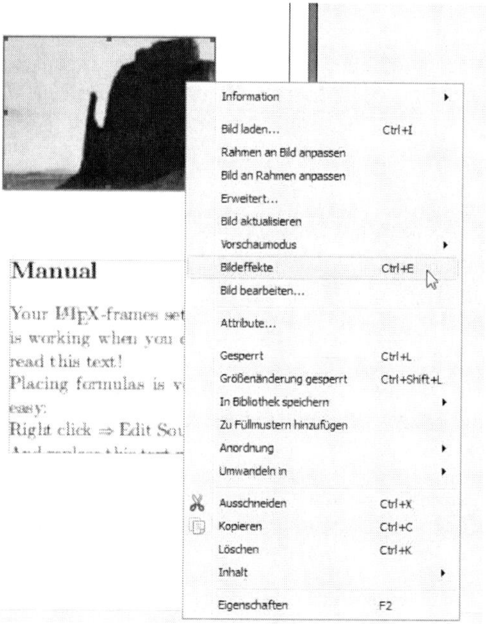

Das Kontextmenü der rechten Maustaste beim Markieren eines Bildrahmens.

Eine Fülle von Funktionen steht Ihnen über die rechte Maustaste zur Verfügung. Allerdings sind die verfügbaren Funktionen von Rahmen- zu Rahmentyp sehr unterschiedlich.

Aber es gibt auch einige Gemeinsamkeiten. So können Sie in allen Kontextmenüs folgende Funktionen verwenden:

- Ausschneiden
- Kopieren
- Löschen
- Eigenschaften

Bei Textrahmen können Sie beispielsweise den Beispieltext laden oder den Text bearbeiten, bei Bildrahmen verschiedene Größenanpassungen und Bildeffekte anwenden. Wir kommen in den jeweiligen Kapiteln auf die spezifischen Eigenheiten zu sprechen.

Wenn Sie einen Rahmen nicht mehr benötigen, entfernen Sie ihn einfach vom Montagebereich, indem Sie ihn markieren und dann die Entf-Taste Ihrer Tastatur betätigen. Alternativ führen Sie die Tastenkombination *Strg + X* aus. Auch die Möglichkeit, einen Rahmen mithilfe des Kontextmenüs der rechten Maustaste zu entfernen, wurde bereits erwähnt.

Auch die Standardfunktionen *Kopieren*, *Ausschneiden* und *Einfügen* stehen Ihnen in Scribus zur Verfügung. Verwenden Sie hierfür am einfachsten die bekannten Tastenkombinationen. Alternativ können Sie das Kontextmenü oder das Bearbeiten-Menü verwenden.

Wenn Sie ein Objekt kopieren und dann erneut in das Dokument einfügen, weil Sie es an anderer Stelle erneut verwenden wollen, wird es über das Ausgangsobjekt gelegt. Das bedeutet, dass Sie nicht erkennen können, dass ein Rahmen samt Objekt mehrfach vorhanden ist.

Sehr interessante Effekte lassen sich durch das Duplizieren von Objekten erzielen. Auch hierfür hat Scribus die passende Funktion. Markieren Sie den entsprechenden Rahmen und führen Sie den Befehl *Objekt> Mehrfach duplizieren* aus.

Der zugehörige Dialog unterstützt zwei Varianten: Das versetzte Duplizieren und das Duplizieren in Tabellenform. Bei der ersten Variante bestimmen Sie zunächst die Anzahl der Kopien und den Abstand bzw. die Verschiebung. Sie können dabei den horizontalen und vertikalen Versatz bestimmen. Auch eine Drehung der duplizierten Objekte ist möglich.

Beim Duplizieren in Tabellenform bestimmen Sie die Anzahl der Zeilen und Spalten und gegebenenfalls den horizontalen und vertikalen Abstand zwischen den Zellen.

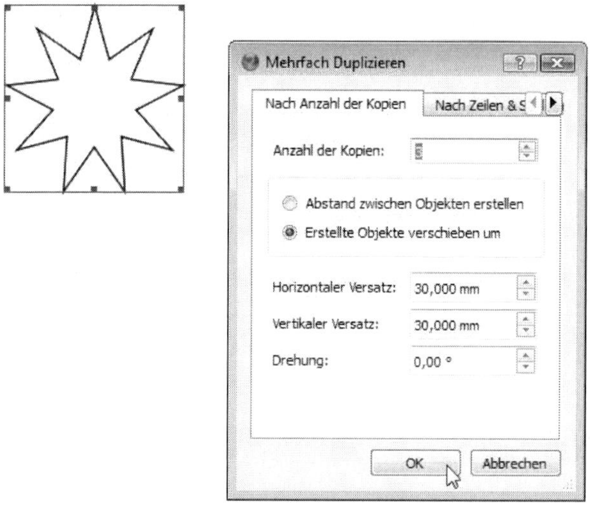

Das mehrfache Duplizieren eines Rahmens samt Objekt.

Und das Ergebnis.

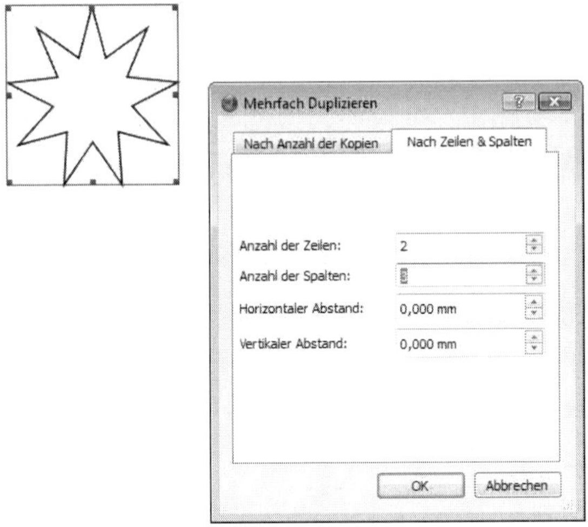

Das Duplizieren in Tabellenform.

Und auch hier das Ergebnis.

3.5.2 Rahmen anpassen

Zwei weitere wichtigen Funktion, auf die Sie immer wieder zurückgreifen werden: das Ändern der Rahmengröße und die exakte Positionierung. Für die grobe Größenanpassung und Platzierung auf dem Arbeitsbereich taugt die Maus. Aber wenn Sie die Rahmen und die darin enthaltenen Objekte passgenau ablegen wollen, so greifen Sie zum *Eigenschaften*-Dialog. Auch den haben Sie im bisherigen Verlauf dieses Buchs bereits kennengelernt.

Den Dialog öffnen Sie am einfachsten, indem Sie die Funktionstaste *F2* betätigen. Alternativ können Sie auch den Menübefehl *Fenster> Eigenschaften* ausführen. Haben Sie bereits einen Rahmen vor dem Aufruf des Dialogs markiert, werden dessen Eigenschaften angezeigt.

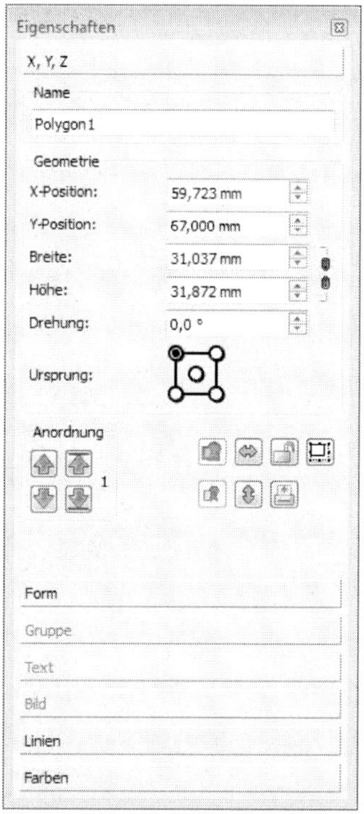

Mithilfe des *Eigenschaften*-Dialogs können Sie Ihre Rahmen exakt platzieren und ihnen die gewünschte Ausdehnung zuweisen.

Die Einstellungen für die Größe und Position finden Sie im Bereich *X,Y,Z*. Sie können im *Eigenschaften*-Dialog eine Vielzahl weiterer spannender Einstellungen bearbeiten, beispielsweise den Hintergrund, die Form und die Linienart, die einen Rahmen umfasst.

Erwähnt werden sollte vielleicht noch, dass Sie einen Rahmen auch als einen einfachen Hintergrund verwenden können, auf dem Sie dann weitere Rahmen und Objekte platzieren. Wir kommen später auf die Details des *Eigenschaften*-Dialogs noch zu sprechen.

Bevor ich dieses Kapitel abschließe, sollten Sie noch zwei weitere Möglichkeiten für die Rahmen- bzw. Objektauswahl kennenlernen. Wenn Sie eine bestimmte Aktion auf alle Rahmen eines Dokuments anwenden wollen, führen Sie dazu den Befehl *Bearbeiten> Alles auswählen* aus. Alternativ führen Sie die Tastenkombination *Strg + A* aus.

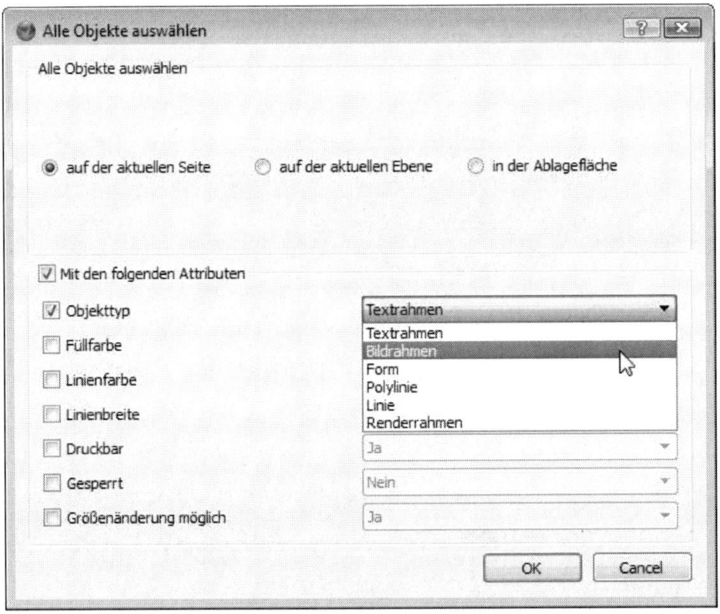

Gezielt Rahmen und Objekte auswählen: die erweiterte Objektauswahl.

Die zweite ausgesprochen nützliche Funktion ist ebenfalls über das Bearbeiten-Menü verfügbar: die erweiterte Objektauswahl. Mit der Auswahl können Sie zunächst bestimmen, wo die gesuchten Objekte zu finden sind. Sie können diese auf drei Bereiche einschränken:

- Aktuelle Seite
- Aktuelle Ebene
- Ablagefläche

Gerade bei sehr umfangreichen und komplexen Dokumenten bietet sich die Verwendung weiterer Eigenschaften für die Objektauswahl an. Dazu aktivieren Sie das Kontrollkästchen *Mit den folgenden Attributen* und bestimmen dann die Eigenschaften, die Sie mit weiteren Details versehen möchten:

- Objekttyp
- Füllfarbe
- Linienfarbe
- Linienbreite
- Druckbar
- Gesperrt
- Größenänderung möglich

Für all diese Eigenschaften stehen Ihnen jeweils Auswahlmenüs zur Verfügung, mit denen Sie die zu erfüllenden Attribute verfeinern können.

4 Mit Text arbeiten

Flyer, Plakate, Broschüren etc. dienen immer dazu, bestimmte Informationen zu transportieren. Das wichtigste Element ist dabei Text, den Sie in Form von Textrahmen in Ihren Scribus-Dokumenten verwenden.

Die Textrahmen sind äußerst flexibel, denn Sie können diese für kurze Slogans genauso verwenden, wie für lange Dokumente bis hin zu ganzen Buchkapiteln. Sie können in einem Textrahmen auch alle typischen Formatierungen anwenden, die Sie von Ihrer Textverarbeitung kennen.

4.1 Textrahmen erstellen und bearbeiten

Wie Sie einen Textrahmen erstellen, wissen Sie bereits aus den vorangegangenen Kapiteln. Meist klickt man auf das Textrahmensymbol in der Bearbeiten-Symbolleiste. Alternativ betätigen Sie die Taste *T* oder führen den Menübefehl *Einfügen> Textrahmen einfügen* aus.

Der Mauszeiger wird zum Textrahmen.

Wenn Sie die Textrahmenfunktion ausgewählt haben, verändert sich der Mauszeiger in eine Minitaturansicht des Textrahmens – eventuell werden auch die exakten Koordinaten unterhalb des Symbols angezeigt.

Mit gedrückter Maustaste können Sie dann die Größe des Textrahmens bestimmen. Lassen Sie die linke Maustaste los, wenn der Textrahmen grob die gewünschte Größe besitzt.

Wenn Sie allerdings bereits den exakten Ausgangspunkt des Rahmens kennen, können Sie diesen festlegen, indem Sie nach der Wahl des Textrahmens auf den Montagebereich klicken. Scribus öffnet den Dialog *Objektgröße eingeben*, in dem Sie den Ursprungspunkt des Textrahmens und dessen Größe festlegen können.

Nachdem Sie die Werte bestimmt haben, genügt ein weiterer Klick auf den Montagebereich, um den Textrahmen anzulegen.

In diesem Dialog bestimmen Sie den Ursprung und die Größe des Textrahmens.

Wenn Sie mehrseitige Dokumente erstellen, sollen diese häufig identische Textrahmen besitzen. Auch hierfür hat Scribus die passende Funktion parat: Führen Sie den Menübefehl *Einfügen> Rahmen* aus und bestimmen Sie dann den Rahmentyp.

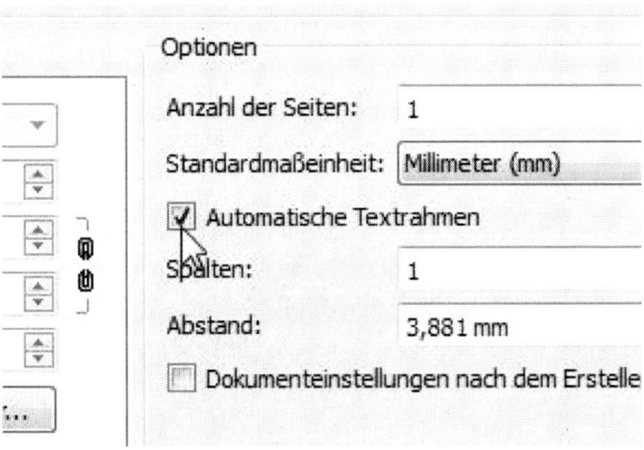

Das automatische Erstellen eines Textrahmens in einem neuen Dokument.

Im Unterschied zu allen anderen Rahmentypen können Sie einen Textrahmen bereits beim Anlegen eines neuen Dokuments in dieses einfügen. Dazu aktivieren Sie im Dialog *Neues Dokument* einfach das Kontrollkästchen *Automatische Textrahmen* und bestimmen mit den Eingabefeldern *Spalten* und *Abstand* die entsprechenden Einstellungen.

Der einfachste Weg, um einen Textrahmen mit noch nicht existierenden Inhalten zu füllen: Klicken Sie doppelt in den Rahmen. Sie erkennen nun den blinkenden Cursor. Hier wird Ihre Eingabe eingefügt.

Aber Scribus hat noch eine Fülle von weiteren Funktionen für das Einfügen von Text zu bieten. Die meisten Funktionen sind über das Pop-up-Menü des Textrahmens verfügbar.

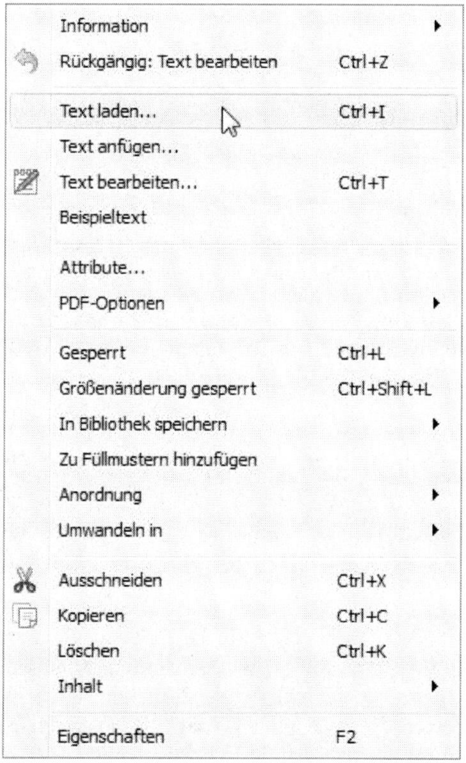

Das Kontextmenüs des markierten Textrahmens.

Wenn Sie einen Textrahmen mit der rechten Maustaste markieren, öffnet sich ein umfangreiches Menü, mit dem Sie eine Fülle von Aktionen ausführen können:

- **Information**: Mit diesem Menübefehl können Sie verschiedene allgemeine Informationen über den Textrahmen abrufen. Der Dialog zeigt Ihnen an, wie viele Absätze, Zeilen, Wörter und Zeichen der Text enthält und ob das Objekt druckbar ist. Gelegentlich begegnen sie auch Zahlen in Klammern. In diesem Fall handelt es sich um einen überfüllten Textrahmen, wobei die Zahlen in Klammern die Anzahl des nicht angezeigten Textes anzeigen.

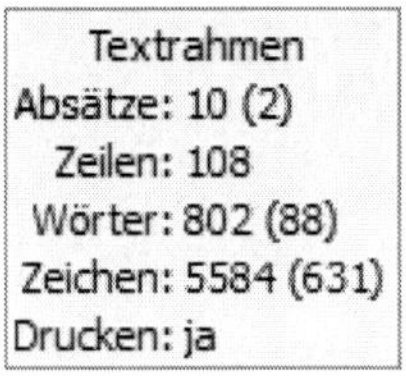

Die Textrahmeninformationen.

- **Rückgängig/Wiederherstellen**: Mit diesen beiden Befehlen können Sie Änderungen rückgängigmachen oder wiederherstellen.
- **Text laden**: Dieser Befehl präsentiert Ihnen den Öffnen-Dialog, in dem Sie die Datei bestimmen, aus der Inhalte in den Textrahmen geladen werden sollen. Wir kommen in Abschnitt 4.2.1 auf diese Funktion zu sprechen.
- **Text anfügen**: Erlaubt die Auswahl einer Datei, deren Text im Textrahmen angefügt werden soll.
- **Text bearbeiten**: Dieser Befehl öffnet den Story Editor, in dem Sie den Text (fast) wie in einer Textverarbeitung bearbeiten können. Mehr dazu in Abschnitt 5.2.
- **Beispieltext**: Mit diesem Befehl öffnen Sie das gleichnamige Fenster, das Ihnen eine große Auswahl von sogenannten Blindtexten zur Verfügung stellt – und zwar in verschiedenen Sprachen. Unterhalb der Sprachauswahl bestimmen Sie, wie viele Absätze der verwendete Text haben soll und ob die Absatzauswahl zufällig erfolgen soll.

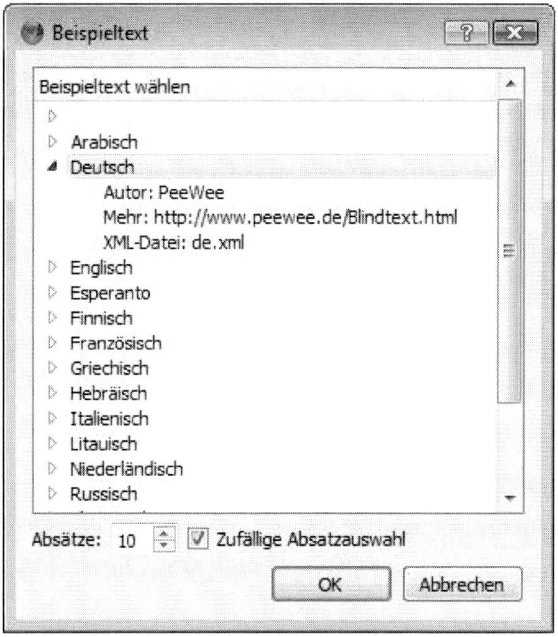

Die Auswahl des Beispieltextes.

- **Attribute**: Mit diesem Befehl öffnen Sie den *Eigenschaften*-Dialog des Seitenobjekts. Darin können Sie dem Objekt benutzerdefinierte Attribute zuweisen.

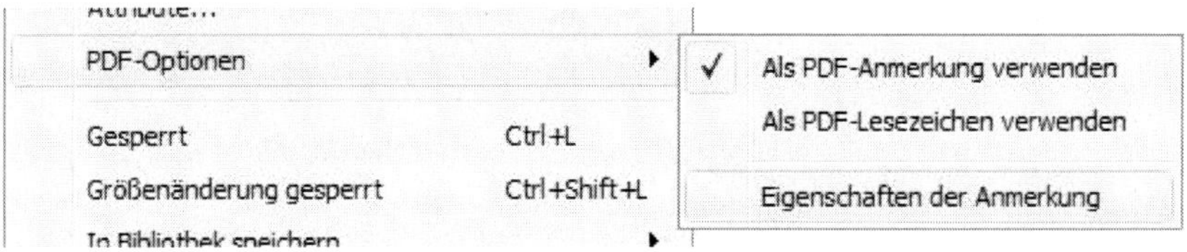

Der erweiterte PDF-Optionen.

- **PDF-Optionen**: Dieser Menüeintrag stellt Ihnen die beiden Optionen *Als PDF-Anmerkung verwenden* und *Als PDF-Lesezeichen verwenden* zur Verfügung. Damit können Sie Anmerkungen und Lesezeichen in PDF-

Dokumenten einfügen, die dann am Monitor angezeigt werden können. Wenn Sie die Option *Als PDF-Anmerkung verwenden* gewählt haben, wird das PDF-Optionen-Kontextmenü um den Eintrag *Eigenschaften der Anmerkung* erweitert. Darin können Sie die Art der Anmerkung bestimmen. Ihnen stehen folgende Typen zur Auswahl:

- Text
- Verknüpfung
- Externe Verknüpfung
- Externe Web-Verknüpfung

Die Wahl des Anmerkungstyps.

- **Gesperrt**: Mit dieser tollen Funktion können Sie den Textrahmen sperren, damit er bei der weiteren Bearbeitung an dem Dokument nicht versehentlich verschoben wird. Wenn Sie die Sperre aktiviert haben, wird dies im Kontextmenü durch ein Häkchen angezeigt und eine weitere Bearbeitung ist erst dann wieder möglich, wenn Sie die Sperre mit dem gleichen Befehl wieder aufheben.
- **Größenänderung gesperrt**: Mit diesem Befehl sperren Sie die Größe des Textrahmens. Der in dem Textrahmen enthaltene Text kann allerdings

auch weiter bearbeitet werden. Haben Sie die Größensperre aktiviert, wird auch dies durch ein Häkchen im Kontextmenü angezeigt.

- **In Bibliothek speichern**: Mit diesem Befehl speichern Sie den Textrahmen in der Scribus-eigenen Bibliothek. Sie müssen dem Objekt dabei eine Bezeichnung zuweisen. Die Bibliothek eignet sich als zentrale Ablage, auf deren Inhalte Sie jederzeit zurückgreifen können. Auf die Funktionen und Möglichkeiten dieser Ablage kommen wir in Kapitel 7.10 noch zu sprechen.

Der Textrahmen wurde der Bibliothek hinzugefügt.

- **Zu Füllmustern hinzufügen**: Mit dieser Funktion sichern Sie den Textahmen als Füllmuster. Sie weisen dem Inhalt eine Bezeichnung zu und können dann über die Füllfunktion darauf zurückgreifen, um damit Drittobjekte zu gestalten.
- **Anordnung**: Dieser Befehl öffnet ein Untermenü, mit dessen Hilfe Sie den Textrahmen neu anordnen können. Sie können ihn ganz in den Vordergrund, eine Ebene nach vorne, eine nach hinten oder ganz in den Hintergrund platzieren.

- **Umwandeln in**: Mit diesem Untermenü können Sie den Textrahmen in folgenden Rahmentypen umwandeln:
    - Bildrahmen
    - Umriss
    - Polygon

- **Ausschneiden**: Mit diesem Standardbefehl schneiden Sie den Textrahmen aus und legen ihn in der Zwischenablage ab, von wo aus er an anderer Stelle weiter verwendet werden kann.
- **Kopieren**: Mit diesem Befehl kopieren Sie den Textrahmen in die Zwischenablage.
- **Löschen**: Dieser Befehl löscht den Textrahmen.
- **Eigenschaften**: Öffnet das Fenster *Eigenschaften*, mit dem Sie eine Vielzahl von Anpassungen am den Objekt vornehmen können.

4.2 Text anlegen

Aus voranstehendem Abschnitt kennen Sie nun verschiedene Möglichkeiten, wie Sie Ihren Textrahmen mit Leben füllen können. Eine ganz einfache Möglichkeit: klicken Sie doppelt in den Textrahmen. Dann können Sie in der linken oberen Ecke mit der Texteingabe beginnen. Doch das macht eigentlich nur dann Sinn, wenn Sie nicht viel Text in dem Rahmen unterbringen wollen oder wenn Sie nicht auf bestehende Inhalte zurückgreifen.

Die Eingaben, die Sie mit dieser Methode in den Textrahmen eingeben, können Sie beispielsweise mit dem *Eigenschaften*-Dialog anpassen. Wenn Sie komplexe Formatierungen vornehmen wollen, bietet sich der Einsatz des Story Editors (siehe Kapitel 5.2) an.

Innerhalb eines Textrahmens können Sie auch weitere Elemente einfügen, die sich auf dem Montagebereich finden. So können Sie beispielsweise einen Bildrahmen ausschneiden und diesen dann an der Cursor-Position im Textrahmen einfügen.

Das Entfernen eines eingefügten Objekts ist einfach: Positionieren Sie den Cursor vor bzw. hinter das Objekt und betätigen Sie die Entfernen- bzw. Backspace-Taste.

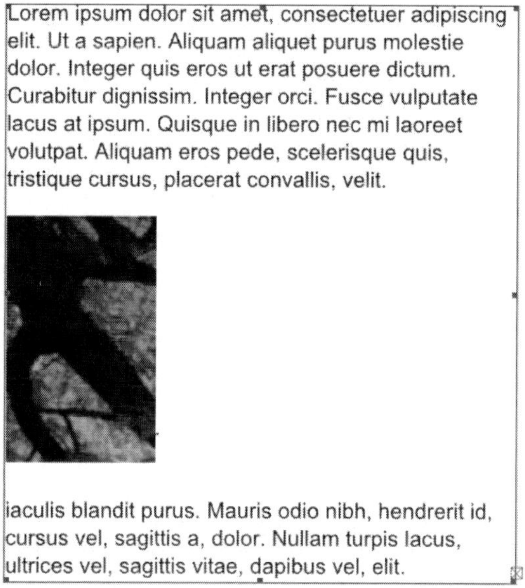

Ein Bild wurde in den Textrahmen eingefügt.

4.2.1 Vorhandene Inhalte laden

Wenn Sie bei der Arbeit an Ihrem Dokument auf bereits vorhandene Inhalts zurückgreifen können, verwenden Sie die Befehle *Text laden* bzw. *Text anfügen*. Bei beiden präsentiert Ihnen Scribus den Dialog *Öffnen*, in dem Sie die gewünschte Datei auswählen. Mit dem *Öffnen*-Dialog navigieren Sie zunächst zu den Dateien, deren Inhalte Sie laden wollen. Der Auswahldialog erlaubt Ihnen die Wahl verschiedener Importformate. Sie können folgende Dateitypen importieren:

- Kommaseparierte Dateien (CSV)
- Word-Dateien (DOC)
- HTML-Dateien (HTML, HTM)
- OpenDocument-Textdateien (ODT)
- Palm-Dateien (PDB)
- OpenOffice Writer-Dateien (SXW)
- Textdateien (TXT)

Sie können auch die Kodierung der Zeichensätze für die Einschränkung heranziehen. Durch Aktivieren des Kontrollkästchens *Nur Text auswählen* können Sie auf bestehende Formatierungen verzichten.

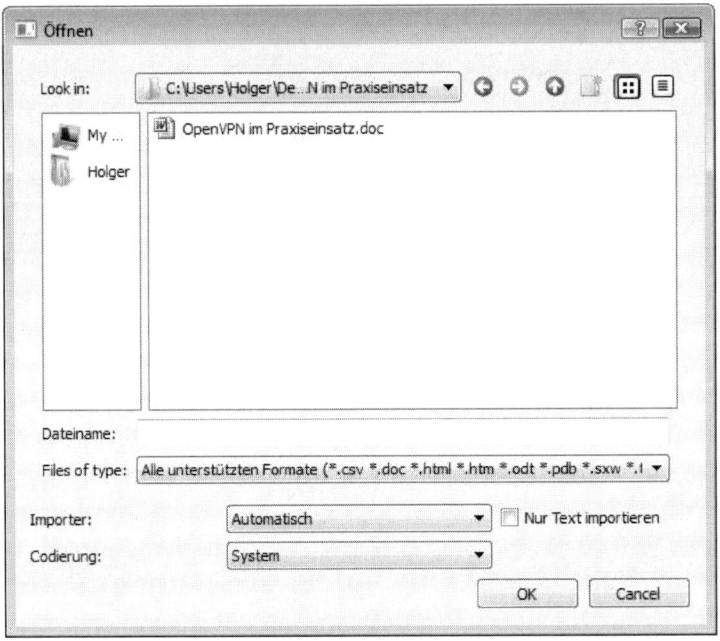

Die Auswahl der Datei, die Sie importieren wollen.

Wenn Sie eine OpenOffice Writer-Datei importieren, präsentiert Ihnen die Importfunktion einen weiteren Konfigurationsdialog, in dem Sie folgende Optionen für den Import vornehmen können:

- **Absatzstile überschreiben**: Diese Option ist standardmäßig aktiviert und überschreibt die bereits existierenden Absatzstile im Dokument.
- **Absatzstile zusammenfügen**: Auch diese Option ist standardmäßig aktiviert. Sie fügt die Absatzstile mit gleichen Attributen zusammen.
- **Namen der Datei vor jeden Absatzstil anfügen**: Diese Option erweitert den Absatzstil jeweils um den Namen der importierten Datei.

- **Einstellungen speichern**: Wenn Sie dieses Kontrollkästchen aktivieren, werden die vorgenommenen Einstellungen gespeichert.

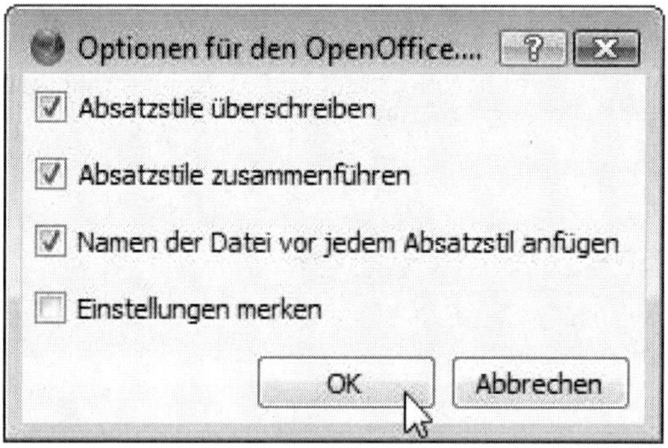

Die Einstellungen für den Import eines OpenOffice Writer-Dokuments.

Die Importfunktion von Scribus erlaubt auch das Laden von Dateien mit kommaseparierten Inhalten. Dabei handelt es sich meist um Inhalte, die aus Datenbanken oder Tabellenkalkulationen stammen.

Beim Import von kommaseparierten Daten müssen Sie die Importoptionen bestimmen. Dazu legen Sie fest, welche Feld- und Texttrenner in der CSV-Datei verwendet werden.

Die CSV-Importoptionen.

Wenn Sie das Kontrollkästchen *Erste Zeile ist Kopfzeile* aktivieren, können Sie der ersten Zeile eine benutzerdefinierte Formatierung zuweisen und so den Tabellenkopf beispielsweise gefettet hervorheben.

Beim Import eines HTML-Dokuments verwendet die Importfunktion die im HTML-Dokument enthaltenen Formatierungen für den Body, die Überschriften etc. und versucht diese dann entsprechend in dem Textrahmen darzustellen. In der Praxis funktioniert das allerdings mehr schlecht als recht.

4.2.2 Textrahmen verknüpfen

Wenn Sie umfangreiche Inhalte in einen Textrahmen laden oder diesen manuell einfügen, werden Sie häufig feststellen müssen, dass der vorgesehene Platz nicht ausreicht.

Bei einer Textverarbeitung gibt es dieses „Problem" nicht, denn dort wird der Text z. B. einfach auf der nächsten Seite weiter geführt. Bei einem Scribus-Textrahmen ist das anders: Hier wird der Text „verschluckt". Diesen Umstand kennzeichnet der Textrahmen mit einem kleinen roten Kreuz in der rechten unteren Ecke:

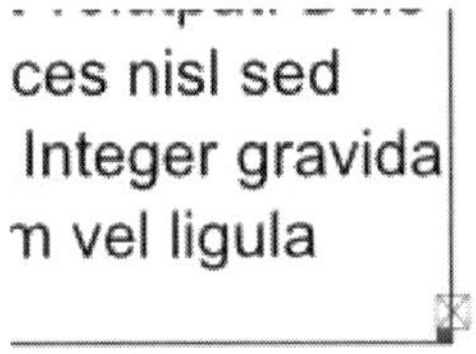

Das Kreuz zeigt an, dass hier weiterer Text existiert.

Was machen Sie nun, wenn der Text den Rahmen sprengt? Sie könnten beispielsweise seine Größe verändern. Doch damit erzielen Sie nur dann ein brauchbares Ergebnis, wenn nicht zu viele Inhalte verschluckt werden.

Scribus stellt Ihnen auch für dieses Problem eine flexible Lösung zur Verfügung: die Verkettung von Textrahmen. Dabei wird der Text des ersten Rahmens in einem zweiten fortgesetzt. Das Besondere dabei: Die Rahmen können sich auf derselben Seite, aber auch auf verschiedenen Dokumentseiten befinden.

Um einen Textrahmen mit anderen Textrahmen zu verketten, gehen Sie wie folgt vor:

1. Markieren Sie zunächst den ersten Textrahmen und klicken Sie dann in der Werkzeug-Symbolleiste auf die Schaltfläche *Textrahmen verketten*:

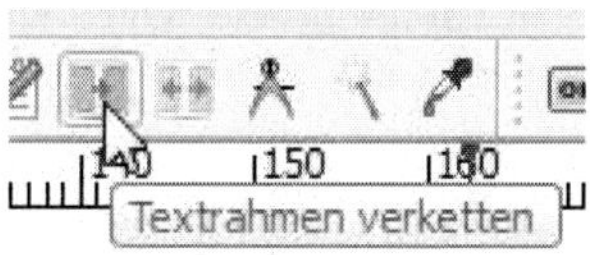

2. Alternativ betätigen Sie die Taste *N*.
3. Dann klicken Sie die Textrahmen in der Reihenfolge an, in der sie mit dem ersten Textrahmen verkettet werden sollen. Zwischen den Textrahmen werden Pfeile eingefügt, die die Verkettung anzeigen.
4. Nachdem Sie die gewünschten Textrahmen miteinander verknüpft haben, klicken Sie auf einen beliebigen Bereich der Montagefläche, um den Bearbeitungsmodus zu beenden.

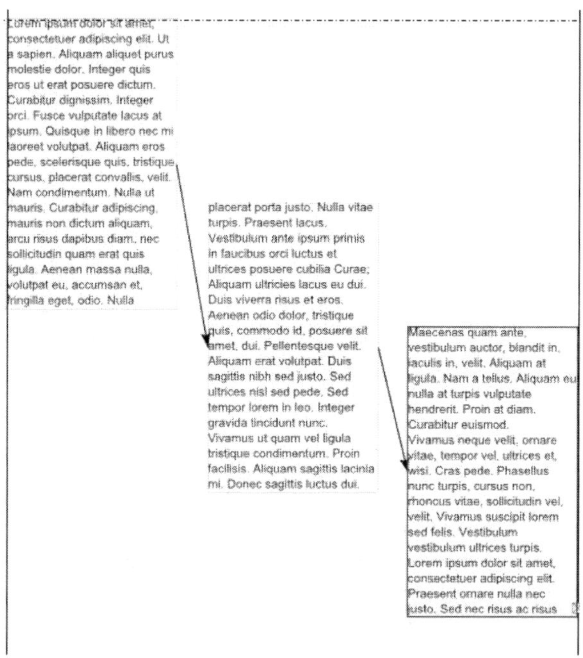

Drei verkettete Textrahmen.

Sie können nicht nur zwei oder drei Textrahmen miteinander verknüpfen, sondern auch mehrere. Wenn Sie den Bearbeitungsmodus verlassen haben, ist nicht mehr zu erkennen, dass die Rahmen verkettet sind. Das können Sie ändern, indem Sie die Verkettung mit dem Menübefehl *Ansicht> Verkettete Textrahmen anzeigen* erneut einblenden.

Sie können die Verkettung natürlich auch wieder aufheben. Dazu markieren Sie den Textrahmen, dessen Verkettung Sie entfernen. Verwenden Sie hierfür die Schaltfläche *Verkettete Textrahmen trennen* oder die Taste *U*. Dann markieren Sie den Textrahmen, dessen Verkettung mit dem markierten Textrahmen gelöst werden soll. Die Verkettung ist gelöst.

Sie sollten noch wissen, dass sich verkettete Textrahmen genauso wie einzelne Textrahmen verhalten. Das bedeutet, dass Sie den Text in den letzten verketteten Textrahmen bearbeiten können wie in Rahmen ohne Verkettung.

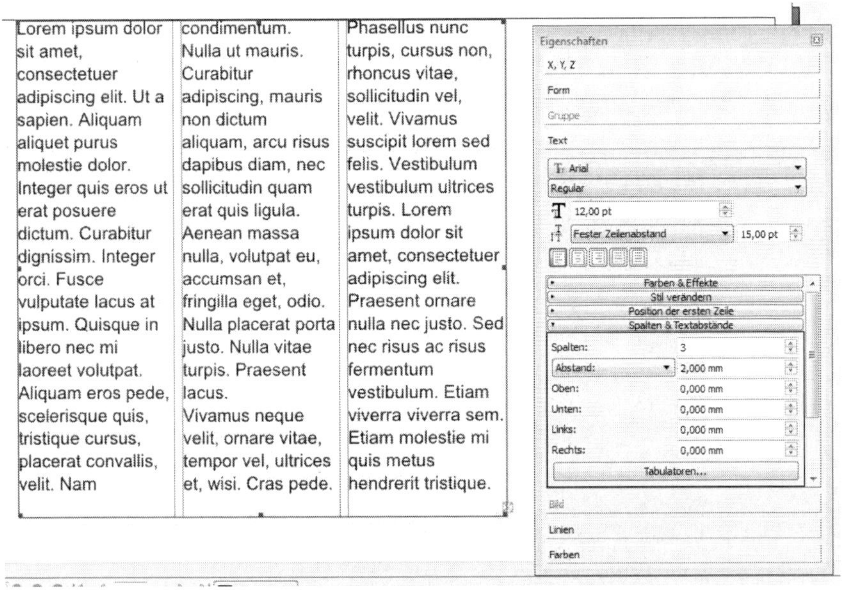

Ein dreispaltiger Textrahmen und die zugehörigen Einstellungen im *Eigenschaften*-Dialog.

4.2.3 Mehrspaltige Textrahmen

Aus Zeitschriften und Magazinen ist uns der mehrspaltige Text vertraut. Da derlei Gestaltungsaufgaben zum Standardrepertoire eines DTP-Programms gehört, können Sie solche Textkästchen auch mit Scribus anlegen.

Eine Möglichkeit, wie Sie einen mehrspaltigen Textrahmen erzeugen können, kennen Sie bereits: Beim Anlegen eines neuen Dokuments können Sie einen Textrahmen mit anlegen und dabei auch die Anzahl der Spalten bestimmen.

Wenn Sie während der Arbeit an Ihrem Dokument feststellen, dass ein mehrspaltiger Textrahmen womöglich ein besseres Layout-Ergebnis liefert, so können Sie das bei jedem beliebigen Rahmen ändern – und die Mehrspaltigkeit natürlich auch bei neuen Rahmen vorsehen.

Dazu fügen Sie zunächst einen Textrahmen in Ihr Dokument ein und öffnen dann den *Eigenschaften*-Dialog. Öffnen Sie im mittleren Bereich die Einstellungen *Spalten & Textabstände*.

Mit der Konfiguration *Spalten* bestimmen Sie die Spaltenanzahl. Mit der darunter befindlichen Einstellung *Abstand* legen Sie die Abstände zwischen den Spalten fest. In der Regel ergibt sich ein deutlich leserfreundlicheres Bild, wenn Sie wie in voranstehendem Beispiel einen Abstand von 2 Millimetern zwischen den Spalten vorsehen. Das Schöne an diesen Einstellungen: Sie werden unmittelbar in dem Textrahmen umgesetzt. Sie können also direkt auf dem Montagebereich ersehen, ob die Änderungen das gewünschte Ergebnis erzielen.

Mit den vier weiteren Einstellungen *Oben*, *Unten*, *Links* und *Rechts* bestimmen Sie die Abstände des Textes vom Textrahmen.

4.2.4 Tabulatoren

Neben den Spalten und Abständen können Sie auf dem Eigenschaften-Dialog auch die Einstellungen der Tabulatoren vornehmen. Klicken Sie dazu auf die Schaltfläche *Tabulatoren*.

In dem Dialog *Tabulatoren bearbeiten* können Sie exakt die Tabulatoren-Positionen bestimmen. Damit steht Ihnen ein weiteres nützliches Gestaltungsmittel zur Verfügung. Sie können die Tabulatoren rechtsbündig, linksbündig, zentriert nach Punkt, zentriert nach Komma und zentriert zur Verfügung konfigurieren.

Um einen Tabulator anzulegen, führen Sie den Mauszeiger auf das Lineal. Dabei verändert der Mauszeiger seine Form in einen linksbündigen Tabulator. Um einen ersten Tabulator zu setzen, klicken Sie direkt auf das Lineal.

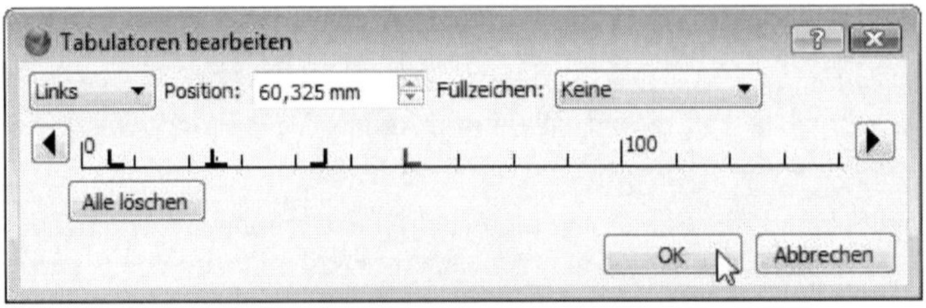

Die Konfiguration der Tabulatoren.

Setzen Sie so viele Tabulatoren, wie Sie für die Gestaltung Ihres Textrahmens benötigen. Dann machen Sie sich an die Ausrichtung der Tabulatoren. Die können diese mit dem linken Auswahlmenü ändern. Dort stehen Ihnen folgende Optionen zur Verfügung:

- Links
- Rechts
- Punkt
- Komma
- Zentriert

In der Feld *Position* wird automatisch die Lage des markierten Tabulators angezeigt. Markierte Marker werden rot dargestellt. Die Positionierung eines Tabulators ist mithilfe der Maus meist nur grob möglich. Durch die manuelle Eingabe eines Positionswerts oder über die Bearbeitung der Einstellung mit den Pfeiltasten können Sie die Markierungen exakt positionieren.

Der *Tabulator*-Dialog stellt Ihnen ein weiteres Auswahlmenü zur Verfügung: Mit dem *Füllzeichen* bestimmen Sie für den markierten Tabulator die Art der Füllzeichen. Hier haben Sie die Wahl zwischen folgenden Einstellungen:

- Keine
- Punkt
- Strichpunkt
- Unterstrich
- Benutzerdefiniert

Wenn Sie sich für die Verwendung eigener Zeichen entscheiden, wählen Sie die Option *Benutzerdefiniert* und geben dann das Zeichen in das Listenfeld ein.

Über die beiden Pfeilsymbole rechts und links des Lineals können Sie das Lineal verschieben, um auch außerhalb des standardmäßig angezeigten Bereichs Tabulatoren setzen zu können.

Sie können gesetzte Tabulatoren natürlich auch wieder entfernen. Um alle Tabs zu entfernen, klicken Sie auf die Schaltfläche *Alle löschen*. Um einen Tabulator zu entfernen, markieren Sie diesen und ziehen ihn mit gedrückter Maustaste aus dem Lineal heraus und lassen dann die Maustaste los.

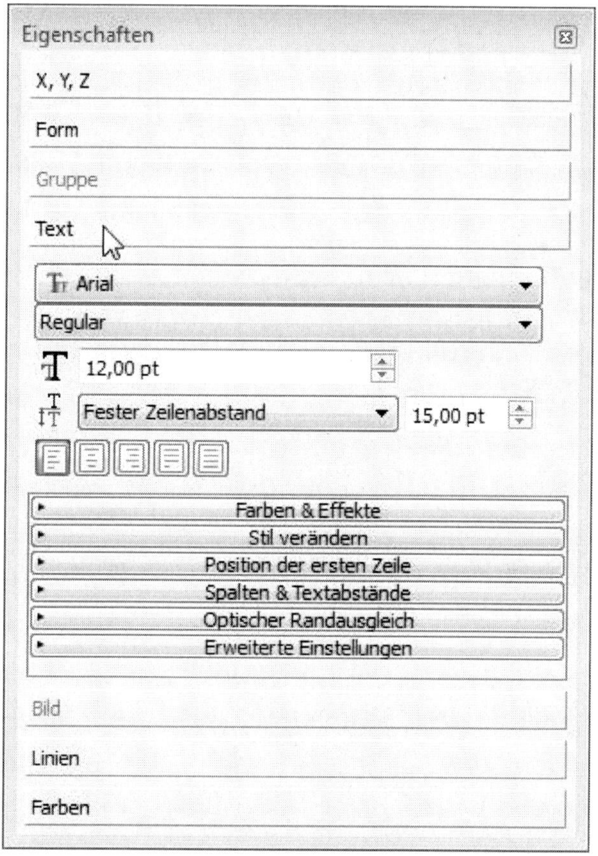

Die Texteigenschaften.

4.3 Der Eigenschaften-Dialog

Dem *Eigenschaften*-Dialog sind wir im Verlauf dieses Buchs bereits einige Male begegnet. Er ist das zentrale Werkzeug für das Bearbeiten von Objekten, die Sie auf dem Montagebereich platziert haben.

Der Zugriff auf den Dialog kann auf drei Wegen erfolgen:

- Führen Sie den Menübefehl *Fenster> Eigenschaften* aus.
- Markieren Sie ein Objekt mit der rechten Maustaste und wählen Sie im Kontextmenü den Eintrag *Eigenschaften*.
- Betätigen Sie die Funktionstaste *F2*.

Der *Eigenschaften*-Dialog stellt Ihnen verschiedene Kategorien zur Verfügung. Da es in diesem Kapitel in erster Linie um die Texterstellung und Bearbeitung geht, beschreibe ich zunächst die Funktionen der Kategorie Text. Der Vollständigkeit wegen werden aber auch alle weiteren Funktionsbereiche beschrieben.

4.3.1 Text

Die Funktionen der Kategorie *Text* dienen der dokumentenweiten Anpassung oder Veränderung von Texten. Hier finden Sie ähnliche Funktionen, wie Sie der Story Editor zu bieten hat, auf den wir im Kapitel 5.2 eingehen werden.

Die Kategorie *Text* stellt Ihnen Funktionen für folgende Bereiche zur Verfügung:

- Schriftart
- Zeilenabstand
- Ausrichtung
- Farben und Effekte
- Stil
- Position der ersten Zeile
- Spalten
- Randausgleich
- Verschiedene weitere Anpassungen

Um die Textinhalte (Sie wissen ja, dass darin auch andere Objekte enthalten sein können) eines Textrahmens mit formatieren zu können, müssen Sie diese zunächst markieren und können dann über den Bereich Text die gewünschten Änderungen vornehmen.

Wenn Sie nur bestimmte Zeichenfolgen oder Textstellen bearbeiten wollen, müssen die entsprechende Stellen im Text markieren. Sie können ganze Absätze markieren, in dem Sie die Strg-Taste gedrückt halten und dann doppelt in den Absatz klicken.

Nach dem Markieren des Textes können Sie die gewünschten Formatierungen vornehmen. Das erste Auswahlmenü stellt Ihnen die auf Ihrem System zur Verfügung stehenden Schriften zur Auswahl. Die Auswahl wird vom verwendeten Betriebssystem und den darauf installierten Schriften bestimmt. Sollten Ihnen diese nicht genügen, so ist das kein Problem: Auf der beiliegenden DVD finden Sie Tausende frei verfügbare Schriften, die Sie nach Herzenslust einsetzen können.

Sollten Sie mit einer angebotenen Schrift auf den ersten Blick nichts anfangen können, greifen Sie einfach zur Schriftvorschau, die mit dem Menübefehl *Extras> Schriftvorschau* verfügbar ist. Mehr dazu erfahren Sie in Kapitel 5.3.5.

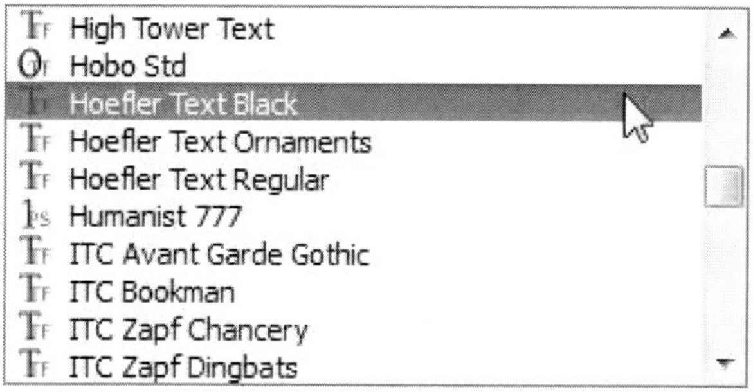

Die Auswahl einer Schrift.

Es folgt das Auswahlmenü, mit dem Sie den Schriftschnitt bestimmen. Der Schriftschnitt wird gelegentlich auch als auch Schriftstil bezeichnet. Dabei handelt es sich um eine Variation einer Schriftart. Bei einer Schriftart können unter anderem die Stärke, Laufweite und Lage variieren. Man bezeichnet verwandte Variationen auch als Schriftfamilie.

Eine Schriftfamilie besteht typischerweise aus mindestens einem Schriftschnitt. In der Regel variieren beim Schriftschnitt die drei folgenden Auszeichnungsmerkmale einer Schrift:

- Schriftstärke (z. B. mager, normal, fett)
- Schriftbreite (z. B. schmal, normal, breit)
- Schriftlage (z. B. normal, kursiv)

Sie können diese Merkmale beliebig miteinander kombinieren. So kann es beispielsweise magere Schriften geben, die außerdem noch breit und kursiv sind.

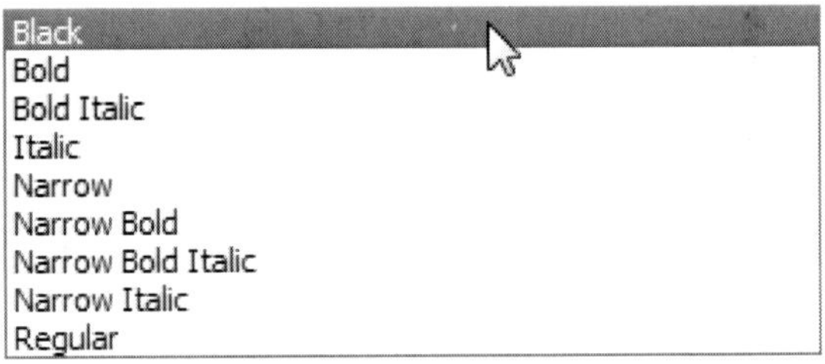

Die Auswahl des Schriftschnitts.

Beachten Sie, dass der Umfang der verfügbaren Schriftschnitte von der ausgewählten Schriftart abhängig ist. Nicht alle Schriften verfügen über die gleichen Schnitte.

Folgendes sind gängige Schriftschnitte, wie sie bei der Schrift *Arial* verfügbar sind:

- Black – Extrafett (*Extra Bold*)
- Bold – Fett (Dreiviertelfett, *Demi, Heavy*)
- Bold Italic – Fett kursiv
- Italic – Kursiv
- Narrow – Schmal
- Narrow Bold – Schmal fett
- Narrow Bold Italic – Schmall fett kuriv
- Narrow Italic – Schmall kursiv
- Regular – Normal

Als Nächstes können Sie die Schriftgröße bestimmen. Sie wird standardmäßig in Punkten angegeben. Für die Anpassung können Sie die beiden Hoch- und Runterpfeile verwenden. Alternativ geben Sie die gewünschte Schriftgröße direkt in das Eingabefeld ein.

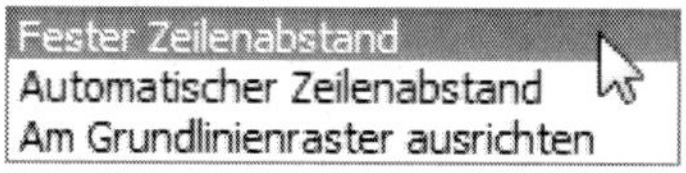

Die Wahl des Zeilenabstandtyps.

Das nächste Auswahlmenü dient der Anpassung des Zeilenabstands. Das ist der Abstand zwischen zwei direkt untereinander gelegenen Textzeilen, und zwar gemessen von Grundlinie zu Grundlinie.

Meist wird er in der typografischen Einheit Punkt angegeben. Der Zeilenabstand ist ein wesentliches Element, das die Leserlichkeit eines Textes bestimmt, denn sowohl ein zu geringer als auch zu großer Abstand macht einen Text schnell unleserlich.

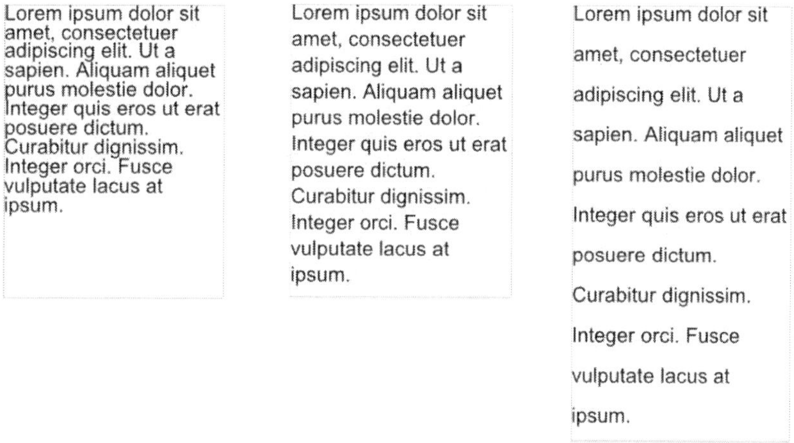

Gleicher Text mit unterschiedlichen Zeilenabständen. In der Mitte die Standardeinstellung mit der besten Lesbarkeit.

Wenn Sie einen festen Zeilenabstand verwenden wollen, wählen Sie aus dem Auswahlmenü die gleichnamige Option und bestimmen über das rechte Eingabefeld den Wert. Auch bei Änderungen an dieser Einstellung können Sie unmittelbar im Textrahmen die Wirkung der neuen Einstellung verfolgen.

Das Auswahlmenü bietet auch die Möglichkeit, Text am Grundlinienraster auszurichten. Dazu wählen Sie die Option am Grundlinienraster ausrichten Diese Funktion ist besonders dann von Interesse wenn Sie Objekte von Text umfließen lassen wollen.

Damit eine Ausrichtung am Grundlinienraster überhaupt möglich ist, müssen Sie das Raster über das Menü *Ansicht* einblenden.

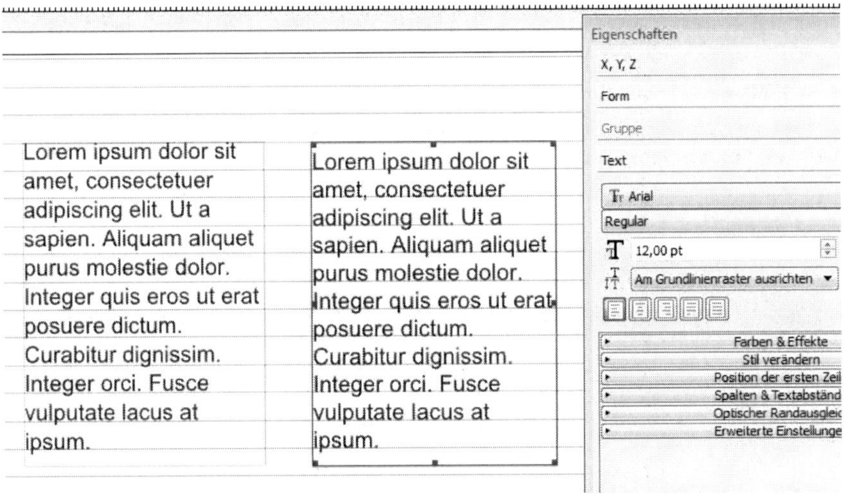

Zwei Textrahmen: links mit festem Zeilenabstand, rechts mit Ausrichtung am Grundlinienraster.

Es folgen fünf Symbole, über die Sie Ihren Absätzen unterschiedliche Textausrichtungen und Absatzstile zuweisen können. Von links nach rechts: *linksbündig*, *zentriert*, *rechtsbündig*, *Blocksatz* und *Erzwungener Blocksatz*:

Um einem Absatz einen dieser Stile zuzuweisen, platzieren Sie den Cursor in den entsprechenden Absatz und klicken auf das gewünschte Symbol.

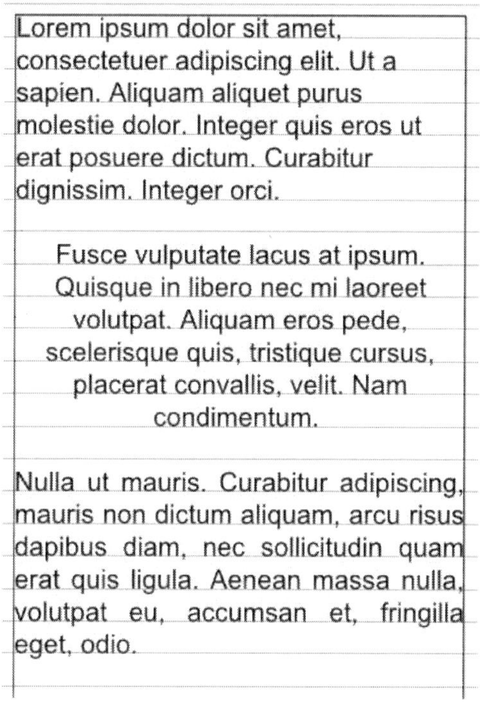

Drei Absätze mit unterschiedlicher Ausrichtung bzw. Absatzstil: Oben linksbündig, Mitte zentriert und unten Blocksatz.

Unterhalb der zuvor beschriebenen Standardformatierungsmöglichkeiten bietet die Kategorie *Text* sechs weitere Funktionsbereiche, mit denen Sie Ihren Text gestalten können.

Im Bereich *Farben & Effekte* können Sie Füll- und Textumrissfarben getrennt bestimmen sowie einige vordefinierte Absatz- und Zeichenstile anwenden.

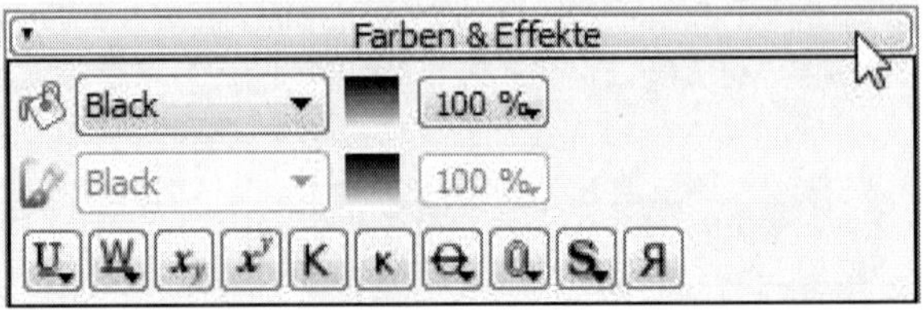

Die Farb- und Effekteinstellungen für Ihren Text.

Mit den beiden ersten Auswahlmenüs können Sie die Füll- und Umrissfarben des Textes ändern. Rechts neben der Farbauswahl finden Sie die Anpassung des Tonwerts. Der Tonwert beschreibt unterschiedliche Stufen zwischen Hell und Dunkel eines Farb- oder Schwarzweiß-Bildes. Die Bezeichnung bezieht sich auf einen Farb- oder Grauwert innerhalb eines vorgegebenen Farbspektrums. Neben vordefinierten Werten zwischen 0 und 100 Prozent (in Zehnerschritten), können Sie auch einen eigenen Wert angeben.

Es folgen zehn weitere Formatierungsmöglichkeiten (von links nach rechts):

- Unterstrichen
- Wörter unterstrichen
- Tiefgestellt
- Hochgestellt
- Großbuchstaben
- Kapitälchen
- Durchgestrichen
- Umriss
- Schattierter Text
- Rechtsläufiger Text

Die Formatierungen *Unterstreichen*, *Wörter unterstreichen*, *Durchstreichen*, *Umriss* und *Schattierter Text* stellen Ihnen jeweils weitere Funktionen zur Verfügung. Zu erkennen ist das an den kleinen Pfeilsymbolen, die Sie in der rechten unteren Ecke des jeweiligen Symbols finden.

Die Formatierungen *Unterstreichen*, *Wörter unterstreichen* und *Durchstreichen* bieten die zusätzlichen Einstellungen Versatz und Linienstärke an. Um auf diese Funktionen zugreifen, klicken Sie mit der linken Maustaste auf den Pfeil, bis sich ein kleiner Pop-up-Dialog öffnet.

Die Zusatzfunktionen Versatz und Linienstärke.

Mit dem Versatz bestimmen Sie die Abweichung einer Unterstreichung bzw. der Durchstreichung in Prozent. Entsprechend bestimmen Sie mit Linienstärke die Dicke der Linie.

Die Schaltfläche *Umriss* erlaubt lediglich die Anpassung des Umrisses. Bei der Schaltfläche *Schattierter Text* können Sie die Verschiebung des Schattens festlegen. Dazu können Sie das X- und Y-Offset (ebenfalls in Prozent) anpassen.

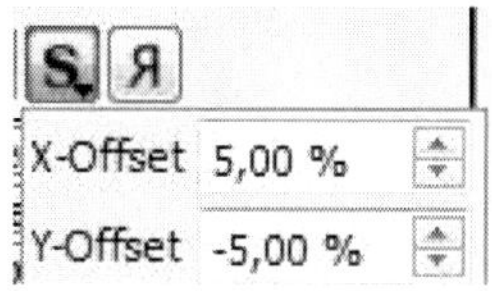

Die Einstellungen für schattierten Text.

4.3.2 X, Y, Z

Die erste Kategorie im *Eigenschaften*-Dialog trägt die Bezeichnung *X, Y, Z*. Sie kennen diese Einstellungen bereits aus dem einführenden Workshop aus Kapitel 1.3. Es ist der Bereich, der standardmäßig beim Editieren eines Objekts geöffnet wird.

Sie können hier dem Objekt einen Namen zuweisen, seine Größe und Lage anpassen, das Objekt spiegeln oder um einen definierbaren Punkt drehen. Zusätzlich können Sie weitere Einstellungen vornehmen.

Die Einstellungen im Einzelnen:

- **Name**: In diesem Eingabefeld können Sie dem Objekt einen aussagekräftigen Namen zuweisen. Das ist gerade bei umfangreicheren Projekten sinnvoll. Scribus weist den Rahmen standardmäßig eine aufsteigende Kennung zu, beispielsweise Text1, Text, Text 3 etc.
- **X- und Y-Position**: Mit diesen beiden Einstellungen können Sie die Lage des Objekts exakt auf dem Arbeitsbereich bestimmen. Dabei gibt die X-Position die horizontale und die Y-Position die vertikale Lage des Punkts an, den sie unter *Ursprung* gewählt haben.

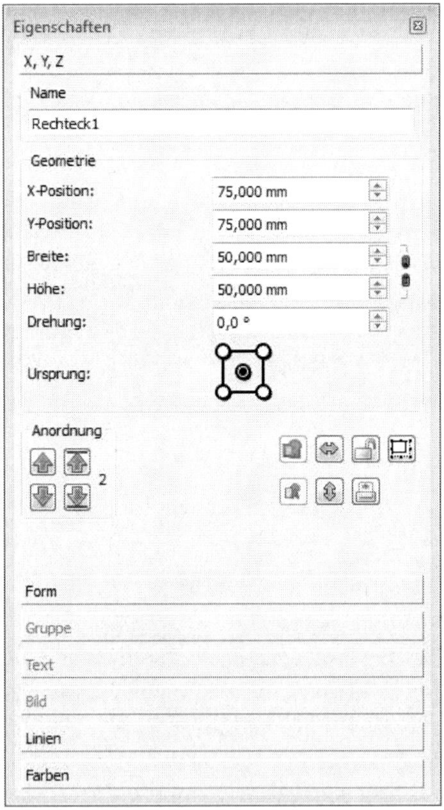

Die Funktionen der Kategorie X, Y, Z.

- **Breite/Höhe**: Mit diesen beiden Feldern bestimmen Sie die Breite und Höhe des Objekts. Sie können beide miteinander verketten, in dem Sie auf das rechts gelegene Symbol klicken. Dabei werden Änderungen des einen Werts entsprechend bei dem anderen angepasst.
- **Drehung/Ursprung**: Das Eingabefeld *Drehung* erlaubt es Ihnen, das Objekt um eine definierbare Gradzahl zu drehen. Mit Ursprung geben sie den Drehmittelpunkt an. Sie können den Textrahmen also nicht nur um den Mittelpunkt, sondern auch um die Ecken rotieren. Wenn Sie eine Linie rotieren, wird immer um den Anfangspunkt gedreht.
- **Anordnung**: In diesem Feld können Sie mithilfe der grünen Pfeile das markierte Objekt innerhalb einer Ebene weiter oder ganz in den Vordergrund bzw. weiter oder ganz in den Hintergrund verlagern. Rechts zeigt der Zahlenwert die Objektnummer an.

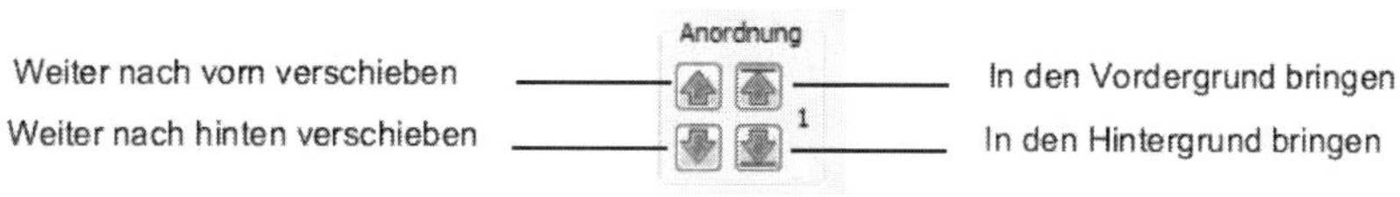

Mit diesen Funktionen sorgen Sie für die richtige Anordnung der Objekte.

Rechts neben den Anordnungsfunktionen finden Sie eine weitere Symbolgruppe, die Ihnen verschiedene Funktionen wie das Spiegeln, das Sperren und das Gruppieren zur Verfügung stellt.

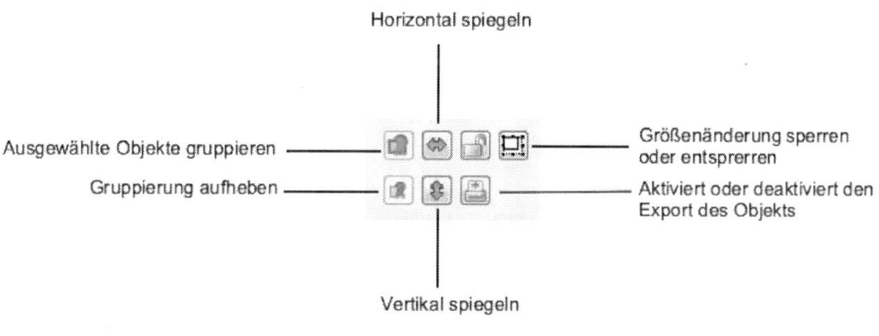

Die Funktionen der zweiten Symbolgruppe der Kategorie *X,Y,Z.*

4.3.3 Form

Die Funktionen der Kategorie *Form* dienen dazu, die Eigenschaften einer Form zu verändern. Über das kleine Symbol rechts oben können Sie bei einer eingefügten Form deren Aussehen verändern. Klicken Sie dazu auf die Icon *Rahmenform auswählen* und bestimmen Sie aus dem Pop-up-Menü aus den zur Verfügung stehenden Formen die gewünschte Alternative aus. Mit einem Klick auf die Bearbeiten-Schaltfläche öffnen Sie den Pfad-Dialog, in dem Sie eine Fülle von pfadspezifischen Funktionen finden. Darauf kommen wir in Kapitel 6 detailliert zu sprechen,

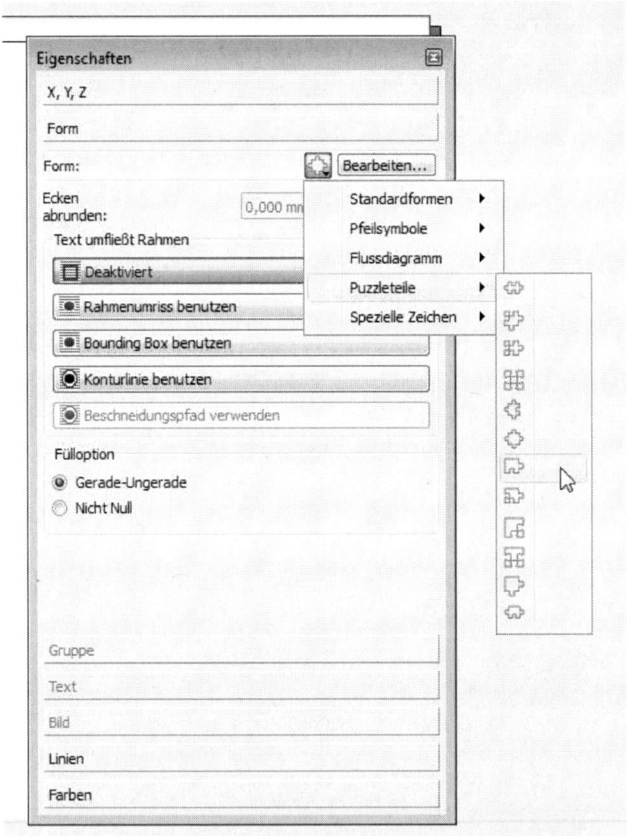

Die Funktionen der Kategorie *Form* in Aktion.

Bei verschiedenen grafischen Formen wie Rechtecken können Sie über die Einstellung *Ecken abrunden* den Formen eine andere Ausprägung zuweisen. Dabei wölbt ein positiver Wert die Ecke nach außen, ein negativer Wert die Ecke nach innen. Probieren Sie einfach verschiedene Werte aus – auch negative. Sie werden staunen, was man damit alles anstellen kann.

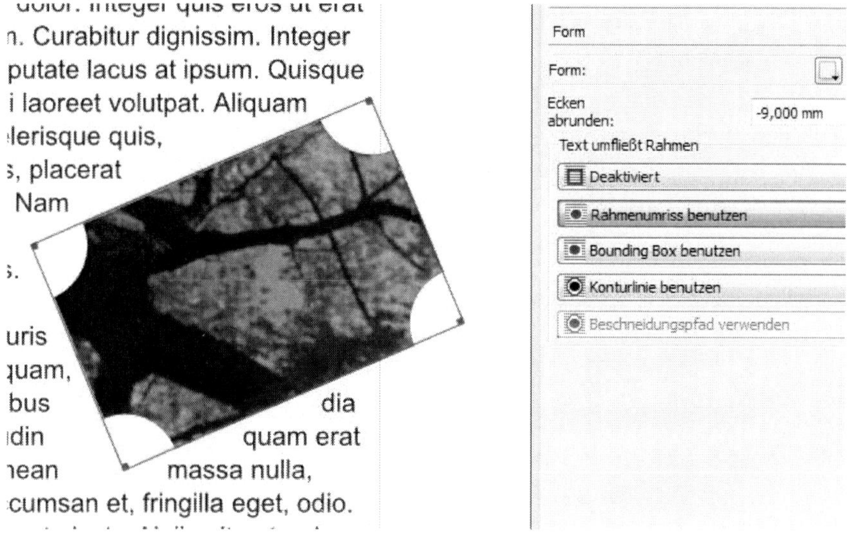

Ein Bildrahmen (mit negativer Eckenrundung) wird von Text umflossen.

Im Bereich *Text umfließt Rahmen* können Sie folgende Funktionen verwenden:

- **Deaktiviert**: Standardmäßig ist das Umfließen von Text deaktiviert. Mit den folgenden Optionen können Sie verschiedene Umfließen-Varianten verwenden.
- **Rahmenumriss benutzen**: Bei dieser Umrandung umfließt der Text tiefer den Rahmenumriss eines Objekts.
- **Bounding Box benutzen**: Bei dieser Variante umfließt der Text die sogenannte Bounding Box. Dieser Begriff bezeichnet das minimal umgebende Rechteck, genauer das kleinstmögliche achsenparallele Rechteck, das ein Objekt oder eine Objektgruppe umschließt.
- **Konturlinie benutzen**: Bei dieser Variante umfließt der Text die Konturlinie.

- **Beschneidungspfad verwenden**: Sie können für das Umfließen eines Objekts mit Text auch den Beschneidungspfad verwenden. Diese Funktion können Sie z. B. bei freigestellten Bildern verwenden, in denen ein Beschneidungspfad mit abgespeichert wurde. Diese Technik wird allerdings bislang nur bei PSD- und TIFF-Dateien unterstützt. Sie müssen zunächst in den Dokumenteinstellungen unter *Datei> Dokument einrichten> Werkzeuge> Bildrahmen* mit der Option *Eingebetteten Pfad verwenden* sicherstellen, dass diese Möglichkeit aktiviert ist. Diese Option ist standardmäßig nicht aktiviert.

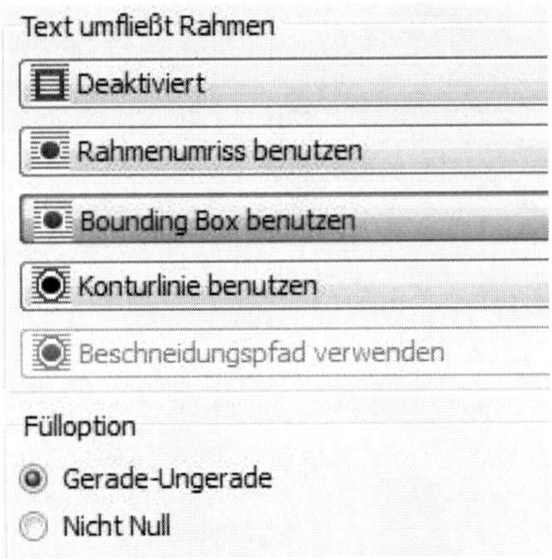

Die erweiterten Formoptionen.

Wenn Sie mit der *Form*-Kategorie typische Formen und Polygone bearbeiten, stellt Ihnen der Dialog zwei weitere Einstellungen zur Verfügung:

- **Gerade-Ungerade**: Wenn Sie diese Option aktivieren, wird in der Form eine alternierende Füllung verwendet. Bei Überschneidungen des Vektorpfades von *Füllung* wird auf *keine Füllung* gewechselt.

- **Nicht Null**: Diese alternative Einstellung deaktiviert die alternierende Füllung. Die Bezeichnung dieser Option rührt daher, dass man zwischen Flächen unterscheidet, die zu innen bzw. zu außen gezählt werden. Dabei gilt folgendes: Schneidet der Pfad einen Strahl von links nach rechts, zählt man +1, schneidet der Pfad einen Strahl von rechts nach links, zählt man -1. Ist die Summe 0, so liegt der Punkt außen, ist er ungleich 0, liegt er innen.

Ergänzend zur oben beschriebenen Funktion der Beschneidungspfade noch ein Tipp. Nicht alle Bildbearbeitungsprogramme können Beschneidungspfade im Bild speichern. In diesem Fall exportieren Sie den gewünschten Pfad zunächst in einem Bildbearbeitungsprogramm als SVG-Datei. Dazu können Sie beispielsweise das auf der DVD befindliche Gimp verwenden.

Die Exportdatei können Sie dann in Scribus importieren und über den Textrahmen legen. Öffnen Sie als Nächstes den *Eigenschaften*-Dialog und dort die Kategorie *Form*. Aktivieren Sie die Schaltfläche *Rahmenumriss benutzen* und platzieren Sie dann das Bild exakt in den Rahmenumriss.

Bestimmen Sie dann die Linienfarbe des Pfades in der SVG-Datei über den *Eigenschaften*-Dialog und weisen Sie diesem in der Kategorie Farben die Einstellung *Keine* zu.

4.3.4 Gruppe

Die Funktionen der Kategorie *Gruppe* können Sie auf Tabellen und gruppierte Objekte anwenden. Die Kategorie bietet die Möglichkeit, Formen zu bearbeiten und die verschiedenen Varianten des Textflusses anzuwenden.

Neu ist lediglich die Funktion *Deckkraft* im Bereich *Transparenzeinstellungen*. Mit ihr können Sie die Deckkraft in Prozent einstellen. Mit dem Auswahlmenü *Modus* können Sie aus verschiedenen Modi wählen:

- Normal
- Abdunkeln
- Aufhellen
- Multiplizieren
- Negativ multiplizieren
- Ineinander kopieren
- Hartes Licht
- Weiches Licht
- Differenz
- Ausschluss
- Farbig abwedeln
- Farbig nachbelichten

- Farbton
- Farbsättigung
- Farbe

Bei diesen Einstellungen gilt: Spielen Sie ein wenig mit unterschiedlichen Modi, um ein Gefühl für die Möglichkeiten und die Anwendungsbereiche zu bekommen.

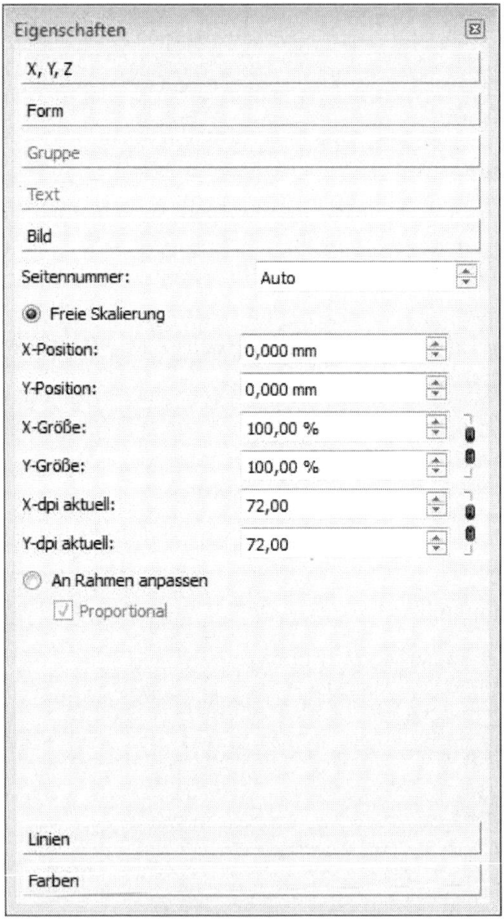

Kategorie *Bild* ohne aktiviertes Farbmanagement.

4.3.5 Bild

Die Funktionen der Kategorie Bild dienen der exakten Positionierung eines Bilds im Bildrahmen und der individuellen Bearbeitung des gesamten Bilds bzw. eines Bildausschnittes. Sie können auch verschiedene Effekte auf Ihre Bilder anwenden. Beachten Sie allerdings, dass es Unterschiede hinsichtlich der verfügbaren Funktionen gibt, und zwar abhängig davon, ob Sie das Farbmanagement aktiviert haben oder nicht.

Ist das Farbmanagement aktiviert, können Sie unterhalb der Schaltfläche *Bildeffekte* das Farbprofil und die Renderpriorität bestimmen.

Die *Bild*-Kategorie erlaubt Ihnen die Anpassung folgender Einstellungen:

- **X-Position/Y-Position**: Mit diesen beiden Feldern bestimmen Sie die Position des Bildes in Bezug zum Rahmen.
- **X-Größe/Y-Größe**: Mit diesen beiden Feldern skalieren Sie das Bild horizontal (X) und vertikal (Y). Mit dem Kettensymbol können Sie das Seitenverhältnis fixieren.
- **X-DPI/Y-DPI aktuell**: Mit diesen beidem Feldern bestimmen Sie die Punktdichte des Bilds. Sie wird in DPI (Dots Per Inch, Punkte pro Zoll) angegeben. Wenn Sie Dateien im Internet verwenden wollen, genügt bei Grafiken eine Auflösung von 72 DPI, für den Druck sollten es 300 DPI sein. Prinzipiell gilt: Je höher Sie die Auslösung wählen, umso kleiner wird das Bild im Rahmen. Auch hier steht das Verkettungssymbol zur Verfügung, mit dem Sie das Verhältnis fixieren können.
- **An Rahmen anpassen/Proportional**: Wenn Sie das Kontrollkästchen *An Rahmen anpassen* aktivieren, wird das Bild passgenau in den Rahmen eingefügt. Sollten die Proportionen des Rahmens nicht denen des Bildes entsprechen, wird das Bild dabei gestaucht bzw. gedehnt. Mit der Unterfunktion *Proportional* können Sie die Anpassung verhindern und es bleibt ein Bereich des Rahmens leer.
- **Bildeffekte**: Die Bild-Kategorie stellt Ihnen über diese Schaltfläche eine Fülle von Bildeffekten zur Verfügung. Wir kommen in Kapitel 6.10 auf diese Effekte und ihre Anwendung zu sprechen.

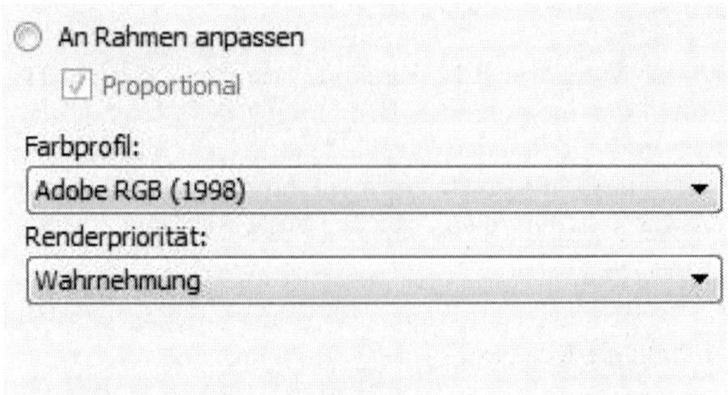

Bei aktiviertem Farbmanagement ist die *Bild*-Kategorie um zwei Auswahlmenü erweitert.

Für den Moment genügt es zu wissen, wie Sie einen Bildeffekt anwenden. Markieren Sie zunächst das gewünschte Bild, auf das Sie den Effekt anwenden wollen. Wählen Sie in der Spalte *Verfügbare Effekte* den Effekt aus. Um den Effet anzuwenden, verschieben Sie diesen mit einem Klick auf den Rechtspfeil in die Spalte *Verwendete Effekte*. Im Bereich *Optionen* können Sie dann – abhängig vom verwendeten Effekt – noch verschiedene Effektoptionen anwenden.

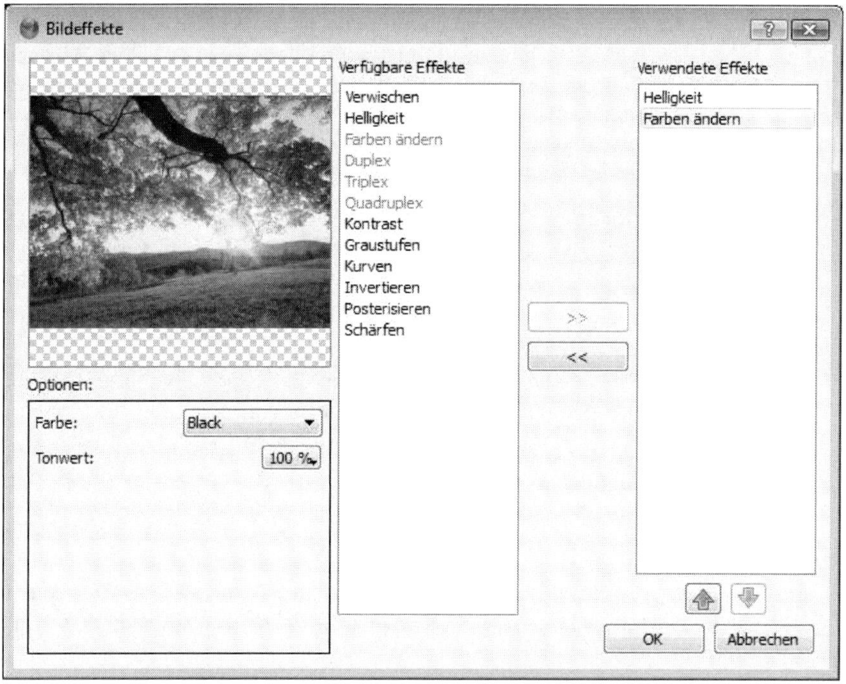

Sie können eine Fülle von Bildeffekten auf Ihre Bilder anwenden.

Haben Sie das Farbmanagement über das entsprechende Symbol in der Fußleiste aktiviert, stellt Ihnen die Bild-Kategorie die beiden oben erwähnten Auswahlmenüs zur Verfügung:

- **Farbprofil**: Mit diesem Auswahlmenü weisen Sie dem Bild ein Farbprofil zu. Die Auswahl ist dabei von den hinterlegten Farbprofilen anhängig, die Sie in der Programmeinstellungen mit *Datei> Allgemeine Einstellungen> Allgemein> ICC-Profile* eingerichtet haben. Siehe Kapitel 10.1.
- **Renderpriorität**: Dieses Auswahlmenü stellt Ihnen vier Optionen für die Konvertierung des Farbraums zur Verfügung:
    - Wahrnehmung
    - Relativ Farbmetrisch
    - Farbsättigung
    - Absolut Farbmetrisch

Wenn Sie die Option *Wahrnehmung* verwenden, bleibt das optische Verhältnis zwischen den Farben für das menschliche Auge erhalten. Mit der Option *Absolut Farbmetrisch* bleiben alle Farben innerhalb des Zielfarbumfangs unverändert. Dabei kann es vorkommen, dass in einem kleineren Farbraum unterschiedliche Farben aus dem Quellfarbraum in die gleiche Farbe des Zielfarbraums konvertiert werden.

Die Option *Relativ Farbmetrisch* führt einen sogenannten Weißabgleich zwischen Quell- und Zielmedium durch, wobei die Farbwerte entsprechend verschoben werden. Die Option *Farbsättigung* sorgt für kräftigere Farben.

Bei der Option Absolut Farbmetrisch werden bei der Umrechnung von einem größeren in einen kleineren Farbraum die Farben, die außerhalb des Zielfarbraums liegen, auf dessen Hülle abgebildet (Clipping). Die Farben innerhalb beider Farbräume werden nicht verändert.

4.3.6 Linien

Wie wir später noch sehen werden, verfügt Scribus über umfangreiche Funktionen für das Zeichnen von Linien. Mit den Funktionen dieser Kategorie können Sie Linien bearbeiten.

Der Eigenschaften-Dialog erlaubt Ihnen die Anpassung der Anfangs- und Endpunkten sowie der Linien von Formen und Polygonen. Sie können allerdings nicht die Umrisslinien von Textrahmen bearbeiten.

Die Funktionen dieser Kategorie im Überblick:

- **Ursprung**: Mit diesem Auswahlmenü bestimmen Sie den Ursprung einer Linie. Sie haben die Auswahl zwischen den Optionen *Linker Punkt* und *Endpunkte.*
- **Linienart**: Dieses Auswahlmenü stellt Ihnen über drei Duzend Linien zur Wahl. Sie können mit dem Eintrag *Benutzerdefiniert* auch eigene Linien anlegen.
- **Anfangspfeil/Endpfeil**: Mit diesen beiden Auswahlmenüs bestimmen Sie die Form der Anfangs- und Endpfeile.

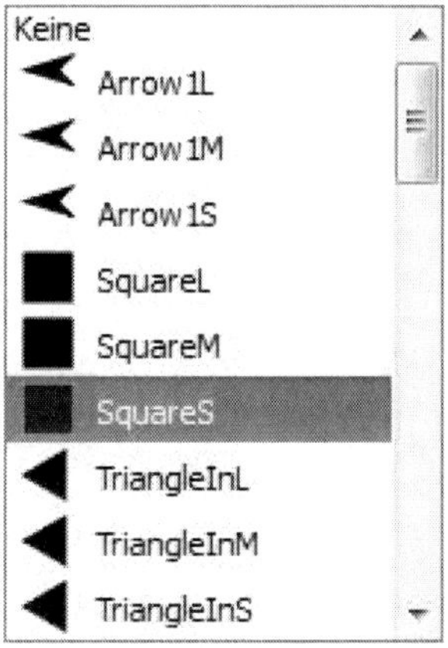

Eine Auswahl an Anfangspfeilen.

- **Linienbreite**: In diesem Eingabefeld geben Sie die Linienbreite an. Sie wird standardmäßig in Punkten bestimmt.
- **Ecken**: Scribus erlaubt Ihnen die Verwendung dreier Eckentypen. Sie haben die Wahl zwischen spitzen, gefassten und runden Ecken.
- **Enden**: Bestimmen Sie hier die Kontur der Enden. Sie haben die Wahl zwischen flachen, abgerundeten und quadratischen Enden.

Sie können Ihren Linien auch „runde“ Ecken zuweisen.

- **Linienstile**: Den Abschluss der Linien-Kategorie bildet die Liste der angelegten Linienstile. Das Anlegen von (Linien-)Stilen erfolgt in der Stilverwaltung, auf die Sie mit dem Menübefehl *Bearbeiten> Stile* zugreifen. Mehr dazu in Kapitel 5.1.

Die Kategorie *Linien*.

4.3.7 Farben

In der Kategorie *Farben* können Sie Ihren Linien, Formen, Polygonen und Texthintergründen beliebige Farben zuweisen bzw. bereits zugewiesene Farben bearbeiten. Sie können den genannten Objekten auch Farbverläufe zuweisen. Um einem Objekt eine Farbe zuweisen zu können, müssen Sie es zunächst markieren und dann über die beiden Schaltflächen festlegen, ob die Linienfarbe oder die Füllfarbe bearbeiten wollen. Wenn Sie Ihrem Objekt einen Verlauf zuweisen wollen, aktivieren Sie die Auswahl *Füllung*.

Die Schaltflächen für das Bearbeiten der Linienfarbe (links) und der Füllung (rechts).

Die Konfiguration *Tonwert* bestimmt die Größe der Rasterpunkte. Ein Tonwert von 100 Prozent bedeutet, dass die Rasterpunkte so groß sind, dass zwischen ihnen kein unbedruckter Bereich bleibt. Die Fläche bzw. Linie wird also vollständig mit Farbe bedeckt.

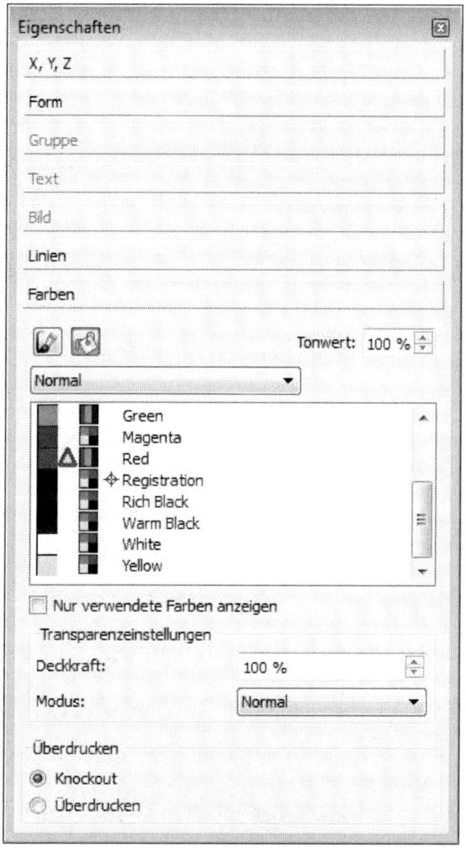

Die Farbkonfiguration der Objekte.

Wenn Sie Ihrem Objekt einen Verlauf zuweisen wollen, aktivieren Sie die Füllung. Der *Eigenschaften*-Dialog blendet unterhalb der beiden Icons ein neues Auswahlmenü ein, in dem Sie die Wahl zwischen folgenden Verläufen haben:

- Normal
- Waagerechter Verlauf
- Diagonaler Verlauf
- Umgekehrt diagonaler Verlauf
- Radialer Verlauf
- Benutzerdefinierter linearer Verlauf
- Benutzerdefinierter radialer Verlauf

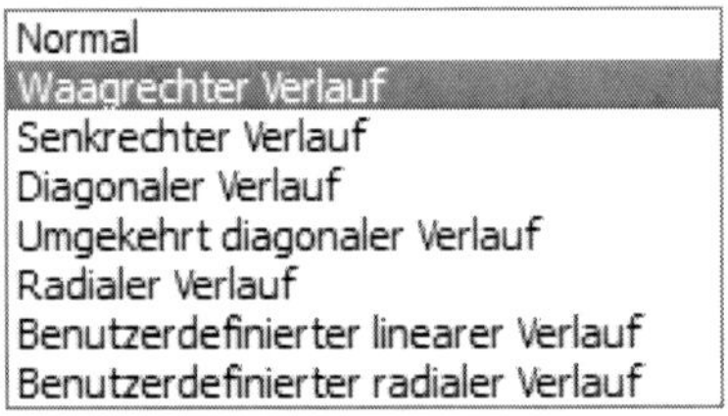

Die Auswahl des Verlauftyps.

Wenn Sie einen senkrechten Verlauf erstellen wollen, generieren Sie zunächst ein Objekt Ihrer Wahl, beispielsweise eine Rechteck. Dann öffnen Sie den *Eigenschaften*-Dialog und wechseln zur Kategorie *Farben*.

Klicken Sie dann auf das *Füllung*-Icon und wählen Sie aus dem Auswahlmenü den Eintrag *Senkrechter Verlauf*. Der *Eigenschaften*-Dialog blendet den Farbbalken in der vordefinierten Füllfarbe ein.

Unterhalb des Verlaufs befinden sich auf beiden Seiten zwei pfeilförmige Farbmarken, mit denen Sie dem Objekt eine Farbe, Deckkraft und Tonwert zuordnen. Standardmäßig ist die linke, rot hinterlegte Farbmarke aktiviert. Das bedeutet, dass die aktuelle Einstellung dieser Marke zugewiesen wird.

Um den Verlauf zu verändern, führen Sie den Mauszeiger auf die Marke und verschieben diese in die gewünschte Richtung. In der Vorschau können Sie unmittelbar die Wirkung Ihrer Änderungen verfolgen.

Mit einem einfachen Klick in den Bereich, in dem sich die Farbmarken befinden, können Sie weitere Farbmarken einführen. Dabei ist die neu eingeführte Marke immer die aktive. Der Mauszeiger wird um ein Pluszeichen erweitert und Sie können mit einem Linksklick die neue Marke anlegen.

Nun bin ich noch die Beantwortung der Frage schuldig, wie man die Farbe einer Farbmarke ändert. Auch das ist einfach: Aktivieren Sie die Marke mit einem Linksklick sofern noch nicht geschehen. Die Marke wird durch die rote Markierung als aktiv hervorgehoben. Im darunterliegenden Feld finden Sie die verfügbaren Farben. Mit einem Klick auf einen Eintrag erfolgt die Zuweisung zur Marke.

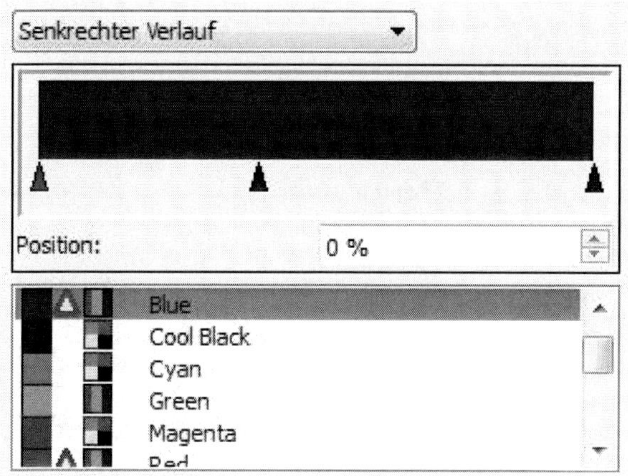

Die Konfiguration eines Farbverlaufs.

Das Farbfeld führt die verfügbaren Farben auf, die Sie in Ihren Objekten verwenden können. Sie können die Ansicht auf die Farben beschränken, die Sie in Ihrem Objekt verwenden, in dem Sie das Kontrollkästchen *Nur verwendete Farben anzeigen* aktivieren.

Der *Eigenschaften*-Dialog stellt Ihnen folgende weitere Einstellungen zur Verfügung:

- **Deckkraft**: In diesem Feld bestimmen Sie die Deckkraft der verwendeten Farben. Dabei gilt: Je geringer die Deckkraft, umso sichtbarer werden Objekte dargestellt.
- **Modus**: Wenn Sie keine Füllung verwenden, können Sie über das Auswahlmenü verschiedene Modi zuweisen:

  - Normal
  - Abdunkeln
  - Aufhellen
  - Multiplizieren
  - Negativ multiplizieren
  - Ineinander kopieren
  - Hartes Licht
  - Weiches Licht
  - Differenz
  - Ausschluss
  - Farbig abwedeln
  - Farbig nachbelichten
  - Farbton
  - Sättigung
  - Farbe
  - Luminanz

Schließlich haben Sie im Bereich *Überdrucken* die Wahl zwischen zwei alternativen Einstellungen:

- **Knockout**: Bei der Option *Knockout* wird bei sich überlappenden Objekten aus dem unten befindlichen Objekt exakt der Umriss des darüber liegenden Objekts ausgespart. Das bedeutet, es kommt nicht zu einem Übereinanderdrucken von zwei oder mehr Farben.
- **Überdrucken**: Bei dieser Option werden die Farben übereinander gedruckt.

Damit kennen Sie alle wichtigen Funktionen des Eigenschaften-Dialogs und sind bestens für die Bearbeitung und Anpassung Ihrer Objekte gerüstet. Im nächsten Kapitel widmen wir uns weiteren Textformatierungsfunktionen.

5 Textformatierungen

Desktop Publishing ist ein kreativer Bereich, in dem es in erster Linie darum geht, Inhalte bestmöglich zu transportieren. Im Idealfall erreichen Sie dieses Ziel, indem Sie einen optimalen Mix aus Inhalten und grafischer Gestaltung realisieren. Dabei sollen und dürfen gestalterische Elemente nie dem Selbstzweck verfallen, sondern sollten immer das Ziel im Auge haben: die Kommunikation Ihrer Inhalte.

Mit einer tollen Gestaltung und einem professionellen Design können Sie viel Aufmerksamkeit erzielen, aber das A und O bleibt die Qualität Ihrer Inhalte. Und eben diese Inhalte werden überwiegend in Worten transportiert.

Um eben Ihre Inhalte bestmöglich in Szene zu setzen, hat Scribus eine Fülle von nützlichen Funktionen zu bieten, allen voran die Stilverwaltung und den Story Editor.

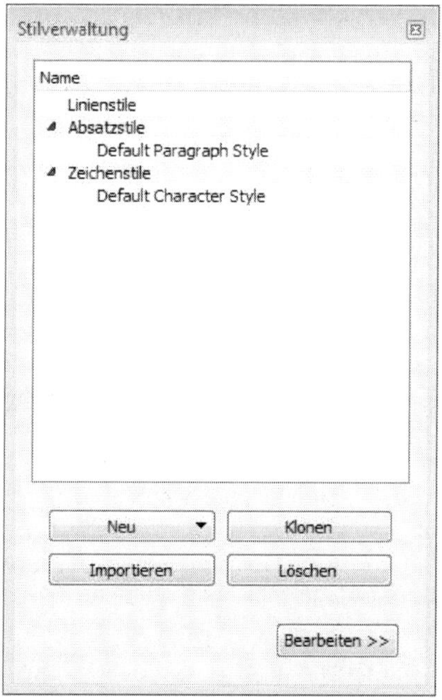

Die Stilverwaltung lässt in der Standardansicht nicht ihr Potenzial erkennen.

5.1 Mit Stilen arbeiten

Scribus verwendet sogenannte Stile, um insbesondere Textelementen eine bestimmte Formatierung mit festen Eigenschaften zuweisen zu können. Sie können sich diese Stile wie Formatvorlagen Ihrer Textverarbeitung vorstellen, wobei die Vorlagen spezifische Eigenschaften bzgl. Schriftgröße, Schriftart etc. besitzen. Diese Stile sind aber nicht nur auf Textelemente anwendbar, sondern auch auf Linien und Zeichen. Scribus kennt drei Stilvarianten:

- Absatzstile
- Linienstile
- Zeichenstile

Das Tolle an diesen Funktionen: Sie können einmal angelegte Stile über Dokumente hinweg anwenden. Sie müssen also nicht immer wieder neue Formatvorlagen anlegen.

5.1.1 Stile anlegen und verwalten

Wie bei vielen anderen Funktionen gibt es auch für den Zugriff auf die Stilfunktion mehrere Wege. Sie begegnen der Stilfunktion immer wieder im Dokument. So beispielsweise im *Eigenschaften*-Dialog beim Bearbeiten von Text und im Story Editor.

Scribus verwaltet die Formatvorlagen in der sogenannten Stilverwaltung, auf die Sie mit dem Menübefehl *Bearbeiten> Stile* oder der Funktionstaste *F3* zugreifen. Voranstehende Abbildung zeigt die Stilverwaltung. Sie weist standardmäßig zwei Einträge auf: einen Standard-Absatzstil und einen Standard-Zeichensatzstil.

Unterhalb der Stilliste finden Sie im „eingeklappten“ Zustand neben der Schaltfläche *Neu* vier weitere Funktionen:

- **Klonen**: Mit diesem Befehl erstellen Sie ein Duplikat eines markierten Stils. Dem Duplikat wird die Bezeichnung *Klon von Stilname* zugeweisen. Der Einsatz dieser Funktion ist dann sinnvoll, wenn Sie wesentliche Eigenschaften eines Stils übernehmen und beispielsweise nur die Textgröße verändern wollen.
- **Importieren**: Ein Klick auf diese Schaltfläche öffnet den Dialog *Öffnen*, in dem Sie das Scribus-Dokument bestimmen, von dem Sie einen bestehenden Stil importieren wollen.

- **Löschen**: Ein Klick auf die Schaltfläche löscht den oder die in der Übersicht ausgewählten Stile. Sie können mehrere Stile markieren, indem Sie die Strg-Taste betätigen und der Reihen nach die gewünschten Stile anklicken.

- **Bearbeiten**: Mit diesem Befehl öffnen Sie die Bearbeitungsfunktionen der Stilverwaltung, mit denen Sie die Eigenschaften der Stile bearbeiten können.

Um einen ersten eigenen Stil anzulegen, klicken Sie auf die Schaltfläche *Neu* und wählen den Stiltyp aus. Wir legen zunächst einen Absatzstil, später dann auch einen Linien- und einen Zeichenstil. Nach der Ausführung des *Neu*-Befehls öffnet die Stilverwaltung die Funktionen für das Anlegen bzw. Bearbeiten von Stilen.

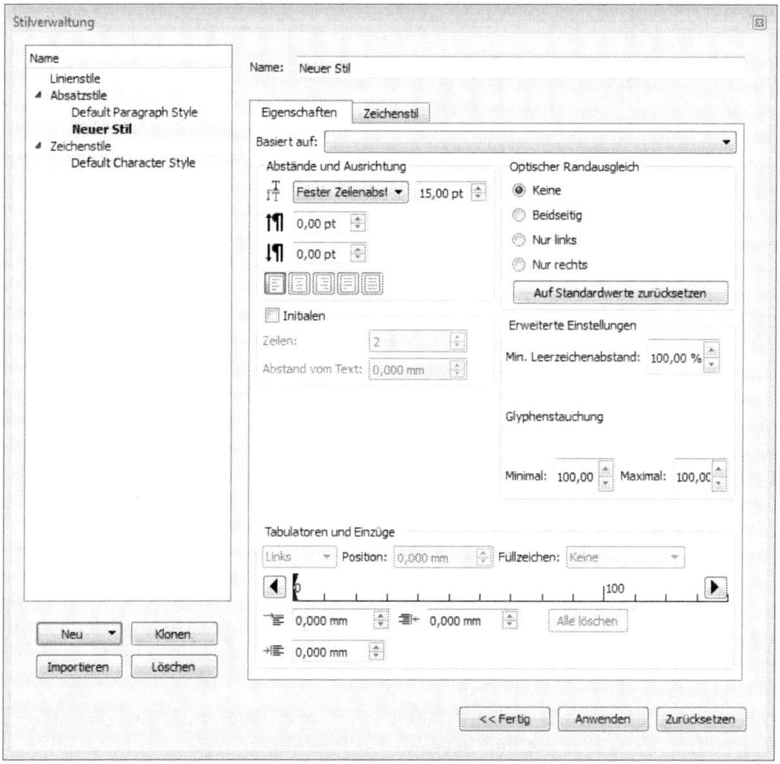

Ein neuer Absatzstil entsteht.

Für die Konfiguration eines Stils stehen Ihnen im erweiterten Dialog zwei Registerkarten zur Verfügung: Auf der Karte *Eigenschaften* bestimmen Sie Einstellungen wie die Abstände und Ausrichtung, auf der Karte *Zeichenstil* weisen Sie dem Stil eine Schriftfamilie und weitere schriftspezifische Einstellungen zu. In Vorgängerversionen konnten Sie Ihren Stilvorlagen sogar Tastenkombinationen zu weisen. Diese Möglichkeit scheint in Scribus 1.4 nicht mehr gegeben zu sein.

Weisen Sie Ihrem neuen Stil zunächst in dem Eingabefeld *Name* eine aussagekräftige Bezeichnung zu. Sie könnten diese beispielsweise als *Überschrift 1*, *Tabellenüberschrift* oder als *Fließtext* bezeichnen.

Mit dem Auswahlmenü *Basiert auf* können Sie auf bereits angelegte Stile zurückgreifen. Das ist insbesondere bei Stilen sinnvoll, die sich sehr ähnlich sind.

Die Konfiguration der Abstände und Ausrichtung.

Im Bereich *Abstände und Ausrichtung* bestimmen Sie zunächst den Zeilenabstand. Sie haben die Wahl zwischen folgenden Optionen:

- Fester Zeilenabstand
- Automatischer Zeilenabstand
- Am Grundlinienraster ausrichten
- Den verknüpften Wert verwenden

Wenn Sie die Option *Fester Zeilenabstand* verwenden, können Sie über das rechts danebenbefindliche Feld den Abstand in Punkten festlegen.

Mit den beiden folgenden Einstellungen bestimmen Sie die Abstände über und unter dem Absatz. Diese werden ebenfalls in Punkten angegeben und können über die Pfeile bzw. die manuelle Eingabe des gewünschten Werts angepasst werden.

Sie können außerdem verschiedene Ausrichtungen bzw. Absatzformate bestimmen:

- Linksbündig
- Zentriert
- Rechtsbündig
- Blocksatz
- Erzwungener Blocksatz

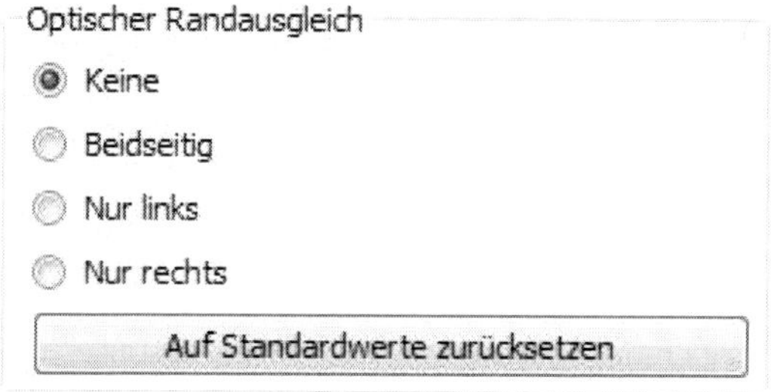

Die Konfiguration des Randausgleichs.

Rechts neben der Abstands- und Ausrichtungskonfiguration finden Sie den Bereich *Optischer Randausgleich*. Dabei geht es um den optischen Ausgleich der rechten und linken Satzkante einer Kolumne. Prinzipiell gibt es diesen Ausgleich auch von Zeilenanfängen und -enden, allerdings beschränkt sich die Ausgleichsfunktionalität von Scribus auf die Seiten eines Textrahmens.

Was hat es nun mit dem optischen Randausgleich genau auf sich? Hierbei handelt es sich um eine Methode, die schrägen Auf- und Abstriche von Buchstaben und Ziffern am Anfang und am Ende einer bündigen Zeilenanordnung durch Manipulation der sogenannten Vor- und Nachbreite auszugleichen.

Insbesondere Satzzeichen und Buchstaben mit schrägen Elementen (W, V, A) müssen dabei häufig durch leichtes Herausstellen aus der Kolumne angepasst werden. Das Ziel dieses Ausgleichs ist eine optisch gerade Satzkante.

Sie können diesen Ausgleich aktivieren, in dem Sie hier Einstellungen des Bereichs *Optischer Randausgleich* verwenden. Sinnvoll ist dies insbesondere bei solchen Stilelementen, die Sie für Fließtexte vorsehen.

Für den Randausgleich stehen Ihnen vier Einstellungen zur Verfügung:

- Keine – der Ausgleich ist deaktiviert
- Beidseitig – hier erfolgt der Ausgleich links- und rechtsseitig
- Nur links – hier erfolgt der Ausgleich nur linksseitig
- Nur rechts – hier erfolgt der Ausgleich nur rechtsseitig

In der Regel sind Sie mit der beidseitigen Option gut bedient.

Unterhalb der Konfiguration für den Randausgleich finden Sie die erweiterten Einstellungen. Hier können Sie zwei Einstellungen vornehmen:

- **Min. Leerzeichenabstand**: Hier bestimmen Sie den minimalen Leerzeichenabstand, der in Prozent angegebenen wird. Der Standardabstand entspricht dem Wert 100 Prozent.
- **Glyphenstauchung**: Wenn Sie InDesign kennen, sind Sie dort womöglich der genannten Glyphe-Skalierung begegnet. Das Pendant in Scribus trägt die Bezeichnung Glyphenstauchung. Die Stauchung entspricht einer kontextabhängigen Zeichenskalierung in horizontaler Richtung. Mit dieser Einstellung können Sie die minimale und die maximale Stauchung festlegen.

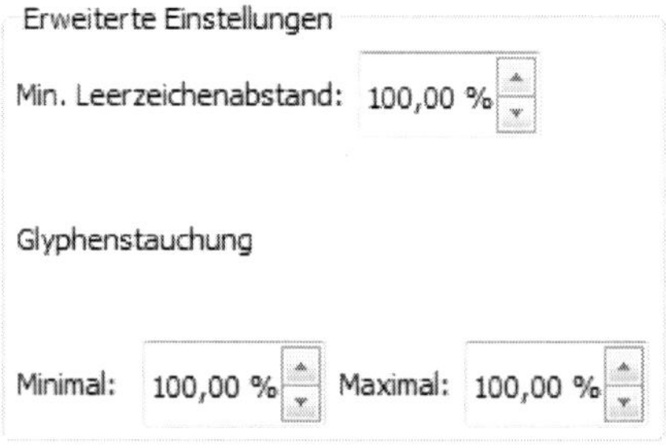

Die erweiterten Stileigenschaften.

Ein weiteres sehr wichtiges Gestaltungsmittel im Desktop Publishing ist die Initiale. Dabei handelt es sich um einen ausgeschmückten Buchstaben, der häufig um das Vielfache größer als die Grundschrift ist, sich über mehrere Zeilen erstrecken kann und am Anfang eines Buchkapitels oder Absatzes verwendet wird.

Dabei werden auch häufig unterschiedliche Schriftart und ein anderer Schriftschnitt verwendet. Die Initiale hat eine lange Tradition, die bis ins 7. Jahrhundert zurückreicht. Sie erfüllt mehrere Funktionen, erzeugt beispielsweise Aufmerksamkeit, wertet das Dokument optisch auf und dient als Orientierungshilfe im Text.

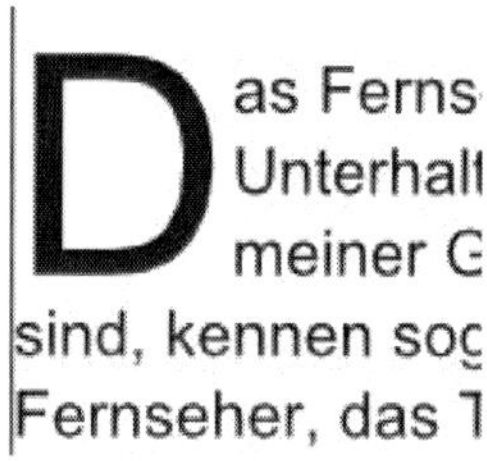

Eine einfache Initiale.

Für das Erstellen von Initialen gibt es keine allgemeingültigen Regeln. Sie sollten aber zumindest beim Anlegen darauf achten, dass Sie sie auf die Grundlinie der Grundschrift setzen und dass Abstand zum Text „harmonisch“ ist – sich also ein ansprechendes Gesamtbild ergibt.

Initialen werden in der Regel nur in bestimmten Absätzen verwendet. Daher empfiehlt es sich, vor der Erstellung der Initiale einen entsprechenden Absatzstil zu erstellen, den Sie dann einfach im Story Editor zuweisen können.

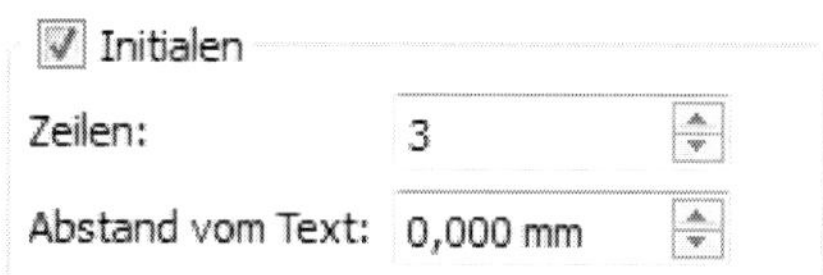

Die Einstellungen für die Initiale.

Das Anlegen eines entsprechenden Stils ist einfach: Sie müssen lediglich die Option *Initialen* aktivieren und dann die Größe, genauer die Anzahl an Zeilen, die die Initiale beansprucht festlegen. Passen Sie eventuell den Abstand zum Text an. Aber machen Sie ihn nicht zu groß, da die Initiale andernfalls ohne Textanbindung schnell „verloren“ wirkt.

Die Initiale verwendet eine andere Schriftart.

Beachten Sie, dass die Verwendung der Stilfunktion nur funktioniert, wenn Sie für Initiale und restlichen Absatz die gleiche Schrift verwenden.

Doch gerade hier bietet es sich an, für beide unterschiedliche Schriften zu verwenden. Wenn Sie diese Möglichkeit nutzen wollen, bleibt Ihnen nur der Weg über den *Eigenschaften*-Dialog. Markieren Sie die Initiale und weisen Sie ihr eine andere Schrift zu.

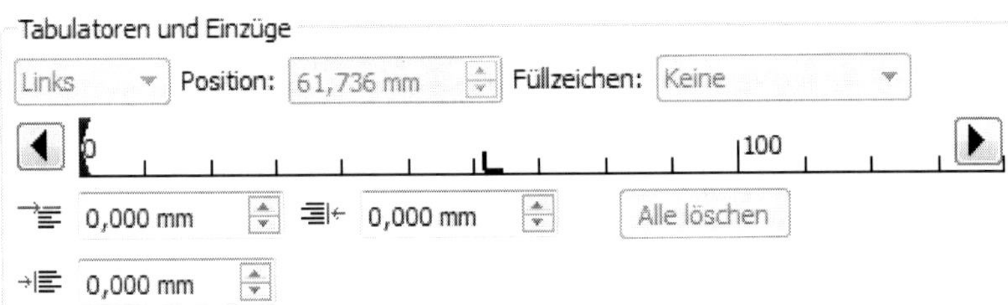

Die Konfiguration der Tabulatoren und Einzüge.

Schließlich erlaubt Ihnen die Stilverwaltung die stileigene Konfiguration der Tabulatoren und Einzüge. Diese Funktionalität ist bereits im Abschnitt 4.2.4 beschrieben, aber wir begegnen ihr hier erneut, weil Sie jedem Stil eine eigene Tabulator-Konfiguration zuweisen können.

Hier können Sie durch einfaches Klicken in das Lineal weitere Tabulatormarken einfügen. Über das linke Auswahlmenü bestimmen Sie die Richtung. Wenn Sie die gesetzten Marken wieder loswerden wollen, klicken Sie auf die Schaltfläche *Alle löschen*.

Häufig werden in Büchern und Broschüren Einzüge verwendet, um beispielsweise einen neuen Absatz von anderen abzuheben. Auch das ist mit den Funktionen der

Stilverwaltung möglich. Unterhalb der Tabulatorkonfiguration finden Sie drei Einstellungen, mit denen Sie folgende Einzüge anpassen können:

- Erste Zeile des Absatzes
- Rechter Einzug des gesamten Absatzes
- Einzug von links für den gesamten Absatz

Die Bezeichnungen der Einzugsvarianten sind selbsterklärend. Sie sollten bei der Verwendung von Einzügen darauf achten, dass diese ein harmonisches Gesamtbild ergeben. Im Zweifel ist weniger mehr.

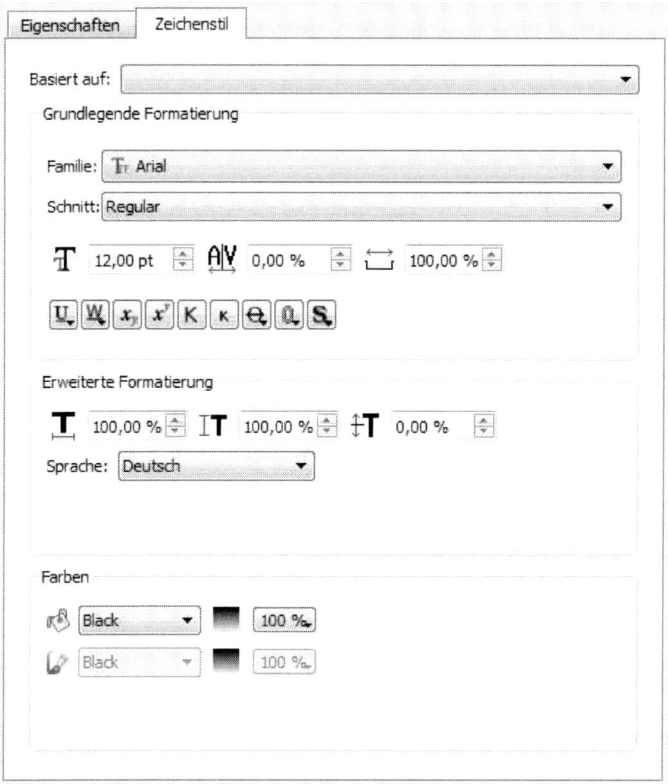

Die Anpassung des Zeichenstils.

Auf der Registerkarte *Zeichenstil* können Sie die Schriftfamilien, den Schnitt sowie weitere Formatierungen bestimmen, die Sie ebenfalls von der Text-Kategorie des Eigenschaften-Dialogs kennen (siehe Kapitel 4.3.1).

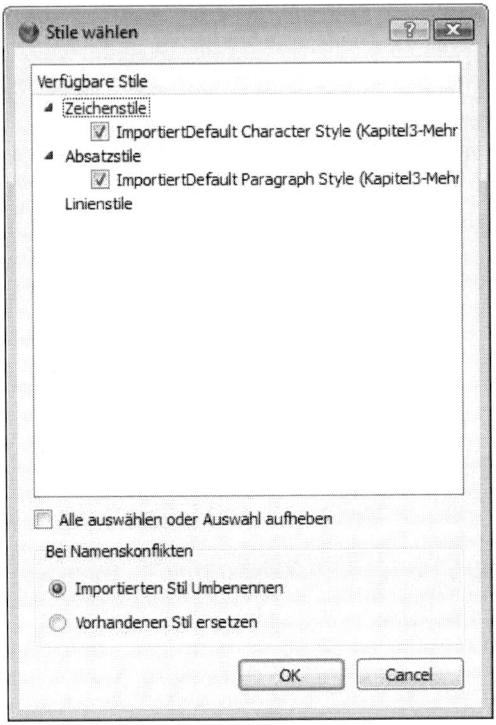

Die Auswahl der zu importierenden Stile.

5.1.2 Stile in Drittdokumenten verwenden

Es ist oben bereits angeklungen: Sie können auch Formatvorlagen aus bestehenden Dokumenten übernehmen. Dazu verwenden Sie die Import-Funktion der Stilverwaltung. Klicken Sie auf *Importieren* und wählen Sie die gewünschte Scribus-Datei aus. Scribus präsentiert Ihnen den Dialog Stil auswählen, in dem alle Stile aufgeführt sind, die in dem Ausgangsdokument enthalten sind. Der *Import*-Dialog erlaubt die individuelle Übernahme von Stilkonfigurationen.

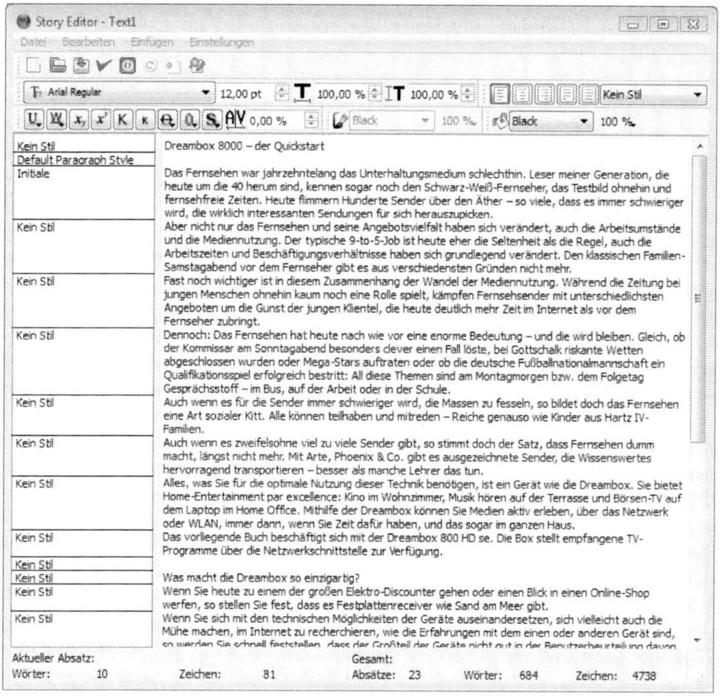

Der Story Editor in Aktion.

5.2 Der Story Editor

Wenn Sie Ihren ersten Text in den Textrahmen geladen und erste Formatierungen mit dem *Eigenschaften*-Dialog vorgenommen haben, werden Sie feststellen, dass die Gestaltung auf diesem Weg doch sehr mühsam und umständlich ist. Zum Glück hat Scribus auch hierfür das passende Werkzeug: den Story Editor.

Er ist eine Art abgespeckter Editor, der Ihnen alle wichtigen Funktionen für die Formatierung Ihrer Textbausteine bietet. Der Aufruf des Story Editors erfolgt über das Menü *Bearbeiten> Text bearbeiten*, mit der Tastenkombination *Strg + T* oder aus dem Kontextmenü des Textrahmens mit *Text bearbeiten*.

Voranstehende Abbildung zeigt den Story Editor in Aktion. In der Kopfzeile zeigt er den Titel des Textrahmens an. Darunter finden Sie die Menü- und die Symbolleiste.

Die Menüleiste stellt Ihnen eine Fülle von nützlichen Funktionen zur Verfügung. Mit dem Befehl *Datei> Text entfernen* können Sie den im Editor geladenen Text löschen.

Wenn Sie den Text an anderer Stelle weiterverwenden wollen, führen Sie den Befehl *Datei> In Datei speichern* aus und bestimmen im *Speichern*-Dialog das Zielverzeichnis. Auf diesem Weg können Sie die Texte Ihrer Textrahmen einfach und unkompliziert als Textdatei sichern. Auch das Laden von anderen Texten ist über das *Datei*-Menü möglich.

Im *Bearbeiten*-Menü finden Sie typische Funktionen für das Kopieren, Ausschneiden und Einfügen. Hier finden Sie auch die Suchen und Ersetzen-Funktion.

Aus dem Story Editor können Sie außerdem mit dem Befehl *Bearbeiten> Schriftvorschau* auf den gleichnamigen Dialog zugreifen, mit dem Sie sich einen Überblick über das Schriftbild Ihnen unbekannter Schriften verschaffen können.

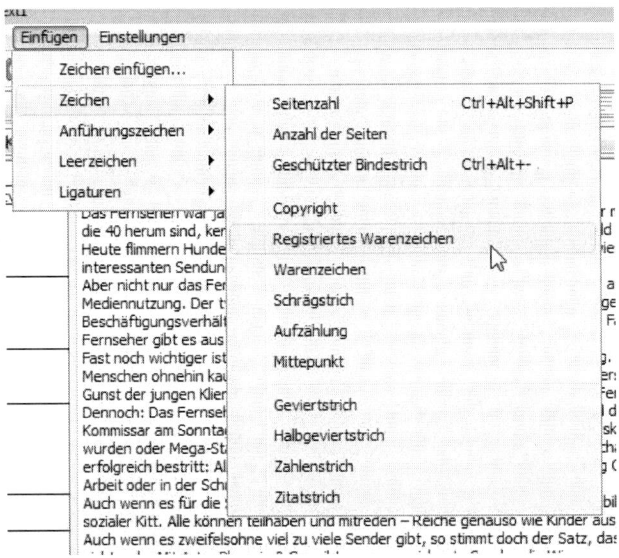

Das Einfügen von unterschiedlichen Zeichen und Symbolen.

Ein weiteres Highlight des Story Editors ist das *Einfügen*-Menü. Hier stehen Ihnen unzählige Symbole und Zeichen zur Verfügung, die Sie in Ihren Texte verwenden können, beispielsweise verschiedene Schrägstrichvarianten, Anführungszeichen, Leerzeichen und Ligaturen. Im Menü *Einstellungen* können Sie außerdem die

Hintergrundfarbe ändern. Diese Änderung bezieht sich lediglich auf die Darstellung im Editor, nicht aber auf den Textrahmen selbst.

Die Symbolleiste des Story Editors.

Die wichtigsten Funktionen des Editors sind über die Symbolleiste verfügbar. Hier stehen Ihnen folgende Funktionen zur Verfügung (von links nach rechts):

- Text entfernen
- Von Datei laden
- In Datei speichern
- Änderungen übernehmen
- Änderungen ignorieren
- Text neu von Textrahmen
- Textrahmen auffrischen
- Suche und Ersetzen

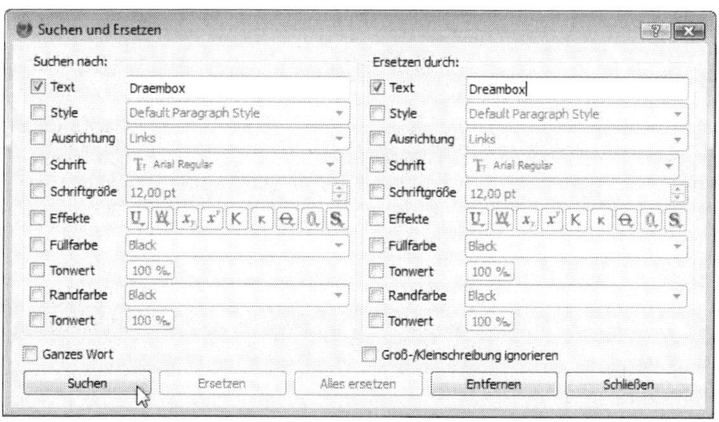

Der Dialog *Suchen und Ersetzen*.

Die Funktion *Suche und Ersetzen* hat es wirklich in sich. Sie stellt Ihnen für die Suche nach Elementen in einem Textrahmen folgende Filter zur Verfügung: Text, Stil, Ausrichtung, Schrift, Schriftgröße, Effekt, Füllfarbe, Tonwert, Randfarbe und Tonwert. Sie können sogar Groß- und Kleinschreibung bei der Suche ignorieren.

Mit der Suchfunktion spüren Sie zuverlässig beliebige Inhalte auf und können sie textrahmenweit durch eine Korrektur ersetzen.

Unterhalb der Symbolleiste finden Sie weitere Leisten, deren Funktionen mit denen der Kategorie *Text* des *Eigenschaften*-Dialogs entsprechen:

- Schrift verändern
- Stil verändern
- Zeicheneinstellungen bearbeiten
- Umrissfarbe verändern
- Füllfarbe verändern

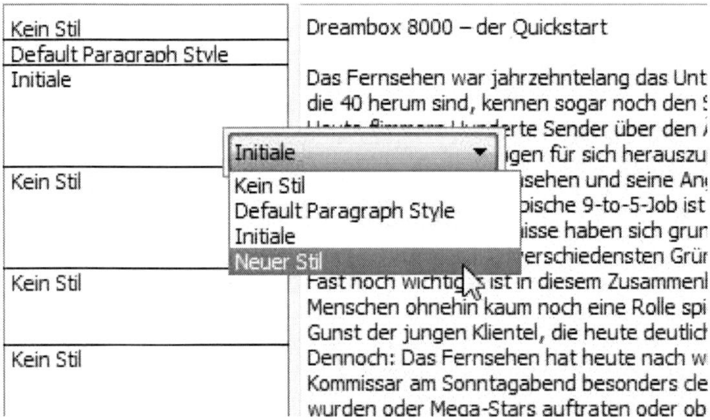

Das Bearbeiten des Absatzstils.

Im vorangehenden Abschnitt haben Sie die Stilverwaltung und deren Möglichkeiten kennengelernt. Im Story Editor können Sie einfach auf Ihre angelegten Stilkonfigurationen zurückgreifen.

Der Story Editor präsentiert Ihnen unterhalb der Leisten den Bearbeitungsbereich für Ihre Texte. Links finden Sie die Stil-Leiste, mit der Sie jedem Absatz einen verfügbaren Stil zuweisen können.

Um den Absatzstil zu ändern, klicken Sie links auf die entsprechende Dokumenthöhe und wählen dann aus dem Pop-up-Dialog den gewünschten Stil aus.

Die Funktionen im Textbereich.

Innerhalb des Textbereichs können Sie mithilfe der rechten Maustaste einige Funktionen wie das *Rückgängigmachen*, *Kopieren*, *Ausschneiden*, *Löschen* und *Alles Auswählen* ausführen.

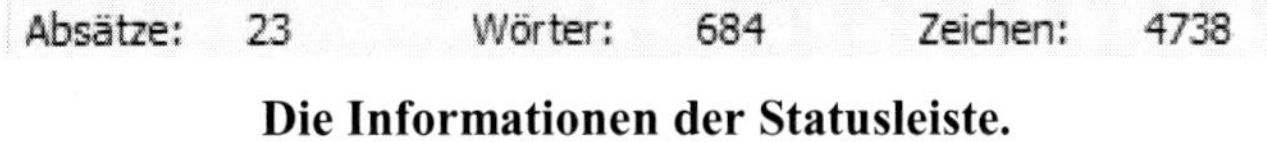

Die Informationen der Statusleiste.

Im unteren Bereich des Story Editors finden Sie die Statusleiste. Die ist zweigeteilt und verrät Ihnen links, wie viele Wörter und Zeichen der aktuelle Absatz umfasst. Rechts erfahren Sie, wie viele Absätze, Wörter und Zeichen das gesamte Dokument besitzt.

5.3 Weitere nützliche Textfunktionen

Mit den Stilfunktion und dem Story Editor kennen Sie bereits die beiden wichtigsten Werkzeuge für das Erstellen, Bearbeiten und Gestalten Ihrer Texte. Doch Scribus hat noch weit mehr zu bieten. In diesem Abschnitt schauen wir uns die erweiterten Funktionen an, mit denen Sie beispielsweise ein Inhaltsverzeichnis generieren, die Silbentrennung verwenden oder Text automatisch formatieren können.

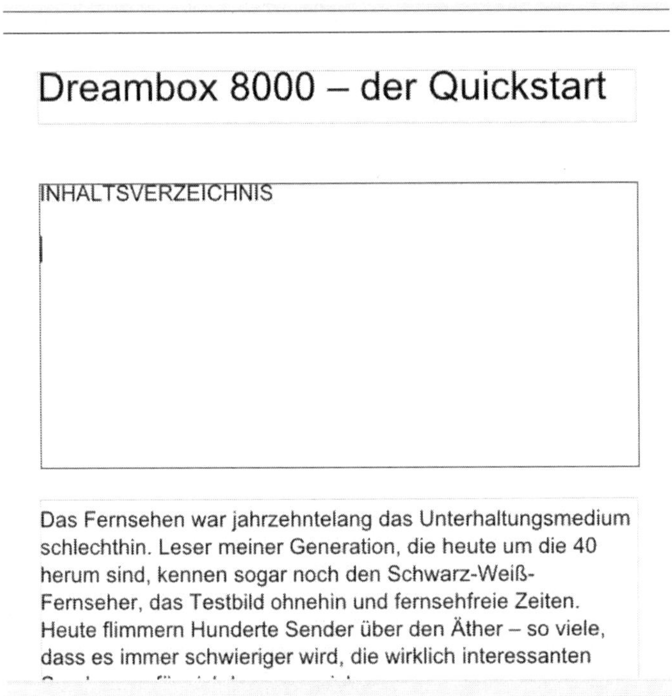

Das Ausgangsdokument für das Einfügen eines Inhaltsverzeichnisses.

5.3.1 Inhaltsverzeichnis erstellen

Wenn Sie eine umfangreiche Broschüre oder sogar ein Buch mit Scribus gestalten wollen, benötigt Ihr Dokument in der Regel auch ein Inhaltsverzeichnis. Wenn Sie bereits in einer Textverarbeitung wie MS Word oder OpenOffice Writer bzw. LibreOffice Writer ein umfangreiches Dokument samt Inhaltsverzeichnis erzeugt haben, wissen Sie, dass das keine Hexerei ist. Ganz so einfach ist es allerdings bei Scribus nicht. Hier wartet schon ein wenig mehr Arbeit auf Sie. Anhand eines sehr einfachen Beispiels zeigte ich Ihnen, wie Sie ein Inhaltsverzeichnis generieren.

Dazu führen Sie folgende Schritte aus:

1. Zunächst erzeugen wir ein mehrseitiges Dokument. Im vorliegenden Beispiel handelt es sich um eines mit vier Seiten.
2. Auf der ersten Seite erzeugen wir drei Textrahmen, einen für den Dokumententitel, einen für das kommende Inhaltsverzeichnis und einen für die ersten Absätze des Dokuments.
3. Weisen Sie den verschiedenen Textrahmen eine Bezeichnung zu. Den zweiten Rahmen bezeichnen Sie über den *Eigenschaften*-Dialog beispielsweise mit *Inhaltsverzeichnis*.

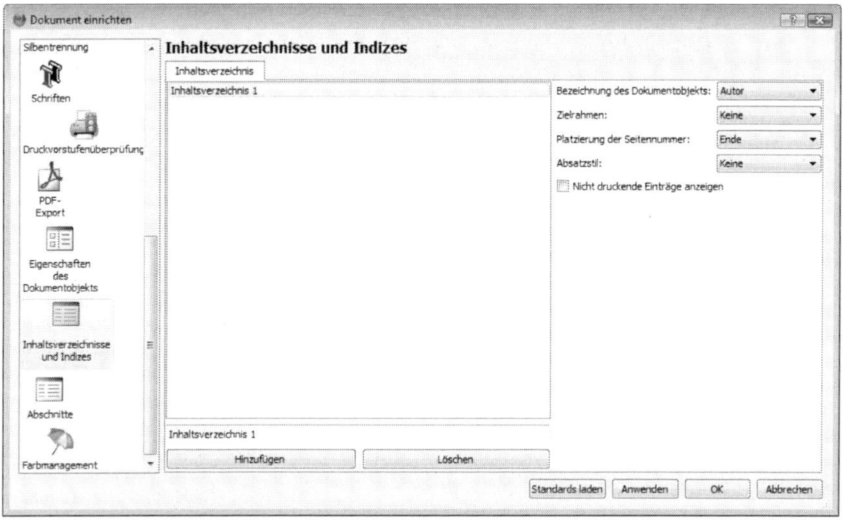

In den Dokumenteneigenschaften legen Sie das Inhaltsverzeichnis an.

4. Dann rufen Sie die Eigenschaften des Dokumentenobjekts mit dem Befehl *Datei> Dokument einrichten> Eigenschaften* auf und erzeugen ein neues Attribut Klicken Sie dazu auf die Schaltfläche *Hinzufügen*, dann klicken Sie in das Feld *Wert* und bestätigen Ihren Eintrag mit *OK*.

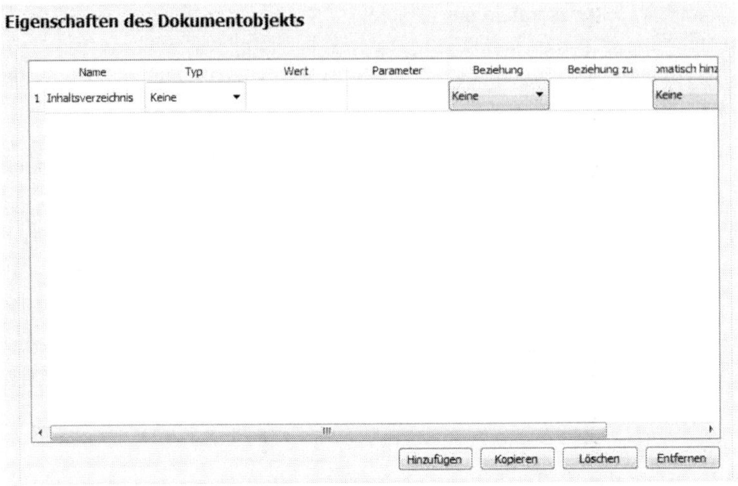

Das Attribut Inhaltsverzeichnis ist dem Dokumentobjekt zugewiesen.

5. Dann führen Sie den Menübefehl *Datei> Dokument einrichten> Inhaltsverzeichnisse und Indizes* aus. Dort klicken Sie auf die Schaltfläche *Hinzufügen*, um ein neues Inhaltsverzeichnis anzulegen.

6. Als Nächstes bestimmen Sie im Auswahlmenü *Bezeichnung des Dokumentenobjekts* das Objekt, in unserem Fall besitzt es die Bezeichnung *Inhaltsverzeichnis*. Dann ordnen Sie dem Verzeichnis im Auswahlmenü *Zielrahmen* den Eintrag *Inhaltsverzeichnis* zu. Bestätigen Sie Ihre Eingaben mit *OK*.

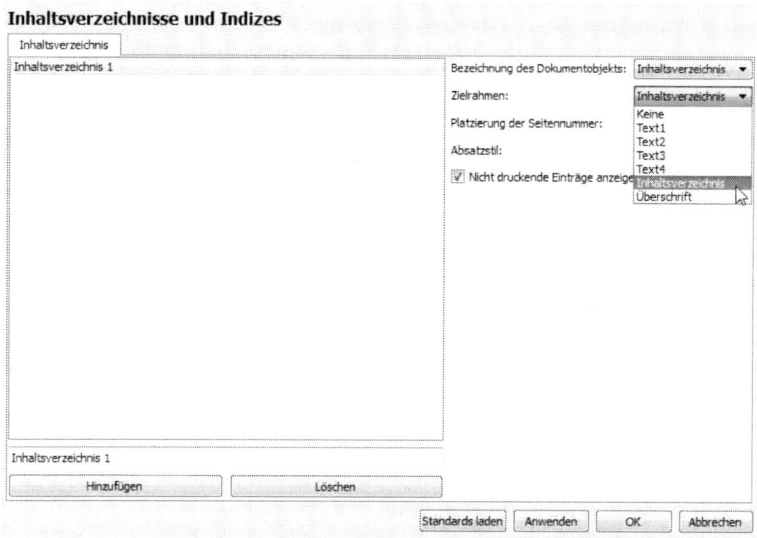

Die Zuweisung von Inhaltsverzeichnis und Dokumentobjekt sowie Zielrahmen.

7. Dann markieren Sie den zweiten Textrahmen mit der rechten Maustaste und führen den Befehl *Attribute* aus. Scribus präsentiert Ihnen das Fenster *Eigenschaften des Seitenobjekts*. Klicken Sie auf *Hinzufügen* und wählen Sie im Auswahlmenü *Name* den Eintrag *Inhaltsverzeichnis* aus. In das Feld *Wert* geben Sie den Eintrag im Inhaltsverzeichnis an.

Das Fenster *Eigenschaften* des Seitenobjekts.

8. Entsprechend gehen Sie mit den weiteren Seiten vor und erzeugen dort jeweils weitere Einträge für das Inhaltsverzeichnis.
9. Wenn Sie alle Textrahmen entsprechend markiert haben, können Sie das Inhaltsverzeichnis an der gewünschten Position einfügen. Dazu platzieren Sie den Cursor in dem dafür vorgesehenen Textrahmen und führen den Menübefehl *Extras> Inhaltsverzeichnis erstellen* aus.

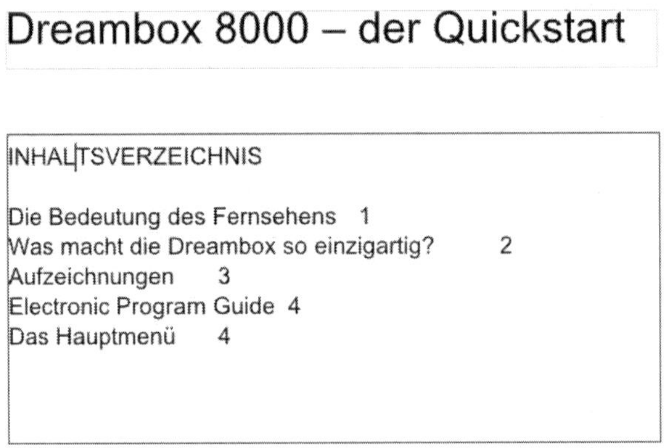

Das erstellte Inhaltsverzeichnis.

10. Scribus fügt das Inhaltsverzeichnis in den gewünschten Textrahmen ein. Sie können sich dann an die Bearbeitung des Verzeichnisses machen und beispielsweise verschiedene Absatzstile testen.

In der Praxis ist es gerade bei umfangreichen Dokumenten sinnvoll, die Zwischenüberschriften, die im Ihren Inhaltsverzeichnis stehen sollen, in eigenen Textrahmen zu platzieren.

Entsprechend gehen Sie vor, wenn Sie einen Index anlegen wollen.

Es bietet sich außerdem an, derlei Dokumentelemente als Vorlage zu sichern, damit Sie sich beim nächsten Dokument die Mühe beim manuellen Anlegen des Inhaltsverzeichnisses sparen bzw. sich die Arbeit wesentlich vereinfachen können.

5.3.2 Silbentrennung

Die Silbentrennung ist ein sehr wichtiges typografisches Gestaltungsmittel, mit dem Sie den in Ihren Textrahmen zur Verfügung stehenden Raum optimal ausnutzen können. Die Silbentrennung folgt festen orthografischen Regeln und kann in Scribus automatisiert durchgeführt werden.

Die Silbentrennung ist ein nützliches Hilfsmittel, um die Lesbarkeit und das Erscheinungsbild von Texten zu optimieren. Unschöne Lücken werden so durch Text gefüllt und es ergibt sich in der Regel ein deutlich besseres Gesamtbild.

Wie wir in Kapitel 10 noch sehen werden, können Sie in den Programmeinstellungen die Silbentrennung konfigurieren und an Ihre Bedürfnisse anpassen. Sie können die Einstellungen für die Silbentrennung programmweit, aber auch individuell für jedes Dokument festlegen.

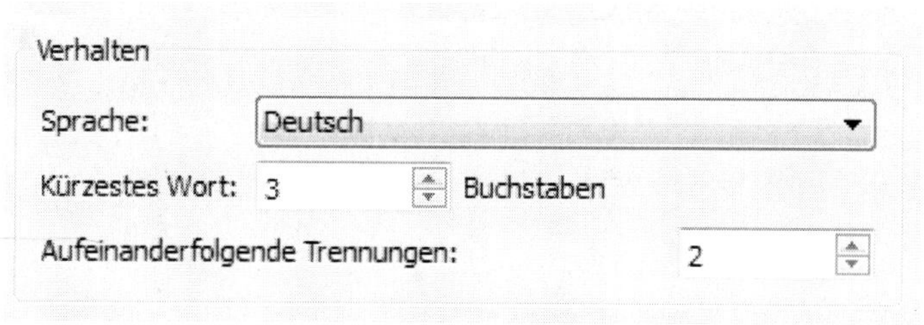

Die Konfiguration der Silbentrennung.

Die dokumentenspezifischen Einstellungen sind über das Menü *Datei> Dokument einrichten> Silbentrennung* verfügbar.

Besonders wichtig bei den dokumentbezogenen Einstellungen ist, dass Sie die Sprache des Dokuments korrekt einrichten. Wenn Sie also mit Scribus Dokumente in unterschiedlichen Sprachen erstellen, sollten Sie auf die korrekte Sprachkonfiguration achten.

In den Programm- bzw. Dokumenteneinstellungen können Sie auch eigene Vorschläge hinterlegen, wie bestimmte Wörter zu trennen sind. Sie können auch Wörter komplett von der Trennung ausnehmen.

Die Bedeutung des Fernsehens

Das Fernsehen war jahrzehntelang das Unterhaltungsmedium
schlechthin. Leser meiner Generation, die heute um die 40
herum sind, kennen sogar noch den Schwarz-Weiß-
Fernseher, das Testbild ohnehin und fernsehfreie Zeiten.
Heute flimmern Hunderte Sender über den Äther – so viele,
dass es immer schwieriger wird, die wirklich interessanten
Sendungen für sich herauszupicken.

Aber nicht nur das Fernsehen und seine Angebotsvielfalt
haben sich verändert, auch die Arbeitsumstände und die
Mediennutzung. Der typische 9-to-5-Job ist heute eher die
Seltenheit als die Regel, auch die Arbeitszeiten und
Beschäftigungsverhältnisse haben sich grundlegend
verändert. Den klassischen Familien-Samstagabend vor dem
Fernseher gibt es aus verschiedensten Gründen nicht mehr.

Zwei typische Abschnitte ohne Silbentrennung.

Die Bedeutung des Fernsehens

Das Fernsehen war jahrzehntelang das Unterhaltungsmedium
schlechthin. Leser meiner Generation, die heute um die 40
herum sind, kennen sogar noch den Schwarz-Weiß-Fernse-
her, das Testbild ohnehin und fernsehfreie Zeiten. Heute flim-
mern Hunderte Sender über den Äther – so viele, dass es
immer schwieriger wird, die wirklich interessanten Sendungen
für sich herauszupicken.

Aber nicht nur das Fernsehen und seine Angebotsvielfalt ha-
ben sich verändert, auch die Arbeitsumstände und die Medi-
ennutzung. Der typische 9-to-5-Job ist heute eher die
Seltenheit als die Regel, auch die Arbeitszeiten und Beschäfti-
gungsverhältnisse haben sich grundlegend verändert. Den
klassischen Familien-Samstagabend vor dem Fernseher gibt
es aus verschiedensten Gründen nicht mehr.

Und die gleichen Abschnitte mit Silbentrennung.

Auf die Konfiguration der Silbentrennung kommen wir im Kapitel 5.3.2 noch detailliert zu sprechen. Hier interessiert uns zunächst, wie Sie die Silbentrennung nutzen. Um die Silbentrennung auf den aktuellen Textrahmen anzuwenden, markieren Sie diesen und führen den Menübefehl *Extras> Silbentrennung anwenden* aus. Beachten Sie, dass die Trennung immer nur auf den markierten Textrahmen angewendet wird. Sie können also für einen Rahmen die Silbentrennung verwenden und bei anderen auf die Trennung verzichten.

Mit dem Menübefehl *Extras> Silbentrennung rückgängig machen* können Sie die Trennvorgänge wieder aufheben.

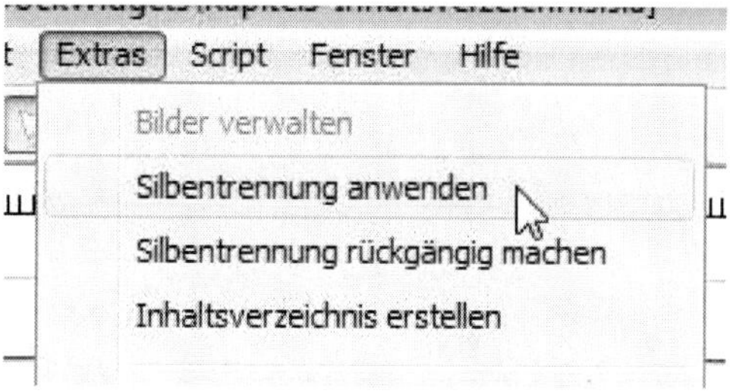

Das Anwenden der Silbentrennung.

Wenn Sie in den Programm- oder Dokumenteneinstellungen die Option *Trennvorschläge* aktiviert haben, präsentiert Ihnen Scribus nach dem Ausführen des Silbentrennungsfunktion den Dialog *Trennvorschlag*, der Ihnen für die relevanten Wörter die mögliche Trennung vorschlägt.

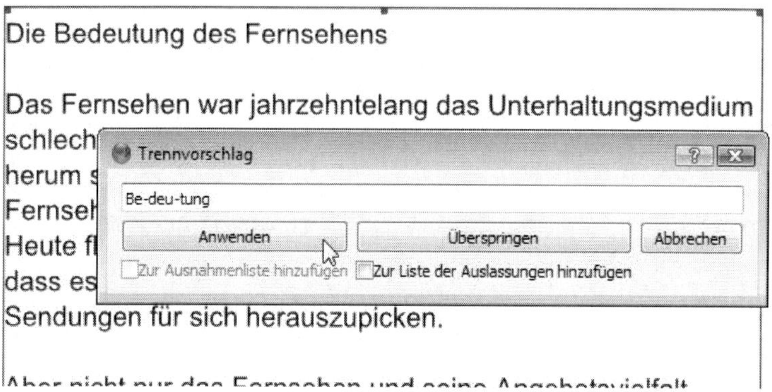

Die Silbentrennung mit einem Vorschlag für die Trennung.

Um einen Vorschlag zu akzeptieren, klicken Sie im Dialog *Trennvorschlag* auf die Schaltfläche *Anwenden*. Mit *Überspringen* wechseln Sie zum nächsten Vorschlag. Der Dialog erlaubt Ihnen außerdem, den Vorschlag zur Liste der Auslassungen hinzuzufügen.

Die noch leere Zeichenpalette gilt es mit Einträgen zu füllen.

5.3.3 Sonderzeichen einfügen

In der Praxis kommt es immer wieder vor, dass man sogenannte Sonderzeichen in seinen Textkästen benötigt. Dabei kann es sich beispielsweise um das Copyright-Zeichen oder auch Buchstaben mit Apostroph (z. B. bei à la) oder um Zeichen aus anderen Sprachen handeln. Die gebräuchlichen Sonderzeichen können häufig auch mit Tastenkombinationen realisiert werden, beispielsweise das EUR-Zeichen. Das EUR-Zeichen können Sie unter Windows mithilfe von *Alt Gr + E* oder *Strg + Alt + E* erzeugen, unter Mac OS X mit *Alt + E*. Unter Linux funktioniert die Eingabe in der Regel mit *Alt Gr + E*.

Da sich kaum jemand all diese Zeichen und die zugehörigen Tastenkombinationen merken will, stellt Ihnen Scribus die sogenannten Zeichenpalette zur Verfügung. In dieser stellen Sie die wichtigsten Symbole zusammen und können so einfach und bequem auf die notwenigen Zeichen zugreifen.

Die erweiterte Zeichenpalette.

Bevor Sie sich an die Verwendung der Sonderzeichenfunktion machen, sollten Sie einen Textrahmen in Ihrem Dokument erzeugt, diesen markiert und den Cursor aktiviert haben. Nur im Bearbeitungsmodus können Sie die Sonderzeichenfunktionen verwenden.

Wenn Sie die Zeichenpalette öffnen, stellen Sie fest, dass diese lediglich eine einfache Symbolleiste und einen noch leeren Bereich besitzt. Diesen leeren Bereich gilt es, mit den Zeichen zu füllen, die für ihre Arbeit am wichtigsten sind.

Klicken Sie dazu in der Symbolleiste auf das linke Symbol *Erweiterte Palette anzeigen/verbergen*. Damit öffnen Sie den Dialog *Erweiterte Zeichenpalette*, die Ihnen eine Vielzahl von Sonderzeichen zur Auswahl stellt.

Die erweiterte Palette verfügt im Kopfbereich über zwei Auswahlmenüs: *Schrift* und *Zeichenklasse*. Mit der Schrift wählen Sie die Schriftart aus, die Sie in Ihrem

Dokument aktuell verwenden wollen. Das Auswahlmenü verwendet standardmäßig die Schrift, die Sie auch im Textrahmen verwenden, doch Sie können dies auch mit diesem Auswahlmenü ändern. Beachten Sie, dass die verfügbaren Sonderzeichen von Schrift zu Schrift variieren. Nicht bei allen Schriften stehen die gleichen Zeichen zur Verfügung.

Sie können die Ansicht der verfügbaren Symbole mit dem Auswahlmenü *Zeichenklasse* gezielt einschränken. Standardmäßig werden mit der Option *Kompletter Zeichensatz* alle verfügbaren Zeichen ausgeführt.

Für die Einschränkung können Sie folgende Filter verwenden:

- Basis Latein
- Latein-1
- Latein erweitert-A
- Latein erweitert-B
- Allgemeine Interpunktion
- Währungssymbole
- Buchstabensymbole
- Mathematische Operatoren
- Geometrische Formen
- Sonstige Symbole
- Griechisch
- Griechisch erweitert
- Kyrillisch
- Kyrillisch Zusätze
- Arabisch
- Arabisch erweitert A
- Arabisch erweitert B
- Hebräisch

Da man in der Regel immer wieder auf die gleichen Zeichen zurückgreift, bietet es sich an, diese in der Zeichenpalette zu sammeln. Zunächst gilt es, die gewünschten

Zeichen aus der erweiterten Palette in die Standardpalette zu kopieren. Dazu markieren Sie das gewünschte Zeichen mit der linken Maustaste und ziehen es in die Palette.

Sie sind dabei keineswegs auf die sechs vordefinierten Kästchen beschränkt, denn die Standardpalette erzeugt automatisch eine weitere Reihe, wenn Sie das letzte Kästchen in der Reihe mit einem Zeichen füllen.

Unterhalb der Zeichenübersicht finden sind Sie das Eingabefeld *Code eingeben*. Wenn Sie die Unicode-Zeichenfolge eines Sonderzeichens kennen, können Sie diesen mit der Eingabe hier einfach auswählen.

Darunter finden Sie das Feld *Einzufügende Zeichen*. Sie dient dem Einfügen von Zeichen aus der erweiterten Palette heraus. Dazu klicken Sie doppelt auf ein Zeichen. Es wird dann in dem Bereich aufgeführt. Um das Zeichen in Ihren Textrahmen einzufügen, klicken Sie auf die Schaltfläche *Einfügen*. Um die Auswahl zu löschen, betätigen Sie die Schaltfläche *Entfernen*. Sie können in diesem Feld auch mehrere Zeichen sammeln und dann einfügen.

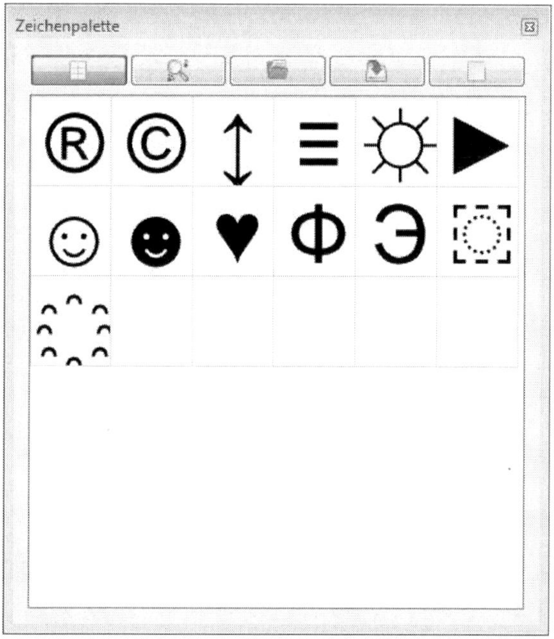

Die Standardzeichenpalette ist mit ersten Zeichen gefüllt.

Wenn Sie die Standardzeichenpalette mit den gewünschten Symbolen gefüllt haben, schließen Sie die erweiterte Palette. Das Einfügen eines Zeichens aus der Standardpalette ist einfach: Positionieren Sie den Cursor im Textrahmen an der Stellen, an der Sie das Sonderzeichen einfügen wollen. Dann klicken Sie doppelt auf den Eintrag in der Platte. Das Zeichen wird an der gewünschten Position platziert.

Wenn Sie ein Zeichen aus der Standardpalette entfernen wollen, markieren Sie es mit der rechten Maustaste und führen den Befehl *Löschen* aus.

Die Standardpalette hat über die Symbolleiste noch einige weitere interessante Funktionen zu bieten. Über das Lupensymbol öffnen Sie die sogenannte Unicode-Suche. Sie können diese nutzen, um nach einem Unicode und dem zugehörigen Zeichen zu suchen. Alternative können Sie die umfangreiche Liste auch mit den Cursor-Tasten oder dem Scroll-Balken durchblättern. Leider sind die Einträge der Übersicht nicht ins Deutsche lokalisiert.

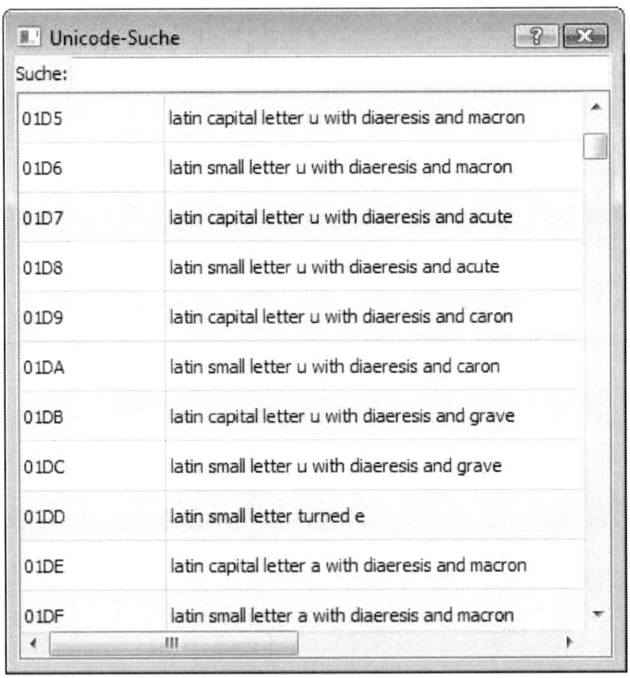

Die Unicode-Suche.

Bei der Suche können Sie sowohl Unicodes als auch Begriffe in das Suchfeld eingeben. In dem darunterliegenden Listenfeld werden nach Betätigen der Return-Taste die passenden Ergebnisse aufgeführt.

Sie können die Unicode-Suche nicht nur zur Recherche nach einem bestimmen Zeichen verwenden, sondern auch Symbole direkt aus der Suche bzw. dem Suchergebnis heraus in die Standardpalette übernehmen. Klicken Sie dazu doppelt auf einen Eintrag.

Mit den Symbolen 3 und 4 von links können Sie einen bestehende Kompaktpalette öffnen bzw. Ihre aktuelle Auswahl in einer solchen Palette speichern. Auch diese Funktion ist insbesondere für jene Anwender interessant, die Scribus auf mehreren Rechnern verwenden und auf diesen die identischen Zeichenpaletten nutzen wollen. Auch der Austausch von Kompaktpaletten ist auf diesem Weg einfach möglich. Um eine neue Palette anzulegen, klicken Sie auf das rechte Symbol.

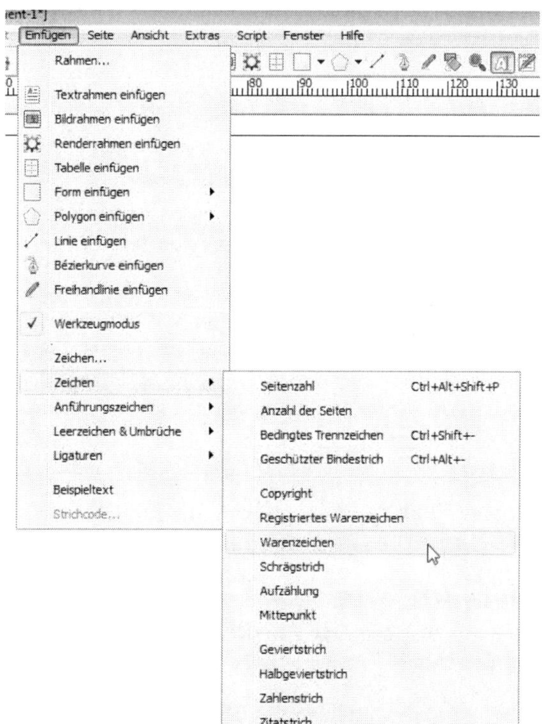

Der Zugriff auf die vorsortierten Sonderzeichen.

Um Ihnen das Einfügen von häufig verwendeten Symbolen und Zeichen zu vereinfachen, hält das *Einfügen*-Menü einige weitere nützliche Untermenü parat. Mit den Menübefehl *Einfügen> Zeichen* können Sie aus dem Pop-up-Menü gängige Zeichen in Ihren Textrahmen einfügen, beispielsweise Seitenzahlen, die Anzahl der Seiten, bedingtes Trennzeichen, Copyright- und Warenzeichen-Symbol, eine Aufzählung, zwei Geviertstrich-Varianten und den Zitat-Strich.

Das Untermenü *Anführungszeichen* stellt Ihnen über achtzehn verschiedene Anführungszeichen zur Auswahl, die Sie beispielsweise am Anfang und am Ende der direkten Rede, eines wörtlichen Zitats oder des zitierten Titels oder Namens eines Werkes verwenden können.

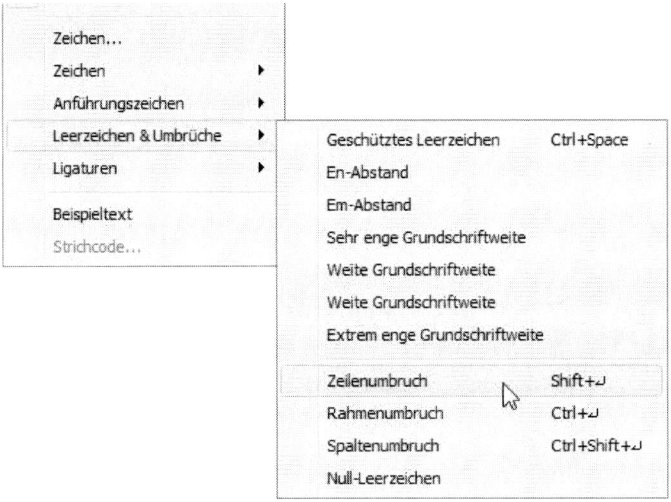

Scribus hat eine Fülle von Leerzeichen und Umbrüchen zu bieten.

Als Nächstes stellt Ihnen das *Einfügen*-Menü die verschiedene Leerzeichen und Umbruchvarianten zur Verfügung. Hier finden Sie auch den Zeilen-, den Rahmen- und den Spalten-Umbruch.

Auch die Ligaturen sind über Sonderzeichenpalette verfügbar. Bei einer Ligatur handelt es sich um die Verschmelzung zweier oder mehrerer Buchstaben zu einer optischen und formalen Einheit. Sie dienen häufig der Vermeidung optischer Lücken, die beim Lesen störend wirken könnten. Ligaturen finden vor allem im professionellen Satz Verwendung, werden aber aus zeitlichen Gründen besonders im Zeitungssatz weggelassen.

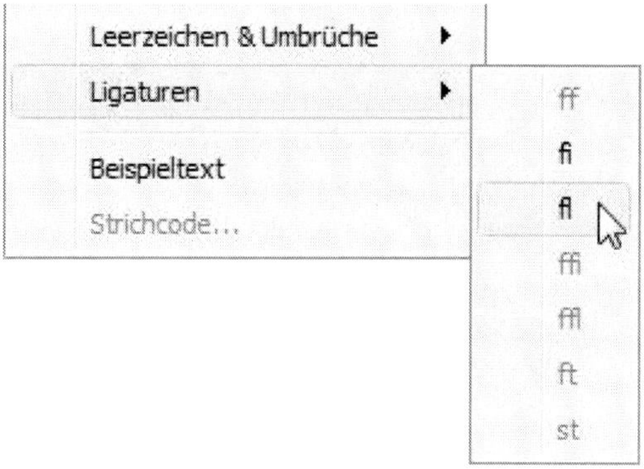

Das Einfügen einer Ligatur.

In deutschsprachigen Texten sind die Ligaturen ff, fi, fl, ft sowie deren Kombinationen (ffi, ffl etc.) geläufig. Beachten Sie auch hier, dass die Anzahl der Ligaturen bei verschiedenen Schriftarten unterschiedlich ist.

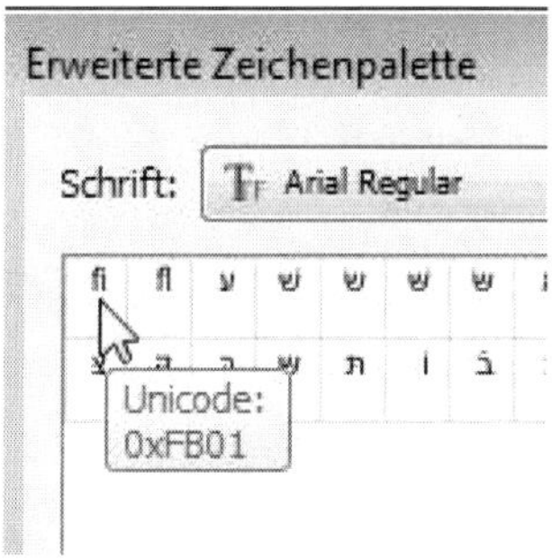

Die Anzeige des Unicodes.

Eine letzte Funktion der erweiterten Zeichenpalette sei noch erwähnt. Wenn Sie den Mauszeiger über einen Eintrag führen, zeigt Ihnen ein Pop-up-Fenster den zugehörigen Unicode an.

5.3.4 Abkürzungen

In Texten kommen immer wieder Abkürzungen zum Einsatz, die beispielsweise vor einen Personennamen zu finden sind, als Maßeinheit eine Zahl ergänzen oder eine andere ergänzende Funktion übernehmen.

Nehmen wir an, Sie wollten ihn Ihren Textrahmen den Namen eines Wissenschaftlers samt Doktortitel nennen. Ein Beispiel: Dr. Hans Meier. Nun könnte dessen Namen so „unglücklich“ in Ihrem Rahmen platziert sein, dass der akademische Titel von dem Vor- und Zunamen getrennt würde:

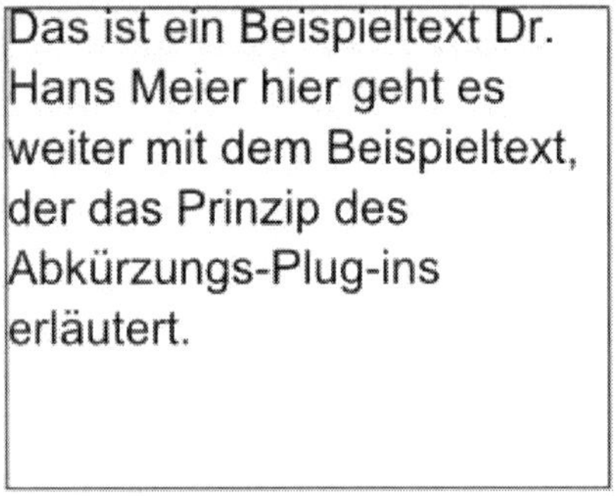

Ein „unschöner“ Zeilenumbruch.

Dank eines speziellen Plug-ins können Sie verhindern, dass Inhalte durch den Zeilenumbruch auseinander gerissen werden.

In den Programmeinstellungen sind wichtige Abkürzungen hinterlegt. Sie greifen mit dem Menübefehl *Datei> Allgemeine Einstellungen> Umbruchkontrolle* auf diese Voreinstellungen zu.

Die für die deutschen Abkürzungen sieht standardmäßig wie folgt aus:

```
#  German short words START here

## Titles and degrees

de=Dr. ,Prof. ,Hr. ,Hrn. ,Fr. ,Frl. ,Frhr. ,StR ,OStR ,AR
,OAR ,RA ,RAe , MDB, MdB, MDL, MdL, MEP, M.A., M. A.,

## physics and math
```

```
de= t, kg, g, mg, km, m, cm, mm, qm, ha, l, L, hl, HL, cl,
dl, min, Min., h, s, Hz, kHz, KHz, MHz, kW, m/s, km/h, MEZ,
Mrd., Mrd, Mio., Mio, Bio., PS, rm, U/min, v. H., v.H., %,

## Misc

de=d. h. ,d.h. , a. a. O., a.a.O.,ŕ ,§ ,§§ , EUR, USD, DM,
GBP, A. D. , A.D., a. D., a.D.,Abb. ,Best.-Nr. ,Nr. ,No. , d.
Ä., d.Ä., d. Gr., d.Gr., d. J., d.J., d. M., d.M., n. M.,
n.M., n. J., n.J., dgl., et al., e.a., e. a.,gegr. ,i. J. ,
i. R., Jh., o. ä., o.ä.,rd. , jun., sen., u. d. M., u.d.M.,
ü. d. M., ü.d.M., v. Chr., v.Chr., n. Chr., n.Chr., v. J.,
v.J., v. M., v.M., & ,

#  German short words - THE END
```

Wenn Sie nun in Ihrem Textrahmen verhindern wollen, dass es zu einem Zeilenumbruch wie in voranstehender Abbildung kommt, führen Sie den Menübefehl *Extras> Umbruchkontrolle für Abkürzungen* aus.

Die Ausführung der Umbruchkontrolle.

In dem zugehörigen Dialog bestimmen Sie zunächst, ob die Umbruchkontrolle nur für den aktuell markierten Textrahmen, die aktive Seite oder für alle Objekte durchgeführt werden soll.

Stellen Sie unter *Spracheinstellungen* sicher, dass Sie entweder die Sprache des Zeichenstils verwenden oder aber die Sprache explizit mit dem Auswahlmenü bestimmen.

Mit *OK* führen Sie die Umbruchkontrolle durch und Umbrüche, wie Sie oben beschrieben sind, sollten nicht mehr in Ihrem Dokument zu finden sein. In unserem Beispiel ist der Titel eine Zeile nach unten gerutscht und somit als Namenszusatz direkt zu erkennen.

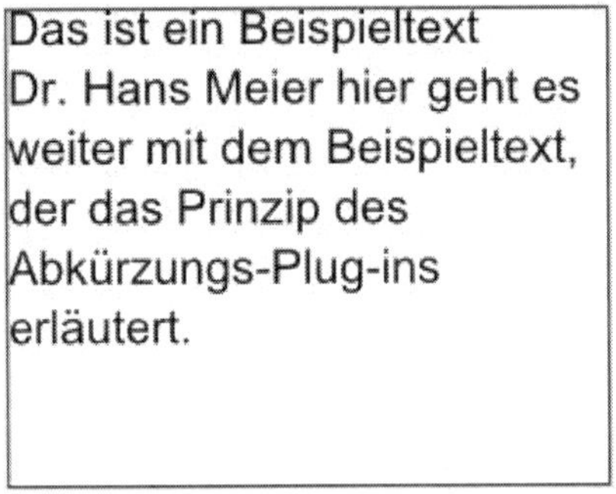

Die Umbruchkontrolle hat ganze Arbeit geleistet.

5.3.5 Schriftvorschau

Neben den Inhalten und möglichen grafischen Elementen leben Ihre Flyer, Broschüren oder sonstigen Druckerzeugnisse von den verwendeten Schriften. Sie sind ein essentielles Gestaltungsmittel, das Ihren Dokumenten im Idealfall das gewisse Extra verleiht.

Ihre Scribus-Installation greift in Sachen Schrift auf die vom Betriebssystem zur Verfügung stellten Schriften zurück. Sie können also in Ihren Scribus-Dokumenten immer auch nur die Schriften verwenden, die auf Ihrem Rechner installiert sind.

Je nach Systemkonfiguration können das einige Dutzend oder aber auch viele Hundert sein. Manche Programme installieren auf Ihrem Rechner weitere Schriften, die bei einer Standardkonfiguration nicht enthalten sind.

Damit es Ihnen nicht an Schriften fehlt, finden Sie auf der beiliegenden Buch-DVD Tausende frei verfügbarer Fonts, die Sie nach Herzenslust in Ihren Dokumenten verwenden können.

Damit Sie diese Schriften auch in Ihrem System nutzen können, müssen Sie diese installieren. Unter Windows ist das einfach: Markieren Sie die Schrift im Windows Explorer mit der rechten Maustaste und führen Sie den Befehl *Installieren* aus.

Ähnlich einfach ist das bei den meisten Linux-Systemen. Bei einer aktuellen Ubuntu-Distribution genügt es, die Schrift im Dateimanager zu markieren und den Befehl *Jetzt installieren* auszuführen.

Auch Mac OS X-Anwender haben es leicht: Ein Doppelklick auf die Schriftdatei im Finder öffnet das Programm Schriftsammlung, das die Schrift anzeigt. Dort klicken Sie auf *Installieren*. Fertig.

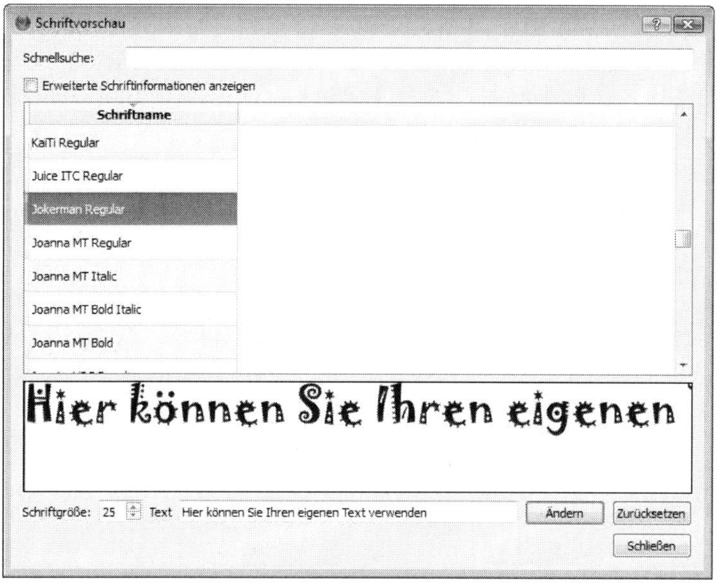

Die Schriftvorschau von Scribus.

Nun haben es Schriften, genauer deren Bezeichnungen, an sich, dass man ihnen nur selten entnehmen kann, wie Sie in der Praxis aussehen. Wenn Sie für Ihr Dokument eine besondere Schriftart suchen, die sich von der Masse der Standardartschriften absetzen soll, so müssen Sie sich auf die Suche nach der geeigneten Schrift machen.

Scribus hat auch hierfür die passende Funktion parat: die Schriftvorschau. Den zugehörigen Dialog öffnen Sie mit dem Menübefehl *Extras> Schriftvorschau*.

Die Schriftvorschau stellt Ihnen im oberen Dialogbereich eine Suchfunktion zur Verfügung, mit der Sie die verfügbaren Schriften nach beliebigen Suchbegriffen durchforsten können.

In der Standardkonfiguration zeigt die Schriftvorschau nur die Schriftnamen an. Durch Aktivieren des Kontrollkästchens *Erweiterte Schriftinformationen anzeigen* können Sie das ändern und zusätzlich folgende Informationen in Tabellenform einblenden:

- **Schrift benutzen**: Hier können Sie festlegen, ob die Schrift für Scribus verfügbar sein soll oder nicht.
- **Familie**: In dieser Spalte wird die Schriftfamilie aufgeführt, der eine Schrift angehört.
- **Stil**: Hier erfahren Sie, welchen Schriftstil eine Schrift verwendet, ob Sie z. B. gefettet oder kursiv ist.
- **Variante**: Diese Spalte verrät Ihnen, ob es sich um eine spezielle Schriftvariante handelt.
- **Type**: Zeigt den Schrifttyp an. Es kann sich beispielsweise um einem Type 1, TrueType oder OpenType handeln.

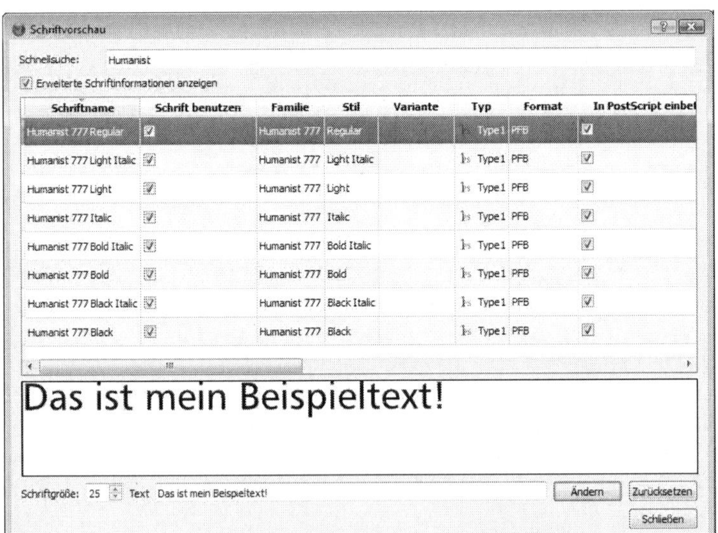

Die erweiterten Schriftinformationen werden angezeigt.

- **Format**: In dieser Spalte wird das Schriftformat angezeigt. Das kann beispielsweise SFNT lauten.
- **In PostScript einbetten**: Soll die Schrift in den PostScript-Export eingebettet werden, ist das Kontrollkästchen in dieser Spalte aktiviert.
- **Unterteilen**: Sinn und Zweck dieser Spalte ist mir leider nicht bekannt.
- **Zugriff**: In dieser Spalte erfahren Sie, ob die Schrift systemweit oder nur für den aktuellen Benutzer verfügbar ist.
- **Im Dokument verwendet**: Zeigt an, ob die Schrift im Dokument verwendet wird oder nicht. Ist das der Fall, steht hier ein Ja. Falls nicht, ist die Zelle leer.
- **Pfad zur Schriftdatei**: In dieser Spalte wird der vollständige Pfad zur Schriftdatei angezeigt. Der lautet dann beispielsweise wie folgt:

  ```
  C: \Windows\Fonts\arial.ttf
  ```

Unterhalb der tabellarischen Schriftinformationen finden Sie eine Vorschau, in der ein vordefinierter Text in der ausgewählten Schrift einen ersten Eindruck der Schrift vermittelt. Sie können mit Schriftgröße die Größe anpassen. Sollte Ihnen der vorgegebene Beispielsatz nicht zusagen, geben Sie in dem Eingabefeld *Text* einfach eine Alternative an und klicken Sie dann auf die Schaltfläche *Ändern*.

5.3.6 Text über Textfilter formatieren

Wir haben im Verlauf dieses Buchs verschiedene Möglichkeiten für die Textformatierung kennengelernt. Scribus bietet eine weitere Möglichkeit: Sie können vorbereitete Texte mithilfe eines Textfilters formatieren.

Da in Scribus die unterschiedlichsten Ausgangsdokumente, genauer deren Inhalte verwendet werden, ist es besonders hilfreich, wenn man den Import mit speziellen Filtern automatisieren kann.

Das Grundprinzip dabei: Sie führen im zu importierenden Text speziellen Markierungen, sogenannte Tags ein (wie Sie sie von HTML-Dokumenten kennen), die dann entsprechend von Scribus verarbeitet werden.

Wenn Sie dann auch noch in Ihren Dokumenten ein identisches Layout verwenden wollen, ist es ratsam, eine Vorlage anzulegen, die bestimmte Vorgaben z. B. die Formatierung von Absätzen, Überschriften etc. macht.

Wir legen hier eine Vorlage mit drei Vorgaben an: Ü1, A1 und A2. Bei Ü1 handelt es sich um die Überschrift erster Ebene, bei A1 und A2 um zwei unterschiedliche Absatzformate. Das Dokument mit diesen Voreinstellungen speichern Sie über das *Datei*-Menü als Vorlage.

Als Nächstes machen wir uns an die Bearbeitung des Textes, den Sie mit dem Filter verarbeiten wollen. Dazu müssen Sie in den Text verschiedene Tags einfügen und kennzeichnen, um welche Elemente es sich dabei handeln soll.

Im unserem Beispiel sehen die Tags wie folgt auf:

\Ü1 – Absatzstil, der die erste Überschrift formatiert

\A1 – Absatzstil, der den ersten Absatz des Fließtextes formatiert

\A2 – Absatzstil, der alle weiteren Absätze des Fließtextes formatiert

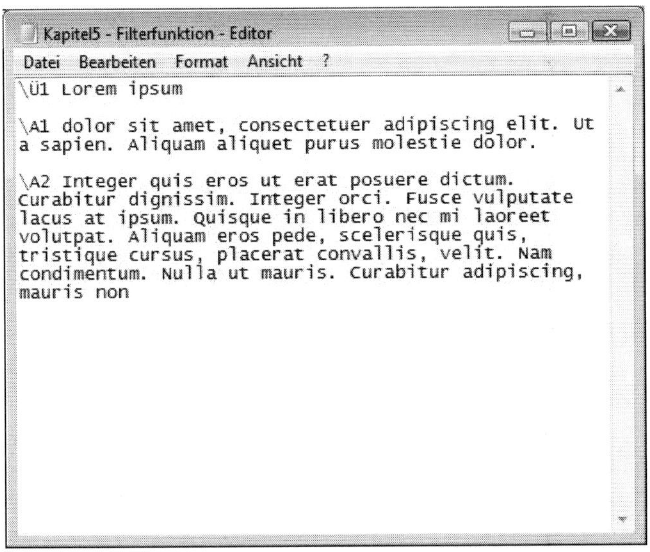

Die Tags im Ausgangsdokument.

Diese Tags müssen nun im Ausgangsdokument an den Stellen platziert werden, denen Sie die definierten Absatzstile zuweisen wollen.

Dazu kopieren Sie den Ausgangstext in einen Editor Ihrer Wahl, fügen die Tags ein und speichern diesen.

Als Nächstes erzeugen Sie in Scribus einen Textrahmen und importieren den Text mit dem Menübefehl *Datei> Importieren> Text laden* oder dem Befehl des Kontextmenüs *Text laden*. Wählen Sie im Fenster *Öffnen* im Listenfeld *Importer* die Option *Textfilter* aus. Bestätigen Sie Wahl mit *OK*.

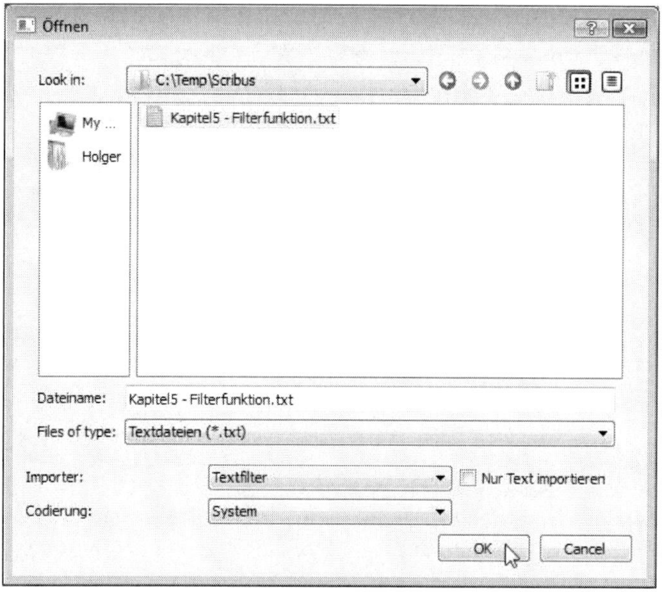

Die Auswahl des Textfilters.

Der nächste Schritt dient dem Erstellen eines Textfilters. Dabei meldet sich der gleichnamige Dialog, in dem Sie für unsere drei Absatzformate drei Filterkonfigurationen anlegen.

Dazu wählen Sie im ersten Auswahlmenü den Eintrag *Anwender*, im zweiten die Option *Absatzstil* und dann den angelegten Absatzstil Ü1 aus.

Mit der zweiten Zeile der ersten Filterbedingung bestimmen Sie die durchzuführende Aktion. Da unsere Überschrift mit \U1 markiert ist, wählen Sie im ersten Auswahlmenü *Absätze beginnen mit* und geben in das zweite Eingabefeld *\U1* ein.

Entsprechend verwahren Sie mit den Absatz-Tag A1 und 2. Um weitere Bedingungen anzulegen, klicken Sie auf das Pluszeichen am Ende einer Zeile.

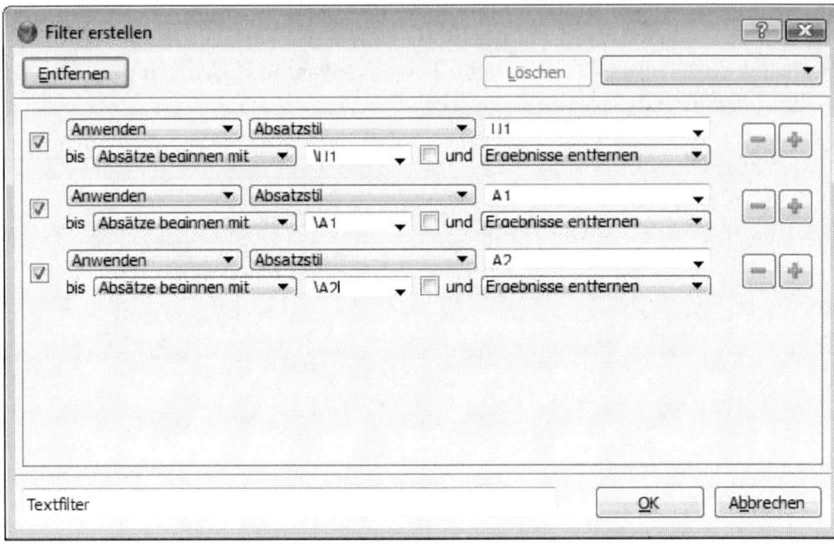

Das Anlegen des Textfilters.

Weisen Sie dem Filter schließlich in dem unteren Eingabefeld eine Bezeichnung zu. Um den Filter auszuführen, betätigen Sie die *OK*-Taste. Der Text wird beim Importieren formatiert. Nachstehende Abbildung zeigt das Ergebnis der Formatierung des geladenen Textes.

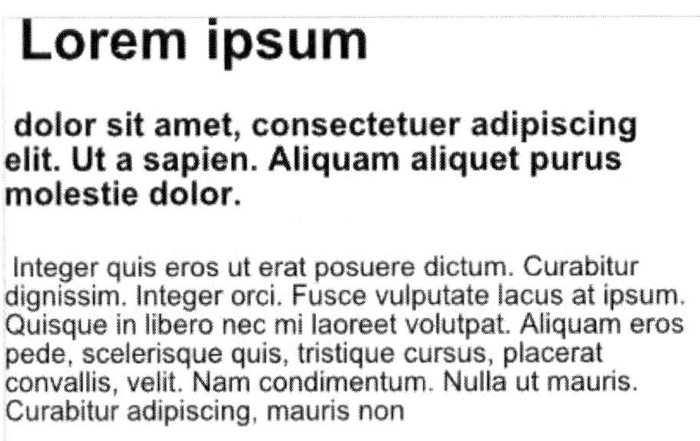

Das Ergebnis der Formatierung während des Imports.

Beachten Sie, dass das Leerzeichen zu Beginn jedes Absatzes daher rührt, dass wir bei der Einführung der Tags in dem Ausgangsdokument zwischen den Tags und dem eigentlichen Inhalt immer ein Leerzeichen eingefügt haben. Dieses Leerzeichen steht im Ausgangstext, um die Lesbarkeit des Tags zu verbessern.

In der Praxis sollten Sie auf das Leerzeichen verzichten – außer, Sie verwenden es gezielt, um den Einsatz einzurücken.

6 Zeichnen wie die Profis

Neben den Textinhalten sind die verschiedenen Formen, die Ihnen Scribus zur Verfügung stellt, die wichtigsten Gestaltungsmittel. Sie können Ihre Dokumente mit Rechtecken, Kreisen, Dreiecken, Pfeilen, aber auch mit Polygonen, Puzzle-Teilen, Linien, Freihandlinien und Bézierkurven aufwerten. In diesem Kapitel lernen Sie die vielfältigen Funktionen kennen. Wir widmen uns außerdem verschiedenen Bearbeitungs- und Rotationsfunktionen.

In diesem Kapitel kommen wir auch auf die Verwendung von Bildern und deren Bearbeitungsmöglichkeiten zu sprechen. Anhand verschiedener Beispiele werde ich Ihnen zeigen, wie Sie diese Funktion sinnvoll und kreativ kombinieren können, um eine optimale Wirkung Ihrer Inhalte zu erzielen.

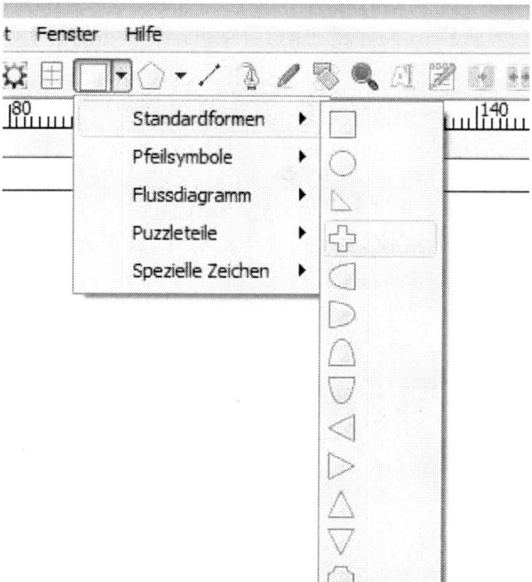

Die Werkzeugleiste stellt Ihnen eine Fülle von Formen zur Auswahl.

6.1 Mit Formen und Polygonen hantieren

Bei den Formen und Polygonen handelt es sich um zwei wichtige Gestaltungsmittel, die Sie in Scribus verwenden können. Es handelt sich dabei um Vektorgrafiken, die Sie nach dem Anlegen mit verschiedenen Funktionen editieren können. Das funktioniert übrigens auch mit SVG-Objekten, die Sie in Scribus importiert haben.

Um eine Form in Ihren Montagebereich einzufügen, klicken Sie am einfachsten in der Werkzeuge-Symbolleiste auf das Symbol *Form einfügen* und wählen aus den verschiedenen Formkategorien die passende aus. Alternativ verwenden Sie den Menübefehl *Einfügen> Form einfügen*.

Ihnen stehen folgende Formkategorien zur Verfügung:

- Standardformen
- Pfeilsymbole
- Flussdiagramm
- Puzzle-Teile
- Spezielle Zeichen

Zu den Standardformen gehören beispielsweise Rechtecke, Kreise und Dreiecke, aber Scribus hat mit der Kategorie *Spezielle Zeichen* auch das Herz oder einen Smiley zu bieten. Und wenn Sie nicht das passende Objekt finden, stehen Ihnen auf der beiliegenden Buch-CD jede Menge alternative Formen zur Verfügung, die Sie in Ihren Dokumenten verwenden können.

Nach der Auswahl der gewünschten Form ziehen Sie diese mit gedrückter linker Maustaste auf dem Montagebereich auf die gewünschte Größe.

Mithilfe des *Eigenschaften*-Dialogs können Sie sich dann an die Bearbeitung einiger Grundeigenschaften machen. Sie können beispielsweise die Liniendicke anpassen, die Füllfarbe sowie die Größe und Position ändern. Wie wir später noch sehen werden, können Sie Formen auch auflösen und dann anderweitig bearbeiten.

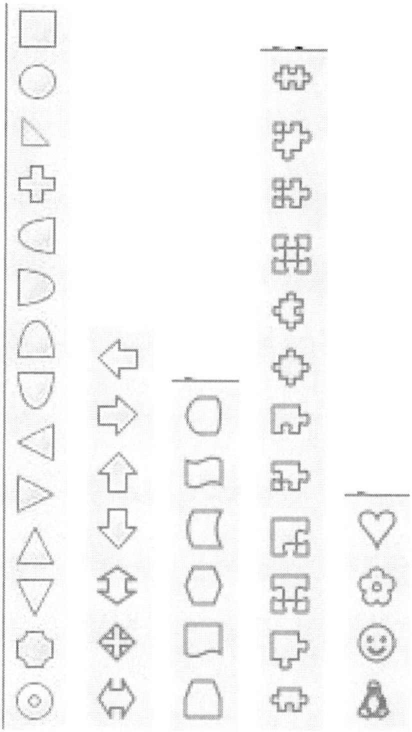

Die verschiedenen Formen.

Neben den verschiedenen Formen können Sie auch Polygone in Ihren Dokumenten verwenden. Dabei handelt es sich um Vielecke, die man erhält, wenn man mindestens drei voneinander verschiedene Punkte in einer Zeichenebene durch Strecken miteinander verbindet und durch den entstandenen Linienzug eine zusammenhängende Fläche umschlossen wird.

Meist bezeichnet man auch die so entstandene Fläche als Polygon. Entsprechend dieser Definition gehören also auch Dreiecke, Vierecke und Sechsecke zur Familie der Polygone.

Ein klein wenig unterscheidet sich die Vorgehensweise beim Anlegen von Polygonen von der beim Anlegen der oben beschriebenen Formen. Hier aktivieren Sie zunächst das Einfügen eines Polygonzugs, ziehen den Rahmen und bestimmen dann im zweiten Schritt mit der Ausführung des Befehls *Polygon> Eigenschaften* die Gestalt der Form.

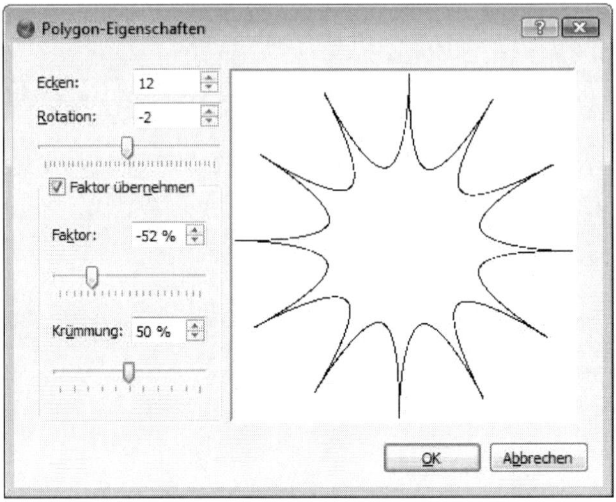

Die Konfiguration eines Polygons.

In dem *Eigenschaften*-Dialog können Sie folgende Anpassungen vornehmen:

- **Ecken**: Mit diesem Eingabefeld bestimmen Sie die Anzahl der Ecken des Polygons.
- **Drehung**: Legen Sie hier fest, um wie viel Grad das Polygon rotiert werden soll.
- **Faktor übernehmen**: Wenn Sie die Option *Faktor übernehmen* aktivieren, können Sie mit der Konfiguration Faktor festlegen, wie konvex bzw. konkav das Polygon gezeichnet wird. Ein negativer Wert steht für ein konkaves, also sternförmiges Objekt, ein positiver Wert generiert ein konvexes Objekt. Sie können die Anpassungen über das Feld, mithilfe der Pfeiltasten oder über den Schieberegler anpassen.
- **Krümmung**: Mit dieser Einstellung passen Sie die Krümmung der nach innen zeigenden Ecken an. Sie können damit Ecken in Rundungen verwandeln.

Das Interessante an den Formen und Polygonen: Sie können diese als Bézierkurven bearbeiten. Dazu klicken Sie doppelt auf die Form bzw. das Polygon. Damit öffnet sich der Dialog *Pfade* mit seinen Bearbeitungsfunktionen.

Interessante Anwendungsbereiche eröffnen sich, wenn Sie mit mehreren Polygonen arbeiten, die Sie beispielsweise über den *Befehl Objekt> Mehrfach duplizieren.* Sie können diese markieren und mit dem Befehl *Objekt> Polygone kombinieren* zusammenfassen. Sie können zusammengefasste Polygone auch wieder auftrennen, indem Sie dem Menübefehl *Objekt> Polygone teilen* ausführen.

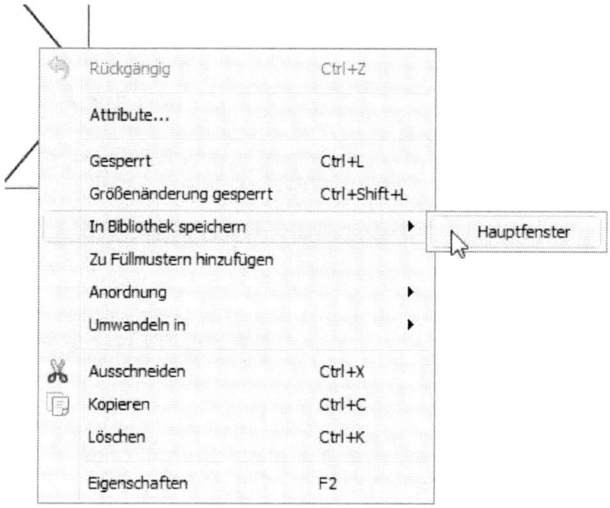

Das Kontextmenü für Formen und Polygone.

Bei der Bearbeitung der eingefügten Formen und Polygone ist Ihnen das Kontextmenü der rechten Maustaste eine große Hilfe. Sie können damit nicht nur Schritte rückgängigmachen oder wiederherstellen, sondern auch das Objekt sperren, weitere Größenänderungen verhindern, das Element in der Bibliothek speichern und seine Eigenschaften bearbeiten.

Für die Bearbeitung der Formen stehen Ihnen die sogenannten Pfad-Funktionen zur Verfügung. Auf diese kommen wird im Abschnitt 6.4 noch zu sprechen.

6.2 Linien und Pfeile

Neben den verschiedenen Formen können Sie in Ihren Dokumenten verschiedene Linien und Pfeile verwenden. Das Erstellen einer Linie ist einfach: Klicken Sie in der Werkzeug-Symbolleiste auf die Schaltfläche *Linie einfügen* und ziehen Sie die Linie mit gedrückter Maustaste.

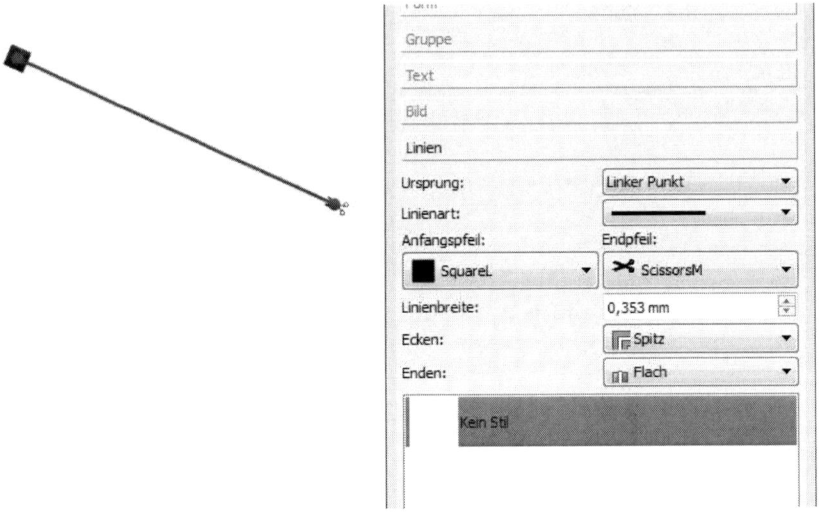

Eine Linie ist angelegt und kann nun mit dem Eigenschaften-Dialog konfiguriert werden.

Für die Bearbeitung der Linien stellt Ihnen der *Eigenschaften*-Dialog mit der Kategorie Linien alle wichtigen Bearbeitungsfunktionen zur Verfügung, mit denen Sie die Enden, die Breite etc. anpassen können. Diese Funktionen sind bereits in Kapitel 4.3.6 beschrieben. Auch die Verwendung von Stilen ist im Zusammenhang mit Linie interessant. Hierfür sei auf Kapitel 5.1 verwiesen.

6.3 Bézierkurve und Freihandlinie

Ein weiteres Highlight der Scribus-Werkzeugleiste ist die Funktion *Bézierkurve einfügen*. Bei einer solchen Kurve handelt es sich um eine parametrisch modellierte Kurve. Die ist ein wichtiges Werkzeug für Vektorgrafiken.

Gerade im Bereich Computergrafik sind Bézierkurven wegen ihrer geometrischen Eleganz und mathematischen Leichtigkeit sehr beliebt. Statt aus vielen bunten Pixeln besteht die Bézierkurven aus einer relativ einfachen Formel.

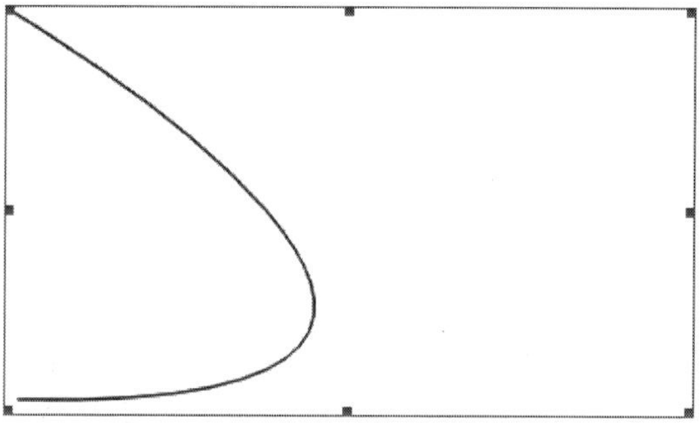

Eine einfache Bézierkurve.

Um eine Bézierkurve in das Dokument einzufügen, klicken Sie in der Werkzeug-Symbolleiste auf das Symbol *Bézierkurve einfügen* oder führen im *Einfügen*-Menü den entsprechenden Befehl aus.

Der Mauszeiger verändert sich in ein Kreuz und Sie bestimmen mit dem ersten Klick auf den Montagebereich den Ausgangspunkt der Kurve, die in diesem Stadium allerdings noch eine Linie ist.

Mit dem zweiten Klick bestimmen Sie den Endpunkt der ersten Gerade und gleichzeitig den Startpunkt für die zweite Linie, mit einem dritten Klick beenden Sie die zweite Linie und legen den Ausgangspunkt der folgenden Linie fest.

Mit jedem weiteren Klick fügen Sie eine weitere Linie der Bézierkurve hinzu. Um das Hinzufügen zu beenden, klicken Sie entweder die rechte Maustaste oder drücken Sie die *ESC*-Taste Ihrer Tastatur.

Wenn Sie während des Anlegens der Bézierkurve die Strg-Taste gedrückt haben, können Sie statt der Linie auch einen Bogen anlegen. Am besten spielen Sie ein wenig mit der Maus und der Strg-Taste, um ein Gefühl für das Anlegen von Formen zu bekommen. Beschreiben kann man die vielen Möglichkeiten nur schwer.

Wenn Sie die Arbeit an der Linie beendet haben, können Sie verschiedene Aktionen darauf anwenden. Sie können beispielsweise die Linienstärke und die Füllfarbe anpassen. Sie werden staunen, welch erstaunliche Effekte und Darstellungen sich damit realisieren lassen.

Mit Bézierkurven lassen sich auch „künstlerische“ Objekte anlegen.

Für das Bearbeiten der Bézierkurve greifen Sie zu den Pfadwerkzeugen, auf die wir im nächsten Abschnitt noch zu sprechen kommen. Diese öffnen Sie, indem Sie doppelt in die Kurve klicken.

Wenn Sie lieber mit der Maustaste oder einem entsprechenden Eingabestift eine Linie von Hand ziehen wollen, greifen Sie zur Funktion *Freihandlinie einfügen*. Mit gedrückter linker Maustaste zeichnen oder schreiben Sie den gewünschten Schriftzug. Auf die gezeichnete Linie können Sie wieder die bereits bekannten Bearbeitungsfunktionen und Eigenschaften anwenden.

Auf die Freihandlinie können Sie die Pfadwerkzeuge anwenden, mit denen Sie die Gestalt der Form anpassen können. Sie können beispielsweise Bearbeitungspunkte verschieben, löschen und vieles mehr.

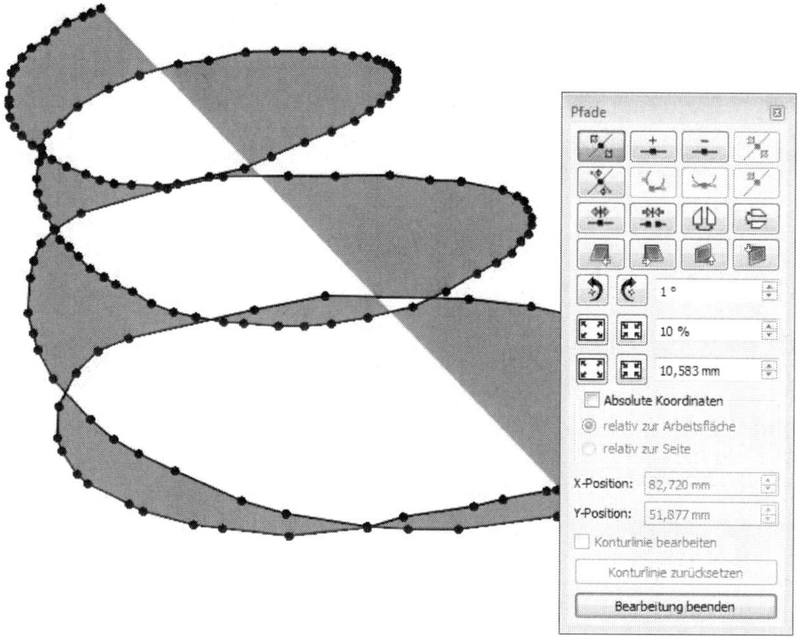

Eine Freihandlinie kann mit den Pfadfunktionen bearbeitet werden.

6.4 Pfadwerkzeuge

Wenn Sie Form doppelt mit der linken Maustaste anklicken, wechseln Sie in den Bearbeitungsmodus, in dem Sie mithilfe der sogenannten Pfadwerkzeuge eine Vielzahl von Aktionen vornehmen können. Nachstehende Tabelle fasst die Symbole der Pfadwerkzeuge und deren Bedeutung zusammen:

Symbol	Beschreibung
	Punkte verschieben. Ein Klick aktiviert die beiden rechtsgelegenen Unterfunktionen *Punkte hinzufügen* und *Punkte entfernen*, mit denen Sie weitere Punkte hinzufügen bzw. entfernen können.
	Punkte hinzufügen. Diese Funktion erlaubt das Hinzufügen von Punkten auf dem Pfad, mit denen Sie das Objekt weiter bearbeiten können.

Symbol	Beschreibung
	Punkte entfernen. Diese Funktion erlaubt das Entfernen von Punkten eines Pfads, die Sie für die weitere Bearbeitung des Objekts nicht mehr benötigen.
	Kontrollpunkte zurücksetzen. Wenn Sie verschobene Kontrollpunkte zurücksetzen wollen, klicken Sie auf dieses Icon.
	Kontrollpunkte verschieben. Ein Klick auf dieses Icon aktiviert die Unterfunktionen *Kontrollpunkte unabhängig verschieben* und *Kontrollpunkte symmetrisch verschieben*.
	Kontrollpunkte unabhängig verschieben. Diese Funktion erlaubt das unabhängige Verschieben der verschiedenen Kontrollpunkte.
	Kontrollpunkte symmetrisch verschieben. Diese Funktion verschiebt die Kontrollpunkte symmetrisch.
	Diesen Kontrollpunkt zurücksetzen. Diese Funktion setzt den aktiven Kontrollpunkt, der gerade bearbeitet und rot markiert ist, zurück.
	Bézierkurve oder Polygon öffnen. Ein Klick auf diese Schaltfläche öffnet das Objekt und Sie können einen Teil ausklappen.
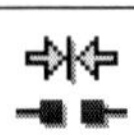	Bézierkurven schließen. Dieser Befehl schließt die Kurve, nachdem Sie diese geöffnet und Änderungen daran vorgenommen haben.
	Pfad vertikal spiegeln. Ein Klick auf dieses Icon führt eine vertikale Spiegelung des Objekts, genauer der Pfade, um die Mittelachse durch.
	Pfad horizontal spiegeln. Dieser Befehl führt eine horizontale Spiegelung der Pfade um die Mittelachse durch.
	Pfad horizontal nach links verschieben. Mit diesem Befehl verschieben Sie den Pfad nach links. Dabei ergeben sich interessante Zerreffekte.
	Pfad horizontal nach rechts verschieben. Mit diesem Befehl entsprechend in die entgegengesetzte Richtung. Auch hier können Sie interessante Zerreffekte erzielen, indem Sie den Befehl vielfach ausführen.

Symbol	Beschreibung
	Pfad nach oben scheren. Ein Klick führt eine Scherung nach oben durch. Es ergeben sich interessante Dreh- und Zerreffekte.
	Pfad nach unten scheren. Hier erfolgt eine Scherung nach unten. Auch hier ergeben sich interessante Dreh- und Zerreffekte.
	Pfad gegen den Uhrzeigersinn drehen. Führt Sie eine Drehung gegen Uhrzeigersinn durch. Sie können das Objekt bequem in kleinen Schritten rotieren.
	Pfad im Uhrzeigersinn drehen. Mit diesem Befehl führen Sie eine Drehung im Uhrzeigersinn durch. Auch hier können Sie mit kleinen Schritten die Wirkung unmittelbar auf dem Montagebereich verfolgen.
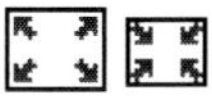	Pfad vergrößern/verkleinern um x %. Mit dieser Einstellung vergrößern bzw. verkleinern Sie den Pfad um den angezeigten Wert, der rechts daneben bestimmt wird.
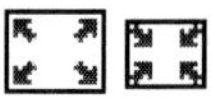	Größe des Pfads um den angezeigten Wert vergrößern/verringern. Mit den beiden letzten Icons können Sie die Pfadgröße in Punkten vergrößern bzw. verkleinern.

Unterhalb der Icons finden Sie verschiedene weitere Bearbeitungsfunktionen, mit denen Sie zusätzlichen Anpassungen an den Objekten vornehmen können:

- **Absolute Koordinaten**: Wenn Sie diese Option aktivieren, werden die beiden darunterliegenden Schalter aktiviert, mit denen Sie die Koordinaten relativ zur Arbeitsfläche oder zur Seite bestimmen können.
- **X-/Y-Position**: Geben Sie hier die Koordinaten des Objekts entsprechend der voranstehenden Einstellung (relativ zur Arbeitsfläche/Seite) an.
- **Konturlinie bearbeiten**: Mit dieser Option wechseln Sie in den Konturmodus, mit dem Sie die Konturlinie bearbeiten können.
- **Konturlinie zurücksetzen**: Diese Schaltfläche ist nur im Konturmodus aktiviert und erlaubt das Zurücksetzen der Kontur auf die ursprüngliche Form.

- **Bearbeitung beenden**: Wenn Sie die Bearbeitung der Pfade abgeschlossen haben, schließen Sie die den Pfad-Dialog mit einem Klick auf diese Schaltfläche.

In der Praxis gibt es eine Vielzahl von interessanten Dingen, die Sie mit Bézierkurven anfangen können. Sie können diese beispielsweise dazu nutzen, um Text am Pfad auszurichten.

Es lohnt sich auf jeden Fall, ein wenig mit dieser Funktion zu spielen und Erfahrungen zu sammeln,

Einfach und wirkungsvoll: die semi-transparente Textfüllung.

6.5 Farben

In Kapitel 4.3.7 haben Sie die Farbfunktionen des *Eigenschaften*-Dialogs kennengelernt, mit denen Sie insbesondere die Umrissfarbe und die Füllung von Objekten bestimmen können. Sie können diese Eigenschaften auf Standardobjekte, aber auch auf Linien, Freihandlinien und Bézierkurve anwenden.

Im *Eigenschaften*-Dialog werden Sie sich allerdings womöglich gewundert haben, warum dort gerade einmal ein Duzend Farbkonfigurationen vorhanden sind.

Mit Farben lässt sich eine Vielzahl von interessanten Effekten realisieren. Bereits mit den vordefinierten Farben und den Einstellungen des *Eigenschaften*-Dialogs können Sie wirkungsvolle Darstellungen erzielen. Ein Beispiel hierfür zeigt voranstehende Abbildung. Hier kommt die sogenannte semi-transparente Füllung zum Einsatz. Alles, was Sie machen müssen, ist die Deckkraft der verschiedenen Farben herunterzufahren. Im vorliegenden Beispiel wird mit der Deckkraft von 30 Prozent die Transparenzwirkung erzielt.

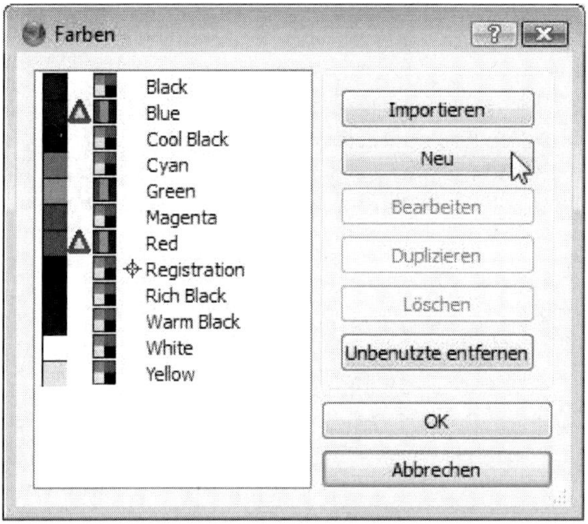

Die Farbverwaltung.

Sollten Ihnen die vordefinierten Farben (es handelt sich um den Basisfarbsatz von Scribus) nicht genügen – und dieser Zeitpunkt kommt schneller als Sie vermuten –, so werden Sie eigenen Farben anlegen oder bestehende Farbdefinitionen an Ihre Vorstellungen anpassen wollen.

Dazu öffnen Sie die Scribus-Farbverwaltung mit dem Befehl *Bearbeiten> Farben*. Beachten Sie, dass Scribus für jedes Dokument eine eigene Farbpalette anlegt und diese für jedes Dokument getrennt angepasst werden kann.

Wenn Sie die Farbkonfiguration aus einem bestehenden Dokument übernehmen wollen, führen Sie in der Farben-Verwaltung den Befehl *Importieren* aus. Im Dialog Farben importieren wählen Sie einfach das Dokument aus, aus dem Sie die Farbkonfiguration übernehmen wollen.

Um eine eigene Farbkonfiguration anzulegen, klicken auf die Schaltfläche *Neu*. Es öffnet sich der Dialog *Farben bearbeiten*, in dem Sie der neuen Farbe zunächst im

Eingabefeld Name eine Bezeichnung zuweisen. Bestimmen Sie dann im Auswahlmenü Farbmodell das zu verwendende Modell. Sie haben die Wahl zwischen folgenden Optionen:

- CMYK
- RGB
- Webfarben

Unterhalb steht Ihnen eine Vorschau zur Verfügung, die Ihnen einen ersten Eindruck davon vermittelt, wie Ihre Farbe aussieht. Rechts stehen über zwei Duzend vordefinierten Farblisten bereit, aus denen Sie die passende auswählen können. Über die Schieberegler unterhalb der Farbliste können Sie den Farbmix einsehen bzw. bearbeiten.

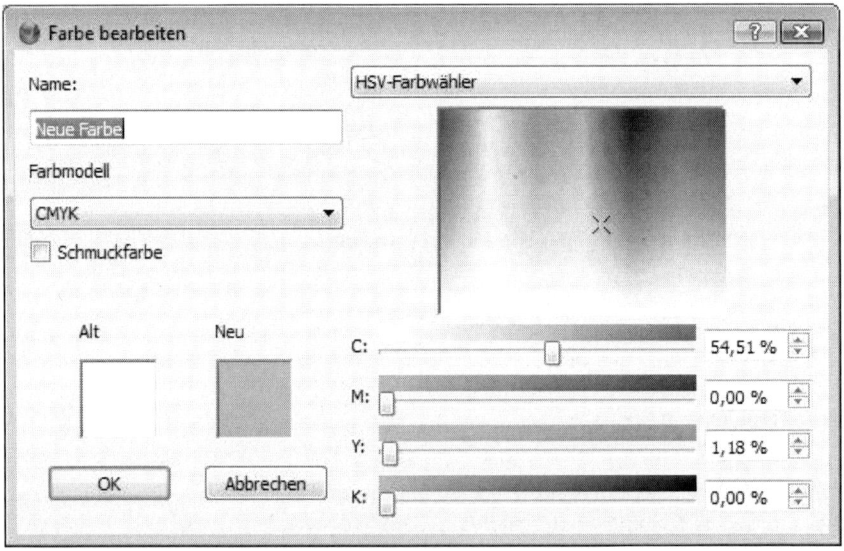

Das Bearbeiten einer bestehenden bzw. das Anlegen einer neuen Farbe.

Um eine bestehende Farbe in einem Dokument anzupassen, klicken Sie in der Farbverwaltung auf die Schaltfläche *Bearbeiten*.

Wollen Sie einen ähnlichen Farbtyp erzeugen, verwenden Sie die *Duplizieren*-Schaltfläche. Nicht mehr benötigte Farbkonfigurationen können Sie einfach mit einem Klick auf *Löschen* bzw. mit *Unbenutzte entfernen* löschen.

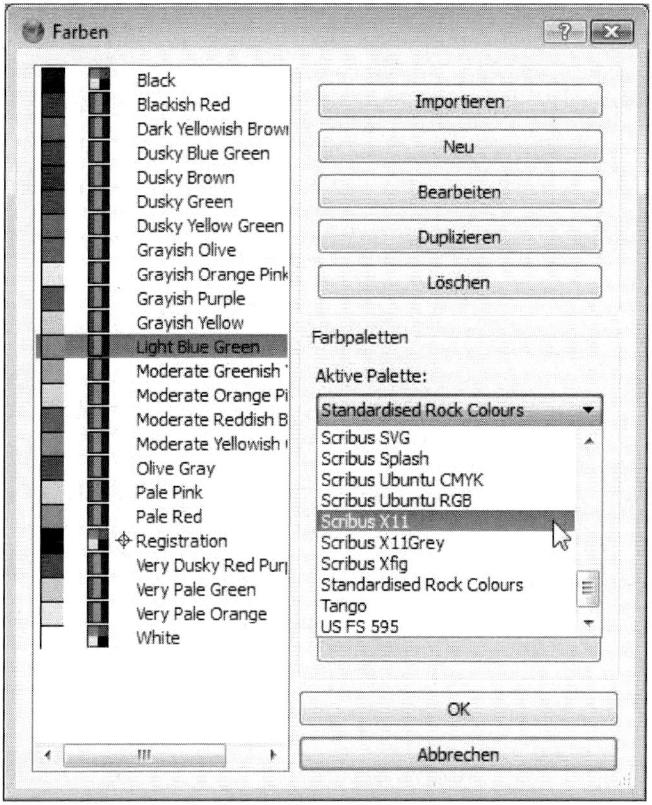

Die Auswahl der Farbpalette.

Wenn Sie kein Dokument geöffnet haben, steht Ihnen die erweiterte Farbkonfiguration über den Menübefehl *Bearbeiten> Farbe* zur Verfügung. Hier können Sie die Standardpalette bestimmen. Dazu wählen Sie einfach aus dem Auswahlmenü *Aktive Palette* das gewünschte Farbpaket aus. Links werden die zugehörigen Farben angezeigt.

6.6 Rahmen umwandeln

Inzwischen kennen Sie eine Fülle von Bearbeitungsfunktionen für Ihre Objekte, Formen, Kurven und Linien. Sie wissen, dass die verschiedenen Objekte auch unterschiedliche Bearbeitungsfunktionen zur Verfügung stellen. Manches Mal werden Sie womöglich die eine oder andere Bearbeitungsfunktion vermissen, die bei anderen Objekttypen verfügbar ist. Die Lösung hier: Wandeln Sie einfach ein Objekt in einen anderen Typ um. Dazu verwenden Sie das Kontextmenü der rechten Maustaste und führen eine Objektkonvertierung durch. Sie können beispielsweise einen Bild- in einen Textrahmen umwandeln – und umgekehrt.

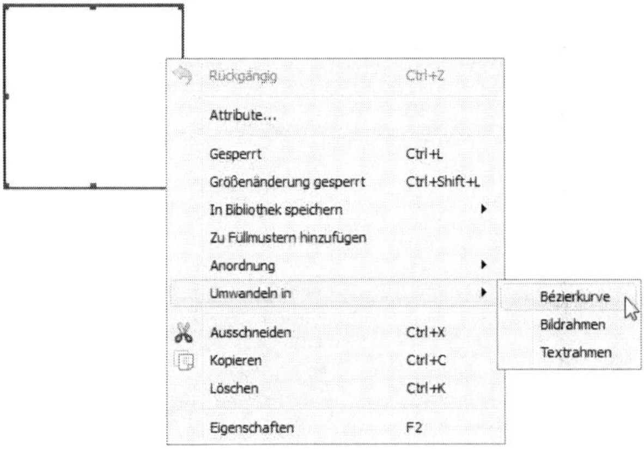

Das Umwandeln einer Form in eine Bézierkurve.

Nachfolgende Tabelle fasst die verschiedenen Umwandlungsmöglichkeiten zusammen:

	Bildrahmen	Textrahmen	Form	Polygon	Bézierk.	Umriss
Bildrahmen	-	X	-	X	-	-
Textrahmen	X	-	-	X	-	X
Form	X	X	-	-	X	-
Polygon	X	X	-	-	X	-
Bézierkurve	-	-	-	-	-	-
Umriss	X	X	-	-	-	-

Beachten Sie, dass es einen Sonderfall gibt: Bei der Umwandlung eines Textrahmens in einen Umriss wird jedes Textzeichen des Textrahmens in einen Umriss konvertiert, die einzelnen Umrisse werden dabei gruppiert.

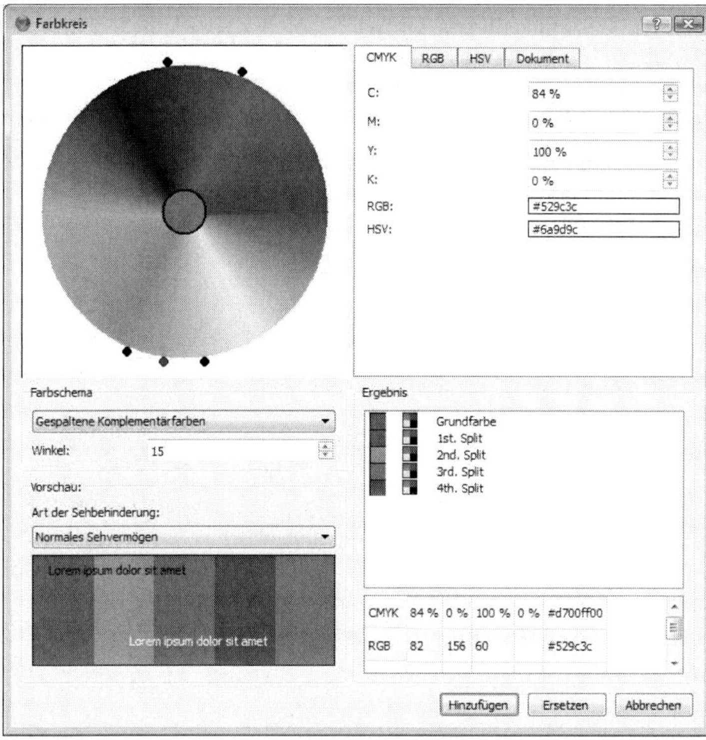

Der Farbkreis.

Mit dem sogenannten Farbkreis, den Sie mit dem Menübefehl *Extras> Farbkreis* öffnen können, steht Ihnen eine weitere Funktion zur Verfügung, mit der Sie Farben erzeugen oder bestehende Farben bearbeiten können.

Sie können die vordefinierten Farben bearbeiten, indem Sie rechts oben die Werte anpassen oder mit dem Mauszeiger die Farbmischung des Kreises verändern.

Das Auswahlmenü *Farbschema* stellt Ihnen verschiedene Schemata zur Verfügung, die Farben enthalten, die als zusammenpassend und harmonisch wahrgenommen werden. Die Farbschemata bestimmen den farblichen Grundton eines

Dokuments, d.h., die zuerst wahrgenommenen und sich durch das Projekt ziehenden Farben.

- **Monochromes Farbschema**: Hier wird überwiegend nur eine Basisfarbe verwendet, die dann mithilfe von Abstufungen die Kontraste erzeugt.
- **Analoge Farben**: Dieses Schema bildet man aus Farben, die im Farbkreis nebeneinander liegen. Dabei liegt es an Ihnen, was Sie als „nebeneinanderliegend" definieren. Sie können den Begriff sehr eng fassen oder weniger streng auslegen – ganz nach Ihren Vorstellungen.
- **Komplementärfarbe**: Bezeichnet ein Farbschema, bei dem sich die gewählten Farben im Farbkreis gegenüberliegen. Das können Gelb und Blau sein, Rot und Türkis oder Grün und Violett usw. Der Vorteil: Sie können bereits vorhandene Farben von Logos, Hintergründen etc. in die Gestaltung übernehmen und diese in diesem Dokument weiterführen.
- **Gespaltene Komplementärfarben**: Dieses Farbschema erhalten Sie, wenn Sie zu einer Grundfarbe die jeweils links und rechts neben der Komplementärfarbe liegenden Farben wählen.
- **Triadisches Farbschema**: Es ist dem voranstehenden ähnlich, allerdings besitzen alle drei Farben zueinander die gleichen Abstände.
- **Triadisch (Doppelte Komplementärfarben)**: Bei diesem Farbschema werden zwei Paare von Komplementärfarben erzeugt (Grundfarbe/Komplementärfarbe und Winkel/gegenüberliegender Winkel). Bei dieser Einstellung haben Sie zusätzlich die Möglichkeit, den Winkel individuell einzustellen.

Darunter finden Sie den Bereich *Vorschau*, mit dem Sie überprüfen können, wie diese Farben von Menschen mit bestimmten Farbenfehlsichtigkeiten wahrgenommen werden. Man geht heute davon aus, dass ca. zehn Prozent der Menschen Sehbehinderungen oder Einschränkungen aufweisen. Daher sollten Sie auch diese Einstellungen berücksichtigen.

Das Auswahlmenü *Art der Sehbehinderung* stellt Ihnen folgende Optionen zur Wahl:

- **Normales Sehvermögen**: Bei dieser Option werden die Farben, die Ihre Scribus-Dokumente besitzen, unverändert wahrgenommen.
- **Rotgrünblindheit**: Hierbei handelt es sich um die häufigste Art der Farbenfehlsichtigkeit. Je nach Ausprägung treten Schwierigkeiten mit den Farben Rot, Gelb, Braun und Grün sowie mit Violett und Blau auf.

- **Grünblindheit**: Hier fehlen die Rezeptoren für mittelwelliges Licht bzw. funktionieren nicht korrekt. Die Folge: Grün wird nicht wahrgenommen bzw. zwischen den Farben Rot, Gelb, Braun und Grün kann nur ungenügend unterschieden werden.
- **Blaublindheit**: Bei dieser Beschränkung wird kurzwelliges Licht schlecht bzw. gar nicht unterschieden. Es betrifft vor allem die Farben Blau und Grün sowie Gelbgrün und Grau.
- **Komplett farbenblind**: Hierbei handelt es sich um die schwerste Form der Farbenfehlsichtigkeit, bei der der Betrachter nur Grauabstufungen wahrnimmt.

Im rechten oberen Bereich können Sie über verschiedene Registerkarten die Farben Ihres Dokuments auswählen bzw. den verwendeten Farbraum konfigurieren. Dazu stehen Ihnen vier Registerkarten zur Verfügung:

- **CMYK**: Diese Abkürzung steht für Cyan, Magenta, Yellow, Key, also Cyan, Magenta, Gelb und Schlüssel. Der Schlüssel steht für Schwarz. Es handelt sich um ein subtraktives Farbmodell, das die Basis für den Vierfarbdruck bildet. Die Werte der einzelnen Grundfarben werden in Prozent angegeben. Dabei entspricht der Wert 0 % einer unbedruckten Fläche und 100 % einer Volltonfläche.
- **RGB**: Steht für Rot, Grün, Blau. Es handelt sich um ein additives Farbmodell. Mischt man alle Grundfarben, so addieren sie sich zu Weiß.
- **HSV**: Diese Abkürzung steht für Hue Saturation Value, auf Deutsch etwa so viel bedeutet wie Farbton, Sättigung, Grauwert. Es basiert wie RGB auf Lichtfarben und definiert die Farben anhand ihres Farbtons, ihrer Sättigung und ihres Helligkeitswertes.
- **Dokument**: Auf dieser Registerkarte können Sie eine Farbe aus Ihrem Dokument laden und bearbeiten.

Wie geht man nun in der Praxis vor, um einen neue Farbe anzulegen und diese einem Dokument zuzuordnen? Es ist wirklich einfach: Wählen Sie ein Farbschema aus und bestimmen Sie mithilfe der Maus oder der Farbschema-Registerkarten die Farbe. Mit einem Klick auf die Schaltfläche *Hinzufügen* weisen Sie Ihre Farbkonfiguration der bestehende Palette hinzu. Scribus gibt einen entsprechenden Hinweis aus, die neue Farbe steht nun in Ihrem Dokument zur Verfügung und kann Ihren Objekten zugewiesen werden.

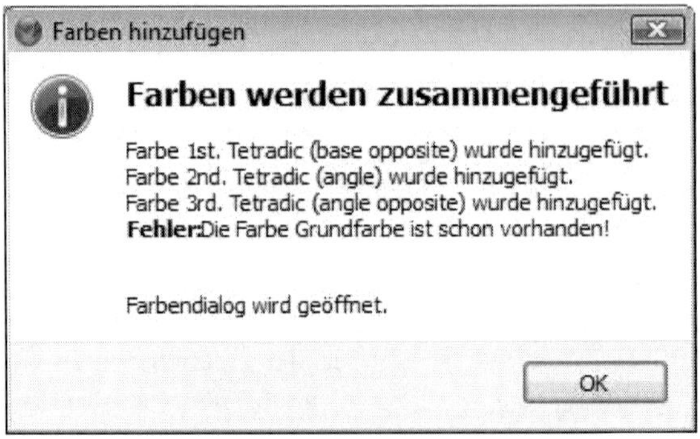

Eine neue Farbe wurde dem Dokument hinzugefügt.

6.7 Ausrichten von Objekten

Im Verlauf dieses Buchs haben Sie bereits verschiedene Funktionen für die exakte Positionierung Ihrer Objekte kennengelernt. Doch Sie kennen längst nicht alle. Scribus stellt Ihnen für die exakte Anordnung und Verteilung von Objekten im Dokument mit dem Dialog *Ausrichten und verteilen* eine weitere nützliche Funktion zur Seite. Sie öffnen den Dialog mit dem Menübefehl *Fenster> Ausrichten und verteilen*.

Der zugehörige Dialog stellt Ihnen für das Ausrichten und das Anordnen jeweils eine Registerkarte zur Verfügung. Auf der Registerkarte *Ausrichten* bestimmen Sie zunächst, wie die relative Ausrichtung erfolgen soll. Sie haben dabei die Wahl zwischen folgenden Optionen:

- Zuerst markiertes
- Zuletzt markiertes
- Seite
- Ränder
- Hilfslinie
- Markierung

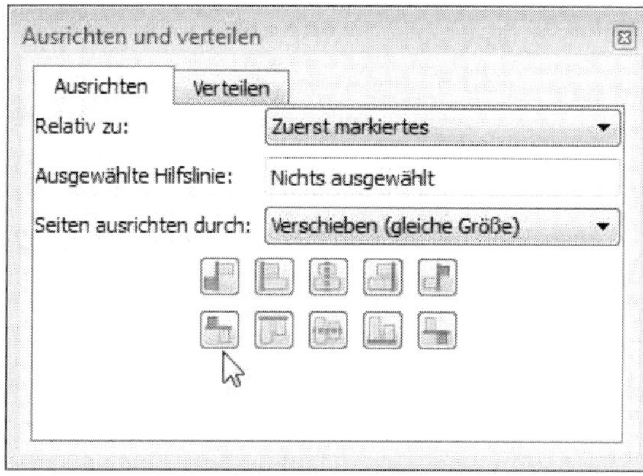

Die Ausrichtung von Objekten.

Die Vorgehensweise beim Ausrichten von Objekten ist immer die Gleiche:

1. Bestimmen Sie zunächst mit dem Auswahlmenü *Relativ zu* den Bezug. Auf der Registerseite *Verteilen* geben Sie optional einen Abstand an.
2. Markieren Sie dann die Objekte, die Sie ausrichten bzw. verteilen wollen.
3. Bestimmen Sie dann die gewünschte Ausrichtung bzw. Verteilung über die entsprechende Schaltfläche.

Mit dem Auswahlmenü *Seite ausrichten durch* können Sie die Verschiebung der Objekte oder die Größenanpassung der Objekte vornehmen.

In der ersten Symbolleiste stehen Ihnen folgende Ausrichtungsmöglichkeiten zur Verfügung (von links nach rechts):

- Rechte Seite von Objekten an der linken Seite des gewählten Ankers ausrichten.
- Linke Seiten ausrichten
- Auf vertikaler Achse zentrieren
- Rechte Seiten ausrichten
- Linke Seite von Objekten an der rechten Seite des gewählten Ankers ausrichten.

Mit der zweiten Symbolreihe können Sie folgende Befehle ausführen:

- Unterseite von Objekten an der Oberseite des gewählten Ankers ausrichten
- Obere Seiten ausrichten
- Auf horizontaler Achse zentrieren
- Untere Seiten ausrichten
- Unterseite von Objekten an der Oberseite des gewählten Ankers ausrichten

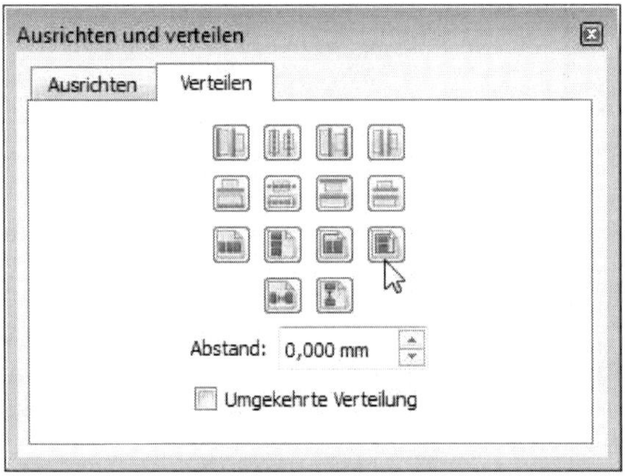

Das Verteilen der Objekte.

Um die Verteilung der Objekte zu bestimmen, verwenden Sie die Funktionen auf der Registerkarte *Verteilen*. Mögliche Optionen sind:

- Linke Seite gleichmäßig verteilen
- Objektmitte gleichmäßig verteilen
- Unterseiten gleichmäßig verteilen
- Gleiche horizontale Abstände zwischen Objekten und Seiten
- Horizontaler Abstand zwischen Objekten wie angegeben

Wenn Sie auf Ihrem Montagebereich Hilfslinien angelegt haben, wird standardmäßig jeweils die als letztes aktivierte Hilfslinie als Bezugspunkt ausgewählt. Wenn Sie statt dieser eine andere Hilfslinie als Bezugspunkt verwenden wollen, müssen Sie diese markieren.

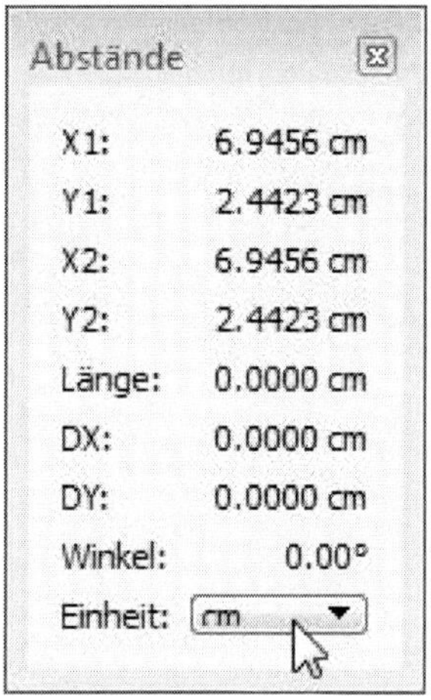

Der Abstandsmesser in Aktion.

6.8 Abstandsfunktion

Das Fenster-Menü hat noch eine weitere Besonderheit zu bieten: den Abstandsmesser. Mit diesem Tool können Sie die Abstände zwischen zwei beliebigen Punkten im Dokument messen. Der Zugriff auf den Abstandsmesser erfolgt mit dem Menübefehl *Fenster> Abstandsmesser* oder mit einem Klick auf die zugehörige Schaltfläche in der Werkzeug-Symbolleiste.

Das Messen ist einfach: Führen Sie zunächst den Mauszeiger auf den Ausgangspunkt der Strecke, die Sie abmessen wollen. Halten Sie die linke Maustaste gedrückt. Der Mauszeiger verwandelt sich in ein Fadenkreuz. Ziehen Sie den Mauszeiger mit gedrückter Taste an den gewünschten Endpunkt und lassen Sie die Taste los. Auf dem Montagebereich bleibt die gepunktete Abstandslinie quasi liegen.

Der Info-Dialog *Abstände* zeigt Ihnen folgende Detailinformationen an:

- **X1/Y1**: Gibt die Koordinaten des Ausgangspunkts Ihrer Messung auf der X- bzw. auf der Y-Achse an.

- **X2/Y2**: Hier erfahren Sie die Koordinaten des Endpunkts der Messung auf der X- bzw. auf der Y-Achse.
- **Länge**: Hier wird die Länge der Messlinie in der eingestellten Einheit angezeigt.
- **DX/DY**: Diese beiden Werte zeigen die Veränderung auf der X- bzw. der Y-Achse zwischen Anfangs- und Endpunkt an.-
- **Winkel**: Schließlich wird der Winkel der Messlinie in Grad anzeigt.

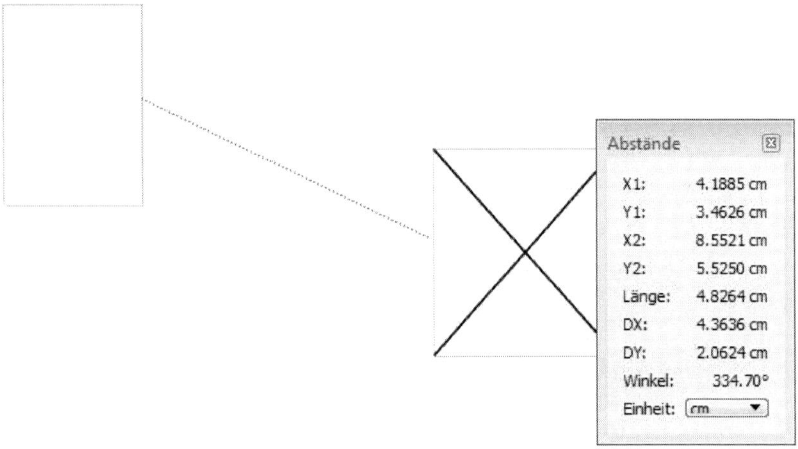

Der Abstandsmesser in Aktion.

6.9 Weitere Transformationsmöglichkeiten

Nachdem Sie ein Objekt auf dem Montagebereich platziert haben, machen Sie sich in der Regel im weiteren Verlauf der Arbeit an die Bearbeitung des Objekts. Von den Objekt-Eigenschaften kennen Sie die Möglichkeit, ein Objekt zu rotieren.

Sie müssen dazu nicht unbedingt auf den *Eigenschaften*-Dialog zurückgreifen, sondern können auch die Rotationsfunktion verwenden, die Ihnen die Werkzeugleiste zur Verfügung stellt.

Nach einem Klick auf die Schaltfläche *Objekt drehen* führen Sie den Mauszeiger auf das virtuelle Rotationszentrum. Der Zeiger verändert sich in zwei Doppelpfeile, die die Rotation symbolisieren. Mit gedrückter linker Maustaste sorgen Sie nun für die Drehung. Wenn Sie das Objekt um den Mittelpunkt drehen wollen, klicken Sie in das Objekt und führen dann die Rotation aus.

Wenn Sie bei der Rotation die Strg-Taste gedrückt halten, rastet das Objekt standardmäßig alle 15 Grad ein. Diese Einstellung können Sie auch in den Programmeinstellungen bearbeiten.

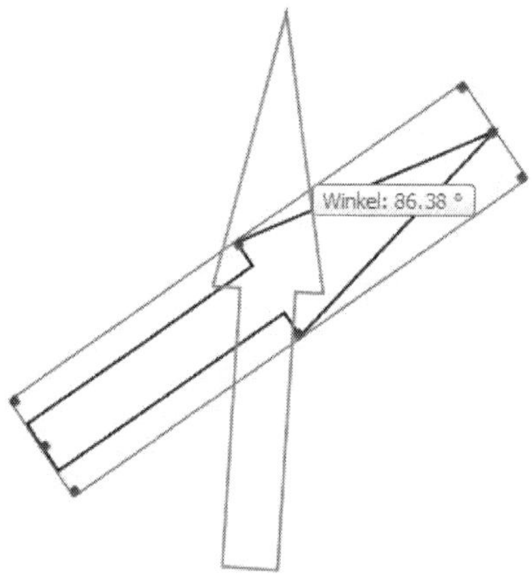

Die manuelle Rotation eines Objekts.

Weitere Transformationsmöglichkeiten bietet der Menübefehl *Objekt> Transformation*. Der zugehörige Dialog erlaubt sogar die Anwendung verschiedener Änderungen. Im linken unteren Bereich stehen folgende Bearbeitungsmöglichkeiten zur Verfügung:

- Skalierung
- Übersetzung
- Drehung
- Abschrägen

Rechts bestimmen Sie die Einstellungen für die Transformation. Bei Skalierung ist es die Größenänderung in Prozent, bei Drehungen der Winkel, der Ursprung und die Anzahl der Kopien, bei Übersetzungen und beim Abschrägen jeweils die horizontale und die vertikale Verformung.

Sie können die Transformationsreihenfolge ändern und nicht mehr benötigte Änderungsschritte entfernen. Mit einem Klick auf *OK* führen Sie die Transformation aus.

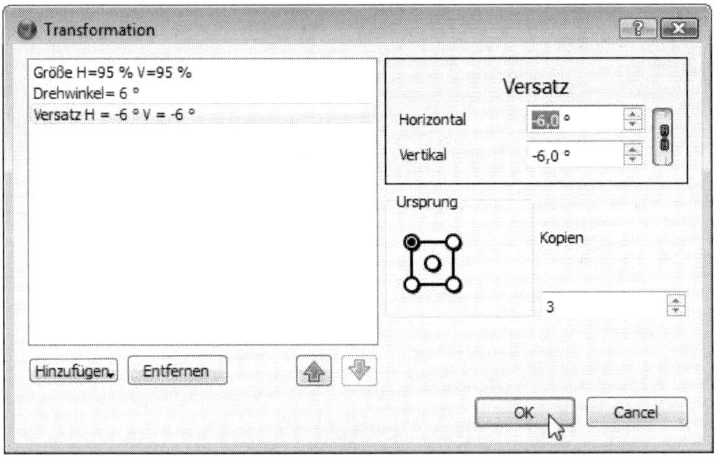

Das Anwenden mehrere Transformationen auf ein Objekt.

6.10 Bilder verwalten und bearbeiten

Für den Umgang mit Bildern, die Sie in einem Scribus-Dokument verwenden, stellt Ihnen der DTP-Spezialist verschiedene Funktionen zur Verfügung. Diese reichen von der bloßen Bildübersicht bis hin zu einfachen Bildbearbeitungseffekten.

Die Bilder, die sich im aktuellen Dokument befinden, haben Sie mit dem Menübefehl *Extras> Bilder verwalten* im Überblick. Der zugehörige Dialog führt im oberen Bereich die eingebetteten Bilder samt Vorschau auf. Sie können die Reihenfolge übrigens mit der rechten Maustaste nach Namen und Seiten sortieren.

Unterhalb der Vorschau finden Sie zwei Registerkarten: *Information* und *Bildwerkzeuge*. Auf der Registerkarte *Information* werden Dateiname, Pfad, Bildformat, Größe und Layout-Konfiguration angezeigt.

Auf der Registerkarte *Bildwerkzeuge* finden Sie Möglichkeiten zur Bildbearbeitung. Sie können dabei ein externes Programm oder die integrierten Bearbeitungsfunktionen verwenden.

Um ein externes Programm wie Gimp verwenden zu können, muss es natürlich auf Ihrem Rechner installiert und dann mit einem Klick auf die Schaltfläche *Bild bearbeiten* gestartet werden.

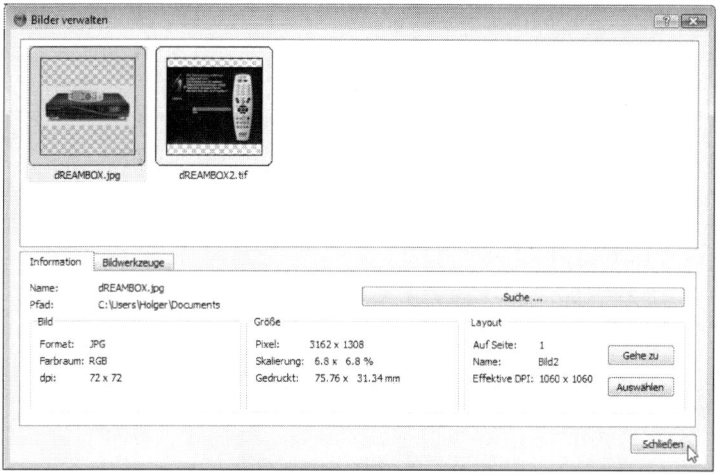

Die Bildverwaltung von Scribus.

Um einen Bildeffekt auf eine markierte Bilddatei anzuwenden, klicken Sie auf die Schaltfläche *Bildeffekte*. Der gleichnamige Dialog zeigt links die Bildvorschau, rechts daneben die verfügbaren Effekt und ganz rechts die verwendeten Effekte an. Um einen Effekt auf das Bild anzuwenden, markieren Sie den Effekt und verschieben ihn nach rechts.

Bei verschiedenen Effekten stehen Ihnen im Feld *Optionen* weitere Konfigurationsmöglichkeiten zur Verfügung. Sie können natürlich auch mehrere Effekte auf ein Bild anwenden. Um einen Effekt wieder zu beseitigen, markieren Sie ihn in der Spalte *Verwendete Effekte* und verschieben ihn mit den Pfeiltasten nach links.

Der Aufruf der Bildeffekte ist auch über den Montagebereich möglich. Hier markieren Sie ein Bild mit der rechten Maustaste und führen aus dem Kontextmenü heraus den Befehl *Bildeffekte* aus. Auch der Aufruf eines externen Bildbearbeitungsprogramms ist möglich.

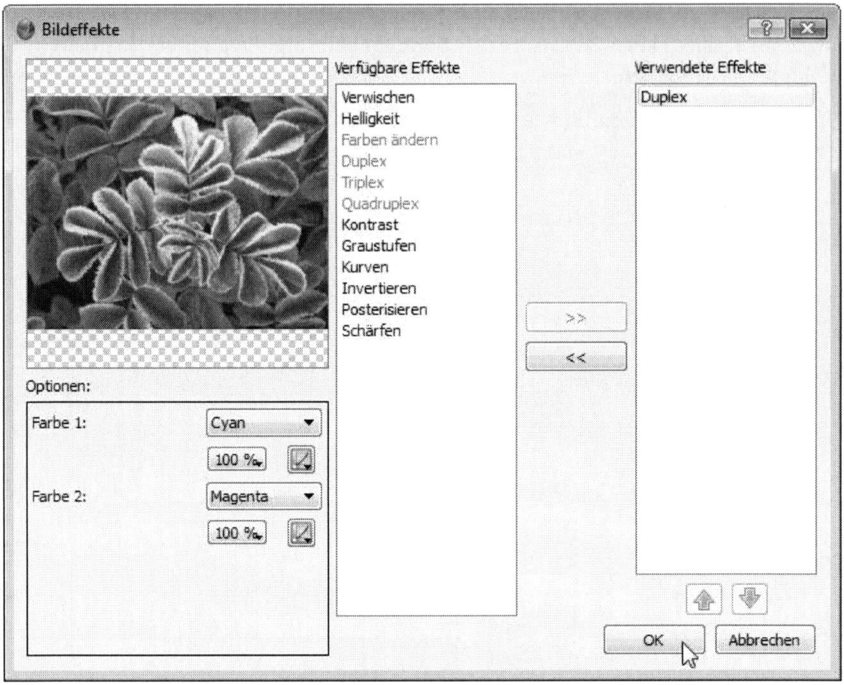

Die Bildeffekte von Scribus.

Der erste Effekt, den Ihnen der Dialog *Bildeffekte* anbietet, trägt die Bezeichnung *Verwischen*. Dabei wird der Effekt simuliert, man würde die noch nicht vollständige Farbe des Bilds verwischen. Während man bei anspruchsvollen Bildbearbeitungsprogrammen das Verwischen auf einen Bereich, z. B. den Hintergrund, anwenden kann, bearbeitet Scribus das gesamte Bild. Die einzige Option: der Radius, mit der Sie den Grad der Verwischung bestimmen.

Die weiteren Effekte im Überblick:

Effekt	Kurzinfo
Helligkeit	Mit dieser Einstellung passen Sie die Helligkeit des Bilds an. Verschieben Sie den Schieberegler nach links, um das Bild abzudunkeln, bzw. nach rechts, um das Bild aufzuhellen. Der Wertebereich liegt zwischen -255 und 255.
Farben ändern	Mit diesem Effekt können Sie die Farbe und den Tonwert ändern.
Duplex	Ein sogenanntes Duplex-Bild bestehen aus zwei Kanälen (Schwarz und einer HKS-Farbe) und ist in unterschiedliche Farb- und Grauabstufungen aufgeteilt. Mit diesem Effekt können Sie die beiden Farben ändern.
Triplex/ Quadruplex	Hier kommen drei bzw. vier Farben zum Einsatz.
Kontrast	Als Kontrast bezeichnet man den Unterschied zwischen hellen und dunklen Bereichen eines Bildes. Mit dem zugehörigen Schieberegler können Sie den Kontrastwert von -127 bis 127 anpassen.
Graustufen	Dieser Effekt erlaubt die Umwandlung eines Bilds in Graustufen. Es stehen keine weiteren Einstellungen zur Verfügung.
Kurven	Mit dem Kurveneffekt können Sie die Zuordnung von Ein- zu Ausgabehelligkeit ändern. Die horizontale Achse steht für die Ausgangs- oder Eingabehelligkeit, die senkrechte Achse steht für die Ziel- oder Ausgabehelligkeit. Die Zuordnung von Ein- zu Ausgabehelligkeit kann mithilfe der Kurve geändert werden. Klicken Sie dazu auf die Diagonale und bewegen Sie die Maus mit gedrückter Maustaste vor und zurück.
Invertieren	Dieser Effekt kehrt die Farben um. Das bedeutet, dass die „gegenteilige Farbe“ des jeweiligen Farbraumes bestimmt wird. So wird z. B. aus schwarz weiß und umgekehrt. Ein invertiertes Bild sieht wie ein Dia-Negativ aus.
Posterisieren	Mit diesem Effekt können Sie die Farbanzahl reduzieren. Das bedeutet, dass die Farben in einem gewichteten Maß verringert, die Ähnlichkeit mit dem Ausgangsbild aber weitgehend beibehalten wird.
Schärfen	Erlaubt die Anpassung der Bildschärfe.

6.11 Beispiele aus der Praxis

Im bisherigen Verlauf dieses Buchs haben Sie eine Fülle von Funktionen und Anwendungsmöglichkeiten kennengelernt, die Scribus zu bieten hat. In diesem Abschnitt schauen wir uns nun anhand einiger weiterer Beispiele an, was Sie alles mit Scribus anstellen können.

6.11.1 Text an Pfad ausrichten

Ein besonders beliebter Effekt ist das Ausrichten von Text an einem Pfad. Damit können Sie ein Objekt anlegen und dann einen Text daran entlang laufen lassen. In der Praxis funktioniert das ganz einfach:

1. Zunächst erstellen Sie einen Textrahmen und füllen diesen mit dem gewünschten Text.
2. Legen Sie dann mit dem Bézierwerkzeug einen Pfad an.

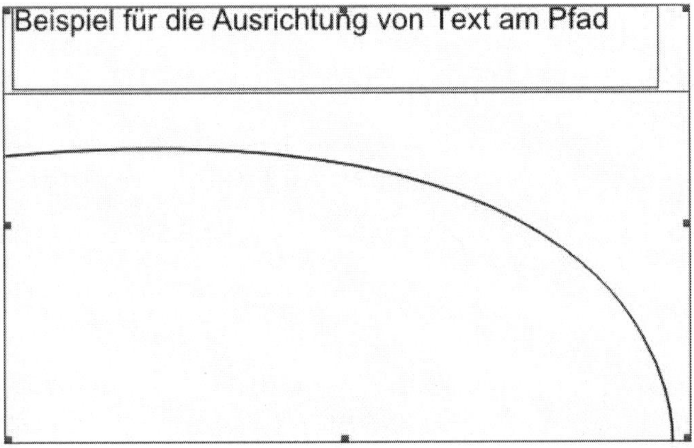

Die Ausgangselemente: ein Textrahmen und die Bézierkurve.

3. Dann markieren Sie beide Elemente und führen den Menübefehl *Objekt> Text an Pfad ausrichten* aus.

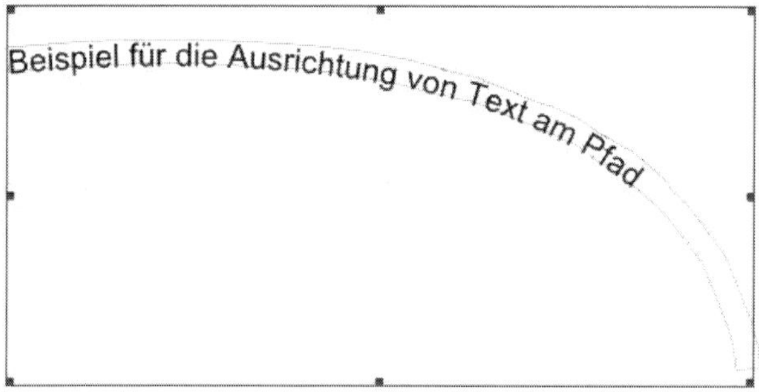

Der Text ist am Pfad ausgerichtet.

4. In der Regel passen die beiden Objekte nicht sofort exakt an die Größe zueinander. Das können Sie ändern, in dem Sie beispielsweise die Schrift vergrößern, damit der Text den gesamten Pfad bedeckt. Dazu greifen Sie zum *Eigenschaften*-Dialog und passen die Größe in der Kategorie *Text* an. Die Anpassung zeigt nachstehende Abbildung.

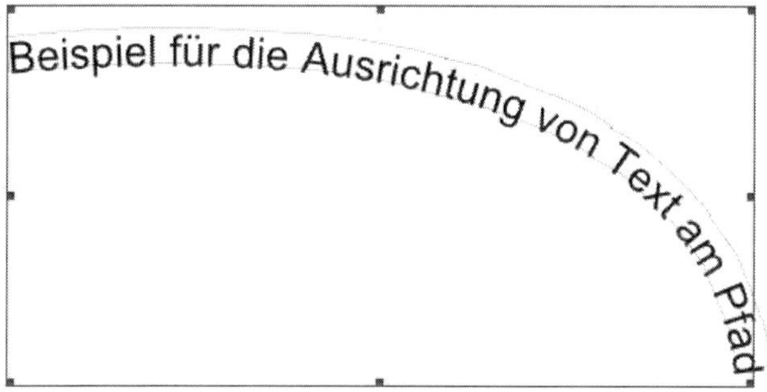

Die Schriftgröße wurde angepasst.

Die können Ihren Text auch im Kreis laufen lassen. Dazu gehen Sie entsprechend vor: Fügen Sie zunächst einen Kreis auf den Montagebereich ein, dann den Text. Wandeln Sie den Kreis in eine Bézierkurve um und führen Sie dann den Menübefehl *Objekt> Text an Pfad ausrichten* aus. Sie können nun mit den Pfadwerkzeugen weitere Änderungen vornehmen.

Natürlich ist auch die Ausrichtung an anderen Objekten, ja sogar an Freihandlinien möglich.

Text am Kreis ausgerichtet.

6.11.2 Text über Bild

Wenn Sie Text über Objekte oder ein Bild legen wollen, kommt es in der Praxis immer wieder vor, dass die beiden interferieren. Die Folge: Die Inhalte sind kaum, im ungünstigsten Fall überhaupt nicht mehr lesbar.

Je nach Anwendungsbereich gibt es hierfür einige kleine Tricks, mit denen Sie die Lesbarkeit optimieren können.

Überschneiden sich der Textrahmen und das Hintergrundobjekt, wie in nachstehender Abbildung, so ist es recht einfach, die Lesbarkeit zu erhöhen: Setzen Sie einfach die Deckkraft der Füllung soweit herunter, bis eine gute Lesbarkeit gewährleistet ist. Diese erreichen Sie meist ab Einstellungen unter 50 Prozent – je nach Farbe. Sie sollten bei der Textfarbe außerdem darauf achten, dass diese einen möglichst guten Kontrast zum Hintergrundobjekt erzielt.

Die untenstehende Abbildung zeigt ein weiteres schönes Beispiel, wie Sie Text und Bilder miteinander kombinieren können. Erzeugen Sie dazu einen Bildrahmen und dann den Textrahmen.

Wandeln Sie zunächst den Textrahmen mit dem Befehl *Objekt> Umwandeln in> Umriss* um. Dann platzieren Sie den Umrissrahmen auf dem Bild, markieren beide Objekte und führen dann den Befehl *Objekt> Polygone kombinieren* aus. Das Ergebnis dieses Schritts kann sich sehen lassen.

Zwei Beispiele für das Legen von Text über ein Objekt.

6.11.3 Text umfließt Bild

In Broschüren verwendet man häufig zweispaltige Texte, die mit Bildern aufgelockert werden. Die Bilder werden dabei meist zwischen den Spalten platziert. Um eine solche Gestaltung zu realisieren, gehen Sie wie folgt vor:

1. Erzeugen Sie zunächst einen Textrahmen, fügen Sie Ihren Text ein oder laden Sie einen Beispieltext.
2. Im *Eigenschaften*-Dialog erzeugen Sie einen zweispaltigen Textrahmen.
3. Legen Sie nun einen Bildrahmen über den Textrahmen und fügen Sie das gewünschte Bild ein.
4. Wechseln Sie dann im *Eigenschaften*-Dialog zur Kategorie *Form* und aktivieren Sie im Bereich *Text umfließt Rahmen* die Option *Konturlinie benutzen*.
5. Der Text legt sich automatisch um das Bild. Sie können nun beispielsweise noch den Bildrahmen bearbeiten und beispielsweise dessen Ecken abrunden. Außerdem kann es sinnvoll sein, den Text zu formatieren und eventuell die Silbentrennung zu aktivieren.

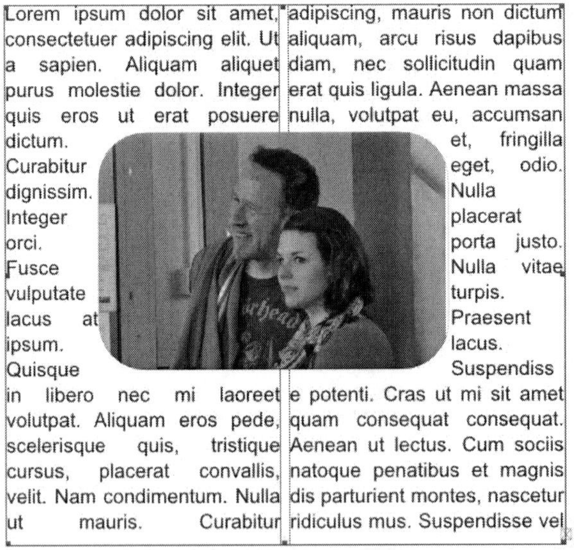

Das Ergebnis: Der Text umfließt das Bild.

6.11.4 Text mit Bild füllen

Eine weiterer toller Effekt: Sie können in Scribus Text mit einem Bild füllen. Sie können dabei nicht nur ein Wort mit einem Bild füllen, sondern auch einen ganzen Text mit einem Bild verzieren.

Um einen Text mit einem Bild zu versehen, gehen Sie wie folgt vor:

1. Erzeugen Sie einen Textrahmen und geben Sie einen Text ein. Mit dem *Eigenschaften*-Dialog weisen Sie diesem eine große Schrift zu, damit das Hintergrundbild auch zu Geltung kommen kann.
2. Dann markieren Sie den Textrahmen und führen den Menübefehl *Objekt> Umwandeln in> Umrisse* aus. Sie können natürlich auch das Kontextmenü der rechten Maustaste verwenden. Ziehen Sie dann das Objekt weiter auseinander.
3. Als Nächstes markieren Sie die Umrisse und führen den Menübefehl *Objekt> Gruppe auflösen* aus.
4. Wandeln Sie nun jeden Buchstaben in einen Bildrahmen um – und zwar der Reihe nach.
5. Dann markieren Sie den ersten Buchstaben und laden das Bild. Klicken Sie nun doppelt auf das Bild und positionieren Sie es.

Der Schriftzug ist mit Text gefüllt.

6. Dann führen Sie den Menübefehl *Bearbeiten> Inhalt> Kopieren* aus.

7. Um alle weiteren Bildrahmen zu befüllen, öffnen Sie das Kontextmenü der rechten Maustaste und wählen Sie den Eintrag *Inhalt* und dann im Untermenü *Einfügen (Absolut)*.
8. Voranstehende Abbildung zeigt das Ergebnis.

Mit dieser Vorgehensweise können Sie auch weitere tolle Dinge anstellen. Sie können beispielsweise ein Bild kacheln, also in kleine Rechtecke unterteilen und dann eventuell die eine oder andere Kachel herausziehen.

Um einen ganzen Text mit einem Bild zu füllen, gehen Sie wie folgt vor:

1. Erzeugen Sie zunächst wieder einen Textrahmen und füllen Sie diesen mit Text.
2. Wandeln Sie dann den Text in Umrisse um.
3. Als Nächstes führen Sie den Menübefehl *Objekt> Polygone kombinieren* aus.
4. Setzen Sie dann die Linienstärke im *Eigenschaften*-Dialog der Kategorie *Linien* auf 0 pt.
5. Dann weisen Sie der Linienfarbe und Füllung den Wert Keine zu. Ihr Text verschwindet.
6. Dann wandeln Sie das Objekt in einen Bildrahmen um und laden das gewünschte Bild.

Kreativer Rahmen im Eigenbau.

6.11.5 Kreative Rahmen

Eine weitere Anwendungsmöglichkeit: Die Grundausstattung an Rahmen ist in Scribus sehr bescheiden. Diesbezüglich ist man von anderen Programmen mehr gewohnt. Doch das ist in der Praxis kein Problem, denn Sie können sich aus beliebigen Objekten einen eigenen Rahmen bauen.

Dazu erzeugen Sie ein Grundobjekt bzw. importieren dieses. Mit der Duplikatfunktion erzeugen Sie dann Kopien, die in einem minimalen Abstand zu einander versetzt sind. Markieren Sie das Objekt, führen Sie den Befehl *Objekt> Duplizieren* aus und bestimmen Sie die Anzahl *Duplikate* sowie den Versatz.

Markieren Sie dann die Objekte und führen Sie den Befehl *Objekt> Polygone kombinieren* aus. Das daraus entstehende Objekt können Sie dann beispielsweise um ein Bild platzieren, es rotieren, kopieren und einfügen etc.

7 Weiterte Gestaltungsmittel

Im Verlauf dieses Buchs haben Sie bereits eine Fülle von Funktionen kennengelernt. Für viele Anwendungsbereiche dürfte das genügen. Doch Scribus hat noch weit mehr Gestaltungsmittel und Funktionen zu bieten. Sie können beispielsweise Tabellen anlegen, einen Barcode in Ihre Dokumente einfügen und vieles mehr. In diesem Kapitel schauen wir uns diese erweiterten Funktionen an.

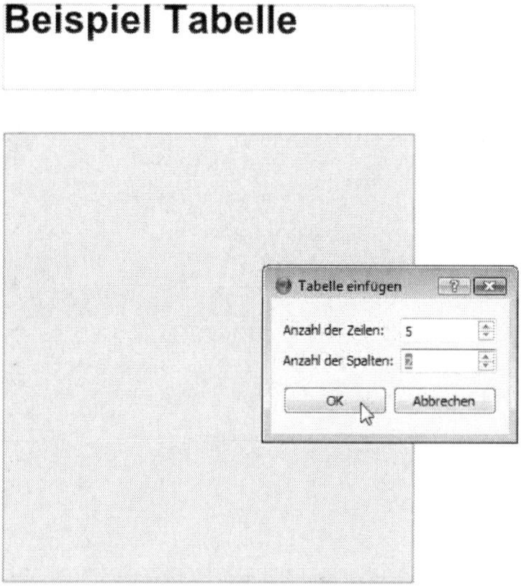

Das Einfügen einer Tabelle.

7.1 Tabellen

Tabellen sind ein wunderbares Mittel, um Informationen gegenüberzustellen. Sie können damit Zahlen und Daten, aber auch Bildern oder anderen grafischen Elementen einen festen Platz zuweisen. Das Tolle an den Scribus-Tabellen: Sie können einzelne Zellen entsprechend Ihren Vorstellen und Bedürfnissen konfigurieren.

Um eine Tabelle in Ihr Scribus-Dokument einzufügen, können Sie mehrere Wege einschlagen. Klicken Sie auf das Icon *Tabelle einfügen* in der Werkzeugleiste, betätigen Sie die *A*-Taste oder führen Sie den Menübefehl *Einfügen> Tabelle einfügen* aus.

Mit gedrückter Maustaste ziehen Sie dann auf dem Montagebereich die Tabelle. Scribus präsentiert Ihnen dann den Dialog *Tabelle einfügen*, in dem Sie die Anzahl der Zeilen und Spalten bestimmen.

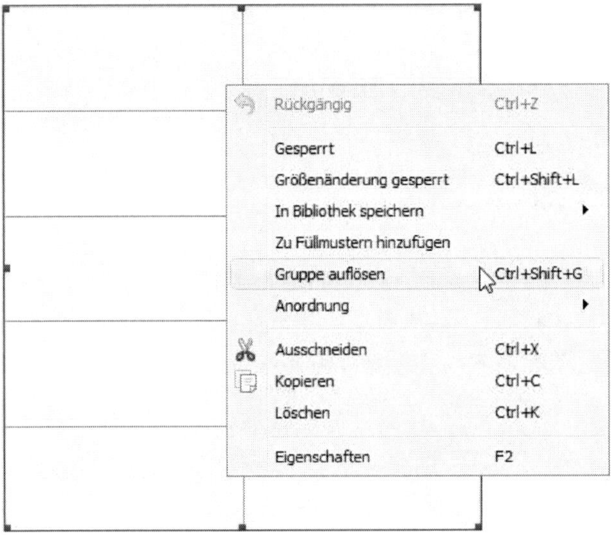

Das Auflösen einer Tabelle.

Mit *OK* erzeugen Sie die Tabelle, die dann im Tabellenrahmen angezeigt wird. Tabellen verhalten sich in vielerlei Beziehung wie gruppierte Textrahmen. Diese Gruppe können Sie beispielsweise mithilfe der Funktionen der *X,Y,Z*-Kategorie des *Eigenschaften*-Dialogs bearbeiten.

Sie können die Größe exakt bestimmen und auch die Position im Dokument anpassen. Auch verschiedene weitere Aktionen wie das Rotieren und Spiegeln sind möglich.

Um eine Zelle bearbeiten oder mit Inhalten füllen zu können, müssen Sie zunächst die Textrahmengruppe auflösen, aus der die Tabelle zusammengesetzt ist.

Dann können Sie die einzelnen Zellen bearbeiten. Um einen Text in eine Zelle einzugeben, klicken Sie doppelt auf diese. Der blinkende Cursor zeigt Ihnen an, dass Sie mit der Eingabe beginnen können.

Sie können auf den Textrahmen alle Ihnen bekannte Funktionen anwenden, also auch das Laden des Beispieltextes, das Formatieren von Inhalten, das Erstellen und Bearbeiten des Textes mit dem Story Editor etc.

Wenn Sie dem Textrahmen einen farbigen Hintergrund oder eine bunte Umrandung zuweisen wollen, ist das ebenfalls problemlos möglich.

Nachdem Sie die Gruppe aufgelöst haben, können Sie die Gestalt der Zellen bearbeiten. Sie können diesen individuellen Rahmen und Inhalte zuweisen und, und, und.

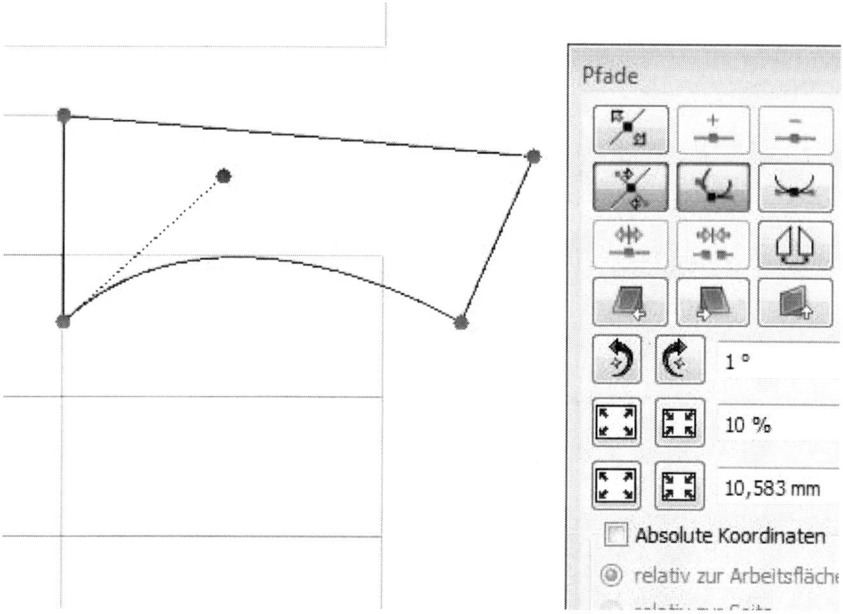

Das Bearbeiten einer Zelle mit den Pfadwerkzeugen.

Sie können die Form einer Zelle beispielsweise mithilfe der Pfadwerkzeuge bearbeiten, die Sie aus dem vorangegangenen Kapitel kennen. Wenn Sie in den Textrahmen Texte eingeben und diese dann formatieren wollen, klicken Sie doppelt auf den Rahmen, um diesen in den Editier-Modus zu versetzen. Dann können Sie mit der Texteingabe beginnen, den Beispieltext laden oder eine andere textspezifische Aktion ausführen.

Wenn Sie nun in Ihrer Tabelle ein Bild unterbringen wollen, so ist auch das problemlos möglich. Die dafür notwendigen Schritte kennen Sie bereits: Sie müssen lediglich die Tabelle auflösen und dann die Textrahmen, die Sie mit Bildmaterial befüllen wollen, in einen Bildrahmen umwandeln.

Dann können Sie in den oder die umgewandelte Tabellenzellen die gewünschten Bilder platzieren. Womöglich stellen Sie fest, dass Sie bestimmte Zellen auch nicht mehr benötigen. Dann entfernen Sie diese einfach.

Die Bedeutung des Fernsehens

Das Fernsehen war jahrzehntelang das Unterhaltungsmedium schlechthin. Leser meiner Generation, die heute um die 40 herum sind, kennen sogar noch den Schwarz-Weiß-Fernseher, das Testbild ohnehin und fernsehfreie Zeiten. Heute flimmern Hunderte Sender über den Äther – so viele, dass es immer schwieriger wird, die wirklich interessanten Sendungen für sich herauszupicken.

Aber nicht nur das Fernsehen und seine Angebotsvielfalt haben sich verändert, auch die Arbeitsumstände und die Mediennutzung. Der typische 9-to-5-Job ist heute eher die Seltenheit als die Regel, auch die Arbeitszeiten und Beschäftigungsverhältnisse haben sich grundlegend verändert. Den klassischen Familien-Samstagabend vor dem Fernseher gibt es aus verschiedensten Gründen nicht mehr.

Fast noch wichtiger ist in diesem Zusammenhang der Wandel der Mediennutzung. Während die Zeitung bei jungen Menschen ohnehin kaum noch eine Rolle spielt, kämpfen Fernsehsender mit unterschiedlichsten Angeboten um die Gunst der jungen Klientel, die heute deutlich mehr Zeit im Internet als vor dem Fernseher zubringt.

Eine Tabelle diente als Ausgangspunkt für die Gestaltung eines Dokuments.

Es versteht sich von selbst, dass beim Entwurf eines solchen Dokuments weitere Funktionen und Anwendungsschritte folgen können. Sie können beispielsweise den Abstand in den Zellen erhöhen, um die Lesbarkeit zu erhöhen, Sie können die verfügbaren Bildeffekte anwenden, um bestimmte Informationen deutlicher zu machen und vieles mehr.

Das Erstellen von komplexen, also beispielsweise verschachtelten Tabellen ist mit Scribus ein wenig umständlich.

Gibt es nun auch eine Möglichkeit, komplexe Tabellen in Scribus zu erstellen? Die Antwort lautet ja und nein. Wenn Sie komplexe Tabelle erzeugen wollen, können Sie z. B. eine Tabelle erstellen, diese auslösen und dann eine oder mehrere Zellen durch weitere Tabellen ersetzen (siehe voranstehende Abbildung).

Doch der Haken dabei: Sie können die Tabellen nicht so bearbeiten, wie Sie es von Ihrer Tabellenkalkulation kennen. Sie können also nicht einfach eine weitere Spalte oder Zeile hinzufügen.

Aber es gibt einen, genauer zwei Workarounds für dieses Problem. Wenn Sie bereits eine komplexe Tabelle besitzen und diese mit OpenOffice Calc oder LibreOffice Calc angelegt haben, können Sie Tabelle (nicht das gesamte Arbeitsblatt) nach EPS exportieren und die Exportdatei dann in Ihr Scribus-Dokument importieren.

Wenn Sie die Inhalte der Ausgangstabelle in Scribus bearbeiten wollen, können Sie diese in Ihrer Tabellenkalkulation als CSV exportieren und dann in Scribus importieren. Beachten Sie allerdings, dass dabei die Formatierungen der Ausgangstabelle verloren gehen, denn CSV ist ein rein textbasiertes Format.

7.2 Musterseiten

Immer dann, wenn Sie in einem Dokument durchgängig viele identische Objekte Seite für Seite verwenden wollen, ist es sinnvoll, mit sogenannten Musterseiten zu arbeiten.

Die Verwendung der Musterseiten ist immer dann sinnvoll, wenn Sie einer Seite bestimme Objekte fest zuweisen. Sie sollten allerdings beachten, dass die der Musterseite zugewiesenen Objekte in der Rebel nicht weiter editiert werden können.

Daher bietet es sich an, in den Musterseiten Objekte zu verwenden, die weitgehend identisch bleiben, also beispielsweise Logos, Hintergründe, Schmuckelemente, Seitenzahlen, wiederkehrende Schriftzüge und andere Gestaltungsmittel.

Nun stellen Sie die berechtige Frage, worin sich Musterseiten von Vorlagen unterscheiden, die wir in Kapitel 1.5.3 kennengelernt haben. Musterseiten sind keine eigenständigen Vorlagen, sondern werden vielmehr immer einem Dokument zugeordnet.

Dennoch können Sie Musterseiten importieren und beliebig weiterverwenden. In der Praxis ist es sinnvoll, gerade bei größeren Projekten eine Datei zu erstellen, die alle Musterseiten enthält.

Wenn Sie lediglich kleinere Änderungen von Musterseiten vornehmen wollen, können Sie eine Seite duplizieren, die erforderlichen Anpassungen vornehmen und die geänderte Seite mit einer neuen Bezeichnung als neue Musterseite sichern.

Für das Erstellen einer Musterseite gibt es also mehrere Möglichkeiten:

- Sie generieren in der Musterseitenverwaltung eine neue Musterseite.
- Sie duplizieren eine bestehende Musterseite, nehmen die gewünschten Anpassungen vor und speichern das Ergebnis.
- Sie importieren aus bereits bestehenden Dokumenten vorhandene Musterseiten.

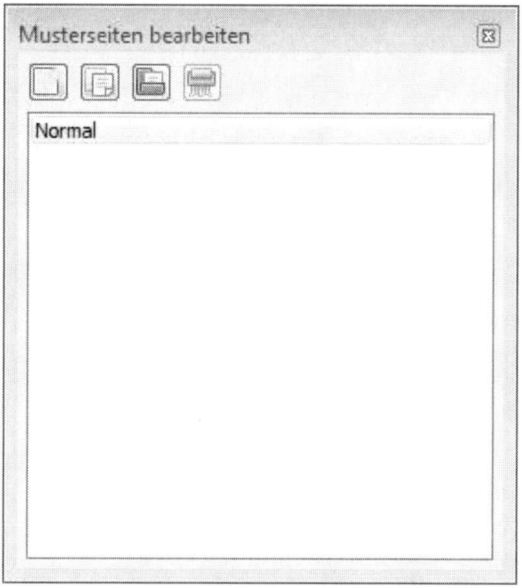

Die Musterseitenverwaltung.

Wie legen Sie nun eine neue Musterseite an? Ganz einfach, denn Scribus besitzt eine Musterseitenverwaltung, ähnlich der Vorlagenverwaltung, allerdings nicht annähernd so leistungsfähig.

Um eine neue Musterseite zu erstellen, führen Sie den Menübefehl *Bearbeiten> Musterseiten* aus. Scribus präsentiert Ihnen den gleichnamigen Dialog, der Ihnen über seine Symbolleiste die notwendigen Funktionen bereitstellt (von links nach rechts):

- Neue Musterseite hinzufügen
- Markierte Musterseite duplizieren
- Musterseite aus einem vorhandenen Dokument importieren
- Markierte Musterseite löschen

In der Musterseitenverwaltung finden Sie bereits den vordefinierten Eintrag *Normal*. Um eine neue Musterseite anzulegen, klicken Sie auf das Symbol *Neue Musterseite hinzufügen*. Die Verwaltung präsentiert Ihnen den Dialog *Neue Musterseite geöffnet*.

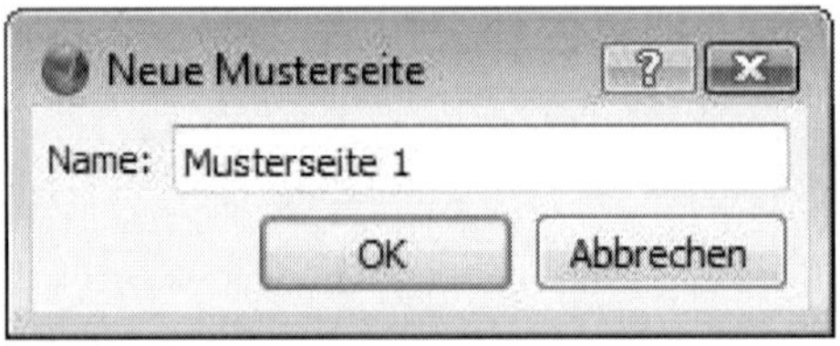

Das Erstellen einer neuen Musterseite.

Weisen Sie der neuen Seite im Eingabefeld *Name* eine aussagekräftige Bezeichnung zu. Wenn Sie eine Mustersite auf Grundlage eines gefalteten Dokuments erstellen, besitzt der Dialog *Neue Musterseite* ein weiteres Auswahlmenü, in dem Sie die Lage der Musterseite bestimmen.

Bei gefalteten Seiten müssen Sie die Lage der Musterseite bestimmen.

Verwendet Ihre Musterseite beispielsweise ein vierfach gefaltetes Format, so können Sie die Musterseite auf vier Dokumentenseiten platzieren (siehe voranstehende Abbildung).

Als Nächstes machen Sie sich an das Bearbeiten der Musterseite und platzieren die Elemente auf dem Dokument, die Sie fix platzieren wollen.

Ist die Bearbeitung abgeschlossen, schließen Sie das Fenster *Musterseiten bearbeiten* mit *OK*. Sie befinden sich nun wieder im normalen Bearbeitungsmodus. Damit haben Sie Ihre erste Musterseite angelegt und können sie Ihren Dokumenten zuweisen.

Eine Möglichkeit zur Erstellung von Musterseiten hatte ich oben nicht erwähnt: Sie können aus bereits existierenden Seiten Musterseiten erstellen. Die Verwendung dieses Befehls ist beispielsweise dann sinnvoll, wenn Sie eine tolle Seite angelegt haben und unversehens feststellen, dass deren Gestaltung sich wunderbar als Muster eignen würde.

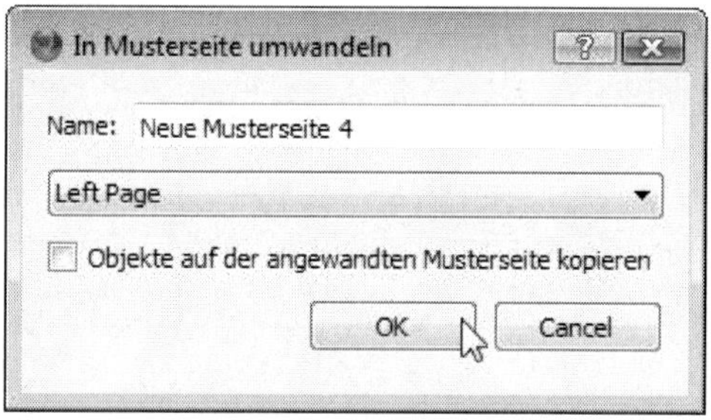

Simpel: Das Umwandeln einer Seite in einer Musterseite.

Das Umwandeln einer bestehenden Seite in eine Musterseite ist wirklich einfach: Öffnen Sie die Seite, die Sie als Musterseite sichern wollen und führen Sie den Menübefehl *Seite> In Musterseite umwandeln* aus. Im Dialog *In Musterseite umwandeln* weisen Sie der Musterseite eine Bezeichnung zu und wählen gegebenenfalls die Lage aus. Mit *OK* wird das Muster erzeugt.

Nun stellt sich nur noch die Frage, wie Sie die Musterseiten Ihren bestehenden Seiten zuweisen bzw. diese als neue Seiten in einem bestehenden Dokument verwenden.

Um vorhandene Musterseiten einem Dokument zuzuweisen, gehen Sie wie folgt vor:

1. Öffnen Sie das Dokument, dem Sie eine Musterseite zuweisen wollen. Führen Sie dann den Menübefehl *Seite> Musterseite anwenden* aus. Es öffnet sich der gleichnamige Dialog.
2. Im Auswahlmenü *Musterseite* wählen Sie die gewünschte Musterseite aus und legen dann fest, auf welche Seiten diese angewendet werden soll. Die Anwendung kann auf folgende Bereiche erfolgen – vorausgesetzt, das je-

weilige Dokument bietet hierfür überhaupt die notwendigen Voraussetzungen wie z. B. mehrseitiges Dokument:

a. Aktuelle Seiten

b. Gerade Seitenzahlen

c. Ungerade Zahlen

d. Alle Seiten

e. Seitenbereich

3. Bestätigen Sie Ihre Wahl mit *OK*. Ihre Musterseite wird den ausgewählten Seiten zugeordnet.

Das Anwenden der Musterseite.

Es gibt einen weiteren Weg, einer Seite eine Musterseite zuzuordnen. Dazu erzeugen Sie in dem Dokument mit dem Menübefehl *Seite> Einfügen* eine neue Seite. Scribus präsentiert Ihnen den Dialog *Seite einfügen*, auf dem Sie bestimmen, wie viele Seiten an welcher Stelle eingefügt werden sollen. Im Bereich *Musterseite* erfolgt die Zuweisung der Musterseiten.

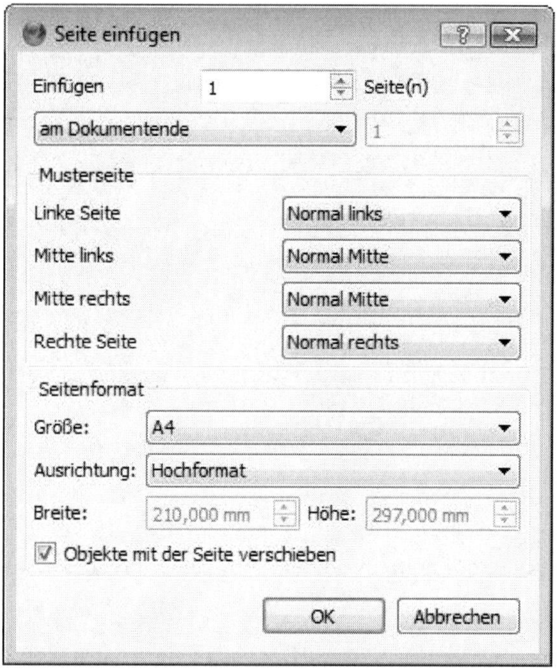

Auch der Dialog *Seite einfügen* erlaubt die Zuweisung von Musterseiten.

An dieser Stelle sei auch noch erwähnt, dass Sie mithilfe des Dialogs *Seiten anordnen* (siehe Kapitel 3.3) Ihren Dokumentenseiten Musterseiten zuweisen können.

7.3 Seitennummerierung

Wenn Sie ein mehr oder minder umfangreiches Dokument erstellen, so ist es immer sinnvoll, es mit einer Seitennummerierung zu versehen. Die ideale Ergänzung dazu ist das Inhaltsverzeichnis, dessen Erstellung in Kapitel 5.3.1 beschrieben ist.

Wenn Sie einmal mit Word oder einer anderen Textverarbeitung eine Seitennummerierung in ein Dokument eingefügt haben, haben Sie vermutlich eine gewisse Vorstellung, wie das bei Scribus sein könnte.

Doch leider funktioniert das bei Scribus ein wenig anders. Das alleine wäre nicht weiter tragisch. Schade ist, dass diese Funktion nicht mit der gängiger Textverarbeitungsprogramme mithalten kann.

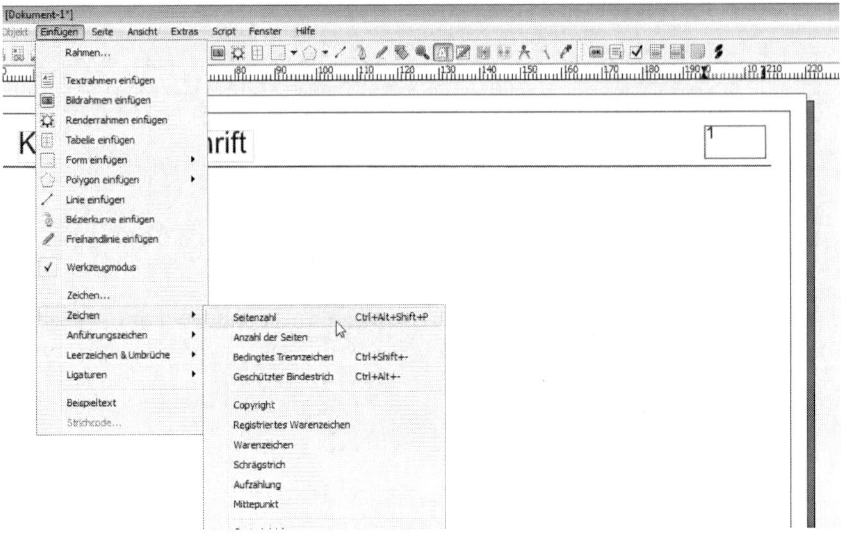

Das Einfügen der Seitennummerierung in Ihr Scribus-Dokument.

Um die Seitennummerierung in Ihrem Dokument einzufügen, gehen Sie wie folgt vor:

1. Legen Sie einen Textrahmen an und positionieren Sie diesen an der Stelle, an der Sie die Seitenzahl einfügen wollen.
2. Aktiveren Sie den Bearbeitungsmodus im Textrahmen. Dies wird durch den blickenden Cursor angezeigt.
3. Dann führen Sie den Befehl *Einfügen> Zeichen> Seitenzahl* aus.
4. In dem Textrahmen wird automatisch die aktuelle Seitenzahl eingefügt.

Sie können auch das Schema der Seitennummerierung ändern. Ihr Dokument muss dabei nicht zwingend bei Seite 1, sondern kann auch bei Seite 10, 20 oder 100 beginnen.

Um das Format der Seitennummerierung zu ändern, öffnen Sie die Dokumenteneigenschaften mit dem Befehl *Datei> Dokument einrichten*. Öffnen Sie dort die Abschnittskonfiguration.

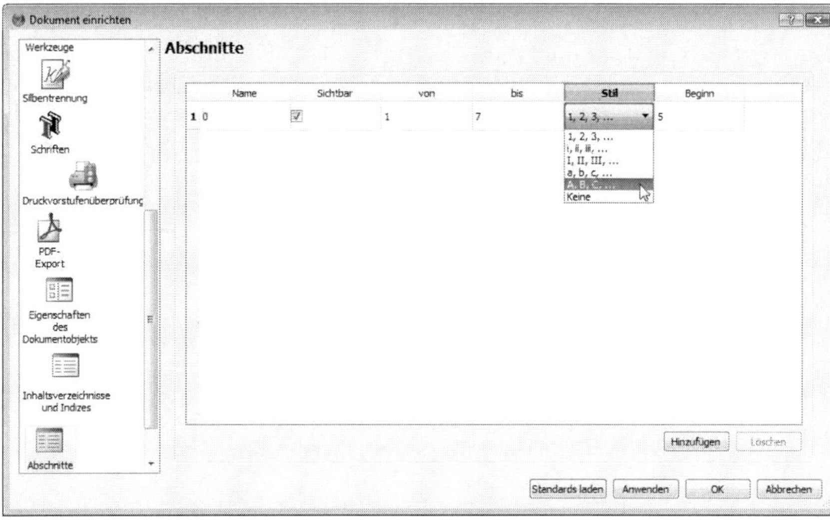

Die Konfiguration der Seitenzahlendarstellung.

Den Stil der Seitennummerierung ändern Sie in der Spalte *Stil*. Dort steht Ihnen ein Auswahlmenü mit verschiedenen Gestaltungsmöglichkeiten zur Verfügung. Sie können in der Tabelle weitere Eigenschaften bestimmen:

- **Name**: In dieser Spalte können Sie optional eine Bezeichnung für den Abschnitt hinterlegen. In unserem Fall wäre beispielsweise *Seitenzahl* eine treffende Bezeichnung.
- **Sichtbar**: Hier entscheiden Sie, ob die Seitennummerierungen in dem Dokument angezeigt werden.
- **Von**: Hier bestimmen, ab welcher Seite die Zählung beginnt.
- **Bis**: Hier bestimmen Sie entsprechend, bis zu welcher Seite die Nummerierung erfolgen soll.
- **Beginn**: In diesem Feld bestimmen Sie, mit welchem Wert die Seitennummerierung beginnen soll. Das ist beispielsweise sinnvoll, wenn Sie das Inhaltsverzeichnis von der Nummerierung ausnehmen wollen oder wenn Sie kapitelweise Ihre Dokumente anlegen.

In diesem Zusammenhang bietet sich die Verwendung einer weiteren Information an, die ebenfalls über das *Einfügen*-Menü verfügbar ist. Mit dem Menübefehl *Einfügen> Zeichen> Seitenzahl* können Sie die Gesamtzahl der Seiten Ihres Dokuments in einen Textrahmen einblenden. Sie könnten also beispielsweise auch folgende Darstellung in Ihrem Textrahmen verwenden:

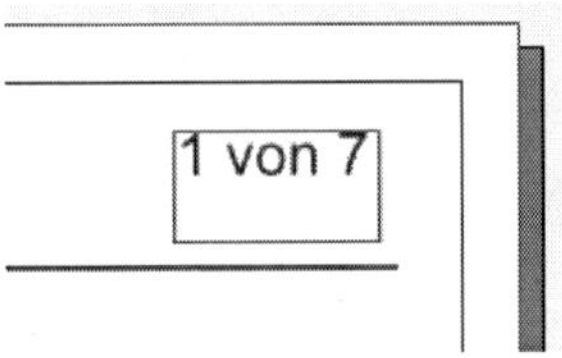

Die Seitenzahl und Gesamtseitenzahl des Dokuments.

Im vorangegangenen Abschnitt haben Sie die Musterseiten kennengelernt. Von Ihrer Textverarbeitung kennen Sie vermutlich die Möglichkeit, diese Informationen auch in Vorlagen zu verwenden.

Das ist bei Scribus auch möglich – zumindest in den Musterseiten. Um in Musterseiten die Seitenzahlen und womöglich auch die Gesamtseitenzahl in einem Textrahmen zu verwenden, greifen Sie ebenfalls zum *Einfügen*-Menü. Für die Seitenzahl kommt der Platzhalter Raute, für die Gesamtseitenzahl das Prozentzeichen zum Einsatz. Beachten Sie, dass diese Platzhalter nur über das *Einfügen*-Menü angelegt werden können, nicht durch die Eingabe der entsprechenden Zeichen über Ihre Tastatur.

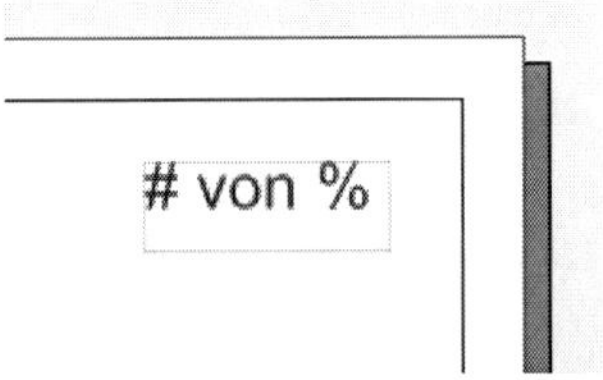

Die Seitenzahl und Gesamtseitenzahl wird in Musterseiten durch Platzhalter realisiert.

7.4 Hilfslinien und Raster

Im Verlauf dieses Buchs haben Sie Möglichkeiten kennengelernt, wie Sie Ihre Objekte grob, aber auch exakt auf dem Montagebereich platzieren können. Scribus stellt Ihnen mit den Hilfslinien und Rastern weitere Funktionen zur Verfügung, damit Sie Ihre Objekte innerhalb des Dokuments optimal ausrichten können.

Das Raster blenden Sie mit dem Menübefehl *Ansicht> Raster anzeigen* ein oder aus. Seine Eigenschaften und Gestaltung können Sie mit dem Menübefehl *Datei> Dokument einrichten> Hilfslinien* in den Bereichen *Großes Raster* und *Kleines Raster* an Ihre Anforderungen anpassen.

Das Anlegen von Hilfslinien kann mit der Maus oder mit dem Dialog *Hilfslinien bearbeiten* erfolgen. Besonders einfach ist das Anlegen von Hilfslinien mithilfe der Maus. Platzieren Sie zunächst den Mauszeiger auf eines der Lineale, halten Sie die linke Maustaste gedrückt und ziehen Sie den Mauszeiger in das Dokument. Lassen Sie die Maustaste an der gewünschten Stelle los. Die Hilfslinie wird dort eingefügt. Wenn Sie eine vertikale Hilfslinie anlegen wollen, verwenden Sie das vertikale Lineal, entsprechend gehen Sie bei einer horizontalen Hilfslinie vor.

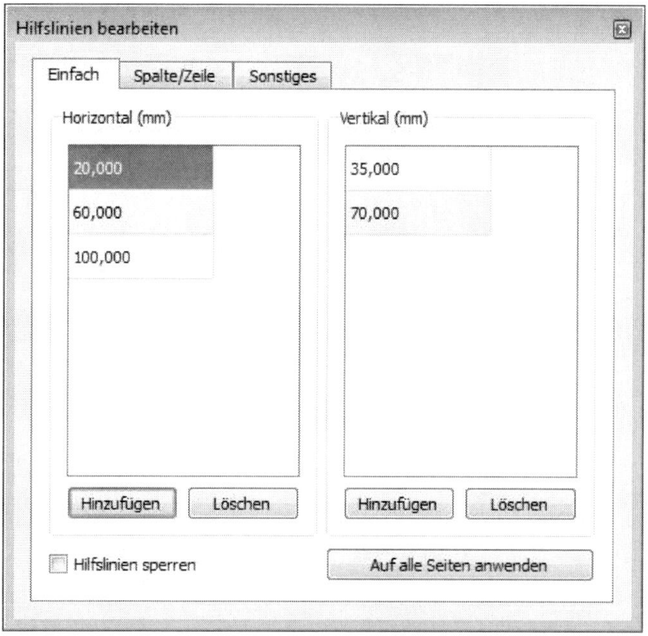

Das Bearbeiten der Hilfslinien.

Das Platzieren von Hilfslinie mit der Maus taugt meist nur für das grobe Setzen. Doch Sie können Hilfslinien auch exakt auf dem Arbeitsbereich positionieren. Dazu verwenden Sie die Funktionen des Dialogs *Hilfslinie bearbeiten*, den Sie über das Menü *Seite* aufrufen. Wie voranstehende Abbildung zeigt, besitzt dieser drei Registerkarten:

- **Einfach**: Auf dieser Registerkarte werden die angelegten Hilfslinien aufgeführt, links die horizontalen, rechts die vertikalen. Mithilfe der Schaltflächen Hinzufügen und Löschen können Sie weitere Hilfslinien anlegen bzw. nicht mehr benötigte entfernen.

  Um die Position einer Linie zu verändern, klicken Sie doppelt auf den betreffenden Zahlenwert und passen diesen an. Sie können den gewünschten Wert direkt in das Eingabefeld eingeben oder über die Pfeiltasten korrigieren.

  Durch das Aktivieren der Option *Hilfslinien sperren* sorgt dafür, dass die Hilfslinien fixiert und nicht versehentlich verschoben werden können. Die Schaltfläche *Auf alle Seiten anwenden* finden Sie auf den beiden Registerkarten *Einfach* und *Spalte/Zeile*. Mit einem Klick weisen Sie die Einstellungen der Hilfslinien allen vorhandenen Dokumentseiten zu.

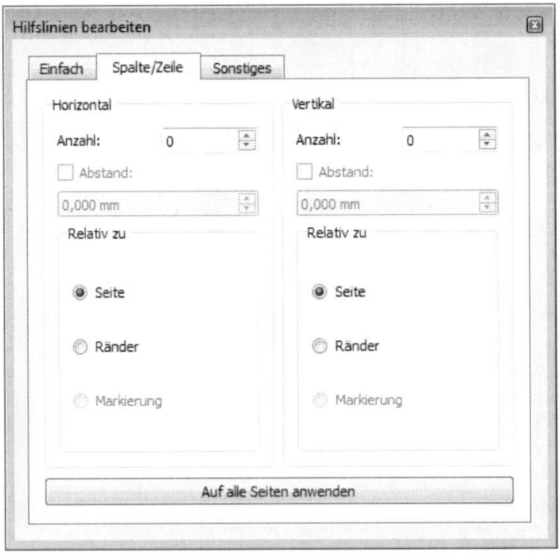

Die Registerkarte Spalte/Zeile.

- **Spalte/Zeile**: Wenn Sie eine gleichmäßige Verteilung der Hilfslinien wünschen, sind Sie auf dieser Registerkarte richtig. Hier bestimmen Sie die Anzahl der horizontalen und vertikalen Hilfslinien sowie optional deren Abstand. Für die Verteilung können Sie die Bezugspunkte Seite, Rahmen und Markierung verwenden. Als Markierung wird beispielsweise ein markierter Rahmen bewertet.
- **Sonstiges**: Auf der dritten Registerkarte können Sie mit zwei Schaltflächen die Hilfslinien auf der aktuellen Seite und die aller Seiten löschen.

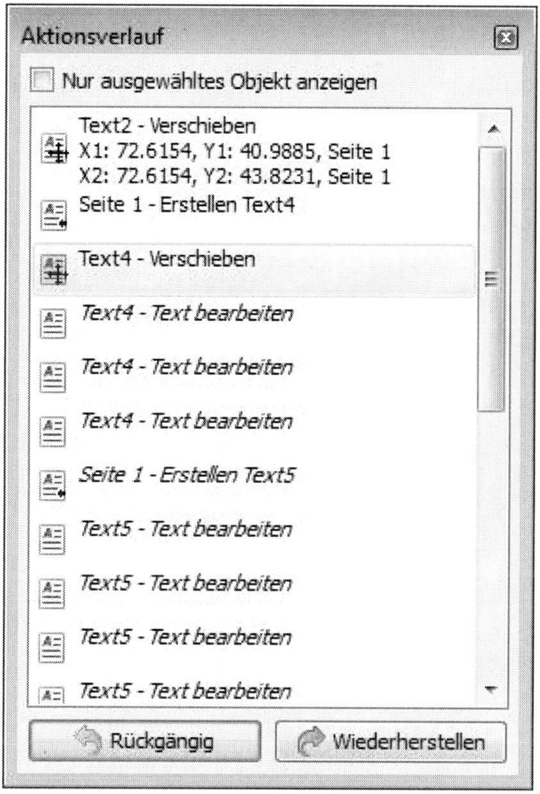

Das Aktionsverlauf.

7.5 Aktionsverlauf

DTP ist ein kreativer Prozess, bei dem es immer wieder darum geht, Dinge auszuprobieren, zu testen, Ideen zu verwerfen und neue Wege zu gehen. Dabei bleibt es nicht aus, dass Sie getane Schritte wieder rückgängigmachen und andere wieder herstellen wollen.

Scribus stellt Ihnen hierfür die Rückgängigmachen- und Wiederherstellfunktion zur Verfügung. Die Anzahl der möglichen Schritte können Sie mit dem Befehl *Datei> Allgemeine Ein-stellungen> Dokument> Anzahl der Rückgängig/Wiederherstellen-Aktionen* an Ihre Anforderungen anpassen. Standardmäßig sind es 20 Arbeitsschritte, aber Sie können diesen Wert bis auf 1000 Schritte hochsetzen.

Wenn Sie aber nicht mehr genau wissen, in welcher Schrittfolge Sie welche Aktion durchgeführt haben, können Sie dies im Aktionsverlauf einsehen. Den öffnen Sie mit dem Menübefehl *Fenster> Aktionsverlauf.*

Um einzelne Schritte rückgängigzumachen oder wiederherzustellen, markieren Sie diese in der Liste und betätigen Sie die Schaltflächen *Rückgängig* bzw. *Wiederherstellen*.

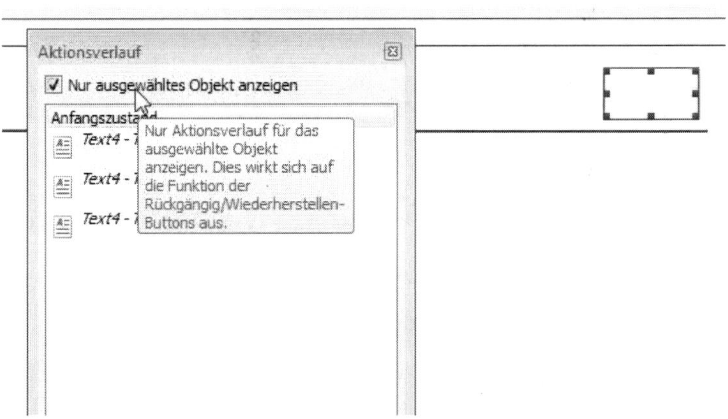

Der Aktionsverlauf für ein markiertes Objekt.

Wenn Sie sich speziell für die Änderungen an einem bestimmten Objekt interessieren, können Sie die Ansicht entsprechend einschränken:

1. Markieren Sie das Objekt, für dessen Änderungen Sie sich interessieren.

2. Dann öffnen Sie den Aktionsverlauf.
3. Aktivieren Sie die Option *Nur markiertes Objekt anzeigen.*
4. Die Ansicht der Änderungen wird im Aktionsverlauf entsprechend eingeschränkt und Sie können nun gezielt Schritte an dem markierten Objekt rückgängigmachen bzw. wiederherstellen.

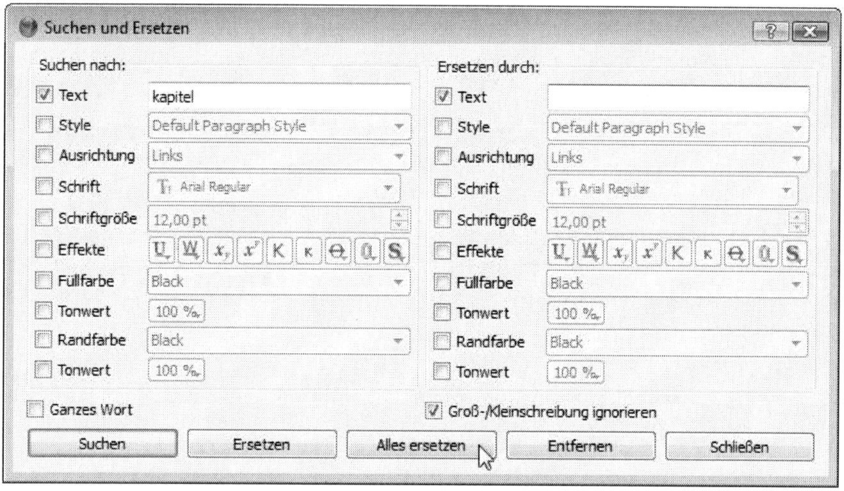

Die Funktion *Suchen und Ersetzen.*

7.6 Suchen und Ersetzen

Wenn Ihnen beim Erstellen von Textkästchen immer wieder der gleiche Rechtschreibfehler unterläuft oder Sie sich bei einem Begriff auf eine andere Schreibweise geeignet haben, so leistet Ihnen die Funktion *Suchen und Ersetzen* wertvolle Dienste.

Bei der Suche können Sie neben reinem Text auch eine Fülle weiterer Kriterien für die Ersetzung verwenden: Stil, Ausrichtung, Schriftart, Schriftgröße, Effekte, Füllfarbe und Randfarbe. Sie können also beispielsweise nach einem links ausgerichteten Begriff, der die Schriftart Times verwendet sowie eine blaue Füllung besitzt und diesen Begriff durch einen völlig anderen mit anderer Formatierung und Gestaltung ersetzen.

Wenn Sie alle Suchergebnisse durch die neue Konfiguration ersetzen wollen, betätigen Sie die Schaltfläche *Alles ersetzen*.

7.7 Barcode erstellen

In vielen Unternehmen gehört der Umgang mit Barcodes zum Büroalltag. Sie müssen erstellt, in Dokumenten, Bestelllisten, Produktbeschreibungen, Anleitungen, Covern etc. eingefügt werden. Diese Kennzeichnungen helfen insbesondere dem Handel, die Waren einfacher einzulesen und beispielsweise den Abrechnungsvorgang an einer Kasse zu vereinfachen.

Wenn Sie auch zu dieser Anwendergruppe gehören, die regelmäßig mit Barcodes umgehen muss, sind Sie sicherlich froh, wenn sich diese aus der gewohnten Umgebung heraus erstellen und verarbeiten lassen.

Wenn Sie tagtäglich mit Barcodes hantieren müssen, dann ist Scribus deshalb so interessant, weil das Programm über ein entsprechendes Plug-in verfügt, das für andere Anwendungen viel Geld kostet. Schon alleine das wäre ein Grund, Scribus einzusetzen.

7.7.1 Grundlagen

Bei den Barcodes, auch Strichcode oder Balkencode genannt, handelt es sich um eine optoelektronisch lesbare Schrift, die aus verschieden breiten, parallelen Strichen und Lücken besteht.

Jeder kennt es von seinem Einkauf im Supermarkt, seiner Buchhandlung oder auch Tankstelle: Die Daten in einem Strichcode werden mit optischen Lesegeräten, speziellen Barcode-Scannern, eingelesen und elektronisch weiterverarbeitet.

Heute gibt es eine Vielzahl unterschiedlicher Barcode-Typen. Sie wurden in der Vergangenheit zu verschiedenen Zeiten und für verschiedene Zwecke entwickelt. Sie unterscheiden sich auch stark nach Benutzergruppen und vor allem auch nach den jeweiligen Herstellungsmöglichkeiten.

Je nach Anwendung werden die Strichcodes mit konventionellen Druckverfahren (wie Offset, Flexo- oder Tiefdruck) oder nach Bedarf (unter anderem Laser-, Thermodirekt-, Thermotransfer-, Tintenstrahldruck) hergestellt.

Ursprünglich gab es nur eindimensionale Barcodes (1-D-Codes). Gegen Ende der 80er wurden dann die zweidimensionalen Codes (2-D-Codes) entwickelt. Diese können aus gestapelten 1-D-Codes bestehen (stacked), in Zeilen angeordnet sein oder als echter Flächencode (Matrix) hergestellt werden.

5 701090 011116

Ein erstes Beispiel für einen Barcode. Hier ein EAN 13-Barcode, wie man ihn üblicherweise im Handel findet.

Heute gibt es sogar dreidimensionale Codes (3-D-Codes): Hier stellen der Farbton, die Farbsättigung oder die Farbhelligkeit die dritte Dimension dar. Doch die Entwicklung ist längst noch nicht am Ende angelangt. Forscher der Bauhaus-Universität Weimar haben 2007 den 4-D-Code entwickelt. Bei dieser Variante ist die vierte Dimension die Zeit ist, d. h., die Codes sind animiert.

Barcodes sind in der Regel neben den typischen Balken durch weitere Informationen gekennzeichnet. Häufig findet man direkt unter dem Barcode der Dateninhalte zusätzlich für Menschen lesbare Schrift. Das soll bei etwaigen Leseproblemen helfen, die Information manuell auszuwerten.

Um für eine gute Lesbarkeit zu sorgen, sollten Barcodes eine gewisse Mindesthöhe besitzen. Diese ist in einigen Fällen sogar genormt. Dazu später mehr. Wichtig ist außerdem das Breitenverhältnis zwischen schmalen und breiten Balken. Auch dies ist genormt und liegt je nach Norm zwischen 1 : 1,8 bis 1 : 3,4 (normalerweise soll nur 1 : 2,0 bis 1 : 3,0 verwendet werden).

Mehrstrichbreitencodes haben üblicherweise Balken-breiten, die sich um je ein Modul erhöhen. Auch muss vor und nach dem Code ein Feld frei bleiben – die so genannte Ruhezone –, um den Code einwandfrei dekodieren zu können.

Die Balken bezeichnet man nach dem englischen Wort bars, die Lücken werden entsprechend mit space bezeichnet. Als erstes und als letztes Zeichen stehen häufig ein Start- oder Stoppzeichen, anhand dessen der Leser einerseits die Barcodeart und andererseits auch die Leserichtung feststellen kann.

Allerdings gibt es auch hier Ausnahmen, denn die Pharma- und Laetus-Codes kommen beispielsweise ohne Start- und Stoppzeichen daher. Bei wieder anderen Codes wie z. B. dem EAN-Code sind Start- und Stoppzeichen gleich, die Leserichtung ergibt sich aus der Eindeutigkeit der Codewörter.

Es gibt auch spezielle Anwendungen an Barcodes. So ist bei einigen Typen etwa eine besondere Form erforderlich. Ein Barcode kann auch überquadratisch sein, das bedeutet, er ist höher als breit. Damit ist es möglich, mit zwei zueinander im rechten Winkel stehenden Scannern den Code in jeder Lage zu lesen. Dies wird zum Beispiel bei den Gepäckanhängern bei Fluggesellschaften verwendet. Eine andere Art ist der T-förmige Code. Dabei werden zwei Codes mit demselben Inhalt T-förmig zueinander aufgedruckt. Hier ist es möglich, mit einem einzigen Scanner in allen Richtungen zu lesen.

Beim Umgang mit Barcodes ist auch auf die Druckqualität zu achten. Bei linearem Strichcode wird sie in der Norm ISO/IEC 15416 definiert. Die Druckqualität von 2D-Strichcodes ist in der Norm ISO/IEC 15415 definiert. Datenstrukturen (unter anderem EAN 128 oder Fact) sind in der ISO/IEC 15418 (beziehungsweise in der referenzierten ANS MH10.8.2) festgelegt.

7.7.2 Bekannte 1-D-Codes

Schauen wir uns die wichtigsten Barcodes, ihre Eigenschaften und Besonderheiten genauer an. Zunächst widmen wir uns den 1-D-Codes.

In Europa begegnet man häufig den EAN-Codes. Diese Abkürzung steht für European Article Number. Es gibt insbesondere die drei folgenden wichtigen Barcodes:

- EAN-8-Barcode
- EAN-13-Barcode

Dieser Barcode-Typ ist in der internationalen Norm ISO/IEC 15420 beschrieben. Der Inhalt ist durch die Anwendergruppenspezifikation (der Handel) in den GS1 (General Specifications) festgelegt. Die Eigenschaften sehen wie folgt aus:

- Zeichenvorrat umfasst den Zahlenbereich 0 bis 9.
- Es sind feste Längen vorgegeben:
    - EAN-13 hat 13 Stellen, eine davon ist eine Prüfziffer.
    - EAN-8 hat 8 Stellen, davon eine Prüfziffer.
    - UPC-A hat 12 Stellen, davon eine Prüfziffer.
    - UPC-B, -C, -D sind zwar normiert, aber ohne praktische Bedeutung.
    - UPC-E definiert die Komprimierung von 11 Nutzziffern in einen achtstelligen Barcode, wenn die Nutzziffern bestimmte Folgen von Nullen enthalten.

- IAN (International Article Numbering) Barcode ist identisch mit EAN, der Inhalt mit EAN abgestimmt.
- JAN (Japanese article numbering)
- Zusatzcodes: Gängig sind zweistellige und fünfstellige Zusatzcodes, die direkt neben dem EAN oder UPC gedruckt werden und beispielsweise für die Kodierung der Ausgabennummer einer Zeitschrift oder der gewogenen Menge bei losen Waren dienen. Auch ein Preis ist hier möglich, jedoch kennen Kassensysteme in der Regel die Artikel und den zugehörigen Preis.

Die Handelsstrichcodes zeichnen sich durch einige weitere Eigenschaften aus.

- Zur Darstellung sind je vier verschiedene Balken- und Lückenbreiten notwendig, die insgesamt 32 Symbole definieren: Für die Ziffern 0-9 gibt es jeweils drei Symbole (Codierung A, B, C), dazu kommt ein Randsymbol als erstes und letztes Zeichen, und schließlich ein Trennsymbol in der Mitte.
- Auch für die Kodierung des EAN-13 genügen zwölf Symbole. In der Literatur hat sich eine Zählung der Ziffern von rechts nach links durchgesetzt. Während die Ziffern der Stellen 1 bis 6, darunter die Prüfziffer auf Stelle 1, mit den entsprechenden Symbolen aus dem Satz C gedruckt werden, werden die Ziffern 7–12 aus Symbolen aus A und B codiert, und zwar in einer Abfolge, aus der sich eindeutig die 13. Ziffer ergibt. Das ist die vorderste Ziffer. Meist steht die Nummer im Klartext darunter, und man sieht die 13. Ziffer dann links neben dem Barcode.

Bei diesen Barcode-Typen sollten Sie immer auch eine gültige EA-Nummer einsetzen, da ansonsten das Risiko von Verwechslungen sehr hoch ist. Norm-konform ist aber auch der Einsatz von EANs auf abgegrenztem Raum, die mit der Ziffer 2 beginnen und ansonsten frei nach Bedarf des Anwenders mit Ziffern gefüllt werden.

Von den oben aufgeführten Handelsbarcodes gibt es auch bekannte Unterarten, die zur Kennzeichnung von Büchern und Zeitschriften verwendet werden. Es handelt sich um die ISBN und die ISSN. Beide werden im EAN-13-Code wie folgt kodiert:

- **ISBN**: Bei den 10-stelligen ISBNs, die für die Kennzeichnung von Büchern verwendet wird, wird die letzte Ziffer (die Prüfziffer des numerischen ISBN-Codes) entfernt, eine 978 vorangestellt und die Prüfziffer des Barcodes angehängt. Daraus ergibt sich ein 13-stelliger Code.

- **ISSN**: ISSNs, die bei Zeitschriften verwendet werden, wird ähnlich wie bei der ISBN verfahren. Es wird die 977 vorangestellt, darauf folgen die sieben Ziffern der ISSN (also ohne die Prüfziffer). Die Ziffern 11 und 12 können für Spezial- oder Doppelausgaben verwendet werden. Bei Nicht-Verwendung sind diese Reserve-Ziffern jeweils 0. Die dreizehnte Stelle ist die Prüfziffer gemäß der EAN-Richtlinie.

7.7.3 Die 2/5-Familie

Die sogenannte 2/5-Familie verwendet einen Zeichenvorrat von 0 bis 9. Die wichtigste Variante ist 2/5 Interleaved, kurz 2/5i. Sie ist in ISO/IEC 16390 spezifiziert.

Oftmals findet man auch die Bezeichnung ITF für Interleaved 2 of 5 – Interleaved Two of Five. In der Regel wird die Bezeichnung ITF-14 in einem etwas anderen Kontext verwendet. Hier handelt es sich nach wie vor um einen gewöhnlichen 2/5i Code. Die Besonderheit ist die einschränkende Spezifikation durch die GS1 General Specifications. Der Code ITF-14 hat damit nur noch fest 14 Stellen, er muss eine Prüfziffer beinhalten, der erlaubte Größenbereich ist für die automatisierte Erfassung optimiert und die Ratio sollte 1:2,5 betragen.

Von dieser Barcode-Familie gibt es einige nur noch selten verwendete Unterarten:

- Industrial
- Matrix
- 3-Striche-Datalogic
- Invertiert
- IATA

Die Unterarten sind nicht normiert, sondern durch firmenspezifische Spezifikationen definiert.

7.7.4 Code 39

Bei dem Barcode Code 39 handelt es sich um einen älteren alphanumerischer Code. Er ist insbesondere in der Industrie weit verbreitet, beispielsweise in der Automobil- (bei den VDA-Versandetiketten) oder in der Pharmaindustrie (Pharmazentralnummern).

Dank der großen Drucktoleranzen ist er einfach herzustellen. Bei dieser Codeart entspricht ein Zeichen Klarschrift einem Zeichen Barcode. Start- und Stoppzeichen werden jeweils durch ein * dargestellt. Code 39 ist in der ISO/IEC 16388 spezifiziert.

7.7.5 Code 128

Bei dem Strichcode Code 128 handelt es sich um einen verschachtelten Code, in dem Striche und Lücken signifikante Information tragen. Dazu werden sowohl die Strichbreiten wie die Breite der Lücken variiert.

Der Code 128 löst nach und nach den Code 39 ab, da die Informationsmöglichkeiten in diesem Code wesentlich größer sind. Es können bei einer gleichzeitig hohen Informationsdichte alle Zeichen zwischen ASCII 0 bis ASCII 127 dargestellt werden. Es werden dabei gleiche Symbole für mehrere Zeichen gleichzeitig verwendet, diese werden aber durch Umschaltzeichen am Anfang des Codes oder vor einem Block dargestellt (Zeichensatz A, B und C).

Beim EAN 128 handelt es sich eigentlich nicht um einen „echten" Barcode, sondern eine Datenstruktur für die Logistik, die als Transportmedium den Code 128 definiert.

Das Protokoll ist auch EDI-fähig mittels EANcom. Das Sonderzeichen FNC1 nach dem Startzeichen definiert eindeutig den EAN 128. Durch die Umbenennung der EAN-Organisationen in GS1 (Global Standards 1) wird der EAN 128 jetzt auch als GS1 128 bezeichnet.

7.7.6 2D-Codes

Neben den 1-D-Codes trifft man häufig auch die 2D-Codes. Bei den 2-D-Barcodes werden die Informationen auch senkrecht zur Hauptausrichtung kodiert.

Dabei sind echte Array-Codes (QR Code, DataMatrix, Az-tec Code) von gestapelten Codes (PDF417, Codablock) zu unterscheiden. Beim Postcode RM4SCC handelt es sich um keinen echten 2-D-Strichcode, allerdings wird hier zusätzliche Information über die Strichlänge kodiert.

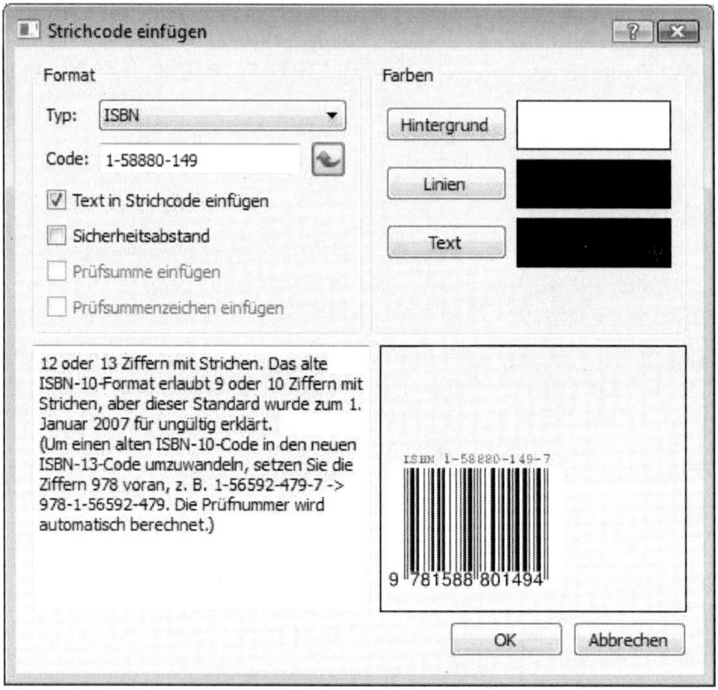

Das Barcode-Plug-in in Aktion.

7.7.7 Der Barcode-Generator in Aktion

Schauen wir uns an, wie Sie konkret mit dem Barcode-Plug-in arbeiten. Die Verwendung ist wirklich kinderleicht. Damit das Erstellen des Barcodes funktioniert, müssen Sie außerdem sicherstellen, das GhostScript auf Ihrem System installiert ist.

Um den Barcode-Generator zu starten, führen Sie den Menübefehl *Einfügen> Strichcode* aus. Es öffnet sich der Dialog *Strichcode einfügen*. Mit dem Auswahlmenü *Typ* bestimmen Sie, welchen Barcode-Typ Sie verwenden wollen. Das Auswahlmenü stellt Ihnen die wichtigsten Typen zur Verfügung:

- Code 2 of 5
- Code-128
- Code-39

- EAN-2
- EAN-5
- EAN-8
- EAN-13
- ISBN
- ITF-14
- Interleaved 2 of 5
- MSI
- Plessey
- Postnet
- Rationalized Codabar
- Royal Mail
- UCC/EAN-128
- UPC-A
- UPC-E

Unterhalb der Barcode-Konfiguration finden Sie links unten eine kurze Erläuterung, rechts unter die Vorschau.

In das Textfeld *Code* geben Sie dann die gewünschte Zeichen- oder Ziffernfolge für Ihr Produkt ein. Standardmäßig ist die Option *Text in Strichcode einfügen* aktiviert. Sie sorgt dafür, dass Ihre Eingabe oberhalb des Barcodes eingeblendet wird.

Durch Aktivieren der Option *Sicherheitsabstand* erzeugen Sie einen Pfeil, der als Sicherheitsabstand den Strichcode von den übrigen Inhalten trennt.

Bei einigen Barcode-Varianten wie Code-128 können Sie mit den Optionen *Prüfsumme einfügen* und *Prüfsummenzeichen einfügen* für die notwendige Sicherheit sorgen.

Im Bereich *Farben* können Sie außerdem die Farbe des Hintergrund, der Linien und des Textes anpassen. Sie sollten bei Abweichungen von den Standardfarben testen, ob die von handelsüblichen Barcode-Scannern auch weiterhin gelesen werden können.

Mit einem abschließenden Klick auf *OK* wird der Barcode generiert. Der Mauszeiger verändert seine Form und Sie können nun auf dem Montagebereich den Rahmen ziehen, in dem der Barcode platziert wird.

Der Mauszeiger verwandelt seine Gestalt und zeigt an, dass das Einfügen des Barcodes möglich ist.

7.8 Dokument einrichten

Bereits beim Anlegen eines neuen Dokuments bestimmen Sie die Eigenschaften wie das Papierformat, die Ausrichtung, die Ränder etc. Sie können in Scribus programmweite Einstellungen und auch dokumentspezifische Einstellungen vornehmen.

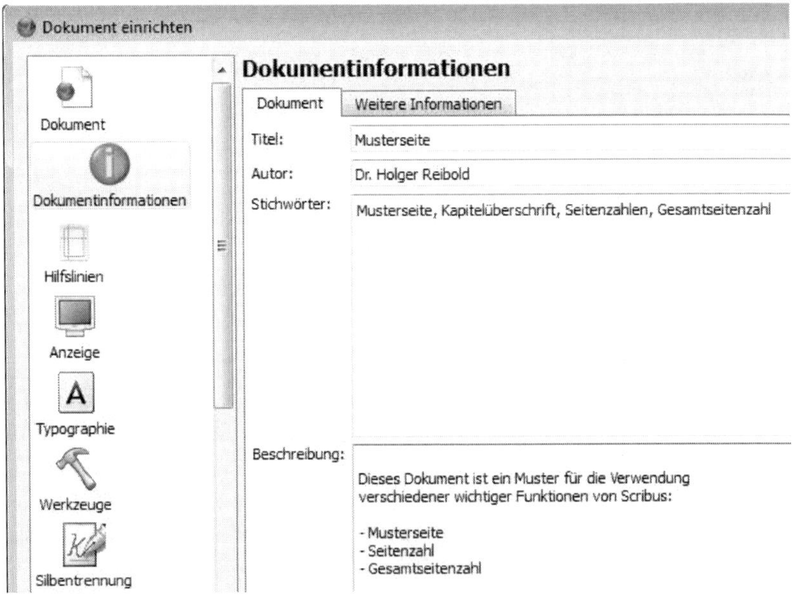

Das Einrichten eines Dokuments.

Dabei gilt: Die dokumentenspezifische Einstellungen haben eine höhere Priorität als die Programmeinstellungen. Die Programmeinstellungen sind detailliert in Kapitel 10 beschrieben.

Beide – programmweite und dokumentenspezifische Einstellungen – sind über das Menü *Datei* verfügbar. Sie unterscheiden sich kaum. Einziger grundlegender Unterschied zwischen beiden sind die Dokumentinformationen. Dabei handelt es sich um Metadaten, also Daten über Ihr Dokument. Diese Metadaten können Sie mit dem Befehl *Datei> Dokument einrichten> Dokumentinformationen* anlegen.

Die zugehörige Kategorie besitzt zwei Registerkarten: *Dokument* und *Weitere Informationen*. Auf der Registerkarte *Dokument* können Sie folgende Daten hinterlegen:

- Titel
- Autor
- Stichwörter
- Beschreibung

Die weiteren Informationen der Metadaten.

Auf der Registerkarte *Weitere Informationen* können Sie verschiedene ergänzende Informationen wie den Herausgeber, die Mitarbeiter, das Datum, das Format etc. angeben.

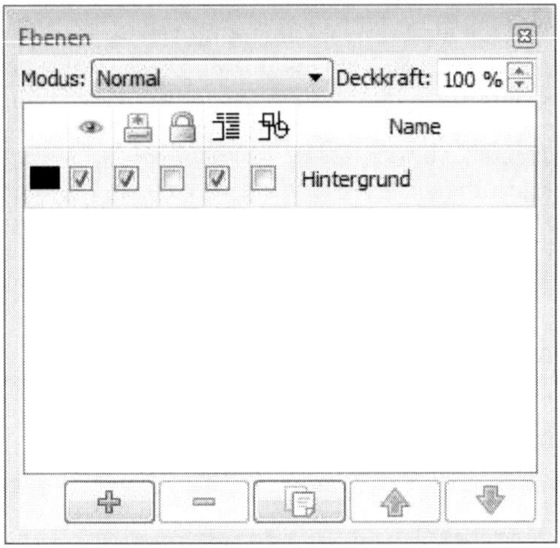

Die Ebenenverwaltung von Scribus.

7.9 Ebenen

Mit den sogenannten Ebenen steht Ihnen ein weiterer Mechanismus für das Erstellen von komplexen Dokumenten zur Verfügung. Auf den ersten Blick wird nicht so recht deutlich, was man damit anstellen kann.

Ein einfaches Beispiel verdeutlicht die Anwendungsmöglichkeiten. Sie könnten beispielsweise in einem Dokument auf einer Ebene die grafischen Elemente, auf einer zweiten die deutschsprachige Version und auf einer weiteren die englischsprachigen Inhalte platzieren. So ließen sich mehrere Druckversionen in einem Dokument unterbringen.

Sie könnten auch – bei gleichbleibenden Texten auf einer Ebene – mit unterschiedlichen Grafikvarianten auf weiteren Ebenen hantieren.

Sie könnten auch verschiedene Hintergründe anlegen, um Ihre Dokumente bei unterschiedlichen Anlässen mit wenigen Mausklicks in einer spezifischen Ausprägung zu generieren.

Der Clou: Sie können diese verschiedenen Ebenen dann nutzen, um daraus – ähnlich einem Baukastensystem – unterschiedliche PDF-Versionen eines Dokuments exportieren.

Für das Hantieren mit Ebenen besitzt Scribus eine Ebenenverwaltung. Diese öffnen Sie mit dem Menübefehl *Fenster> Ebenen* bzw. der Funktionstaste *F6*.

Um eine neue Ebene anzulegen, klicken Sie in der Verwaltung auf das Pluszeichen links unten (*Neue Ebene hinzufügen*). Scribus weist dieser die Bezeichnung *Neue Ebene 1* zu. Weiteren Ebenen entsprechen die Bezeichnungen *Neue Ebene 2*, *Neue Ebene* 3 etc. Mit einem Doppelklick in das Namensfeld können Sie die Ebenenbezeichnung ändern.

Um eine Ebene zu entfernen, markieren Sie diese und klicken auf das Minuszeichen (*Ebene löschen*). Befinden sich auf der Ebene Objekte, so werden Sie vor dem Löschen gefragt, ob die Elemente ebenfalls entfernt werden sollen. Falls nicht, werden Sie auf der Hintergrundebene abgelegt, die jedes Scribus-Dokument standardmäßig besitzt.

Wenn Sie die überwiegenden Bestandteile einer bestehenden Ebene in einer zweiten ebenfalls verwenden wollen, markieren Sie die entsprechende Ebene und klicken in der Symbolleiste auf das mittlere Icon (*Aktive Ebene duplizieren*).

Das Editieren von Objekten ist immer nur in der aktiven Ebene möglich. Sie müssen also immer erst eine Ebene in der Ebenenverwaltung auswählen, um die Inhalte dieser Ebene bearbeiten zu können.

Die Ebenenfunktionen.

Oberhalb der Liste der Ebenen finden Sie eine kleine Symbolleiste, mit der Sie verschiedene weitere Einstellungen vornehmen können (von links nach rechts):

- **Ebene sichtbar**: Um die Objekte einer Ebene auszublenden, entfernen Sie das Häkchen aus dem Kontrollkästchen.
- **Ebene drucken**: Standardmäßig ist diese Option aktiviert und die Ebene kann ausgedruckt werden.
- **Ebene sperren**: Wenn Sie dieses Kontrollkästchen aktivieren, sind keine Änderungen mehr an der Ebene möglich.

- **Textfluß**: Ist diese Option aktiviert, fließt Text aus tieferliegenden Ebenen auch weiterhin um höher gelegene Objekte herum.
- **Umrissmodus**: Diese Option reduziert die Anzeige auf die Objektumrisse. Damit wird die Darstellung sehr komplexer Dokumente mit vielen Ebenen beschleunigt.

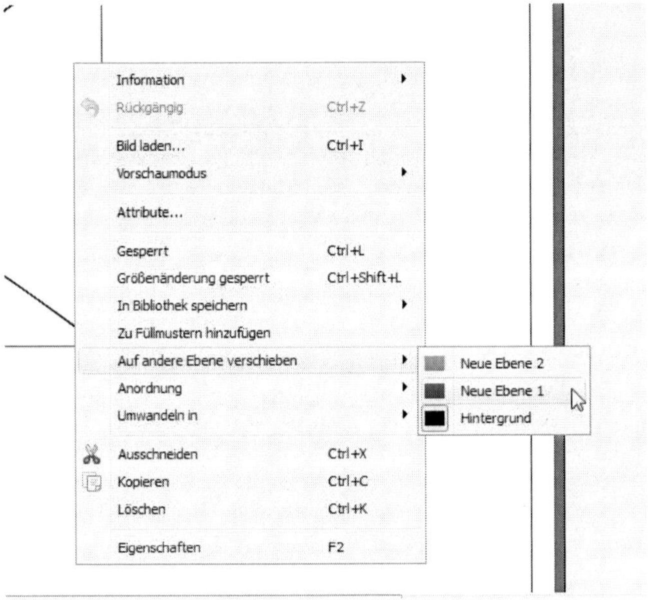

Das Verschieben eines Objekts von einer Ebene zur anderen.

In der Praxis kommt es nun immer wieder vor, dass man Objekte von einer Ebene auf einer zweiten oder dritten Ebene verwenden will. Sie können Objekte ganz einfach von einer Ebene auf eine andere verschieben: Markieren Sie das Objekt und führen Sie den Befehl *Objekt> Auf andere Ebene verschieben* aus. In dem Pop-up-Dialog wird die aktuelle Ebene durch einen Rahmen hinterlegt dargestellt. Wählen Sie die neue Ebene aus.

Sie können zum Verschieben auch die rechte Maustaste verwenden: Markieren Sie das gewünschte Objekt und führen Sie die den Befehl *Auf andere Ebene verschieben* aus.

Beim Umgang mit Ebenen sollten Sie folgendes beachten: Damit eine Ebene in ein anderes Format exportiert werden kann, muss sie druckbar sein.

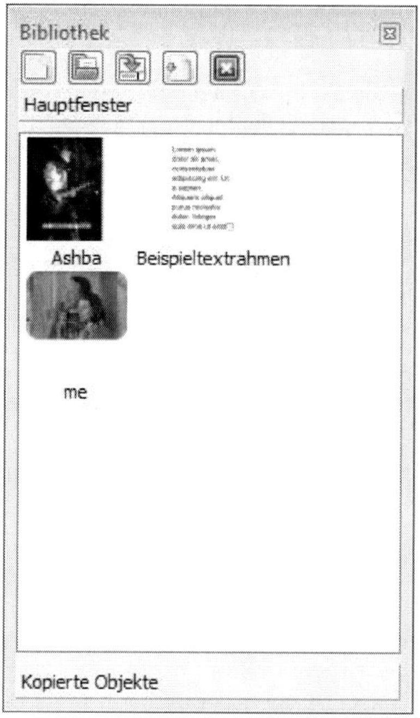

Die Bibliothek ist mit ersten Objekten gefüllt.

7.10 Die Bibliothek

Wenn Sie intensiv mit Scribus arbeiten, werden Sie vermutlich immer mal wieder auf bestimmte Elemente zurückgreifen wollen. Das können beispielsweise Logos, Bildelemente, Grafiken, Hintergründe, Textbausteinte etc. sein.

Um schnell auf solche Objekte zugreifen zu können, stellt Ihnen Scribus eine Bibliothek zur Verfügung. Hier speichern Sie Objekte zur schnellen Wiederverwendung. Der Zugriff auf die Bibliothek erfolgt mit dem Menübefehl *Fenster> Bibliothek.*

Um Objekte, die Sie bereits in einem Dokument verwenden, in die Bibliothek zu legen, führen Sie den Menübefehl *Objekt> In Bibliothek speichern* aus oder verwenden den gleichnamigen Befehl des Kontextmenüs der rechten Maustaste.

Die Verwendung vom Bibliotheksobjekten in Ihren Scribus-Dokumenten ist ebenfalls einfach: Markieren Sie das Objekt und ziehen Sie es mit gehaltener Maustaste in das Dokument.

Die Bibliothek stellt Ihnen über die Symbolleiste alle wichtigen Funktionen zur Verfügung (von links nach rechts):

- **Neue Seite in Bibliothek erstellen**: Mit einem Klick legen Sie eine neue Bibliotheksseite an, die den Namen des ausgewählten Ordners verwendet.
- **Vorhandene Bibliothek laden**: Erlaubt das Laden einer bereits gespeicherte Bibliothek.
- **Markierte Bibliothek speichern**: Sichert die markierte Bibliothek in dem angegebenen Verzeichnis.
- **Bibliothek >= 1.3.2 importieren**: Erlaubt den Import von Bibliotheken älterer Scribus-Versionen.
- **Markierte Bibliothek schließen**: Ein Klick schließt die markierte Bibliothek.

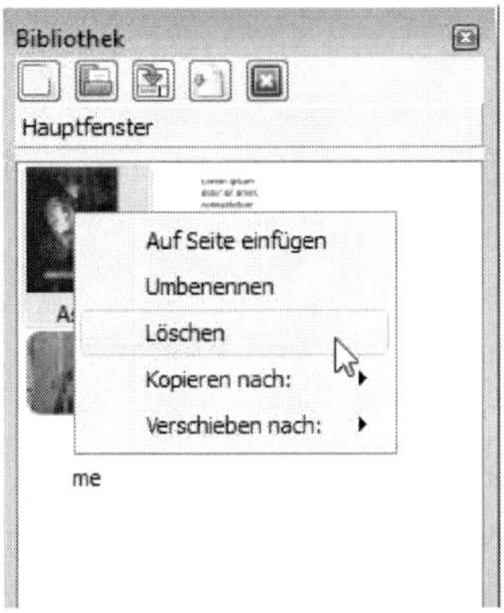

Das Kontextmenü innerhalb der Bibliothek.

Innerhalb der Bibliothek können Sie mit der rechten Maustaste verschiedene Aktionen ausführen. Sie können beispielsweise das markierte Objekt im Dokument platzieren, umbenennen, löschen oder in eine aktive Bibliothek kopieren bzw. verschieben.

8 Drucken und exportieren

Nachdem Sie Ihre Arbeit an einem Dokument abgeschlossen haben, wollen Sie das Ergebnis meist drucken oder ins PDF-Format exportieren, um es dann Dritten zu kommen zu lassen oder es professionell drucken zu lassen. In diesem Kapitel widmen wir uns den verschiedenen Druck- und Exportmöglichkeiten. Ob Sie dabei in der Praxis nun bereits während der Arbeit an Ihrem Dokument einen Ausdruck erzeugen oder das Dokument erst nach PDF exportieren und dann professionell drucken, ist dabei unerheblich.

Wir gehen im Folgenden davon aus, dass Sie bereits während der Arbeit an Ihrem Dokument immer mal wieder einen Ausdruck erzeugen, das Druckergebnis – womöglich in Zusammenarbeit mit Dritten – in Augenschein nehmen, gegebenenfalls Änderungen vornehmen und das endgültige Ergebnis ins PDF-Format exportieren, um es dann im Internet zu publizieren oder das Dokument an Ihre Druckerei übermitteln.

8.1 Druckvorschau

Scribus stellt Ihnen mit dem Vorschaumodus bereits eine einfache Funktion zur Verfügung, mit der Sie immer mal wieder zwischendurch einen Blick auf Ihr Dokument werfen können.

Um aber ein Gefühl dafür zu bekommen, wie die tatsächliche Druckausgabe aussehen wird, sollten Sie vor dem eigentlichen Drucken einen Blick auf die Druckvorschau werfen. Zumindest vor dem Drucken sehr umfangreicher Dokumente ist das sinnvoll.

Die Druckvorschau führt prinzipiell die gleichen Aktionen wie die Druckfunktion aus. Dabei wird auch die sogenannte Druckvorstufenüberprüfung ausgeführt, die Ihr Dokument auf mögliche Probleme untersucht.

Wir kommen auf diese Funktion in Kapitel 8.3 zu sprechen. Sollte Ihr Scribus-Dokument Fehler aufweisen, ist es ratsam, diese vor der weiteren Verarbeitung zu beheben – außer, sie sind unproblematisch.

Sie öffnen die Vorschau mit dem Menübefehl *Datei> Druckvorschau.* Alternativ verwenden Sie die Tastenkombination *Strg + Alt + P.*

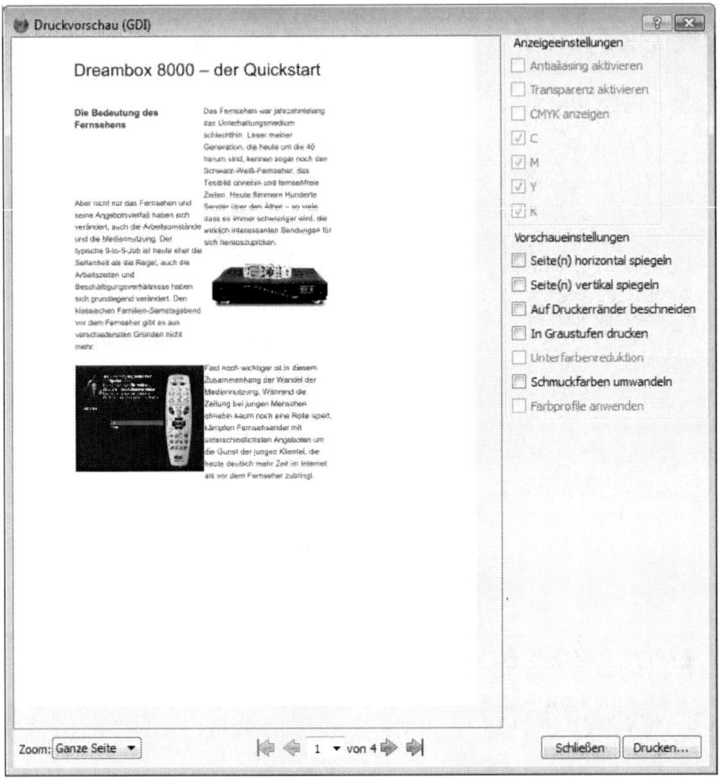

Die Druckvorschau in Aktion. Entspricht das Ergebnis tatsächlich schon Ihren Vorstellungen?

Die Druckvorschau von Scribus erzeugt nicht einfach nur einen Bildschirmabzug Ihres Dokuments, sondern generiert seine Druckvorschau de facto durch Ausgabe einer temporären PS-Datei. Dabei greift Scribus auf verschiedene Ghostscript-Funktionen zurück.

Wenn Sie die Vorschau eines umfangreichen Dokuments erzeugen wollen, sollten Sie dem Programm ein wenig Zeit lassen, denn der Verarbeitungsaufwand ist erheblich.

Sinn und Zweck der Druckvorschau ist offensichtlich: Sie können Ihr Dokument Seite für Seite prüfen, ob es beispielsweise Probleme bei der Verarbeitung von Bildern oder sonstigen grafischen Elementen gibt. Das Druckergebnis ist dabei auch von den gewählten Druckeinstellungen abhängig. Je nach Druckeinstellungen können sich beispielsweise Farbverläufe, die Transparenz und komplexes Maskieren als problematisch erweisen.

Die Druckvorschau kann Ihnen auch zeigen, welche Farbverschiebungen auftreten könnten, wenn Sie im CMYK-Modus drucken.

Die Druckvorschau stellt Ihnen verschiedene Anzeigeoptionen zur Verfügung:

- **Antialias aktivieren**: Diese Kontrollkästchen schalten die Vorschau bei Schriftarten mit Kantenglättung ein. Diese Einstellung betrifft nur Schriftarten des Typs 1.
- **Transparenz aktivieren**: Wenn Sie dies Option aktivieren, werden die Objekte mit Transparenz gerendert. Dabei werden allerdings nicht alle Transparenzeffekte auf dem Bildschirm dargestellt. Zuverlässig angezeigt werden Pfade zum Maskieren und Ausblenden für transparente Effekte.
- **CMYK anzeigen**: Wenn Sie diese Option aktivieren, erfolgt eine Simulation typischer CMYK-Farben auf den Bildschirm. Ist sie aktiviert, können Sie jede der Farben (C für Cyan, M für Magenta,Y für Gelb und K für Schwarz) einzeln ein- oder ausblenden.

Die Anzeigeoptionen sind nur beim Drucken in eine Datei, also beim Erzeugen einer PostScript-Datei verfügbar.

Die Druckvorschau erlaubt Ihnen außerdem die Verwendung von verschiedenen Anzeigeoptionen, mit denen Sie die Seiten beispielsweise spiegeln können. Die Druckvorschau erlaubt Ihnen in der Fußzeile außerdem die Anpassung der Darstellungsgröße. Soll das gesamte Dokument angezeigt werden, verwenden Sie den Zoom-Faktor *Seitenhöhe* oder *Ganze Seite.*

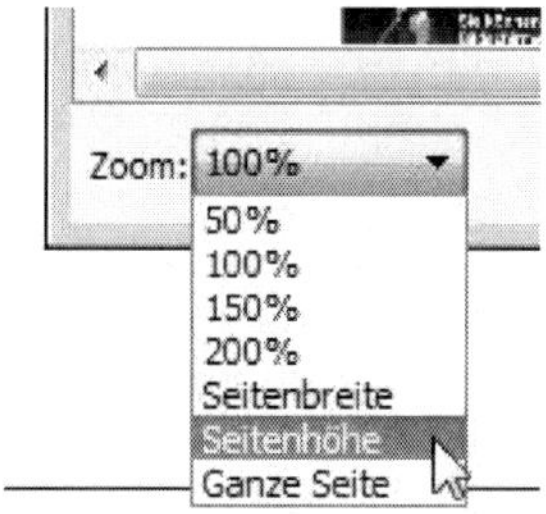

Die Anpassung des Zoom-Faktors.

Bei mehrseitigen Dokumenten können Sie außerdem zwischen den Seiten hin und her blättern bzw. über das Auswahlmenü direkt auf eine bestimmte Seite zugreifen.

Sind Sie mit der Darstellung der Druckvorschau zufrieden, klicken Sie auf die Schaltfläche *Drucken*, um den Druckdialog aufzurufen.

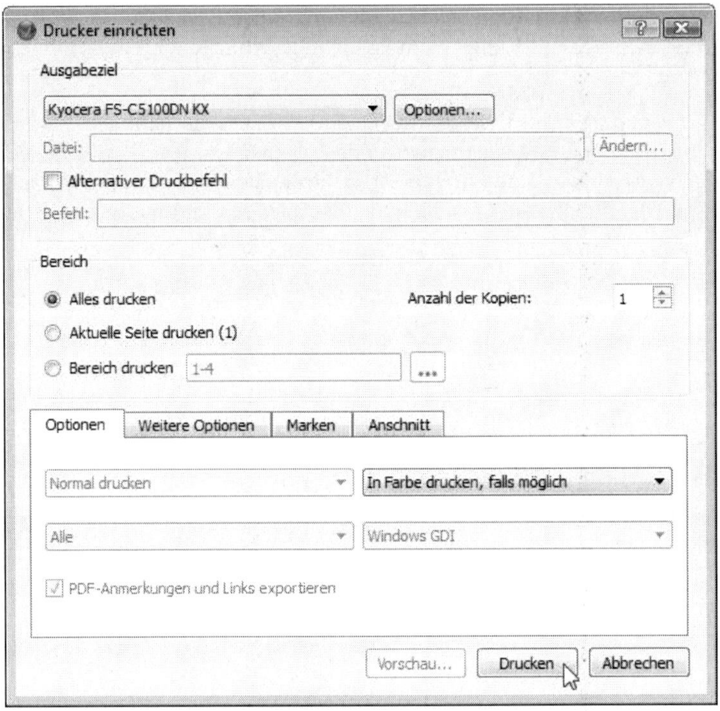

Der Druckdialog.

8.2 Dokument drucken

Um das Dokument lokal auszudrucken, verwenden Sie die Druckfunktion, die Sie aus der Vorschau heraus, mit dem Menübefehl *Datei> Drucken* oder mit der Tastenkombination *Strg + P* öffnen. Voranstehende Abbildung zeigt den zugehörigen Dialog.

Im Bereich *Ausgabeziel* bestimmen Sie zunächst den Drucker, den Sie für die Ausgabe verwenden wollen. Das Auswahlmenü stellt Ihnen alle auf Ihrem System installierten Drucker zur Auswahl – lokale Drucker, aber auch Netzwerkdrucker und womöglich bereits installierte „PDF-Drucker".

Rechts neben der Druckerauswahl finden Sie die Schaltfläche *Optionen*. Damit öffnen Sie die Eigenschaften des jeweiligen Druckers. Diese sind natürlich von Drucker zu Drucker sehr unterschiedlich.

Welche Druckoptionen und -Einstellungen ein Drucker zu bieten hat, hängt vom Drucker und von dem verwendeten Druckertreiber ab. Einige Hersteller stellen Ihren Kunden leistungsfähige Drucker zur Verfügung. Ein schönes Beispiel hierfür sind die Druckmöglichkeiten eines Kyocera-Druckers. In den Support-Bereichen Ihres Druckerherstellers finden Sie meist mehr oder minder umfangreiche Dokumentationen. Um eine optimale Druckqualität zu erzielen, sollten Sie darauf achten, dass Sie immer die neuesten Druckertreiber verwenden.

Unter Linux erzielen Sie mit dem CUPS-Drucksystem in der Regel ohnehin gute Ergebnisse.

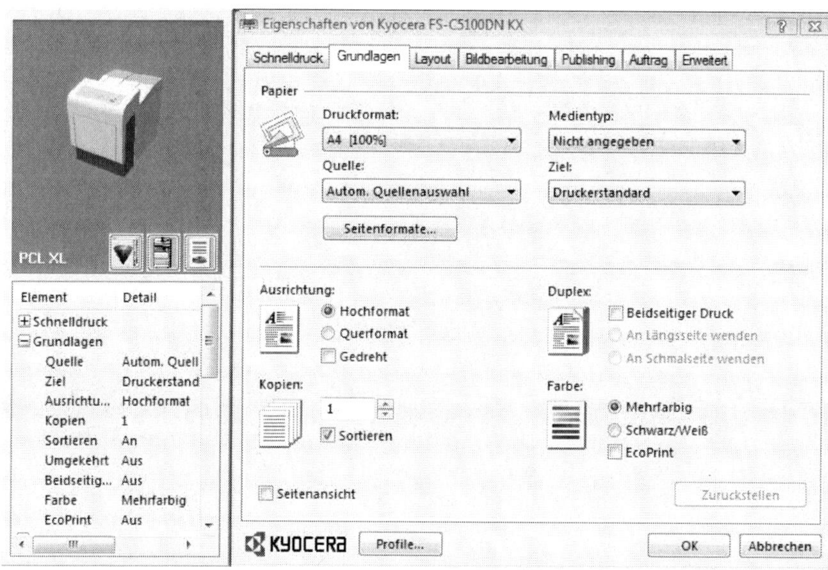

Die Druckereinstellungen für einen Kyocera-Laserdrucker.

Nach der Auswahl des Druckers bestimmen Sie unter *Bereich*, welche Seiten auf dem Drucker ausgegeben werden sollen. Standardmäßig wird mit der Option *Alles drucken* das gesamte Dokument an den Drucker übermittelt.

Der Druckdialog erlaubt es Ihnen auch, mehr als ein Exemplar Ihres Dokuments zu drucken. Passen Sie dazu gegebenenfalls unter *Anzahl der Kopien* den Zahlenwert an.

Wenn Sie nur die aktuelle Seite ausgeben wollen, aktivieren Sie die Option *Aktuelle Seite drucken*. Mit der Konfiguration *Bereich drucken* können Sie zudem einen spezifischen Seitenbereich drucken. Mit der Eingabe *1, 5, 10-20, 90* drucken Sie beispielsweise die Seiten 1, 5, 90 und den Bereich 10 bis 20.

Wenn Sie Ihr Dokument auf einem Standarddrucker ausgeben, können Sie auf der Registerkarte *Optionen* lediglich festlegen, ob es in Farbe oder in Graustufen gedruckt werden soll.

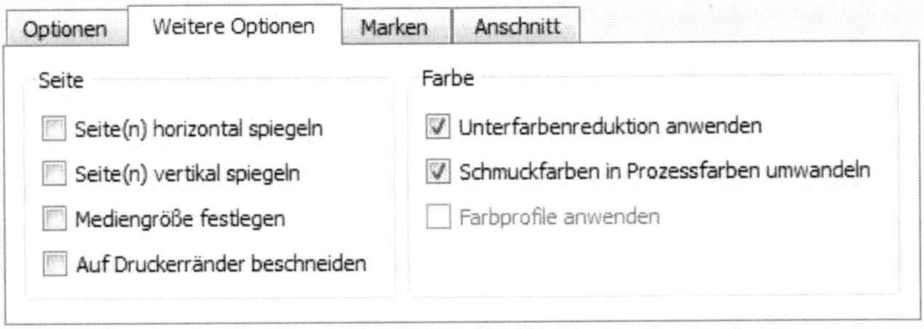

Die weiteren Druckoptionen.

Auf der Registerkarte *Weitere Optionen* können Sie die horizontale und die vertikale Spiegelung vornehmen. Diese Optionen ermöglichen es Ihnen, Seiten beim Drucken zu spiegeln. Das ist beispielsweise dann sinnvoll, wenn Sie Flyer, Visitenkarten oder Broschüren drucken und beim Duplexdruck anschließend falten bzw. schneiden wollen.

Der Druckdialog erlaubt über die Registerkarte *Marken* außerdem das Einblenden von Schneide-, Registrierungs- und Anschnittmarken sowie des Farbbalkens. Schließlich können Sie den Anschnitt anpassen. Dazu müssen Sie allerdings die Dokumenteinstellungen auflösen.

Alle diese Optionen können Sie übrigens auch programmweit in den Programmeinstellungen vornehmen und somit beispielsweise sicherstellen, dass die Schnittmarken bei jedem Druck mit ausgegeben werden. Die aktuellen Druckeinstellungen überschreiben immer die Programm- bzw. Dokumenteneinstellungen.

Erwähnt werden sollte noch, dass der Druckdialog im Bereich *Ausgabezeile* auch die Verwendung eines externen Druckkommandos wie XPP oder kprinter unterstützt. Hierfür sollten Sie die Dokumentation des jeweiligen Drucksystems konsultieren.

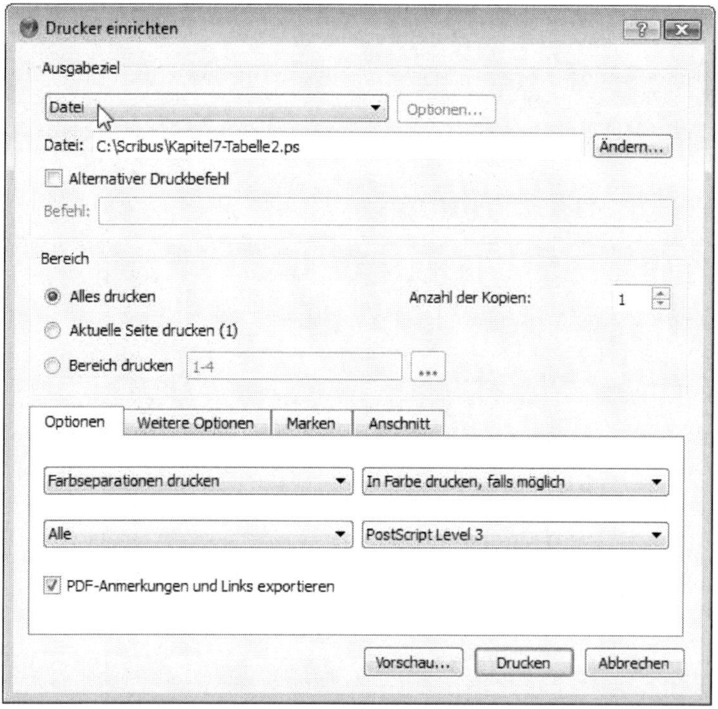

Das Drucken in einer Datei.

Eine weitere Besonderheit hat die Druckfunktion noch zu bieten: Sie können Ihr Dokument in eine Datei drucken. Dabei wird eine PostScript-Datei erzeugt. Wählen Sie hierfür im Auswahlmenü *Ausgabeziel* den Eintrag *Datei*. Dabei wird eine PostScript-Datei erzeugt, die destillert oder zur Weiterverarbeitung an einen Drucker oder eine Druckerei weitergegeben werden kann.

Beim Drucken in eine Datei sind die Druckeroptionen der *Optionen*-Schaltfläche zwar deaktiviert, aber Sie können über die Registerkarte *Optionen* einige interessante Anpassungen vornehmen.

Über das linke obere Auswahlmenü können Sie die Farbseparation aktivieren. Damit ist es möglich, jede der vier CMYK-Prozessfarben auf eine separate Seite zu drucken.

Haben Sie die GutenPrint-Module (*http://gimp-print.sourceforge.net*) installiert, öffnet ein Klick auf die Schaltfläche *Optionen* die Druckoptionen. Die verfügbaren Funktionen und Einstellungen sind vom Drucker abhängig. Sie haben Zugriff auf alle Druckerfunktionen, also beispielsweise die Verwendung verschiedener Papiertypen, Duplexdruck, Farbmodi etc.

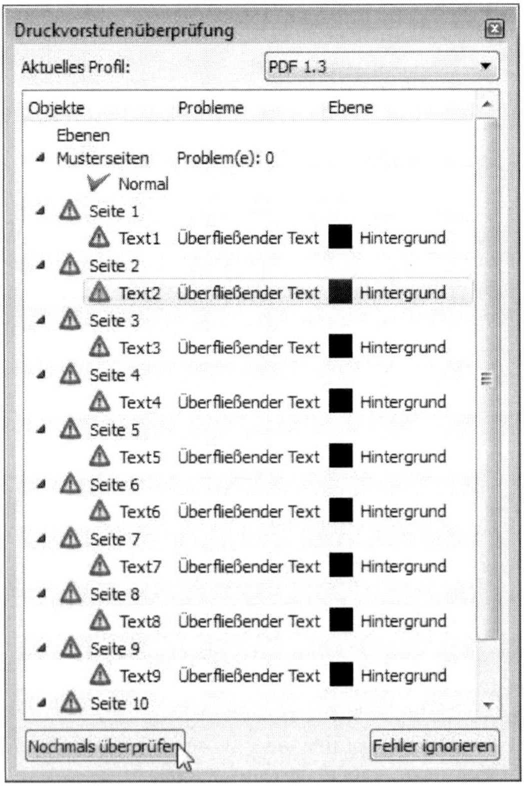

Die Druckvorstufenprüfung.

8.3 Druckvorstufenüberprüfung

Wenn Sie ein Dokument drucken oder nach PDF exportieren wollen, meldet sich immer zunächst die sogenannte Druckvorstufenüberprüfung. Die Prüfung nimmt Ihr Dokument auf Grundlage des gewählten Profils und den zugehörigen Einstellungen unter die Lupe. Die Profileinstellungen bestimmen Sie in den Programmeinstellungen (siehe Kapitel 10.8). Sie können folgende Prüfprofile verwenden:

- PDF 1.3
- PDF 1.4
- PDF 1.5
- PDF/X-3
- PostScript

Findet die Prüfung ein oder mehrere Probleme, so zeigt sie Ihnen detailliert an, welches Objekt welches Problem verursacht.

Die Ausführung der Prüfung erfolgt standardmäßig vor dem Exportieren eines Dokuments als PDF- oder EPS-Datei sowie vor dem Drucken bzw. dem Aufruf der Druckvorschau. Sie können die Druckvorstufenüberprüfung aber auch manuell mit dem Menübefehl *Fenster> Druckvorstufenüberprüfung* ausführen.

In dem Auswahlmenü *Aktuelles Profil* bestimmen Sie das Exportformat, für das der Check durchgeführt werden soll.

Die Prüfausgabe verwendet folgendes Farbschema für die Kennzeichnung der Prüfergebnisse:

- Grün – kein Fehler/Problem
- Gelb – unkritischer Fehler
- Rot – kritischer Fehler

Das Tolle an der Ergebnisausgabe: Ein Klick auf einen Eintrag führt Sie zum entsprechenden Objekt und Sie können sich direkt an die Korrektur des Problems machen.

Nachdem Sie etwaige Probleme korrigiert haben, können Sie mit einem Klick auf die Schaltfläche *Nochmals überprüfen* einen erneuten Check durchführen.

8.4 PDF-Export

Der Export im PDF-Format ist zweifelsohne die wichtigste Exportfunktion, die jedes moderne DTP-Programm besitzt. Die meisten Druckereien verlangen PDF-Dokumente für den Druck. Wenn Sie ihre Inhalte auch im Internet zum Download anbieten wollen – ob mit oder ohne Sicherheitsbeschränkungen ist dabei unerheblich – ist das PDF-Format ohnehin der Standard.

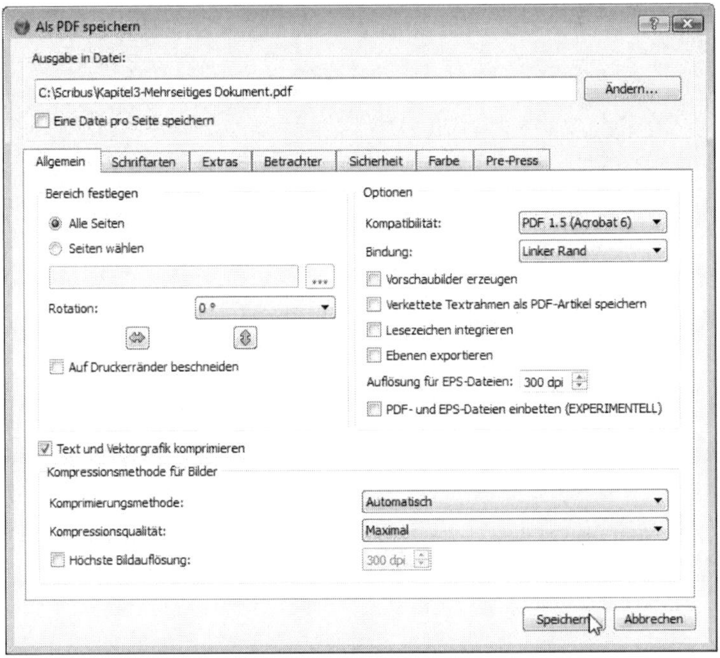

Die allgemeinen PDF-Export-Einstellungen.

Das Erstellen eines PDF- aus Ihrem Scribus-Dokument ist wirklich einfach: Klicken Sie einfach auf das PDF-Symbol in der Scribus-Symbolleiste. Alternativ führen Sie den Menübefehl *Datei> Exportieren> Als PDF-Datei speichern* aus.

In der Standardkonfiguration meldet sich automatisch die im vorangegangenen Abschnitt beschriebene Druckvorstufenüberprüfung. Wenn Sie diese schließen, präsentiert Ihnen Scribus den Dialog *Als PDF speichern*. In diesem finden Sie eine Fülle von Einstellungen, die auf sieben Registerkarten verteilt sind:

- Allgemein
- Schriftarten
- Extras
- Betrachter
- Sicherheit
- Farbe
- Pre-Press

Vier von diesen begegnen Sie in den Programmeinstellungen wieder: *Allgemein*, *Sicherheit*, *Farbe* und *Pre-Press*. Deshalb beschränke ist mich hier auf die Beschreibung der Funktionen, die nicht programmweit, sondern exportspezifisch angepasst werden.

Im oberen Bereich des Export-Dialogs bestimmen Sie im Eingabefeld *Ausgabe in Datei* den Pfad und den Dateinamen der Ziel-PDF-Datei. Mit einem Klick auf die Schaltfläche *Ändern* öffnen Sie den Dialog *Speichern unter*, in dem Sie den Pfad anpassen können.

Darunter finden Sie das Kontrollkästchen *Eine Datei pro Seite speichern*. Wenn Sie diese Option aktivieren, wird jede Seite als separate PDF-Datei gespeichert wird. Die einzelnen Seiten werden dabei durchnummeriert.

Hier soll es genügen, dass Sie wissen, dass Sie auf der Registerkarte *Allgemein* die Seitenbereiche, das PDF-Format und die Bildkompression konfigurieren können.

Auf der Registerkarte *Schriftarten* bestimmen Sie, welche Schriftarten in die PDF-Datei eingebettet bzw. in Kurven umgewandelt werden. Die Schriften werden dabei mit der PDF-Datei gespeichert. Wird eine Kurve umgewandelt, sichert Scribus jedes Zeichen in einer Vektorgrafik.

Um eine Schrift in die Export-Datei einzubetten, markieren Sie die Schriftart, und verschieben diese mithilfe der grünen Pfeile in die verschiedenen Fenster. Mit der Schaltfläche *Alle einbetten* betten Sie alle Schriftarten in das PDF-Dokument ein.

Durch das Einbetten aller Schriften ist auf allen Zielsystemen sichergestellt, dass sich dort das gleiche Erscheinungsbild in Form von Layout und Schriftauswahl ergibt, auf denen nicht alle Schriften verfügbar sind.

Mit einem Klick auf die Schaltfläche *Alle in Kurven umwandeln* sorgen Sie dafür, dass alle vorhandenen Zeichen in Kurven umgewandelt werden.

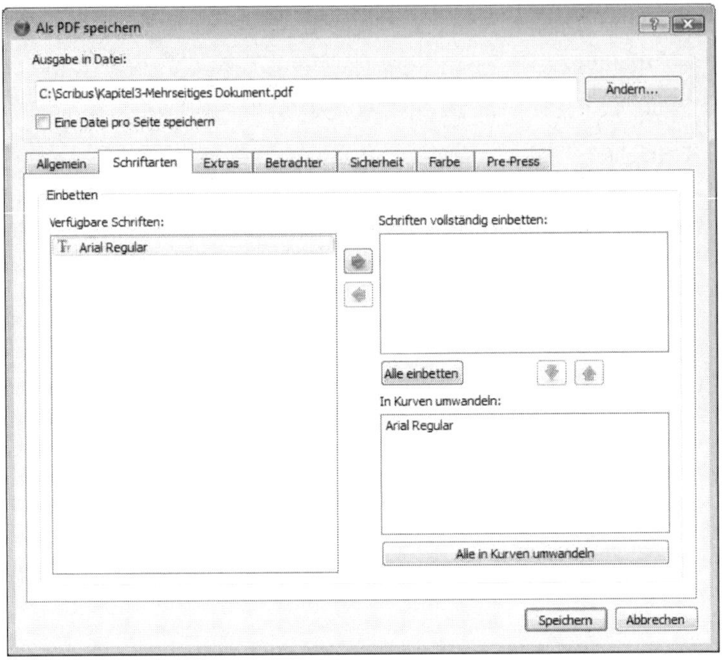

Das Einbetten von Schriften in das PDF-Dokument erfolgt auf der Registerkarte *Schriftarten*.

Die Registerkarte *Extras* erlaubt Ihnen das Einfügen von verschiedenen Präsentationseffekten, die bei der Darstellung des PDF-Dokuments auf dem Bildschirm dargestellt werden.

Sie sollten allerdings beachten, dass nicht alle PDF-Viewer diese Effekte unterstützen. Im Zweifelsfall sollten Sie dies mit verschiedenen Betrachtern testen. Die Funktionen auf der Registerkarte *Extras* im Überblick:

- **Präsentationseffekte aktivieren**: Hier aktivieren Sie die Präsentationseffekte, die beim Öffnen der PDF-Datei im Vollbildmodus in Adobe Reader und anderen PDF-Betrachtern ausgeführt werden.
- **Anzeigedauer**: In diesem Feld bestimmen Sie, wie lange die Seite angezeigt werden soll.
- **Dauer des Effekts**: Hier bestimmen Sie, wie lange der Effekt dauern soll.

- **Effekttyp**: Mit diesem Auswahlmenü bestimmen Sie den anzuwendenden Effekt. Sie haben die Wahl zwischen folgende Effekttypen:
    - Jalousie
    - Einblenden
    - Auflösen
    - Schachbrett
    - Teilen
    - Wischen

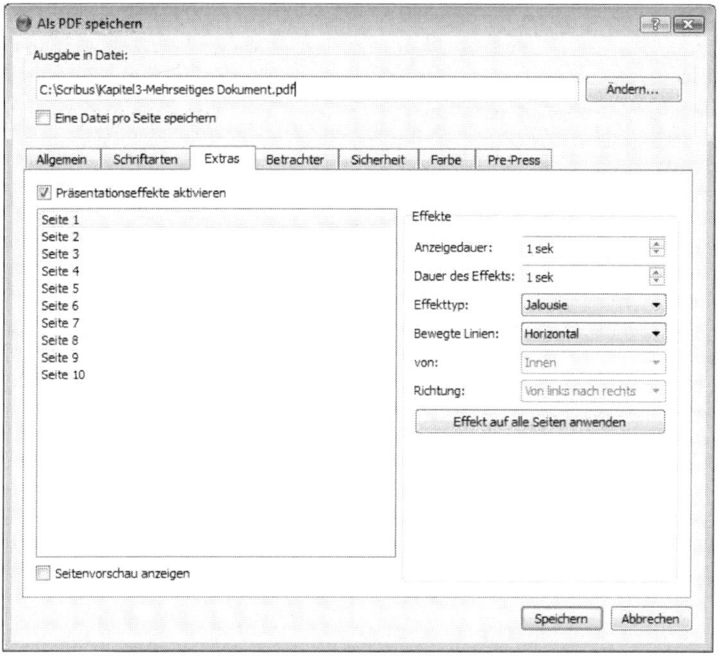

Die Konfiguration der Präsentationseffekte.

- **Bewegte Linien**: Mit diesem Auswahlmenü bestimmen Sie die Ausführungsrichtung der Effekte. Sie haben die Wahl zwischen der horizontalen und vertikalen Ausführung.

- **Von**: Bei verschiedene Effekten können Sie die Startposition bestimmen, beispielsweise beim Effekt *Einblenden*.
- **Richtung**: Dieses Auswahlmenü erlaubt die Anpassung der Ausführungsrichtung. Die Anpassung ist auf bestimmte Effekte begrenzt.
- **Effekte auf alle Seiten anwenden**: Wenn Sie ein mehrseitiges Dokument ins PDF-Format exportieren wollen, so können Sie mit einem Klick auf diese Schaltfläche den ausgewählten Effekt auf alle Seiten anwenden.
- **Seitenvorschau anzeigen**: Schließlich können Sie mit dieser Funktion die Seitenvorschau aktivieren. Alle Seiten des Dokuments werden im darüberliegende Feld mit Vorschaubildern dargestellt.

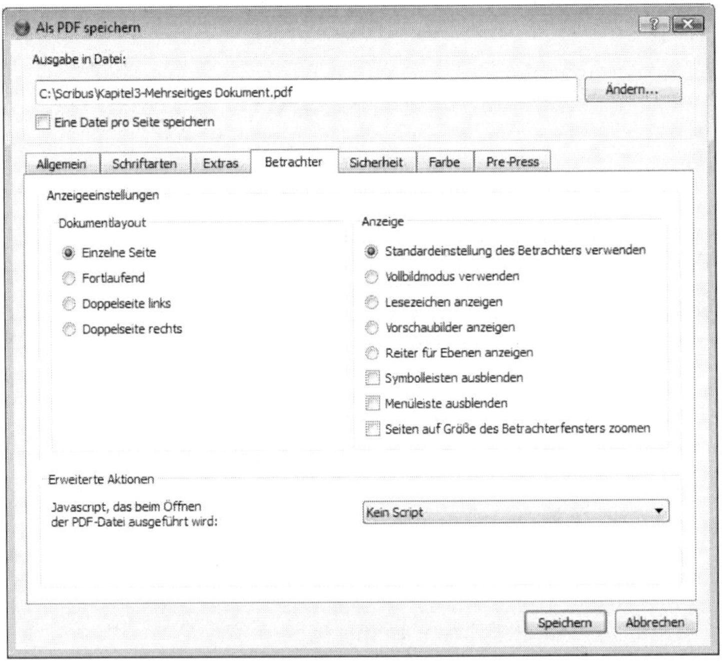

Die Betrachter-Konfiguration.

Auch auf der Registerkarte *Betrachter* können Sie verschiedene Voreinstellungen für die Verarbeitung des Dokuments mit einem PDF-Betrachter vornehmen. Bestimmen Sie im Bereich *Dokumentlayout*, ob einzelne Seiten, die fortlaufende oder doppelseitige Darstellung verwendet wird:

- **Einzelne Seite**: Wenn Sie beim Export diese Einstellung wählen, wird das Dokument standardmäßig im Einzelseitenmodus angezeigt. Das bedeutet, dass immer nur eine Seite angezeigt wird.
- **Fortlaufend**: Bei dieser Option wird die fortlaufende Seitendarstellung im Viewer verwendet.
- **Doppelseite links**: Diese Option öffnet das Dokument im sogenannten Doppelseitenmodus, bei dem immer zwei Seiten angezeigt werden, und zwar die erste Seite links.
- **Doppelseite rechts**: Bei dieser Variante wird das Dokument im Viewer ebenfalls im Doppelseitenmodus geöffnet, allerdings wird die erste Seite rechts angezeigt.

Im Bereich *Anzeige* können Sie folgende Einstellungen für das Dokumentlayout bestimmen:

- **Standardeinstellung des Betrachters verwenden**: Bei dieser Option werden die Benutzereinstellungen des PDF-Betrachters beim Öffnen des PDF-Dokuments übernommen. Dies ist die Standardkonfiguration.
- **Vollbildmodus verwenden**: Hier wird das Dokument im Vollbildmodus geöffnet.
- **Lesezeichen anzeigen**: Zeigt die Lesezeichen beim Öffnen des Dokuments an. Damit das möglich ist, müssen Sie auf der Registerkarte *Allgemein* die Option *Lesezeichen integrieren* aktiviert haben.
- **Vorschaubilder anzeigen**: Zeigt die Vorschaubilder der einzelnen Seiten beim Öffnen des Dokuments an.
- **Reiter für Ebenen anzeigen**: Sorgt dafür, dass Ebenen im Dokument angezeigt werden. Diese Option ist nur dann verfügbar, wenn Sie auf der Registerkarte *Allgemein* das PDF-Format 1.5 gewählt haben.
- **Symbolleisten ausblenden**: Diese Option blendet die Symbolleisten im PDF-Viewer aus.
- **Menüleiste ausblenden**: Mit dieser Option kann auch die Menüleiste im PDF-Betrachter ausgeblendet werden.

- **Seiten auf Größe des Betrachterfensters zoomen**: Schließlich können Sie die Ansicht des Dokuments an die Größe des geöffneten Fensters anpassen.

Mit den erweiterten Aktionen können Sie ein JavaScript beim Öffnen der PDF-Datei ausführen. Das Auswahlmenü stellt die verfügbaren Skripts zur Auswahl.

8.5 Weitere Exportmöglichkeiten

Neben dem PDF-Export hat Scribus einige weitere interessante Exportfunktionen zu bieten. Mithilfe des Menüs *Datei> Export* können Sie Ihr Scribus-Dokument oder einzelne Objekte in unterschiedliche Formate exportieren, insbesondere als Text-, als EPS-, als Bild und als SVG-Datei.

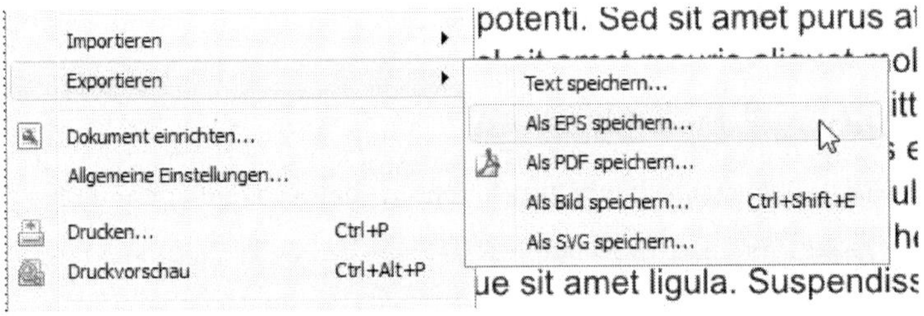

Scribus unterstützt weitere Exportformate.

Wenn Sie einen Text, den Sie in einem Flyer oder einer Broschüre erzeugt haben, auch anderweitig verwenden wollen, so bietet sich sein Export in eine Textdatei an. Hierfür können Sie zwei Wege einschlagen:

- Sie markieren den gewünschten Textrahmen und führen den Befehl *Datei> Export> Text speichern* aus.
- Alternativ öffnen Sie den Story Editor und führen dort den Befehl *Datei> In Datei speichern* aus.

In beiden Fällen öffnet sich der Dialog *Speichern unter*, in dem Sie das Zielverzeichnis, den Dateinamen und gegebenenfalls die Kodierung anpassen.

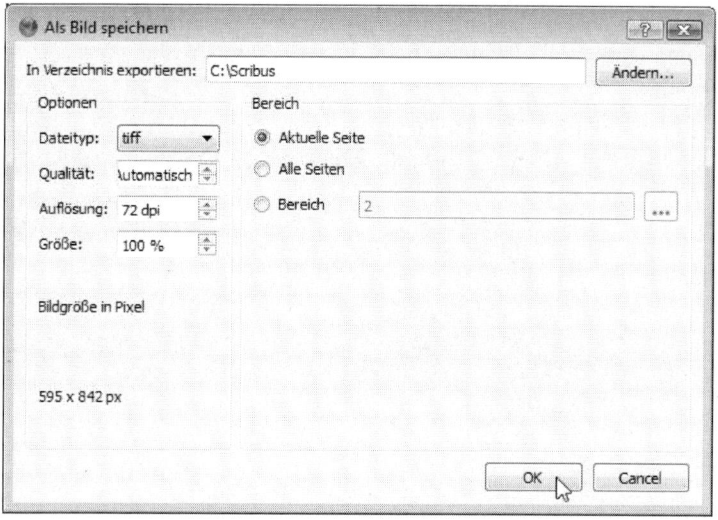

Der Export einer Seite als Bild.

Eine wie ich finde ausgesprochen praktische Funktion ist der Bild-Export. Haben Sie beispielsweise ein Cover, ein Plakat, einen Flyer oder ähnliches mit Scribus entworfen und wollen Sie diese Inhalte (zumindest teilweise) auch im Internet oder an anderer Stelle weiterverwenden, so ist Ihnen dabei diese Exportfunktion eine große Hilfe.

Den Bildexport starten Sie mit dem Menübefehl *Datei> Export> Als Bild speichern*. Bestimmen Sie zunächst das Zielverzeichnis, in dem Sie die Bilddatei ablegen wollen.

Im Bereich *Optionen* bestimmen Sie die Eigenschaften des Bilds. Mit dem Auswahlmenü *Dateityp* legen Sie das Dateiformat fest. Ihnen stehen folgende Formate zur Auswahl: BMP, ICO, JPEG, JPG, PNG, PPM, TIF, TIFF, XBM und XPM.

Mit Qualität bestimmen Sie die Güte des Ziels. Diese wird in Prozent angegeben. Bei der Option *Automatisch* überlassen Sie die Qualitätseinstellung dem Exportmechanismus. Je nachdem, wo Sie die Exportdatei verwenden wollen, sollten Sie die Auflösung, die standardmäßig auf 72 dpi gesetzt ist, nach oben oder unten anpassen. Auch die Größe können Sie (in Prozent) nach oben oder unten anpassen.

Unterhalb dieser Einstellungen zeigt Ihnen der Export-Dialog die Bildgröße in Pixeln an.

Bei mehrseitigen Dokumenten können Sie außerdem unter *Bereich* festlegen, ob das gesamte Dokument, die aktuelle Seite oder bestimmte Seitenbereich exportiert werden sollen.

Mit einem Klick auf *OK* leiten Sie den Exportvorgang ein. Scribus zeigt Ihnen nach dem Export in der Statusleiste die Meldung *Export erfolgreich* an, wenn der Export geglückt ist.

Beachten Sie, dass exportierte Bilder – abhängig vom Dokumentenumfang, den Inhalten und der Auflösung – sehr groß werden.

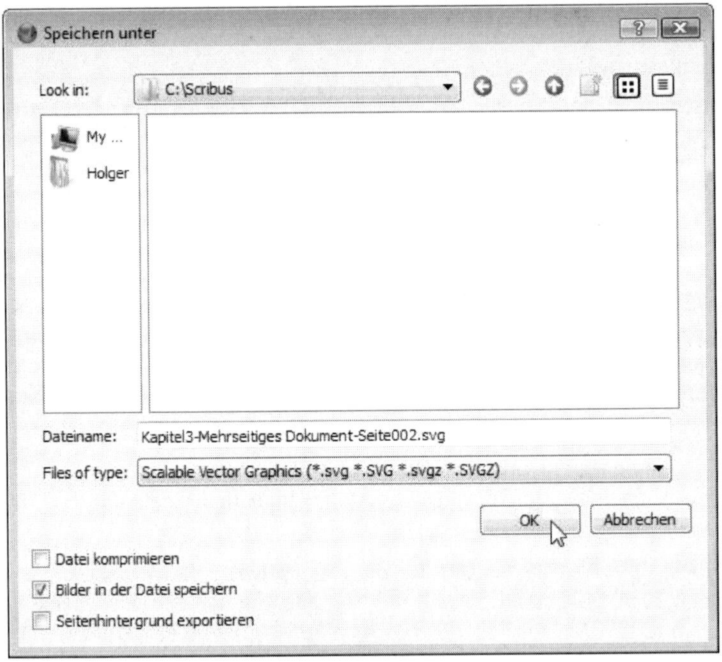

Der SVG-Export.

Zwei weitere Exportformate hat Scribus noch zu bieten: EPS und SVG. Beide unterstützen keine mehrseitigen Dateien. Bei einem Export wird also eine Seite generiert – und zwar unabhängig davon, wie viele Ausgangsseiten ein Scribus-Dokument besitzt. Während beim EPS-Export keine Anpassungsmöglichkeiten gegeben sind, können Sie beim SVG-Export immerhin die Komprimierung aktivieren, Bilder in der Datei speichern und gegebenenfalls den Seitenhintergrund exportieren.

9 Formulare und Präsentationen

Womöglich sind Sie auch einmal auf einer Website einem sogenannten PDF-Formular begegnet, in dem Sie beispielsweise Ihre Daten hinterlegen können. Formulare dienen der Standardisierung der schriftlichen Kommunikation zwischen den beteiligten Personen, Unternehmen, Institutionen und Behörden.

Dabei geht es in der Regel um das Erfassen und Anzeigen von Daten und Informationen. So basieren beispielsweise viele Verträge auf Formularen, zum Beispiel Standard-KFZ-Kaufverträge, die im Schreibwarenfachhandel oder von Automobilclubs angeboten werden. Das gilt häufig auch für Versicherungsverträge.

Gerade auch die schriftliche Kommunikation des Bürgers mit dem Staat und öffentlichen Institutionen erfolgt überwiegend auf Basis von Formularen. Heute sind nahezu alle Anträge, die Bürger bei einer Behörde einreichen, formularbasiert. Auf den meisten Behörden-Websites stehen diese zum Download zur Verfügung, können vom Bürger als PDF-Datei heruntergeladen, ausgefüllt und dann an die betreffende Stelle übermittelt werden.

Bei dieser Vorgehensweise vereinfacht sich die Verarbeitung deutlich – und zwar für beide Seiten, denn im Idealfall kann man ein Formular direkt ausfüllen, spart sich den Gang zur Behörde und auf Empfängerseite vereinfacht sich die weitere Verarbeitung ebenfalls, weil die Daten bereits digital vorliegen.

Und nun kommt die gute Nachricht: Derlei Formulare können Sie mit Scribus erstellen. Aber es kommt noch besser, denn Sie können mit Scribus auch sogenannte PDF-Präsentation erstellen. Sie sind quasi mit den klassischen Präsentationen, die Sie mit PowerPoint & Co. erstellen, identisch. Einziger Unterschied: Sie verwenden das PDF-Format. Auch diese Anwendungsmöglichkeit bietet Scribus.

9.1 PDF-Formulare

Elektronische Formulare auf PDF-Basis bieten – insbesondere gegenüber den Papierformularen – eine Reihe von Vorteilen:

- **Kostenreduktion**: Die Kosten für den Druck entfallen, ebenso Lagerkosten. Außerdem verursachen Änderungen und Aktualisierungen der Formulare nur geringe Kosten.

- **Höhere Verfügbarkeit**: Auf online verfügbare Formulare kann jederzeit zugegriffen werden – unabhängig von Öffnungs- und Bürozeiten von Behörden und Unternehmen.
- **Einfachere Verwendung**: Das Ausfüllen und Verarbeiten von Formularen ist deutlich einfacher. Es lassen sich Unvollständigkeiten, Fehler etc. vermeiden bzw. minimieren.
- **Weiterverarbeitung von Daten**: Durch entsprechende Verarbeitungsmechanismen können die in elektronische Formulare eingegebenen Daten unmittelbar in Datenbanken, Tabellenkalkulationsprogrammen etc. weiterverarbeitet werden.
- **Ausfüllen „offline“ oder „online**: Die elektronischen Formulare können offline, also ohne eine bestehende Internet-Verbindung und auch online verarbeitet werden.
- **Kein Qualitätsverlust**: Bei der Verarbeitung, beim Erstellen von Kopien etc. entstehen keine Qualitätsverluste.
- **Gute Lesbarkeit und Übersichtlichkeit**: Elektronische Formulare werden am Bildschirm ausgefüllt. Die Formulardarstellung muss deshalb eine gute Lesbarkeit und Übersichtlichkeit bieten.
- **Hilfestellungen**: Sie können dem Nutzer feldbezogene Hilfsstellungen bieten.
- **Check**: Die Überprüfung von Vollständigkeit und der Plausibilität der Eingaben ist bei PDF-Formularen möglich.
- **Vorgabe**: Sie können in Formularfeldern Vorgabewerte und/oder Auswahlmöglichkeiten anlegen.
- **Druck**: Um die Formulareingaben zu prüfen, bevorzugen viele nach wie vor den klassischen Druck. PDF-Formulare samt Eingaben können natürlich auch gedruckt werden.

9.1.1 Formularelemente in Scribus

Wenn Sie mit Scribus arbeiten, kommen Sie quasi zum Nulltarif in den Genuss all dieser Vorzüge, denn Sie können mit dem freien Programm all die genannten Funktionen realisieren. Sie können dabei nicht nur simple PDF-Formulare anlegen, sondern diese auch um Verarbeitungs-, Verifizierungs- und Auswahlfunktionen erweitern. Ihrer Kreativität sind kaum Grenzen gesetzt.

Neben Online-Befragungen oder Formularen für die reine Datenerfassung, sieht Scribus auch die Weiterverarbeitung der Daten vor. Sie können an eine bestimmte URL gesendet oder als E-Mail-Anhang an eine E-Mail-Adresse übermittelt werden.

Damit die Übermittlung der Daten an eine Ziel-URL möglich ist, muss auf Seiten des Browsers ein entsprechender Viewer installiert sein, der dies unterstützt.

Sollen die Daten an eine E-Mail-Adresse übermittelt werden, muss zusätzlich ein E-Mail-Programm konfiguriert sein, das für die Übermittlung sorgt. Dabei werden die Daten als FDF-Datei (Forms Data Format) als E-Mail-Anhang versendet.

Bei dieser Vorgehensweise werden die Feldnamen alphabetisch ausgelesen. Sie sollten daher die Feldnamen entsprechend alphabetisch bezeichnen, damit es auf Empfängerseite nicht zu Zuordnungsproblemen kommt.

Ein mögliches Bezeichnungsschema könnte wie folgt aussehen:

- A_Name
- B_Vorname
- C_Straße
- D_PLZ
- E_Stadt
- F_Telefon

Sie sollten beim Erstellen des Formulars darauf achten, dass es eine möglichst geringe Dateigröße besitzt. Alles andere kann bei der Verarbeitung oder womöglich bereits bei der Übermittlung zu Problemen führen.

Die Symbolleiste *PDF-Werkzeuge*.

Nun stellt sich natürlich als Nächstes die Frage, welche Formularelemente Sie mit Scribus erzeugen können. Scribus stellt Ihnen über die PDF-Werkzeugleiste die entsprechenden Elemente zur Verfügung.

Das erste Symbol steht für eine Schaltfläche, der Sie beispielsweise die Übermittlung der Daten zuweisen können. Sie können dieser Schaltfläche auch das Springen zu einer anderen Position im PDF-Dokument oder die Ausführung eines JavaScripts zuweisen.

Mit dem zweiten Button von links erzeugen Sie ein PDF-Textfeld. Es dient dazu, die Eingaben der Benutzer entgegenzunehmen, die dann in dem Dokument gespeichert oder anderweitig verarbeitet werden. Sie können dabei beispielsweise Begrenzungen der Textfeldgröße vornehmen.

Mit dem dritten Button können Sie ein Kontrollkästchen in das PDF-Dokument einfügen. Es gibt den Benutzern beispielsweise die Möglichkeit, bei bestimmten Fragen mit Ja oder Nein zu antworten.

Es folgt die Funktion Combobox. Dahinter verbirgt sich ein Auswahlmenü, das den Nutzer verschiedene Optionen zur Auswahl anbietet. Die Listbox entspricht im Wesentlichen den Funktionen der Combobox, allerdings kann hier die Auswahl nicht aufgeklappt werden. Die Benutzer können nur mit den Cursor-Tasten zwischen den Optionen wählen.

Und wie erzeugt man nun ein PDF-Formular mit entsprechenden Feldern? Auch das ist einfach, denn die Vorgehensweise ist immer die Gleiche: Zunächst wählen Sie die gewünschte Funktion in der Symbolleiste PDF-Werkzeuge aus, dann ziehen Sie den Rahmen und bearbeiten im Dialog *Feldeigenschaften* die Funktion des jeweiligen Elements.

9.1.2 Feldeigenschaften

Sie können die Objekteigenschaften immer mit einem Doppelklick auf das Objekt oder mit dem Kontextmenü der rechten Maustaste mit dem Befehl *PDF-Optionen> Eigenschaften des Feldes* bearbeiten. Alternativ können Sie auch den Menübefehl *Objekt> PDF-Optionen> Eigenschaften des Feldes* ausführen.

Der Dialog für die Bearbeitung der PDF-Felder ist immer der gleiche. Er trägt die Bezeichnung *Feldeigenschaften*. Es versteht sich von selbst, dass die Funktionen allerdings von PDF-Formularelement zu Element sehr unterschiedlich sind.

Allen Dialogen gemein ist das Auswahlmenü *Typ*, in dem Sie die Art des PDF-Felds bestimmen. Sie haben die Wahl zwischen folgenden Typen: *Schaltfläche*, *Textfeld*, *Kontrollkästchen*, *Kombinationsfeld* und *Listenfeld*.

Im Register *Aussehen* können Sie folgende Einstellungen vornehmen:

- **Name**: In diesem Feld weisen Sie dem PDF-Feld eine Bezeichnung zu. Scribus gibt beim Anlegen eines neuen PDF-Feld zwar eine Bezeichnung wie *Text1* vor, aber Sie sollten zumindest bei umfangreichen Formularen für eine eindeutige und für Dritte verständliche Kennzeichnung sorgen.

- **Tooltip**: In diesem Eingabefeld können Sie eine kurze Erläuterung zum Feld hinterlegen. Diese wird eingeblendet, wenn der Anwender den Mauszeiger über das Feld führt.
- **Schrift**: Mit diesem Auswahlmenü bestimmen Sie die Schrift für PDF 1.3, die das Feld verwendet.
- **Rand**: In diesem Bereich können Sie über die drei Auswahlmenüs *Farbe*, *Breite* und *Stil* das Aussehen des Feldes bestimmen.
- **Andere**: In diesem Bereich können Sie verschiedene weiterte Feldeigenschaften bestimmen. Bei einem Textfeld können Sie beispielsweise die Option *Nur lesen* aktivieren, um die Eingabe zu verhindern. Außerdem kann die Darstellung angepasst werden. Neben *Sichtbar* können Sie die Optionen *Versteckt*, *Nicht Drucken* und *Nicht Sichtbar* verwenden.

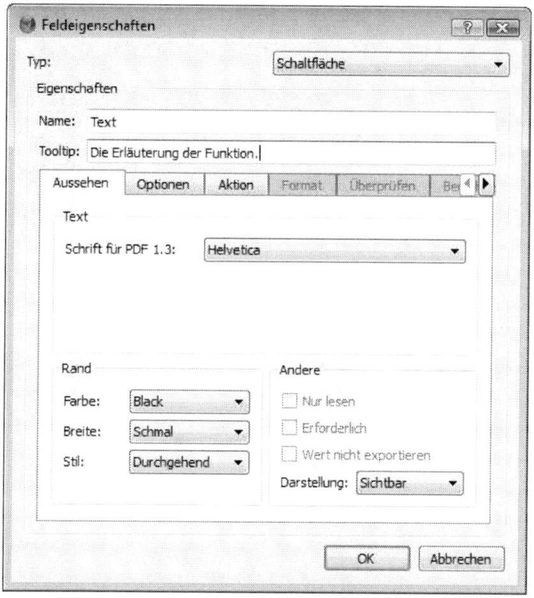

Die Feldeigenschaften.

Auf der Registerkarte *Optionen* können Sie die Texte für Schaltflächen und Bilder für die einzelnen Aktionen bestimmen. Dazu stehen Ihnen drei Bereiche zur Verfügung:

- **Text**: Geben Sie die Texte für die Schaltfläche an. Mit dem Eingabe *Button Down* bestimmen Sie den Text, der beim Klicken auf die Schaltfläche erscheint, mit *Roll Over* den Text, wenn der Mauszeiger sich über der Schaltfläche befindet.
- **Icons**: Sie können verschiedene Icons für unterschiedliche Aktionen verwenden. Über die Schaltflächen *Normal*, *Gedrückt* und *Roll Over* laden Sie die Icons. Mit einem Klick auf Anordnung öffnen Sie den gleichnamigen Dialog, in dem Sie die Anordnung von Text und Icon sowie die Skalierung bestimmen.
- **Hervorhebung**: Mit diesem Auswahlmenü bestimmen Sie die Gestalt der Schaltfläche. Sie haben die Wahl zwischen den Optionen *Invertieren*, *Umrandung* und *Gedrückt*.

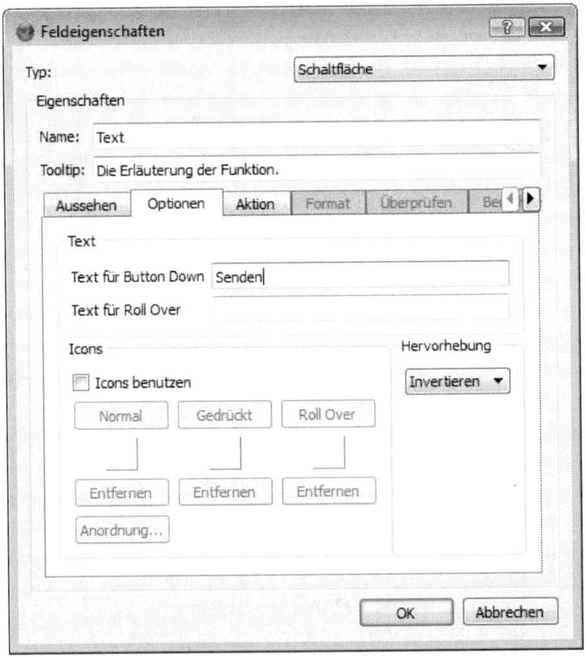

Die Einstellungen der Registerkarte *Optionen* sind für Schaltflächen relevant.

Wenn Sie ein Textfeld in Ihrem Formular angelegt haben, können Sie auf der Registerkarte *Optionen* folgende Optionen bearbeiten:

- **Mehrzeilig**: Wenn Sie dieses Kontrollkästchen aktivieren, ist die Eingabe über mehreren Zeilen hinweg möglich.
- **Passwort**: Soll die Eingabe aus Sicherheitsgründen nicht in Klarschrift dargestellt werden, aktivieren Sie diese Option. Dabei werden Sternchen als Platzhalter bei der Eingabe angezeigt.
- **Maximum von Zeichen**: Mit dieser Option bestimmen Sie die maximal zulässige Zeichenzahl, die in das Feld eingegeben werden kann.
- **Nicht scrollen**: Mit dieser Option können Sie das Verschieben von Bildschirminhalten unterbinden.
- **Nicht in Rechtschreibprüfung einbeziehen**: Sollen die Eingaben für dieses Feld nicht auf die Rechtschreibung geprüft werden, aktivieren Sie dieses Kontrollkästchen.

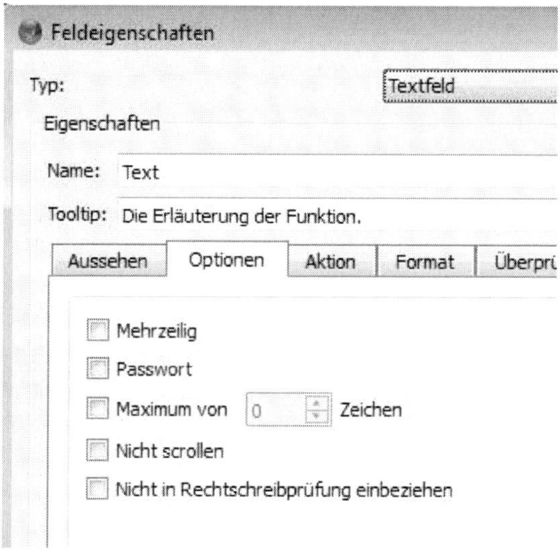

Die Textfeldoptionen.

Wenn Sie ein Kontrollkästchen verwenden, können Sie auf der Registerkarte *Optionen* die Art des Häkchens (Haken, Kreuz, Raute, Kreis, Stern, Quadrat) anpassen.

Aktivieren Sie die Unteroption *Standardeinstellung ist markiert*, um die vorgegebene Antwort als Standard zu kennzeichnen. Bei den Feldtypen *Kombinationsfeld* und *Listenfeld* können Sie lediglich die Anpassbarkeit aktivieren.

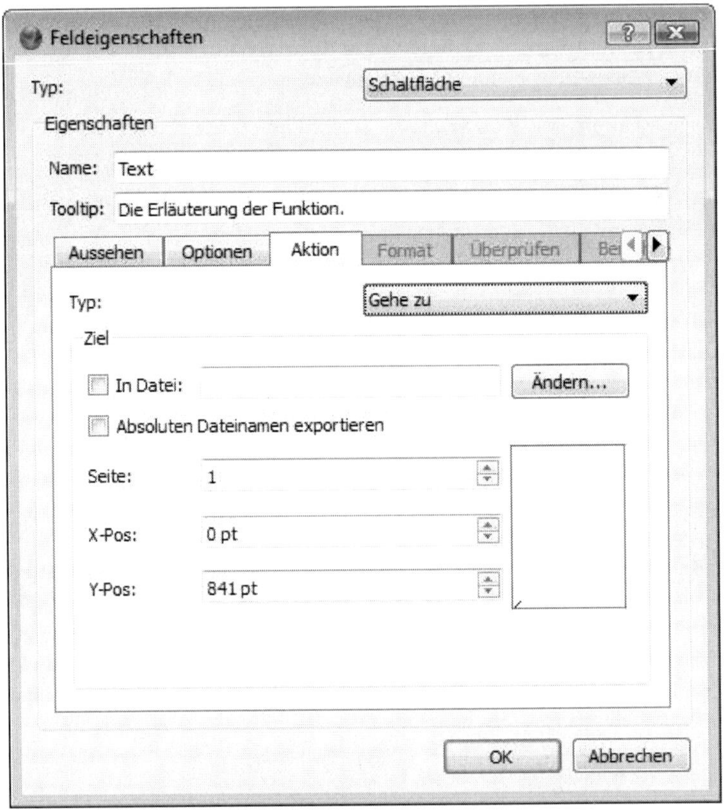

Die umfangreiche Aktionskonfiguration.

Die Bezeichnung der Registerkarte *Aktion* lässt bereits erkennen, was Sie hier erwartet: Hier finden Sie verschiedenen Ausführungsmöglichkeiten. Mit dem Auswahlmenü *Typ* bestimmen Sie, welche Aktion mit dem Formularfeld verknüpft werden soll. Die größte Auswahl an Typen haben Sie beim Feldtyp *Schaltfläche*, und zwar folgende:

- JavaScript

- Gehe zu
- Formular senden
- Formular zurücksetzen
- Daten importieren

Bei allen anderen Formularfeldern können Sie lediglich ein JavaScript ausführen. Wir kommen später noch auf die praktische Nutzung von Skripts in PDF-Formularen zu sprechen.

Wenn Sie die Verwendung von JavaScript bei einem der Formularfelder verwenden wollen, so können Sie dem Skript folgende Ereignisse zuweisen:

- Maustaste loslassen
- Maustaste drücken
- Mauszeiger berührt Feld
- Mauszeiger verlässt Feld
- Feld hat Fokus
- Feld verliert Fokus

Mit einem Klick auf die Schaltfläche *Bearbeiten* öffnen Sie den Editor, mit dem Sie das Skript anlegen.

Wenn Sie den Elementtyp *Schaltfläche* wählen, können Sie neben der Ausführung von JavaScripts die genannten Aktionen ausführen. Wenn Sie sich für den Aktionstyp Gehe zu entschieden haben, können Sie auf der *Aktion*-Registerkarte das Ziel bestimmen.

Die Option *Formular senden* verlangt lediglich zwei Anpassungen: die Angabe der Ziel-URL und die Wahl des Übermittlungsformats. Scribus unterstützt neben FDF auch HTML, XPDF und PDF.

Der Typ *Formular zurücksetzen* verlangt keine weiteren Einstellungen, denn ein Klick auf diese Schaltfläche entfernt alle Eingaben.

Schließlich können Sie mit *Daten importieren* auf bestehende Daten zugreifen. Bestimmen Sie dazu einfach in dem zugehörigen Dialog die Quelle.

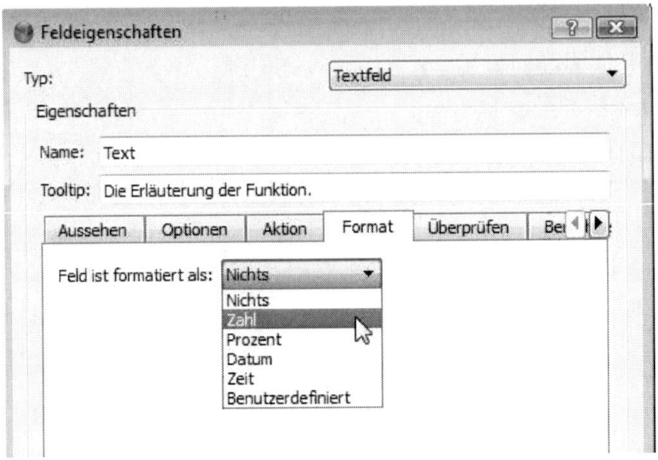

Die Formatvorgabe für das Textfeld.

Die Registerkarten *Format*, *Überprüfung* und *Berechnen* sind nur für Textfelder und Kombinationsfelder verfügbar. Auf der Registerkarte *Format* können Sie die Formatierungen für Zahlen-, Datums-, Prozent- und Zeitangaben vorgeben. Sie können auch eine benutzerdefinierte Formatierung vorgeben, an die sich der Benutzer halten muss, damit seine Eingaben akzeptiert werden.

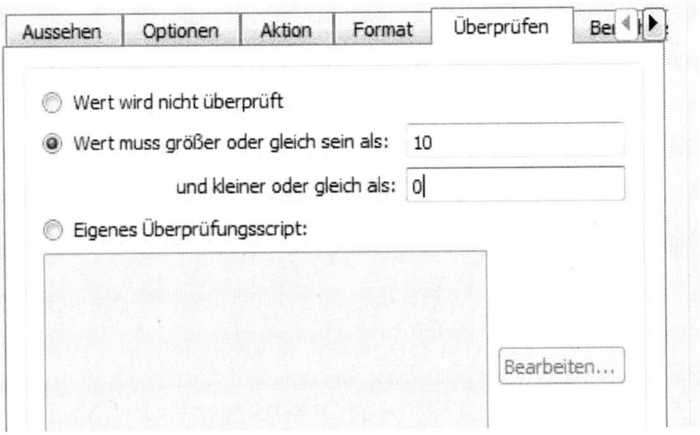

Auch die Überprüfung der Eingabe ist möglich.

Auf der Registerkarte *Überprüfen* können Sie einen Check der eingegebenen Werte vornehmen. Besonders einfach lassen sich die beiden folgenden Konditionen verwenden:

- Wert muss größer oder gleich sein
- Wert muss kleiner oder gleich sein

Für komplexe Checks können Sie auch ein eigenes Überprüfungsskript verwenden.

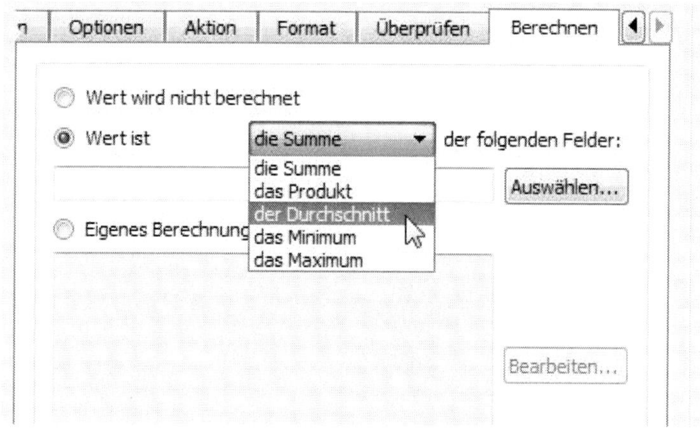

Eine Berechnung gefällig?

Auf der letzten Registerkarte können Sie für Text- und Kombinationsfelder die Eingabedaten für einfache Berechnungen heranziehen. Für komplexe Aufgaben können Sie auch hier wieder aufwändige Kalkulationen realisieren. Sie können dabei folgende Standardfunktionen verwenden:

- Summe
- Produkt
- Durchschnitt
- Minimum
- Maximum

Damit Scribus auch weiß, welche Felder, genauer welche Felddaten für die Kalkulation verwendet werden können, müssen Sie dies über die Schaltfläche *Auswählen* bestimmen. Der zugehörige Dialog zeigt Ihnen die verfügbaren Felder an, die Sie dann nur noch auswählen müssen.

9.1.3 Ein Formularbeispiel

Anhand eines einfachen Beispiels soll gezeigt werden, wie ein PDF-Formular in Scribus aussehen gehen kann. Sie finden es auf der beiliegenden DVD und können es entsprechend Ihren Vorstellungen anpassen:

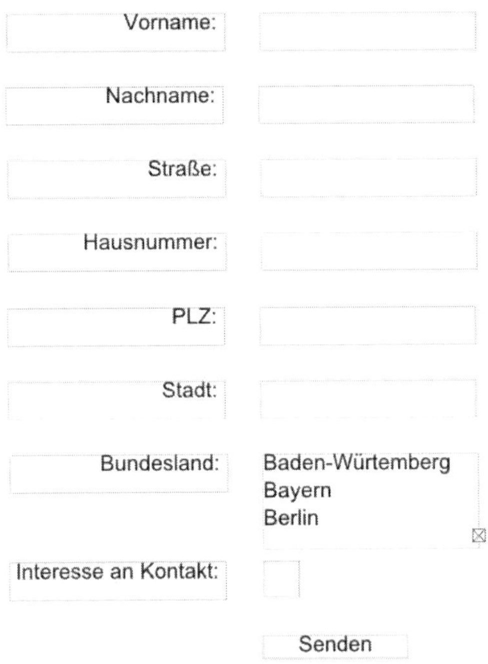

Der Formularentwurf in Scribus.

Wenn Sie die vorangegangenen Beschreibungen aufmerksam verfolgt haben, fragen Sie sich womöglich, wo Sie denn die Optionen für die Auswahlmenüs und die Beschriftung der Schaltflächen anpassen.

Für beide Aufgaben verwenden Sie den Story Editor. Um die Optionen für ein Auswahlmenü anzulegen, markieren Sie das entsprechende Feld mit der rechten Maustaste und führen den Befehl *Text bearbeiten* aus. Im Story Editor erzeugen Sie dann für jede Option einen eigenen Absatz.

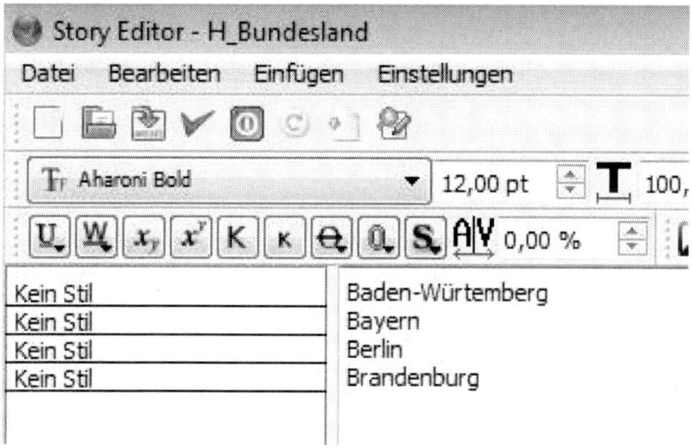

Das Anlegen der Optionen des Auswahlmenüs.

Bei der Beschriftung der Schaltfläche gehen Sie ähnlich vor: Markieren Sie das entsprechende Button-Feld und weisen Sie diesem mit dem Story Editor die Beschriftung zu. Bei Schaltfläche sollten Sie darauf achten, dass Sie die mittige Ausrichtung des Textes verwenden.

Nachdem Sie alle Feldelemente angelegt, die Feldeigenschaften bestimmt und die möglichen Auswahloptionen und Beschriftungen angelegt haben, können Sie den Formularentwurf ins PDF-Format konvertieren. Dazu führen Sie wie gewohnt den PDF-Export aus.

In Ihrem PDF-Viewer können Sie dann Ihr Formular in Augenschein nehmen und die Funktionalität testen.

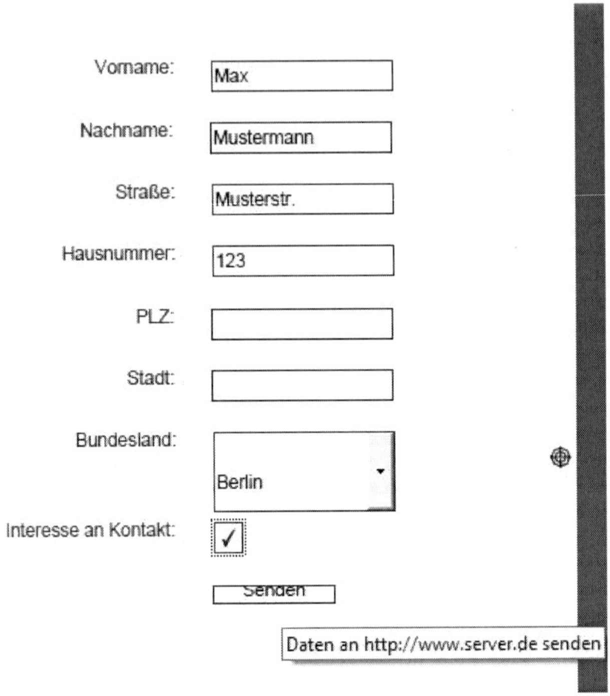

Die Darstellung unseres Formularentwurfs im Adobe Reader.

9.1.4 JavaScript in Ihren Formularen

Wie wir oben gesehen haben, können Sie in Ihren Formularen auch JavaScripts verwenden, um in Ihren PDF-Formularen mehr Funktionalität zu realisieren.

Um das aktuelle Datum in ein Formularfeld zu schreiben, verwenden Sie folgendes einfache Skript:

```
// Holt ein neues Datumobjekt
var d = new Date();


// Bestimmt das Datumsformat mit tt/mm/jjjj
var sDate = util.printd("tt/mm/jjjj", d);
```

```
// Fügt das Datum in das Formularfeld ein
this.getField("heuteDatum").value = sDate;
```

Die JavaScript-Verwaltung von Scribus.

Das Gute an der JavaScript-Unterstützung von Scribus: Sie können die Skripts in der Script-Verwaltung sammeln und bei Bedarf auf hinterlegte Funktionen zurückgreifen.

Um ein Skript in der Verwaltung abzulegen, öffnen Sie diese mit dem Menübefehl *Bearbeiten> JavaScripts*. Klicken Sie auf Hinzufügen, um ein erstes Skript anzulegen. Im Editor legen Sie das Skript an und sichern es. Damit haben Sie Ihr erstes JavaScript in Scribus hinterlegt.

Wenn Sie das aktuelle Jahr in ein Textfeld schreiben wollen, verwenden Sie hierfür folgenden Code:

```
function Year() {
  var fld1 = this.getField("Year");
  fld1.value = util.printd("yyyy",new Date());
}
Year(); // ruft die Funkton auf
```

Um in dem PDF-Formular eine Schaltfläche mit Druckfunktion zu erzeugen, legen Sie zunächst eine Schaltfläche mit der Bezeichnung *Drucken* an. Öffnen Sie dann über die Feldeigenschaften die Aktion-Konfiguration und wählen Sie als Ereignis die Option *Maus loslassen*.

Geben Sie in das Script-Feld folgenden Code ein:

```
var pp = this.getPrintParams();

pp.interactive = pp.constants.interactionLevel.silent;

pp.printContent = pp.constants.printContents.formFieldsOnly;

this.print(pp);
```

Damit können die Nutzer mit einem Klick auf die *Drucken*-Schaltfläche die Druckausgabe des Dokuments starten.

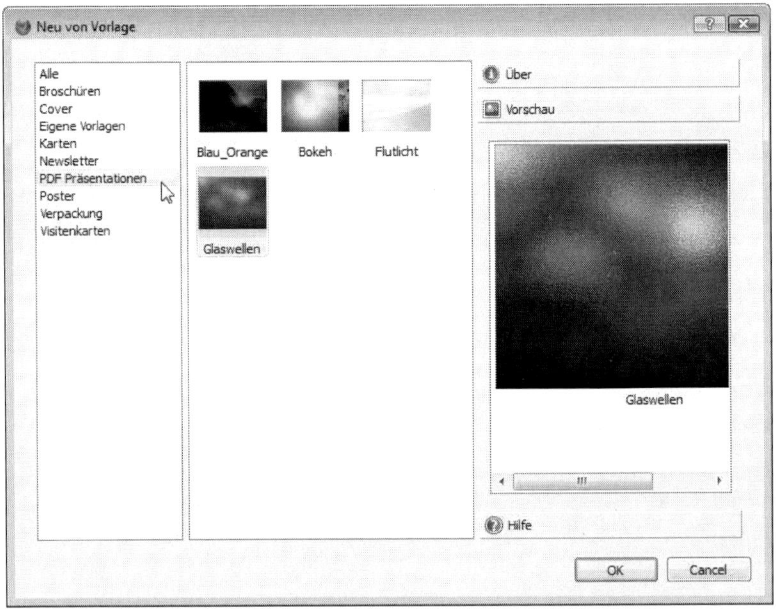

Der Dialog *Neu* von Vorlage stellt Ihnen verschiedene Templates für das Erstellen von PDF-Präsentationen zur Verfügung.

9.1.5 Radio-Buttons erzeugen

Die PDF-Formularfeldfunktionen stellen Ihnen die wichtigsten Formularelemente zur Verfügung, doch leider längst nicht alle. Die sogenannten Radio-Buttons lassen sich nicht direkt anlegen. Hier ist ein wenig Handarbeit erforderlich.

Bei diesem Typ handelt es sich um eine Schaltfläche, die zwei Zustände annehmen kann: Sie ist markiert oder nicht. Sie kommt z. B. bei der Wahl des Geschlechts in einem Formular zum Einsatz. Hier hat der Nutzer die Wahl zwischen den Optionen *männlich* und *weiblich*.

Um eine solche Auswahlmöglichkeit in Ihrem Formular zu realisieren, legen Sie zunächst zwei PDF-Textfelder an. Erstellen Sie außerdem zwei PDF-Textfelder mit den Bezeichnungen *weiblich* und *männlich*.

Das Anfang ist gemacht: Die beiden PDF-Textfelder samt Bezeichnungen.

Dann öffnen Sie die Feldeigenschaften und wählen im Register *Aussehen* im Auswahlmenü *Typ* den Eintrag *Kontrollkästchen*. Bezeichnen Sie das eine Objekt mit *weiblich* und ergänzen Sie gegebenenfalls den Tooltip.

Wechseln Sie nun auf die Registerkarte *Aktion* und wählen Sie im Auswahlmenü *Typ* den Eintrag *JavaScript* und in der Auswahl *Ereignis* die Option *Maustaste loslassen*.

Öffnen Sie den Editor mit einem Klick auf die Schaltfläche *Bearbeiten* und geben Sie folgenden Code ein:

```
//this.getField("weiblich").value = "Off"

this.getField("männlich").value = "Off"
```

Speichern Sie den Code mit dem Menübefehl *Datei> Speichern*.

Dann wenden Sie sich der Konfiguration des anderen PDF-Textfelds zu. Hier führen Sie die gleichen Aktionen aus. Einziger Unterschied ist der Code. Der sieht bei dem zweiten PDF-Textfeld wie folgt aus:

```
this.getField("weiblich").value = "Off"
```

```
//this.getField("männlich").value = "Off"
```

Speichern Sie auch diese Einstellungen. Nun können Sie die Funktion verwenden.

9.2 PDF-Präsentationen

Die PDF-Funktion hat eine weitere Besonderheit zu bieten: Sie können mit Scribus auch sogenannte PDF-Präsentationen erzeugen. Die dafür notwendigen Funktionen haben Sie bereits kennengelernt.

Präsentationen bestehen in der Regel aus einer mehr oder weniger großen Anzahl von Folien, die ihrerseits die wichtigsten Stichwörter und Grafiken auf den Präsentationsseiten umfassen. Zwischen den Seiten verwendet man häufig sogenannte Folienübergänge, die den Wechsel zur Folgeseite anzeigen.

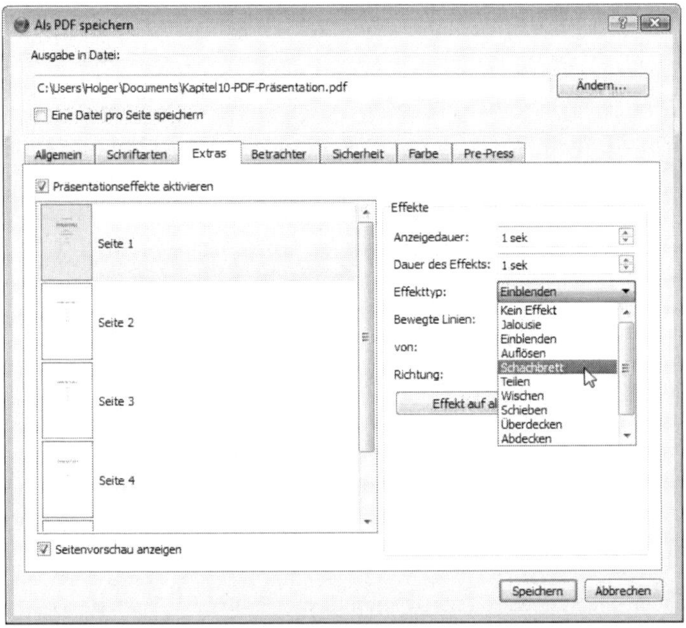

Das Erstellen einer PDF-Präsentation.

Ich möchte hier nicht weiter auf die Gestaltung einer Präsentation eingehen. Hier soll es genügen, wenn Sie wissen, welche Funktionen für das Erstellen einer PDF-Präsentation verfügbar sind.

Und so gehen Sie vor:

1. Erstellen Sie zunächst mit den typischen Gestaltungsfunktionen von Scribus die Inhalte Ihrer Präsentation. Im Dialog *Neu von Vorlage* finden Sie einige Vorlagen, die Sie für die Gestaltung verwenden können.
2. Achten Sie beim Erstellen der Präsentation darauf, dass Sie sich inhaltlich auf die wesentlichen Informationen zu beschränken, die Sie transportieren wollen. Im Zweifelsfall gilt: Weniger ist mehr. Seien Sie auch bei der Verwendung von grafischen Elementen sparsam.
3. Nachdem Sie die inhaltliche Arbeit an der Präsentation abgeschlossen haben, können Sie das Dokument ins PDF-Format konvertieren. Hier sind zwei Funktionen im Dialog *Als PDF sichern* wichtig: die Präsentationseffekt und die Ansichtseinstellungen.
4. Auf der Registerkarte *Extras* aktivieren Sie die Überblendeffekte und konfigurieren diese.
5. Dann sollten Sie die Betrachter-Einstellungen für die Verwendung als Präsentation konfigurieren. Wählen Sie unter *Dokumentlayout* die Option *Einzelne Seite* und unter *Anzeige* die Option *Vollbildmodus*, damit die Präsentation den gesamten Bildschirm beansprucht.

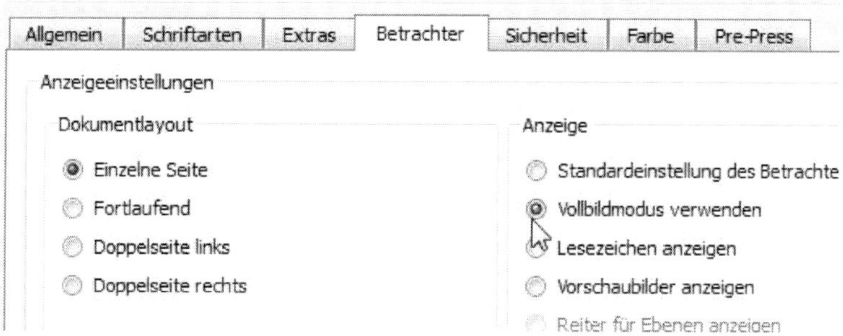

Bei PDF-Präsentationen sollten Sie den Vollbildmodus aktivieren.

Auch wenn die in Scribus zur Verfügung stehenden Formen in Kapitel 6 beschrieben sind, möchte ich hier nochmals darauf hinweisen, dass Sie in der Form- und Pfeilauswahl bereits essentielle Elemente für Ihre Präsentationen finden.

Außerdem stehen Ihnen auf der beiliegenden DVD jede Menge Cliparts zur Verfügung, die Sie in Ihre Präsentationen einbauen können.

9.3 Lesezeichen und Anmerkungen in PDF-Dokumenten

Scribus erlaubt Ihnen nicht nur das Erstellen von PDF-Dokumenten, sondern auch von PDF-Anmerkungen und Lesezeichen. So können Sie beispielsweise einen PDF-Proof mit Anmerkungen an einen Dritten senden.

Die Vorgehensweise ist wieder sehr einfach:

1. Öffnen Sie das gewünschte Scribus-Dokument, erzeugen Sie an der Stelle, an der Sie den Kommentar einfügen wollen, einen Textrahmen und geben Sie den Text ein.
2. Dann markieren Sie Ihren Kommentarrahmen mit der rechten Maustaste und führen Sie den Befehl *PDF-Optionen> Als PDF-Anmerkung verwenden* aus.

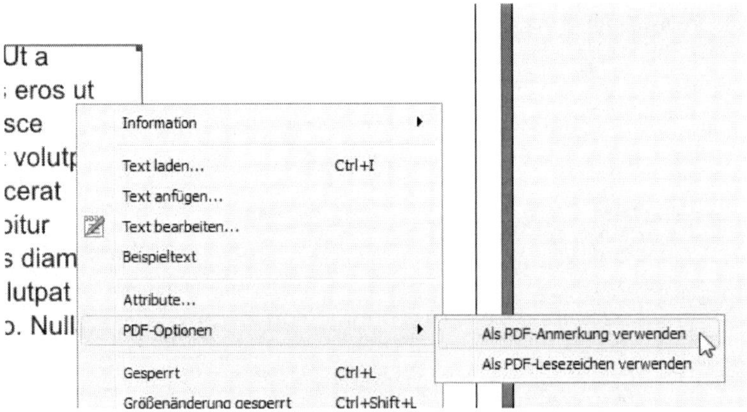

Das Erstellen einer PDF-Anmerkung.

3. Nach dem Erstellen einer Anmerkung wird das Kontextmenü *PDF-Optionen* um den Menübefehl *Eigenschaften der Anmerkung* erweitert.

4. Dort wählen Sie die Option *Text* und bestätigen mit *OK*. Nach dem Export des Dokuments ins PDF-Format besitzt die Zieldatei einen typischen Kommentar.

Die Eigenschaften der Anmerkung.

Wie Sie voranstehender Abbildung entnehmen können, erlaubt die Anmerkungsfunktion nicht nur textbasierte Anmerkungen, sondern auch Verknüpfungen. Sie können dabei Links innerhalb des Dokuments, zu externen Quellen und auch zu externen Web-Quellen anlegen.

Die Konfiguration einer Verknüpfung.

Mit der PDF-Anmerkungsfunktion können Sie auch einen Link innerhalb des Dokuments anlegen. Sie können dann in der PDF-Datei von einer Position zu einer anderen springen.

Dazu wählen Sie zunächst als Anmerkungstyp *Verknüpfung* und bestimmen unter *Ziel* die Seite und die exakte X-Y-Position. Die Position können Sie manuell oder aber in der Vorschau mithilfe der Maus bestimmen.

Das Erstellen eines externen Links ist mit dem eines internen Links vergleichbar. Der Verweis erfolgt dabei auf eine andere PDF-Datei. Geben Sie wieder den Pfad und die exakte Zielposition an.

Eine Verknüpfung zu einer Website.

Schließlich können Sie noch einen Link zu einer Website anlegen. Dazu wählen Sie als Typ Externe Webverknüpfung und geben in das Eingabefeld *Ziel* die URL an. Auch die Verwendung eines Mail-Links ist möglich: *mailto:user@server.de.*

Textuelle Anmerkungen werden als kleines Blatt an der jeweiligen Position im PDF-Dokument eingeblendet. Wenn Sie den Mauszeiger über das Symbol führen, wird der Anmerkungstext eingeblendet.

10 Scribus anpassen

Nachdem Sie Scribus installiert haben, können Sie sich unverzüglich an die Arbeit machen, denn das Programm ist von Haus aus so eingerichtet, dass es auf gängige Anforderungen abgestimmt ist. Doch das bedeutet ja noch lange nicht, dass diese Voreinstellungen Ihnen auch genügen.

Scribus stellt Ihnen mit dem Menübefehl *Datei> Allgemeine Einstellungen* die programmweiten Einstellungen zur Verfügung. Hier können Sie beispielsweise die Sprachvariante, die Verwendung von Hilfslinien und Drittprogrammen, die Silbentrennung, das Farbmanagement und vieles mehr anpassen.

Die Programmeinstellungen sind in 21 Kategorien unterteilt, die die verschiedensten Bereiche abdecken. Der Zugriff ist einfach: In dem zugehörigen Dialog finden Sie links die Kategorienauswahl, rechts dazu die entsprechenden Funktionen und Einstellungen.

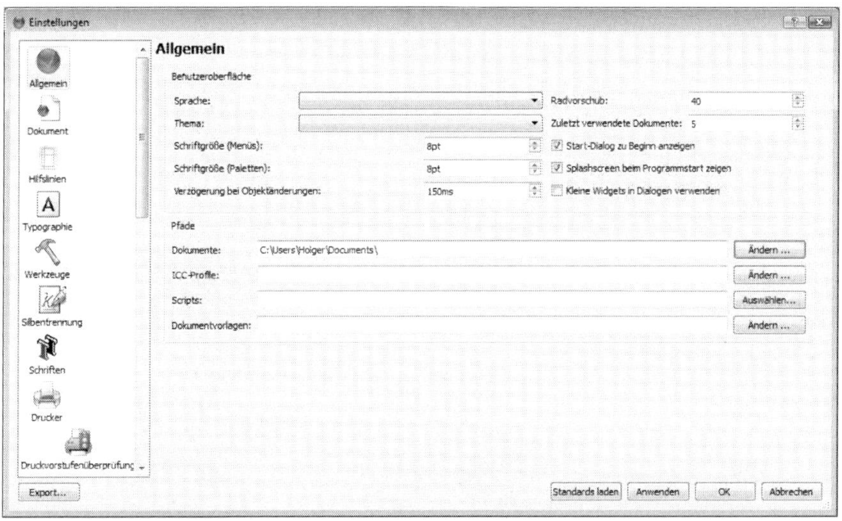

Ein erster Blick auf die Scribus-Programmeinstellungen.

Unterhalb der jeweiligen Kategorie samt Einstellungen finden Sie fünf weitere Funktionen:

- **Export**: Scribus stellt Ihnen einmal mehr eine Exportfunktion zur Verfügung. Mit dieser Exportfunktion können Sie Ihre aktuellen Programmeinstellungen in eine Textdatei schreiben und diese dann sichern bzw. auf weiteren Systemen ebenfalls einsetzen.

  Die Einstellungen sind standardmäßig in der Datei Scribuis14.rc abgelegt. Sie finden diese im Benutzerordner *user\Appdata\Roaming*. Da die Programmeinstellungen keine Importfunktion bieten, müssen Sie diesen Vorgang manuell vornehmen. Wenn Sie eine alternative Programmkonfiguration übernehmen wollen, wechseln Sie in das Verzeichnis mit der RC-Datei, benennen die bestehende Datei um, beispielsweise in *Scribus14.rc.bak* und kopieren die Exportdatei in das Verzeichnis.

  Damit Sie einen Eindruck gewinnen, wie die Programmeinstellungen in der RC-Datei aussehen, hier ein winziger Ausschnitt des Kopfbereichs:

```
<SCRIBUSRC VERSION="1.4.0">

 <GUI STILT="" GapVertical="40.000" STYLEPREVIEW="1"
STEFONT="MS Shell Dlg 2,8.25,-1,5,50,0,0,0,0,0" STECO-
LOR="#ffffff" SHOWLAYERM="0" SHOWMARGIN="1" UNIT="0"
StartUp="1" SCRIPTS="" ScratchRight="100" PROFILES=""
ScratchLeft="100" FRV="1" RCD="5" UseSmallWidgets="0"
GRAB="4" showBleed="1" APF="8" ToolTips="1" ruler-
Mode="1" PFS="8" SHOWLINK="0" ScratchTop="20"
DOC="C:/Users/Holger/Documents/" stickyTools="0" SHOW-
BASE="0" showcolborders="1" SHOWControl="0" SHOW-
GUIDES="1" SHOWPICT="1" RAD="40" TEMPLATES="" rulers-
Shown="1" ScratchBottom="20" showMouseCoordinates="1"
GapHorizontal="0.000" MOVT="150"/>

 <GRID MINOR="20.000" MAJOR="100.000" GuideC="#000080"
MAJORC="#00ff00" GuideZ="10.000" BACKG="1" SHOW="0" MI-
NORC="#00ff00" BaseC="#c0c0c0"/>

 <PAGE DPageBorderColor="#ff0000" DFrameLinkCo-
lor="#ff0000" DControlCharColor="#800000" DFrameNormCo-
lor="#000000" SELEC="#ff0000" DFrameLockColor="#800000"
MARGC="#0000ff" DScale="1.333333" DFrameGroupCo-
lor="#008080" ShowPageShadow="1" RANDF="0" PA-
GEC="#ffffff" DFrameAnnotationColor="#0000ff"/>

 <FONT SUBSET="1" USE="1" EMBED="1" NAME="A028 Extra-
bold Regular"/>

 <FONT SUBSET="1" USE="1" EMBED="1" NAME="A028 Medium
Regular"/>
```

```
<FONT SUBSET="1" USE="1" EMBED="1" NAME="A030 Bold"/>
<FONT SUBSET="1" USE="1" EMBED="1" NAME="A030 Bold
Italic"/>
<FONT SUBSET="1" USE="1" EMBED="1" NAME="A030 Ital-
ic"/>
<FONT SUBSET="1" USE="1" EMBED="1" NAME="A030 Regu-
lar"/>
<FONT SUBSET="1" USE="1" EMBED="1" NAME="Adobe Arabic
Bold"/>
<FONT SUBSET="1" USE="1" EMBED="1" NAME="Adobe Arabic
Bold Italic"/>
<FONT SUBSET="1" USE="1" EMBED="1" NAME="Adobe Arabic
Italic"/>
<FONT SUBSET="1" USE="1" EMBED="1" NAME="Adobe Arabic
Regular"/>
<FONT SUBSET="1" USE="1" EMBED="1" NAME="Adobe Caslon
Pro Bold"/>
<FONT SUBSET="1" USE="1" EMBED="1" NAME="Adobe Caslon
Pro Bold Italic"/>
<FONT SUBSET="1" USE="1" EMBED="1" NAME="Adobe Caslon
Pro Italic"/>
<FONT SUBSET="1" USE="1" EMBED="1" NAME="Adobe Caslon
Pro Regular"/>
<FONT SUBSET="1" USE="1" EMBED="1" NAME="Adobe Caslon
Pro Semibold"/>
<FONT SUBSET="1" USE="1" EMBED="1" NAME="Adobe Caslon
Pro Semibold Italic"/>
<FONT SUBSET="1" USE="1" EMBED="1" NAME="Adobe Fan
Heiti Std B"/>
<FONT SUBSET="1" USE="1" EMBED="1" NAME="Adobe Fang-
song Std R"/>
<FONT SUBSET="1" USE="1" EMBED="1" NAME="Adobe Gara-
mond Pro Bold"/>
```

- **Standards laden**: Wenn Sie die Standardeinstellungen des Programms wieder herstellen wollen, klicken Sie auf diese Schaltfläche.

- **Anwenden**: Mit einem Klick auf diese Schaltfläche übernehmen Sie die vorgenommenen Änderungen, ohne den Einstellungendialog zu schließen.
- **OK**: Schließt die Programmeinstellungen und sichert die von Ihnen vorgenommenen Änderungen.
- **Abbrechen**: Mit einem Klick auf diese Schaltfläche verwerfen Sie die Änderungen.

Schauen wir uns als Nächstes an, welche Einstellungen angepasst werden können und wann das sinnvoll ist.

Beachten Sie bei Änderungen, dass sich diese programmübergreifend auswirken, also für alle Dokumente gelten.

10.1 Die allgemeinen Programmeinstellungen

In den allgemeinen Programmeinstellungen finden Sie verschiedene generelle Einstellungen der Benutzeroberfläche und den zu verwendenden Pfaden. Die Einstellungen sind in die beiden Bereiche *Benutzeroberfläche* und *Pfade* unterteilt.

Im Bereich *Benutzeroberfläche* können Sie folgende Anpassungen vornehmen:

- **Sprache**: Scribus stellt Ihnen sage und schreibe 44 Sprachvarianten zur Verfügung. Hier können Sie beispielsweise die englische oder französische Benutzerschnittstelle aktivieren. Ist keine Auswahl getroffen, verwendet Scribus die Sprachkonfiguration des Betriebssystems, auf dem Sie das DTP-Programm ausführen. Beachten Sie außerdem, dass sich Änderungen nicht auf die von der Silbentrennung verwendete Sprache auswirken. Die Änderung greift erst mit einem Klick auf *OK*.
- **Thema**: Mit diesem Auswahlmenü bestimmen Sie das Thema, das das Aussehen der Scribus-Benutzerschnittstelle bestimmt. Für Linux- und Windows-Benutzer stehen in erster Linie betriebssystemspezifische Einstellungen zur Verfügung.
- **Schriftgröße (Menüs)/Schriftgröße (Paletten)**: In diesen beiden Feldern können Sie die Schriftgrößen der Menüs und der Paletten anpassen. Wenn Sie die Menü- und Palettenbeschreibungen schlecht erkennen können, sollten Sie testen, ob eine Erhöhung der Werte Besserung bringt.

- **Vergrößerung bei Objektänderungen**: Hier geben Sie die Verzögerung an, nach der Änderungen an Objekten umgesetzt werden. Der Wert wird in Millisekunden angegeben.
- **Radvorschub**: Wenn Sie mit einer Maus mit Scollrad arbeiten, können Sie mit dieser Einstellung festlegen, um wie viele Punkte Sie das Dokument nach oben bzw. nach unten verschieben.

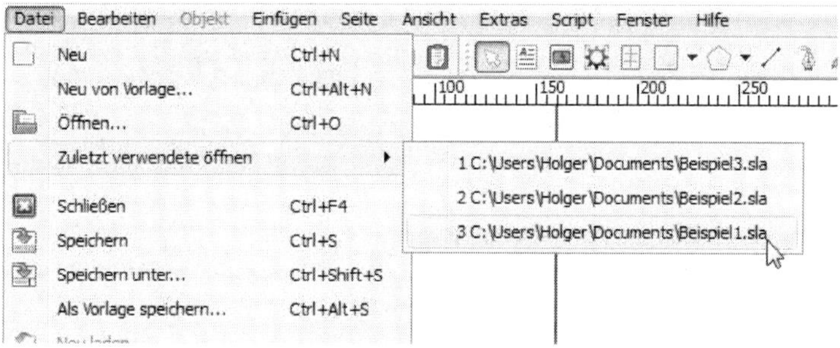

Der Zugriff auf die zuletzt verwendeten Dokumente.

- **Zuletzt verwendete Dokumente**: Mit diesem Eingabefeld bestimmen Sie, wie viele Dokumente in dem Menü *Datei> Zuletzt verwendete* öffnen aufgeführt werden. Standardmäßig sind es fünf Dokumente. Passen Sie den Wert gegebenenfalls nach oben oder unten an.
- **Start-Dialog zu Beginn zeigen**: Dieses Kontrollkästchen ist standardmäßig aktiviert und sorgt dafür, dass der Dialog *Neues Dokument* nach dem Start von Scribus eingeblendet wird. Sie können die Einblendung hier, aber auch im Dialog *Neues Dokument*, deaktivieren.
- **Splashscreen beim Programmstart zeigen**: Mit diesem Kontrollkästchen können Sie die Einblendung des sogenannten Splashscreen-Dialogs ein- und ausschalten. Der Dialog zeigt neben dem Scribus-Logo und der verwendeten Programmversion auch die Aktionen an, die im Hintergrund durchgeführt werden, beispielsweise das Laden von Schriften.
- **Kleine Widgets in Dialogen verwenden**: Wenn Sie dieses Kontrollkästchen aktivieren, werden kleine Fensterelemente in den Scribus-Dialogen verwendet.

Der sogenannten Splashscreen-Dialog.

Im Bereich *Pfade* können Sie verschiedene Pfade anpassen. Über die Ändern- bzw. Auswählen-Schaltfläche können Sie die Pfade bzw. die zu verwendenden Skripts auswählen. Die Einstellungen im Einzelnen:

- **Dokumente**: Hier bestimmen Sie das Verzeichnis, in dem die Dokumente, die Sie mit Scribus erstellen, standardmäßig abgelegt werden.
- **ICC-Profile**: Sie können auch das Verzeichnis zu den ICC-Profilen ändern. Ein Ändern des Pfads ist nur dann möglich, wenn Sie alle Dokumente geschlossen haben.
- **Scripts**: Wählen Sie hier das Verzeichnis für Scribus-Scripts aus.
- **Dokumentenvorlagen**: Schließlich können Sie den Pfad zu den Vorlagen anpassen.

10.2 Dokumenteneigenschaften

Wenn Sie Scribus starten, präsentiert Ihnen das Programm standardmäßig den Dialog Neues Dokument. Wie Sie bereits wissen, stellt Ihnen dieser vier Dokumentenvorlagen zur Auswahl. In dem Dialog finden Sie auch die jeweiligen Einstellungen.

Um diese Voreinstellungen anzupassen, verwenden Sie die Funktionen der Kategorie Dokument. Das Anpassen der Einstellungen für die vier vordefinierten Dokumenten-Layouts ist einfach: Markieren Sie den entsprechenden Eintrag und bearbeiten Sie dann die Einstellungen.

Sie können diese Einstellungen jederzeit ändern, indem Sie den Menübefehl *Seite> Eigenschaften der Seite bearbeiten* ausführen.

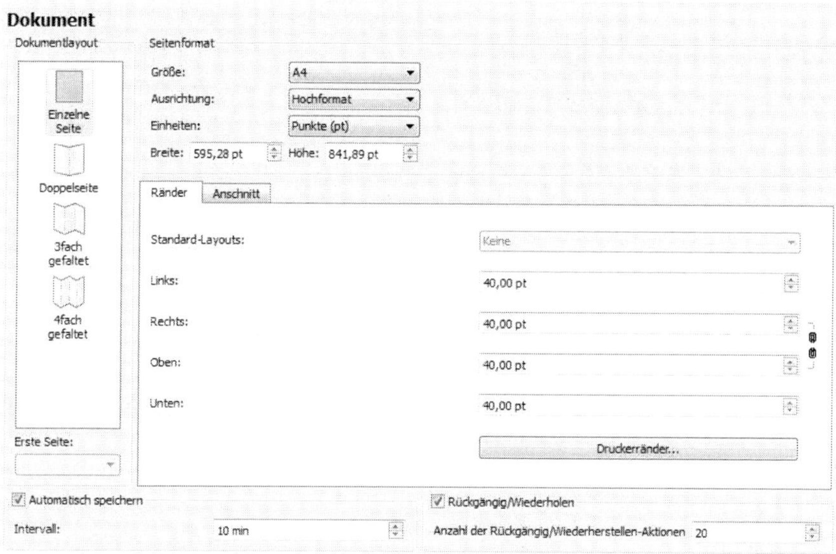

Die dokumentspezifischen Einstellungen.

Die verschiedenen Anpassungsmöglichkeiten im Detail:

- **Dokumentenlayout**: In diesem Feld erfolgt die Auswahl der Vorlage, deren Eigenschaften Sie bearbeiten wollen. Wenn Sie die Layouts Doppelseite, 3fach gefaltet und 4fach gefaltet wählen, wird das darunterliegende Auswahlmenü aktiviert, mit dem Sie bestimmen, ob Sie die linke, die mittlere oder rechte Seite anlegen (bei der 3fach gefalteten Variante). Wenn Sie das Layout *4fach gefaltet* wählen, wird mittlere Seite in *Mitte links* und *Mitte rechts* aufgespalten.
- **Größe**: Mit diesem Auswahlmenü bestimmen Sie das Seitenformat. Die Vorlagen verwenden allesamt DIN A4, aber Sie können natürlich auch andere gängige Formate wählen. Werden Sie in dem Auswahlmenü nicht fündig, können Sie mit dem letzten Eintrag *Benutzerdefiniert* auch ein eigenes Format anlegen.

- **Ausrichtung**: In diesem Auswahlmenü bestimmen Sie, ob ihr Dokument Hoch- oder Querformat besitzt.
- **Einheiten**: Hier bestimmen Sie, in welchen Größeneinheiten das Dokument angelegt wird. Sie haben die Wahl zwischen folgenden Werten:
    - Punkte (pt)
    - Millimeter (mm)
    - Zoll (in)
    - Picas (p)
    - Zentimeter (cm)
    - Cicero (c)
- **Breite/Höhe**: Legen Sie hier die Breite bzw. Höhe des Dokuments an. Das ist nur dann erforderlich, wenn Sie ein benutzerdefiniertes Format verwenden. Andernfalls gibt Scribus die entsprechenden Werte vor. Über die Pfeiltasten können Sie die Werte auch mithilfe der Maus anpassen.

Unterhalb der Seitenformateinstellungen finden Sie zwei Registerkarten, auf denen Sie die Ränder und den Anschnitt definieren. Auf der Registerkarte *Ränder* können Sie folgende Einstellungen vornehmen:

- **Standard-Layouts**: Die Auswahlmöglichkeiten stehen Ihnen nur dann zur Verfügung, wenn Sie nicht das Layout *Einzelne Seite* verwenden. Wenn Sie sich für das Erstellen einer Doppelseite oder eines 3- bzw. 4fach gefalteten Dokuments entscheiden, können Sie folgenden Layouts auswählen:
    - Keine
    - Gutenberg
    - Zeitschrift
    - Fibonacci
    - Goldener Schnitt
    - Neunerteilung

Diese Einstellungen beziehen sich auf den sogenannten Satzspiegel. Darunter versteht man in der Typografie die Nutzfläche auf der Seite eines Buches, einer Zeitschrift etc. Der Satzspiegel wird durch die Stege begrenzt, also durch die unbedruckten Abstände zwischen dem Satzspiegel und dem Rand. Alle Spalten Text, Grafik oder Bild gehören immer zum Satzspiegel.

Die Kunst bei der Seitengestaltung besteht nun darin, die Seite so zu gestalten, dass sie dem Betrachter ein harmonisches Bild präsentiert. Dazu bedient man sich verschiedener Regeln und Systeme. So werden beispielsweise die Maße des Goldenen Schnittes und zugehörigen Zahlen der Fibonacci-Folge verwendet.

Dank der Voreinstellungen von Scribus können Sie die verschiedenen Satzspiegelvarianten mit diesem Auswahlmenü bestimmen.

Bei der Neunerteilung wird die Papierfläche auf der Grundlage der Villardschen Figur sowohl waagrecht, als auch senkrecht in neun gleich große Teile aufgeteilt. Das dadurch erzeugte Gestaltungsraster entspricht den aktuellen Designanforderungen im Prospekt- und Buchbereich.

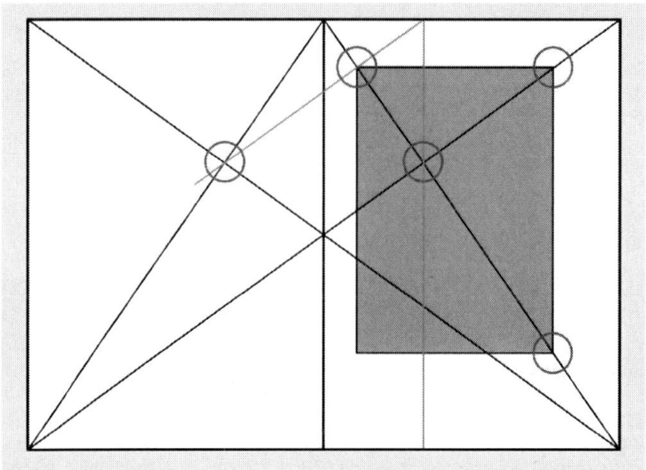

Die Konstruktion des Satzspiegels im Verhältnis des Goldenen Schnitts.

- **Innen/Außen/Oben/Unten**: Mit diesen Einstellungen bestimmen Sie die Breite der Ränder. Allerdings sind auch diese Einstellungen nur bedingt anpassbar. Wenn Sie den Goldenen Schnitt verwenden, können Sie lediglich den inneren Rand anpassen, bei der Neunerteilung sind keine Anpassungen möglich.

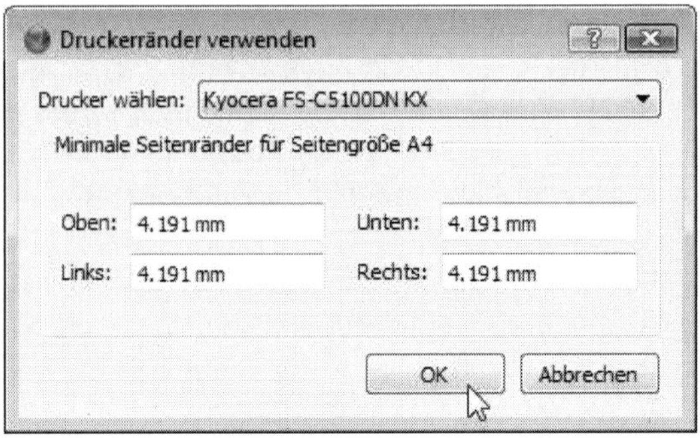

Die Übernahme der Druckränder eines verfügbaren Druckers.

- **Druckerränder**: Statt der benutzerdefinierten Anlage der Seitenränder bzw. der Übernahme von vordefinierten Rändern können Sie mit einen Klick auf diese Schaltfläche im Dialog *Druckerränder* den gewünschten Drucker auswählen und die minimalen Seitenränder bestimmen. Mit *OK* übernehmen Sie die Einstellungen.

Neben den seitenspezifischen Einstellungen können Sie die Speichern- und Wiederherstellungseinstellungen bearbeiten:

- **Automatisch speichern**: Wenn Sie wollen, dass Scribus das Dokument automatisch speichert, aktivieren Sie zunächst dieses Kontrollkästchen und bestimmen dann unter *Intervall* in welchen zeitlichen Abständen Ihre Arbeit gespeichert wird. Standardmäßig sichert Scribus alle 10 Minuten.
- **Rückgängig/Wiederherstellen**: Wenn Sie Schritte rückgängig oder wiederherstellen wollen, muss dieses Kontrollkästchen aktiviert sein. Mit dem darunterliegenden Eingabefeld bestimmen Sie die maximale Anzahl von Schritten, die Sie rückgängig machen oder wiederholen können. Mit dem Standardwert 20 sind Sie in der Regel bestens bedient.

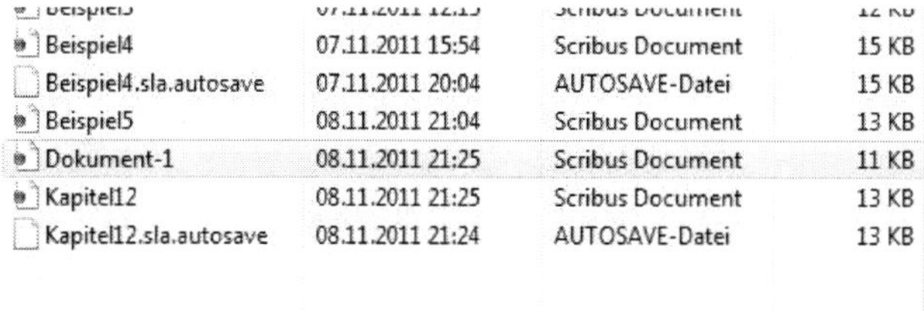

Wenn Sie die automatische Sicherung aktivieren, erzeugt Scribus eine Sicherungsdatei mit der Dateierweiterung *autosave*.

10.3 Hilfslinieneinstellungen

Scribus erlaubt Ihnen die Verwendung von Hilfslinien und Rastern. Beides sind nützliche Hilfsmittel bei der Platzierung und präzisen Positionierung von Objekten zu erlauben.

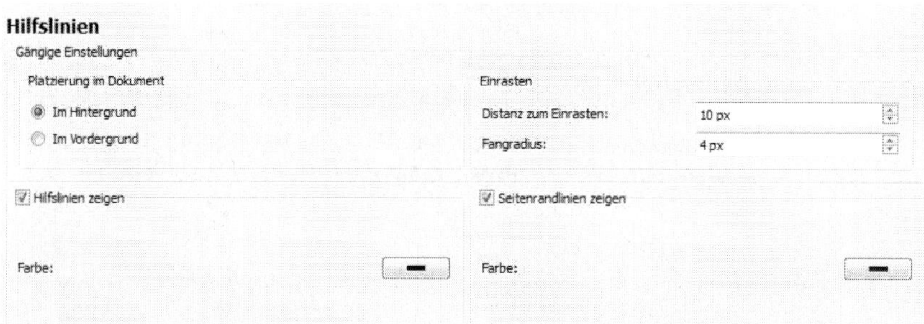

Die Konfiguration der Hilfslinien und Raster.

In der Kategorie *Hilfslinien* können Sie folgende Einstellungen vornehmen:

- **Im Hintergrund/Im Vordergrund**: Hier bestimmen Sie, ob die Hilfslinien und Raster sich im Hintergrund oder im Vordergrund befinden. Scribus platziert die Hilfsmittel standardmäßig im Hintergrund. Wenn Sie sehr viele Objekte ausrichten wollen, kann es durchaus sinnvoll sein, diese in den Vordergrund zu legen. Dann liegen die Hilfslinien und Raster über den eingefügten Objekten.

- **Distanz zum Einrasten**: Im Bereich *Einrasten* finden Sie zwei Funktionen, mit denen Sie den Abstand einstellen, ab dem ein Element automatisch an einem vorhandenen Raster bzw. einer Hilfslinie ausgerichtet wird. Mit *Distanz zum Einrasten* bestimmen Sie den Abstand zu den Hilfslinien. Damit diese Funktion greift, müssen Sie mindestens einen der folgenden Menüpunkte aktiviert haben: *Seite> Am Raster ausrichten* oder *Seite> An Hilfslinien ausrichten*. Beide Funktionen sind standardmäßig nicht aktiviert.

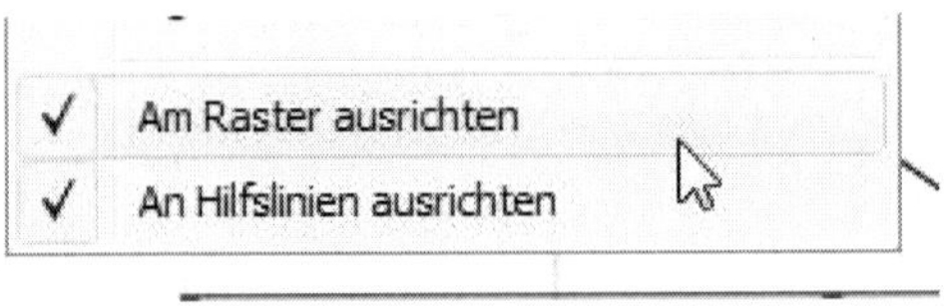

Die automatische Ausrichtung ist aktiviert. Kommt ein Objekt in den definierten Bereich, wird es am Raster oder der Hilfslinie ausgerichtet.

- **Fangradius**: Hier bestimmen Sie den Radius, innerhalb dessen ein Objekt automatisch an Hilfslinien oder einem Raster ausgerichtet wird.

- **Hilfslinien zeigen**: Damit die Hilfslinien angezeigt werden, müssen Sie deren Anzeige zunächst aktivieren. Sollten die Linien nicht dokumentenweit eingeblendet sein, können Sie dies auch mit dem Menübefehl *Ansicht> Hilfslinien ändern*. Scribus gibt Ihnen über das Farbfeld eine Standardlinienfarbe vor, die Sie mit einem Klick auf das Farbfeld ändern können.

- **Seitenrandlinien zeigen**: Entsprechend können Sie auch die Anzeige der Seitenrandlinien ein- und ausschalten. Sie können die Ansicht mit dem Menübefehl *Ansicht> Ränder anzeigen* ändern und auch gegebenenfalls die Farbwahl anpassen.

- **Seitenraster zeigen**: Mit dieser Option können Sie die Seitenraster ein- und ausblenden. Standardmäßig sind sie aktiviert. Scribus verwendet dabei ein kleines und ein großes Raster. Die Linien des großen Rasters werden als durchgezogene Linien und die des kleinen Rasters gestrichelt dargestellt. Mit den beiden Einstellungen *Großes Raster* und *Kleines Raste*r können Sie die Abstände zwischen den Linien anpassen. Auch die Anpassung der Farbe ist möglich.

- **Grundlinienraster anzeigen**: Schließlich können Sie noch das sogenannte Grundlinienraster aktivieren. Bei den Grundlinien handelt es sich um horizontal verlaufende Linien, an dnen Sie Text ausrichten können. Nach dem Aktivieren können die Farbe sowie den Rasterabstand bestimmen. Mit Grundlinienrasterversatz bestimmen Sie den Abstand vom oberen Seitenrand bis zur ersten Grundlinie.

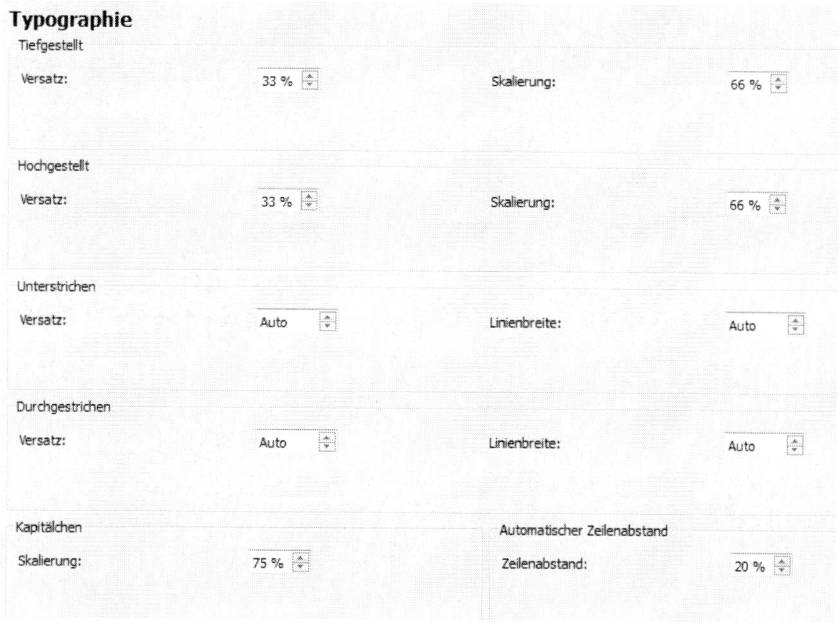

Die Typografie-Einstellungen.

10.4 Die Typografie-Einstellungen

Mit der Kategorie *Typographie* bestimmen Sie verschiedene textspezifische Einstellungen:

- **Tiefgestellt (Versatz/Skalierung)**: Für die Verwendung von $_{\text{tiefgestelltem}}$ Text bestimmen Sie mit diesen beiden Einstellungen den Versatz und die Skalierung. Die Angabe erfolgt in Prozent.
- **Hochgestellt (Versatz/Skalierung)**: Bestimmen Sie mit der zweiten Konfiguration bei ^{hochgestelltem} Text den Versatz und die Skalierung. Auch hier erfolgt die Angabe in Prozent.
- **Unterstrichen (Versatz/Linienbreite)**: Hier bestimmen Sie die programmweiten Einstellungen für unterstrichenen Text.
- **Durchgestrichen (Versatz/Linienbreite)**: Mit dieser Einstellung bestimmen Sie die Vorgaben bei ~~durchgestrichenem~~ Text.
- **Kapitälchen**: Auch die relative Größe von Kapitälchen im Vergleich zur normalen Schrift kann in den Programmeinstellungen angepasst werden.
- **Automatischer Zeilenabstand**: Mit der letzten Einstellung dieser Kategorie legen Sie fest, um wie viel Prozent der Zeilenabstand größer ist als die Zeichen.

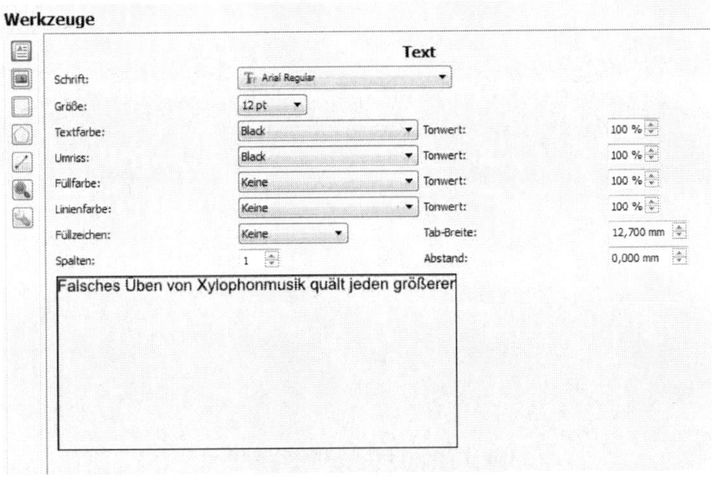

Die Einstellungen für den Textrahmen.

10.5 Die Kategorie Werkzeuge

Mit den Einstellungen der Kategorie *Werkzeuge* passen Sie die Voreinstellungen für die Textrahmen, Bildrahmen, Formen, Polygone, Linien, das Vergrößerungswerkzeug und verschiedene weitere Einstellungen an. Die Einstellungen sind ihrerseits in Unterkategorien zusammengefasst.

Der Zugriff auf die Unterkategorie erfolgt über die vertikale Symbolleiste, die Sie zwischen den Hauptkategorien und den jeweiligen Einstellmöglichkeiten finden.

10.5.1 Textrahmeneinstellungen

In der Unterkategorie *Textrahmen* können Sie folgende Einstellungen vornehmen:

- **Schrift**: Mit diesem Auswahlmenü bestimmen Sie die Standardschriftart, die in Textrahmen verwendet wird. Unterhalb der verschiedenen Textrahmeneinstellungen finden Sie die Vorschau. Diese vermittelt Ihnen einen ersten Eindruck von Ihrer Wahl.
- **Größe**: Bestimmen Sie die Schriftgröße für den Textrahmen. Auch bei dieser Einstellung können Sie Änderungen der Einstellungen in der Vorschau prüfen.
- **Textfarbe**: Bestimmen Sie hier die Farbe für den Rahmentext. Sie können mit der rechts daneben befindlichen Einstellung Tonwert die Deckkraft bestimmen.
- **Umriss**: Hier legen Sie die Textumrissfarbe fest. Auch hier kann der Tonwert der Umrissfarbe angepasst werden.
- **Füllfarbe**: Hier können Sie die Füllfarbe für den Textrahmen und gegebenenfalls den Tonwert der Textfarbe anpassen.
- **Linienfarbe**: Auch die Standardlinienfarbe und ihr Tonwert können angepasst werden.
- **Füllzeichen/Tab-Breite**: Mit diesem Auswahlmenü bestimmen Sie das Füllzeichen für den Tabulator. Sie haben die Wahl zwischen folgenden Werten:
    - Keine
    - Punkt
    - Trennstrich
    - Unterstrich

- Benutzerdefiniert

Mit der Option *Benutzerdefiniert* können Sie jedes beliebige Zeichen im Listenfeld angeben. Mit *Tab-Breite* bestimmen Sie den Standardabstand der Tabulatoren.

- **Spalten/Abstand**: Schließlich können Sie die Anzahl der Textspalten innerhalb des Textrahmens und dabei den Abstand der Spalten zueinander festlegen. Diese Einstellung wird leider nicht in der Vorschau darstellt.

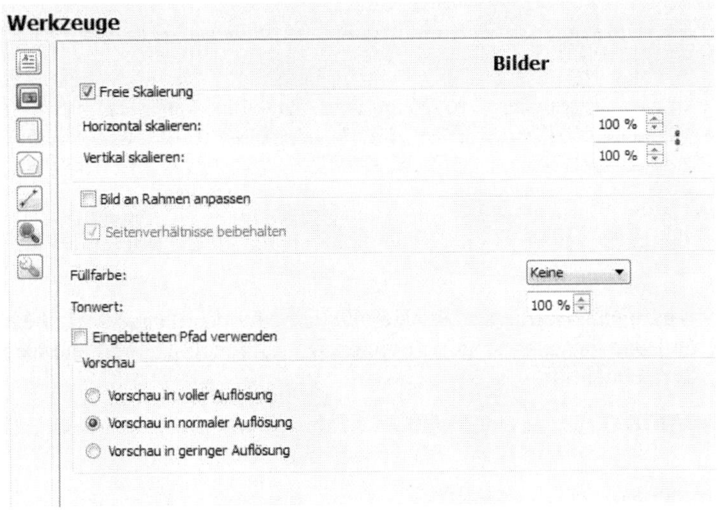

Die Bildrahmeneinstellungen.

10.5.2 Bildrahmeneinstellungen

Mit den Bildrahmeneinstellungen bestimmen Sie die Standardkonfiguration für Ihre Bildrahmen. Die Einstellungen im Einzelnen:

- **Freie Skalierung**: Sie haben die Wahl, ob Sie die freie Skalierung oder die Anpassung des Bilds an den Rahmen nutzen wollen. Wenn Sie sich für die freie Skalierung entscheiden, können Sie die Standardgröße in Prozent festlegen. Über das Kettensymbol bestimmen Sie außerdem, ob das Seitenverhältnis beibehalten werden soll oder nicht.

- **Bild an Rahmen anpassen**: Wenn Sie sich für diese Option entscheiden, wird das Bild an den Rahmen anpassen hat. Mit der Option *Seitenverhältnisse beibehalten* sorgen Sie dafür, dass die Bildproportionen erhalten bleiben.
- **Füllfarbe/Tonwert**: Diese beiden Einstellungen erlauben Ihnen die Wahl einer Hintergrundfarbe und eines Tonwerts.
- **Eingebetteten Pfad verwenden**: Durch Aktivieren dieser Option werden die Beschneidungspfade bei PSD- und TIFF-Dateien verwendet.
- **Vorschau**: In diesem Bereich finden Sie drei alternative Einstellungen. Sie können hier festlegen, in welcher Qualität die Vorschau-Bilder in Bildrahmen dargestellt werden. Sie haben die Wahl zwischen folgenden Optionen:
    - Vorschau in voller Auflösung
    - Vorschau in normaler Auflösung
    - Vorschau in geringer Auflösung

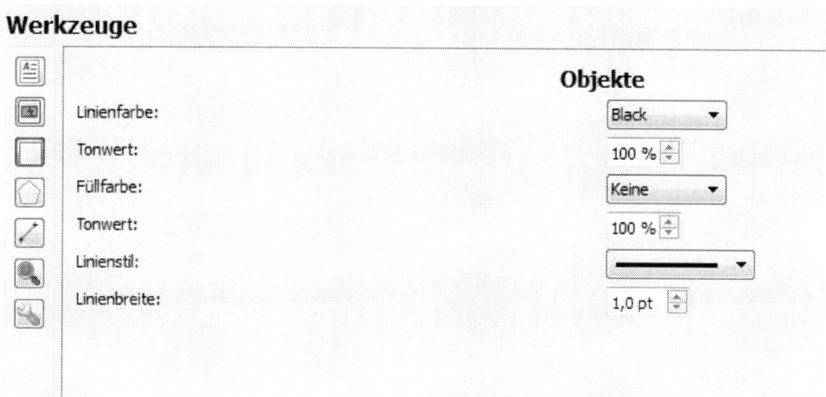

Die Objekteinstellungen.

10.5.3 Einstellungen für Formen und Objekte

Aus den vorangegangenen Kapiteln kennen Sie vielfältige Möglichkeiten zum Einfügen und Bearbeiten von Objekten. In den Programmeinstellungen können Sie folgende Voreinstellungen definieren:

- **Linienfarbe**: Bestimmen Sie hier, welche Linienfarbe für Objekte verwendet wird. Standardmäßig ist es schwarz.
- **Tonwert**: Hier bestimmen Sie die Deckung der Linienfarbe in Prozent.
- **Füllfarbe**: Bestimmen Sie hier die Füllfarbe.
- **Tonwert**: Hier den Tonwert der Füllung in Prozent.
- **Linienstil**: In diesem Auswahlmenü stehen Ihnen über 30 Linienvarianten zur Auswahl.
- **Linienbreiten**: Schließlich können Sie die Linienbreite festlegen.

10.5.4 Polygon-Einstellungen

Bei Polygonen handelt es sich um Vielecke, die in Scribus 3 bis 999 Ecken besitzen können. Mit Rotation können Sie außerdem den Grad der Drehung bestimmen. Statt eines Rotationswerts können Sie die Drehung auch mit dem Schieberegler verändern.

Wenn Sie das Kontrollkästchen *Faktor übernehmen* aktivieren, können Sie außerdem angeben, wie konkav bzw. wie konvex das Polygon gezeichnet wird. Gut, dass die Vorschau Ihnen immer in Echtzeit ein Bild von Ihren Änderungen vermittelt.

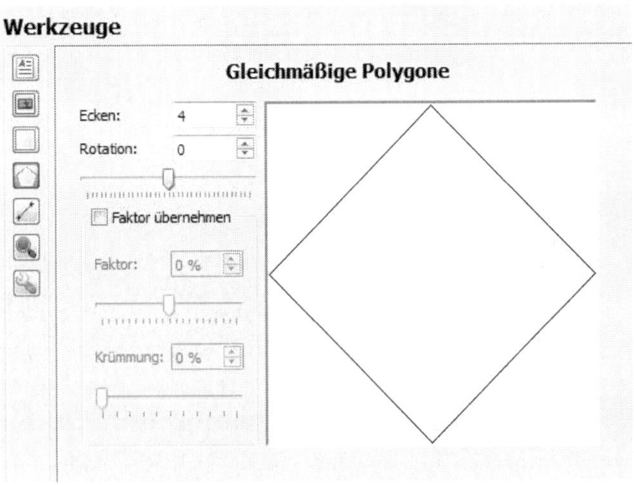

Die Anpassung der Polygon-Einstellungen.

10.5.5 Linienkonfiguration

Für die Anpassung der Linienkonfiguration steht Ihnen eine Handvoll Einstellungen zur Verfügung:

- **Linienfarbe**: Bestimmen Sie hier, welche Farbe Ihre Linien besitzen sollen.
- **Tonwert**: Hier bestimmen Sie die Deckung.
- **Linienstil**: Dieses Auswahlmenü stellt Ihnen dreißig Linienvarianten zur Auswahl.
- **Pfeile**: Hier können Sie Anfangs- und Endpfeile auswählen.
- **Liniebreite**: Bestimmen Sie schließlich die Linienbreite. Sie kann zwischen 1 und 36 Punkten liegen.

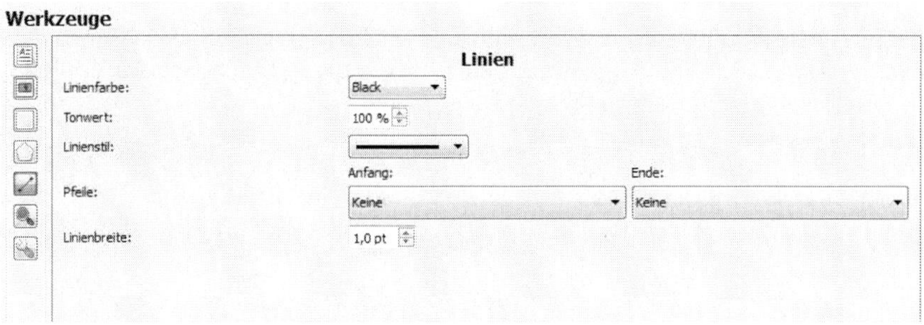

Die Einstellungen für die Linien.

10.5.6 Vergrößerungsstufen

Mit den Einstellungen der Unterkategorie *Vergrößerung* können Sie den Vergrößerungsstufen ein Minimum (10 %) als kleinstmögliche Stufe, ein Maximum (3200 %) als größtmögliche Vergrößerung und den Abstand zwischen beiden Vergrößerungsstufen in Prozent zuweisen.

Die Einstellungen für die Vergrößerung.

10.5.7 Weitere Einstellungen

Mit der letzten Unterkategorie bestimmen Sie den Versatz für den Menübefehl *Objekt> Duplizieren*. Sie können auch die Voreinstellung für die Schritte des Rotationswerkzeugs bei gehaltener Strg-Taste anpassen.

Die weiteren Einstellungen.

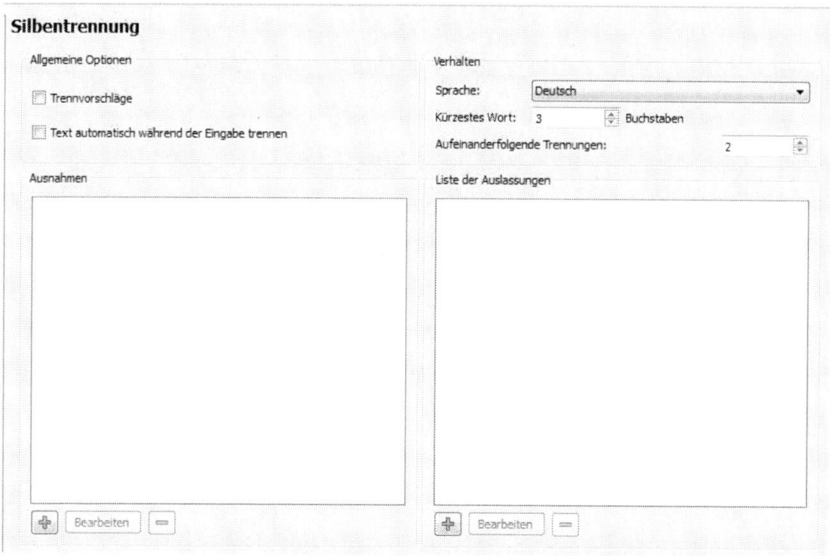

Die Einstellungen für die Silbentrennung.

10.6 Silbentrennung

In der Kategorie *Silbentrennung* können Sie die programmweiten Einstellungen für die Silbentrennung bestimmen.

Ihnen stehen folgende Einstellungen zur Verfügung:

- **Trennvorschläge**: Wenn Sie diese Option aktivieren, bietet Ihnen Scribus über den Menübefehl *Extras> Silbentrennung anwenden* in einem Dialogfenster alle Trennmöglichkeiten eines Worts an und Sie können die passenden Trennungsvarianten auswählen.
- **Text automatisch während der Eingabe trennen**: Wenn Sie dieses Kontrollkästchen aktivieren, erfolgt die Trennung des Textes direkt bei der Eingabe bzw. dem Laden.
- **Ausnahmen**: In diesem Feld können Sie Ausnahmen anlegen, die von der Silbentrennung ausgenommen werden. Das ist beispielsweise bei Eigennamen oder Produktbezeichnungen sinnvoll. Um einen solchen Eintrag anzulegen, klicken Sie auf das Pluszeichen und geben dann in das Feld Ausnahmeliste den gewünschten Begriff ein. Sichern Sie den Eintrag mit *OK*.

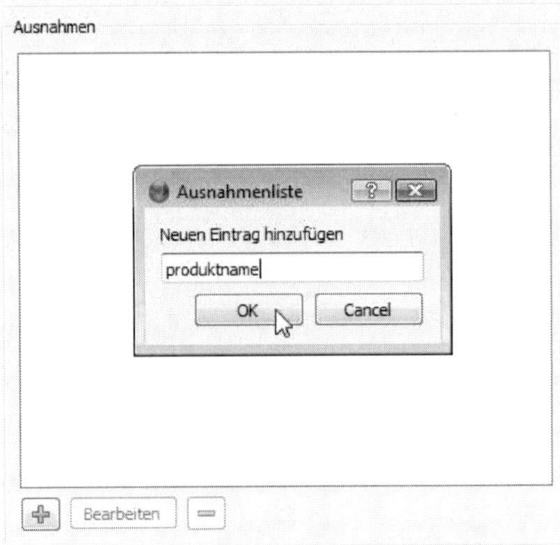

Das Anlegen von Ausnahmen, die nicht von der Silbentrennung bearbeitet werden.

- **Sprache**: In diesem Auswahlmenü bestimmen Sie die Sprache, die für die Silbentrennung verwendet wird. Beachten Sie folgendes: Wenn Sie die Sprache der Benutzerschnittstelle ändern, wird damit noch lange nicht die der Silbentrennung geändert. Das muss also gegebenenfalls nachgeholt werden.
- **Kürzestes Wort**: Mit diesem Eingabefeld bestimmen Sie die Länge des kürzesten Worts, das von der Silbentrennung aufgeteilt wird. Wörter, die gleich viele und weniger Buchstaben als der hier angegebenen Wert besitzen, werden von der Silbentrennung ignoriert.
- **Aufeinanderfolgende Trennungen**: Mit dieser Konfiguration bestimmen Sie, wie viele Trennvorgänge maximal hintereinander erfolgen dürfen.
- **Liste der Auslassungen**: In diesem Feld können Sie Auslassungen definieren. Dazu klicken Sie auf das Pluszeichen und fügen den Eintrag hinzu.

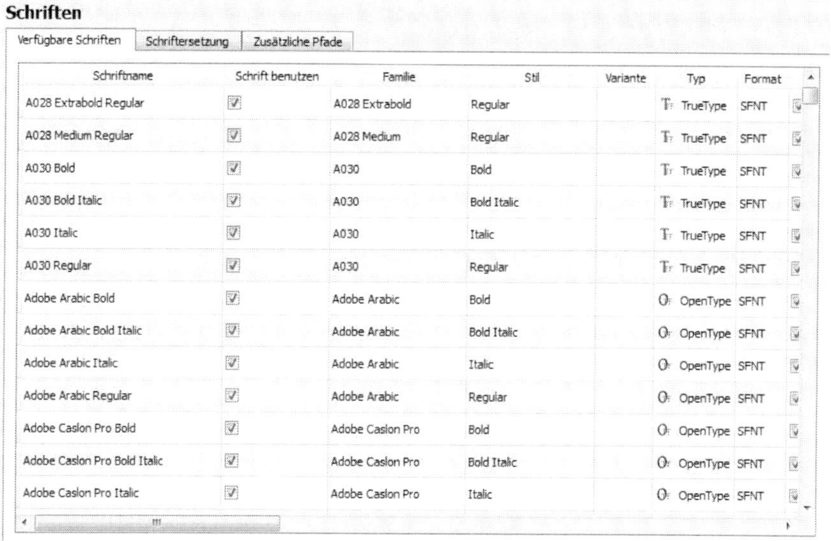

Die Schriftenauswahl.

10.7 Schriftenkonfiguration

In der Kategorie *Schriften* führt Scribus alle für das Programm verfügbaren Schriften auf. Diese werden auf der Registerkarte *Verfügbare Schriften* gelistet. Neben dem Schriftnamen, der Schriftfamilie und der Varianten werden der Schriftentyp, das Format, die Einbettung in PostScript, die Unterteilungen, die Zugriffsrechte und der Pfad zur Schriftdatei aufgeführt.

Um sicherzustellen, dass eine Schrift in Scribus verwendet werden darf, aktivieren Sie das zugehörige Kontrollhäkchen in der Spalte *Schrift benutzen*.

Auf der Registerkarte *Schriftersetzung* können Sie eine Schrift durch eine andere ersetzen.

Auf der Registerkarte *Zusätzliche Pfade* können Sie weitere Ordner mit Schriften angeben. Dazu müssen alle Scribus-Dokumente geschlossen sein. Um einen neuen Pfad hinzuzufügen, klicken Sie auf die Schaltfläche *Hinzufügen* und wählen einen Ordner aus.

Wie Sie bereits aus Kapitel 5.3.5 wissen, stellt Ihnen Scribus mit dem Menübefehl *Extras> Schriftvorschau* eine Vorschaufunktion zur Verfügung, mit der Sie sich einen Eindruck von den zur Verfügung stehenden Schriften machen können.

10.8 Druckereinstellungen

Scribus stellt Ihnen auch für die Ansprache des Druckers eine Fülle von Anpassungsmöglichkeiten zur Verfügung. Zunächst bestimmen Sie in dem Auswahlmenü *Ausgabeziel* den zu verwendenden Drucker. Scribus liest die auf Seiten des Betriebssystems installierten Drucker ein und stellt Sie zur Auswahl.

Statt eines vordefinierten Druckers können Sie auch einen eigenen Druckbefehl verwenden. Dazu aktivieren Sie zunächst die Option *Alternativer Druckbefehl*, und geben dann in das Feld *Befehl* die Befehlszeile für einen alternativen Druckmanager an.

Unterhalb des Befehlsfelds finden Sie zwei Registerkarten. Auf der Registerkarte *Optionen* können Sie folgende Einstellungen vornehmen:

- **Normal drucken/Farbseparationen drucken**: Im Bereich *Allgemein* finden Sie die beiden alternativen Einstellungen. Bestimmen Sie damit, ob Sie einen normalen Druck ausführen oder die Farbseparationen drucken wollen.
- **PDF-Anmerkungen und Links exportieren**: Mit dieser Option sorgen Sie dafür, dass mögliche PDF-Anmerkungen und Links in eine weitere Datei exportiert werden.

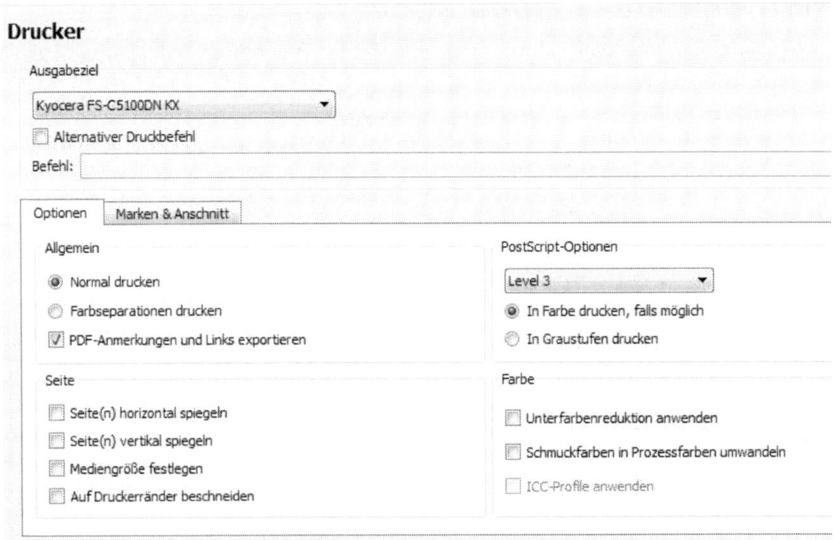

Die Druckereinstellungen Teil1.

- **Seite(n) horizontal spiegeln**: Aktivieren Sie diese Option, um die Seite(n) horizontal gespiegelt auszugeben.
- **Seite(n) vertikal spiegeln**: Mit dieser Option sorgen Sie für eine vertikale Spiegelung der Seite(n).
- **Mediengröße festlegen**: Durch das Aktivieren dieser Option legen Sie die Größe der PostScript-Datei fest. Das ist nur dann erforderlich, wenn dies speziell von Ihrer Druckerei verlangt wird.
- **Auf Seitenränder beschneiden**: Sorgt dafür, dass die Objekte außerhalb des Satzspiegels nicht gedruckt werden.

Es folgt der Bereich *Postscript Optionen*. Hier finden Sie folgende Einstellungsmöglichkeiten:

- **Auswahlmenü**: Bestimmen Sie hier, ob Sie PostScript-Versionen 1, 2 oder 3 verwenden wollen.
- **In Farbe drucken, falls möglich**: Aktiveren Sie diese Option, wenn die Ausgabe möglichst farbig sein soll.
- **In Graustufen drucken**: Alternativ zum Farbdruck können Sie die Druckausgabe in Graustufen vorsehen.

Schließlich können Sie noch drei farbspezifische Einstellungen vornehmen:

- **Unterfarbenreduktion anwenden**: Das Aktivieren dieser Option kann die Druckqualität verbessern, indem die Tertiärfarben reines Schwarz statt eine Farbmischung aus Cyan, Magenta und Gelb verwenden. Sie sollten diese Option bei stark absorbierenden Papiersorten verwenden.
- **Schmuckfarben in Prozessfarben umwandeln**: Diese Option sorgt für die Umwandlung von vorhandenen Schmuck- in Prozessfarben.
- **ICC-Profile anwenden**: Diese Option erlaubt das Anwenden von ICC-Profilen. Dazu müssen Sie das Farbmanagement aktiviert haben.

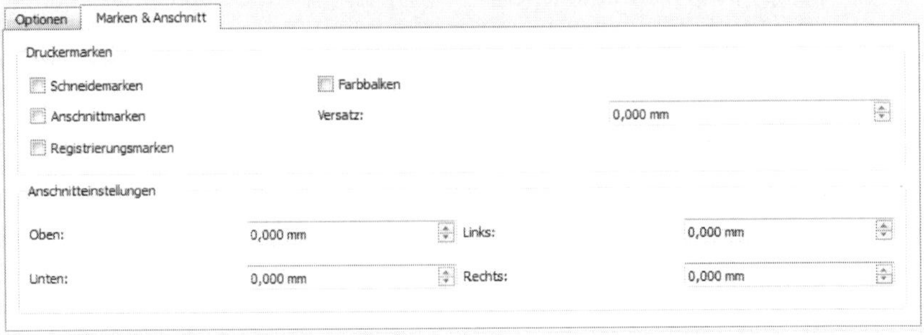

Die Einstellungen der Registerkarte *Marken & Anschnitt.*

Die Druckereinstellungen haben auf der Registerkarte *Marken & Anschnitt* einige weitere programmübergreifende Anpassungsmöglichkeiten zu bieten. Diese sind insbesondere für die Prüfung des Dokuments und die spätere Verarbeitung durch die Druckerei relevant.

Im Bereich *Druckermarken* finden Sie folgende Einstellungen:

- **Schneidemarken**: Durch Aktivieren werden beim Erstellen einer PDF-Datei die Schneidemarken eingefügt.
- **Anschnittmarken**: Mit dieser Option fügen Sie die Anschnittmarken in den PDF-Export ein.
- **Registrierungsmarken**: Diese Option sorgt für das Anlegen der Registrierungsmarken für alle Farbseparationen.
- **Farbbalken**: Außerdem können Sie den Farbbalken beim PDF-Export hinzufügen.
- **Versatz**: Mit der letzten Druckereinstellung legen Sie den Versatz der Registrierungsmarken fest.

Im Bereich *Anschnitteinstellungen* bestimmen Sie den Anschnitt für die obere, untere, linke und rechte Kante.

10.9 Druckvorstufenüberprüfung

Mit den Funktionen der Kategorie *Druckvorstufenüberprüfung* können Sie Ihre Dokumente einem Pre-Check für das Drucken oder den PDF-Export unterziehen.

Die Voreinstellungen sind so gesetzt, dass Bilder und Schriften ausreichende Qualität besitzen müssen, um problemloses Drucken oder PDF-Export zu ermöglichen.

Die Entwickler haben diese Funktion eingeführt, um ein Minimum an Qualität zu gewährleisten und Probleme mit bestimmten PostScript- und PDF-Versionen zu vermeiden.

Sie können zunächst eines von mehreren Exportprofilen auswählen und dann deren Einstellungen bearbeiten. Standardmäßig finden Sie folgende Profile vor:

- PDF 1.3
- PDF 1.4
- PDF 1.5
- PDF/X-3
- PostScript

Sprechen Sie beim Export gegebenenfalls mit Ihrer Druckerei, welches Format Sie anliefern sollen. Nicht alle Druckerei unterstützen alle Formate. Diese Frage sollten sie im Idealfall vor dem Datenexport klären.

Wenn Sie das Druckprofil *PDF/X-3* ausgewählt haben, prüft Scribus beim Export verschiedene Eigenschaften, die fürs Drucken wichtig sind, wie beispielsweise:

- **Auflösung der Bilder überprüfen**: 144 dpi sind für einen sauberen Ausdruck erforderlich. Wird eine entsprechende Warnung beim Export ausgegeben, finden Sie vermutlich treppenförmigen Kanten im Bild. Sie sollten in diesem Fall die betreffenden Bilder ersetzen.
- **Auf Transparenz prüfen**: Die Transparenz kann sich bei der Erzeugung einer PDF-Datei verändern. Sie sollten sich dabei die transparenten Bereiche in der fertigen PDF nochmals genau ansehen.
- **Objekt außerhalb einer Seite**: Liegen Objekte auf der Arbeitsfläche außerhalb der Seiten, wird ebenfalls eine Warnung ausgegeben. Wenn Sie die außerhalb liegenden Objekte nicht benötigen, können Sie den Fehler ignorieren.
- **Auf Überfüllung der Textrahmen prüfen**: Es kann vorkommen, dass Textteile nicht mehr auf der Seite platziert sind, da die Textrahmen zu klein sind. In diesem Fall sollten Sie noch einmal prüfen, an welchen Stellen das der Fall ist und gegebenenfalls den Text kürzen oder den Textrahmen vergrößern.

Scribus erzeugt beim Export ein Fehlerprotokoll. Mit einem Doppelklick auf die jeweilige Meldung springt Scribus direkt auf die betreffende Stelle des Dokuments und Sie können sich unmittelbar an die Behebung des Problems machen.

Unterhalb der Prüfoptionen finden Sie die beiden Schaltflächen *Profil hinzufügen* und *Profil entfernen*, mit denen Sie die Profilverwaltung erweitern oder auch verkleinern können.

10.10 Farbmanagement

Das Ziel des Farbmanagements ist es, die Unterschiede zwischen Bildschirmfarben und gedruckten Farben zu verringern. Ein weiteres Ziel ist es, zu zeigen, welche Farben außerhalb des Gamuts liegen, d.h., in dem gewählten Druckverfahren nicht wiedergegeben werden können.

Gerade Einsteiger scheuen sich vor dieser Funktion, weil sie ihnen zu komplex und zu unverständlich erscheint. Sie lassen das Farbmanagement deaktiviert und verschenken so einiges an Potenzial. Dabei ist das dahinterstehende Konzept recht einfach. Sie sollten sich auch nach den ersten Gehversuchen an diese Funktionen trauen. Auch, weil sie wirklich einfach in Scribus zu verwenden ist .

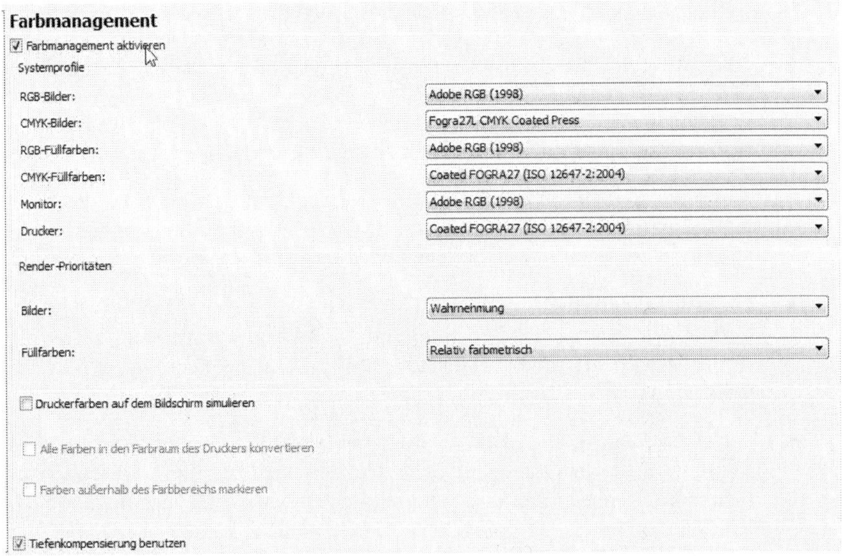

Die Einstellungen für das Farbmanagement in Scribus.

Das Farbmanagement ist standardmäßig in Scribus deaktiviert. Um die Farbmanagementfunktionen zu verwenden, aktivieren Sie zunächst die Option *Farbmanagement.* Scribus stellt Ihnen im Bereich *Systemprofile* für folgende Einstellungen verschiedene Profile über Auswahlmenüs zur Wahl:

- RGB-Bilder
- CYMK-Bilder
- RGB-Füllfarben
- CYMK-Füllfarben
- Drucker/Monitor
-

Wenn Sie alternative Profile verwenden wollen, weil Ihnen diese beispielsweise von Ihrer Druckerei empfohlen wurden, können Sie in der Kategorie Allgemein einen Pfad für Ihre ICC-Profile festlegen. Die ECI (European Color Initiative) stellt auf ihrer Website (*http://www.eci.org*) verschiedene ICC-Profile zum Download bereit.

Die weiteren Einstellungen bzw. Auswahlmenüs:

- **Renderprioritäten**: Diese beiden Auswahlmenüs stellen Ihnen folgenden Optionen für die Konvertierung des Farbraums zur Verfügung: *Wahrnehmung*, *Relativ Farbmetrisch*, *Farbsättigung* und *Absolut Farbmetrisch.*

  Mit der Option *Wahrnehmung* wird das optische Verhältnis zwischen den Farben für das menschliche Auge verwendet. Bei *Absolut Farbmetrisch* bleiben alle Farben innerhalb des Zielfarbumfangs unverändert. Es kann allerdings durchaus vorkommen, dass in einem kleineren Farbraum unterschiedliche Farben aus dem Quellfarbraum in die gleiche Farbe des Zielfarbraums umgewandelt werden.

  Die Option *Relativ Farbmetrisch* sorgt für einen Weißabgleich zwischen Quell- und Zielmedium.

  Farbsättigung produziert kräftigere Farben, wobei die relative Farbsättigung auf Kosten der Farbtreue erhalten bleibt. Hier kann es durchaus zu kleineren Farbverschiebungen kommen. Verwenden Sie diese Option, wenn das Verhältnis zwischen den Farben weniger wichtig ist als satte, leuchtende Farben.

- **Druckerfarben auf dem Bildschirm simulieren**: Aktivieren Sie dieses Kontrollkästchen, um die Druckvorschau auf dem Bildschirm unter Verwendung des angegebenen Druckerprofils zu simulieren.
- **Alle Farben in den Farbraum des Druckers konvertieren**: Wenn Sie die Farbsimulation aktiviert haben, können mit dieser Option alle Farben in den Farbraum des Druckers konvertiert werden, und zwar unabhängig davon, ob es sich um RGB- oder CMYK-Farben handelt.
- **Farben außerhalb des Farbbereichs markieren**: Haben Sie die Simulation aktiviert, können Sie mit dieser Unteroption dafür sorgen, dass die Farben außerhalb des Farbbereichs markiert werden. Sie aktiviert die Ausgabe der sogenannten Gamut-Warnung die Farbbereiche, die unter Verwendung der aktuellen Konvertierungsoptionen im Zielfarbraum nicht darstellbar sind, maskiert anzeigt. Können alle Farben übertragen werden, ist keine Maskierung sichtbar.
- **Tiefenkompensierung**: Schließlich können Sie die sogenannte Tiefenkompensierung aktivieren. Hier wird der Schwarzpunkt des Farbraums der Quelle an jenen des Zielfarbraums angepasst. So kann der volle Dynamikumfang des Quellfarbraums abgebildet werden. Sie sollten diese Option immer dann aktivieren, wenn Sie Dokumente mit Fotos verarbeiten.

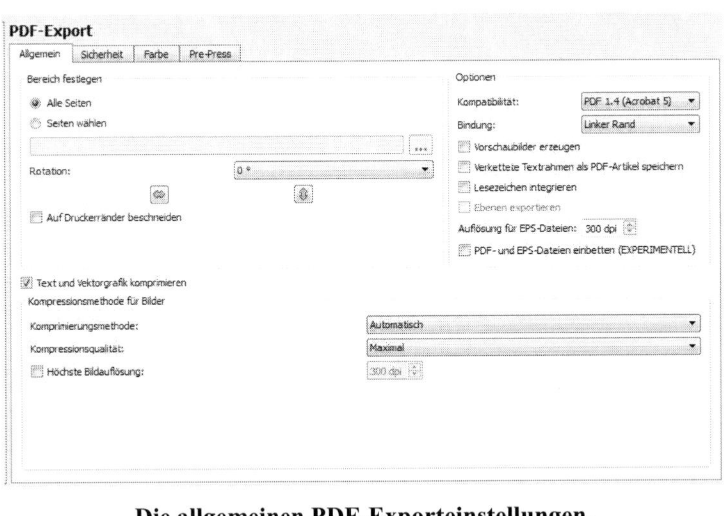

Die allgemeinen PDF-Exporteinstellungen.

10.11 PDF-Exporteinstellungen

Die nächste Kategorie trägt die Bezeichnung *PDF-Export*. Die programmübergreifenden Einstellungen sind auf vier Registerkarten verteilt: *Allgemein*, *Sicherheit*, *Farbe* und *Pre-Press*. Die Funktionen im *Einstellungen*-Dialog sind identisch zu denen des Fensters *Dokument einrichten*.

10.11.1 Allgemeine Exporteinstellungen

Auf der Registerkarte *Allgemein* finden Sie im Abschnitt *Bereich festlegen* folgende Einstellungen:

- **Alle Seiten/Seiten wählen**: Auf der Registerkarte *Allgemein* legen Sie zunächst den Bereich des Dokuments fest, der exportiert werden soll. Wählen Sie die Option *Seiten wählen*, so können Sie einzelne Seitenzahlen angeben, die Sie durch Kommas trennen (2,4,5) oder einen Bereich wählen (2-12).
- **Rotation**: Das Listenfeld bietet Ihnen die Rotation der Seiten um 90, 180 und 270 Grad an. Darunter befinden sich zwei Schaltflächen, über die die Seiten des Dokuments vertikal bzw. horizontal gespiegelt werden können. Aktivieren Sie eine der Schaltflächen, so ändert sich die Farbe der Schaltfläche. In diesem Beispiel ist die horizontale Spiegelung aktiviert.
- **Auf Seitenränder beschneiden**: Wählen Sie die Option, so werden alle Objekte und Objektteile, die sich außerhalb der Seitenränder befinden, nicht exportiert.

Im Bereich *Optionen* finden Sie folgende Einstellungen:

- **Kompatibilität**: Dieses Auswahlmenü stellt Ihnen folgende Optionen zur Wahl:
  - PDF 1.3
  - PDF 1.4
  - PDF 1.5
  - PDF/X-3

  Die größtmögliche Kompatibilität erzielen Sie mit der Option *PDF 1.3*, allerdings unterliegt diese auch gewissen Einschränkungen. Verwenden

Sie *PDF 1.4*, wenn Sie Transparenz oder eine 128-Bit-Verschlüsselung benötigen. Greifen Sie zu *PDF 1.5*, wenn Ihrer Dokumente Ebenen enthalten. Verwenden Sie *PDF/X-3*, wenn Scribus das Farbmanagement nutzt.

- **Bindung**: Soll das Dokument gebunden werden, können Sie mit diesem Auswahlmenü festlegen, ob die Bindung am linken oder am rechten Rand erfolgen soll. Standardmäßig verwendet man eine linke Bindung.
- **Vorschaubilder erzeugen**: Aktiveren Sie diese Option, um von jeder einzelnen Seite kleine Vorschaubilder, sogenannten Thumbnails, zu generieren.
- **Verkettete Textrahmen als PDF-Artikel speichern**: Arbeiten Sie mit verketteten Textrahmen, so erleichtert diese Funktion später die Navigation.
- **Lesezeichen integrieren**: Übernimmt die Lesezeichen in die PDF-Datei.
- **Ebenen exportieren**: Diese Funktion steht nur bei der Auswahl von PDF 1.5 zur Verfügung. Hierbei werden die Ebenen des Dokuments exportiert.
- **Auflösung für EPS-Dateien**: Aktivieren Sie diese Option, so können Sie die Auflösung von Text und Vektorgrafiken vorgeben. Bitmap-Grafiken bleiben davon unberührt.

Unterhalb der beiden genannten Bereiche finden Sie weitere Einstellungsmöglichkeiten:

- **Text und Vektorgrafik komprimieren**: Diese Option sorgt dafür, dass Text und Grafiken verlustlos komprimiert werden.
- **Komprimierungsmethode**: Es folgen drei Komprimierungseinstellungen für die Verarbeitung der in den PDF-Dokumenten enthaltenen Bildern. Dieses Auswahlmenü stellt Ihnen folgende Optionen zur Wahl:
  - Automatisch
  - JPEG
  - ZIP
  - Keine zur Auswahl

In der Regel ist es sinnvoll, die Voreinstellung *Automatisch* beizubehalten, damit Scribus bzw. die Exportfunktion entscheiden kann, welches die ideale Methode ist.

Während es sich bei JPEG um eine verlustbehaftete Komprimierung handelt, die sich für Dokumente mit sehr vielen Bildern eignet, verringert ZIP als verlustlose Komprimierung lediglich das Datenvolumen.

- **Kompressionsqualität**: Mit diesem Auswahlmenü bestimmen Sie die Kompressionsstufen. Sie haben die Wahl zwischen folgenden Stufen:
    - Maximal (95 %)
    - Hoch (85 %)
    - Mittel (75 %)
    - Niedrig (50 %)
    - Minimal (25 %)

  Beachten Sie, dass es bei JPEG-Dateien auch bei maximaler Kompressionsqualität immer zu einer Qualitätseinbuße kommt.

- **Höchste Bildauflösung**: Hier bestimmen Sie die maximale Auflösung der Bilder. Mit der Vorgabe 300 dpi sind Sie bestens bedient.

Die Sicherheitseinstellungen für den PDF-Export.

10.11.2 PDF-Sicherheitseinstellungen

Auf der Registerkarte *Sicherheit* können Sie verschiedene Verschlüsselungen und Beschränkungen für Ihre PDF-Dateien festlegen. Wenn Sie auf der Registerkarte Register *Allgemein* das Format *PDF/X-3* haben, ist die Karte *Sicherheit* deaktiviert.

Ihnen stehen folgende Einstellungen zur Verfügung:

- **Verschlüsselung benutzen**: Aktivieren Sie zunächst mit diesem Kontrollkästchen die Verschlüsselung einer PDF-Datei. Bei PDF 1.3 wird eine 40-Bit-Verschlüsselung, bei PDF 1.4 eine 128-Bit-Verschlüsselung verwendet.
- **Besitzer**: In diesem Eingabefeld geben Sie das Besitzerpasswort ein. Damit aktivieren bzw. deaktivieren Sie alle Sicherungsfunktionen.
- **Benutzer**: Dieses Passwort schützt das Dokument. Es muss zum Lesen angegeben werden.

Bestimmen Sie als Nächstes folgende Berechtigungen:

- **Dokument drucken erlauben**: Durch Aktivieren dieses Kontrollkästchen können die Benutzer Ihre PDF-Dokument drucken. Wenn Sie das Kontrollkästchen deaktivieren, ist ein Drucken nicht möglich.
- **Dokument ändern erlauben**: Sollen Änderungen an Ihren PDF-Exporten möglich sein, aktivieren Sie diese Option. Verwenden Sie diese Funktion mit Bedacht, da man nie wissen kann, was mit den eigenen Inhalten passiert.
- **Kopieren von Text und Bildern zulassen**: Durch Aktivieren dieser Option lassen Sie das Kopieren von Text und Bildern zu. Ich würde diese Berechtigung standardmäßig deaktivieren, damit Ihre Inhalte nicht von Dritten verwendet werden können.
- **Hinzufügen von Anmerkungen erlauben**: Schließlich können Sie das Hinzufügen von Kommentaren zulassen. Auch hier ist Vorsicht geboten. Gehen Sie lieber ein wenig restriktiv mit Ihren Daten um.

10.11.3 Farbeinstellungen

Auf der Registerkarte *Farbe* finden Sie lediglich das Auswahlmenü *Ausgabe vorgesehen für*. Das Auswahlmenü stellt Ihnen verschiedene Farbmodelle für die Ausgabe der PDF-Datei für folgende Anwendungsbereiche zur Verfügung:

- Monitor/Internet
- Drucker
- Graustufen

Wählen Sie die Option *Monitor/Internet*, wenn Ihre Dateien überwiegend im Internet zum Download stehen und am Rechner angezeigt werden.

Verwenden Sie die Option *Drucker*, wenn sie Ihre Dateien überwiegend auf einem CMYK-Drucker ausgeben. Mit der Option *Graustufen* fahren Sie richtig, wenn keine farbige Ausgabe notwendig ist und Ihre Dokumente in erster Linie auf Schwarz-Weiß-Laserdruckern ausgegeben werden.

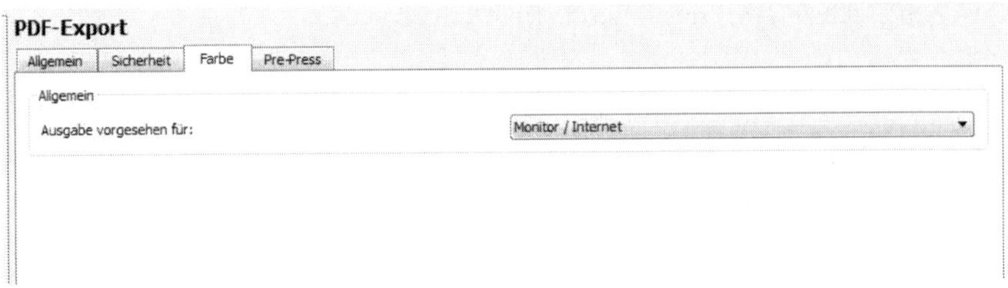

Die Farbkonfiguration für den PDF-Export.

Wenn Sie sich für die Option *Drucker* entscheiden, können Sie eine weitere Konfiguration vornehmen: Die Option *Konvertiert Schmuckfarben zu Prozessfarben* kann aktiviert werden. Wenn Sie dies tun, werden vorhandene Schmuck- in Prozessfarben umgewandelt. Dann kann die Ausgabe auch auf einem CMYK-Drucker erfolgen.

10.11.4 Pre-Press-Konfiguration

Der Begriff Pre-Press bedarf zunächst der Erläuterung. Er bedeutet so viel wie Druckvorstufe. Dabei geht es darum, Texte, Bilder und Grafiken zu Druckvorlagen zusammenzuführen und für den Druck vorzubereiten. Dabei werden Daten am Computer in druckbare Daten für den Druckprozess umgesetzt. Das Endprodukt war früher meistens eine PostScript-Datei, heute überwiegend eine PDF-Datei.

Mit den Einstellung der letzten Registerkarte, die für die PDF-Export-Konfiguration zuständig ist, können Sie verschiedene Druckermarken setzen, die Anschnitteinstellungen definieren und die Ausgabebedingungen für PDF/X-3 festlegen. Beachten Sie, dass das PDF/X-3-Format überwiegend im gewerblichen Bereich gebräuchlich ist.

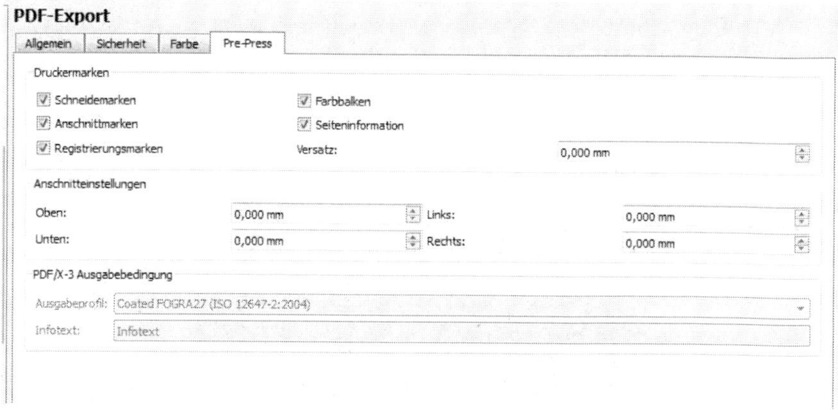

Die Pre-Press-Konfiguration des PDF-Exports.

Auf dieser Registerkarte können Sie folgende Einstellungen vornehmen:

- **Schneidemarken**: Aktivieren Sie diese Option, um die Schneidemarken in die PDF-Datei einzufügen.
- **Anschnittmarken**: Mit diesem Kontrollkästchen fügen Sie die Anschnittmarken in die PDF-Datei ein.
- **Registrierungsmarken**: Auch das Erzeugen von Registrierungsmarken für alle Farbseparationen kann aktiviert werden.
- **Farbbalken**: Sorgt für das Hinzufügen des Farbbalkens.
- **Seiteninformationen**: Auch die Seiteninformationen können in den PDF-Export eingefügt werden.
- **Versatz**: Hier bestimmen Sie, ob der Versatz der Registrierungsmarken gewünscht ist.
- **Anschnitteinstellungen (Oben/Unten/Links/Rechts)**: In diesem Bereich bestimmen Sie den Anschnitt für die einzelnen Kanten.

Wenn Sie den PDF/X-3-Export wählen, können Sie zwei weitere Einstellungen vornehmen:

- **Ausgabeprofil**: Dieses Auswahlmenü erlaubt die Wahl des Druckerprofils. Wählen Sie hier das Profil Ihres Druckers aus.

- **Infotext**: In diesem Feld müssen Sie einen Infotext angeben, damit das Dokument PDF/X-3-konform ist. Sie können beispielsweise den Dateinamen und oder einen Arbeitstitel angeben.

Ein Beispiel für die Verwendung der verschieden Marken. Im Kopfbereich wird der Farbbalken, in der Fußzeile der Infotext samt Datum angezeigt. In der Mitte finden Sie links und rechts die sogenannten Passermarken.

10.12 Eigenschaften des Dokumententyps

Die nächste Kategorie trägt die etwas merkwürdig anmutende Bezeichnung *Eigenschaften des Dokumentobjekts*. Hier können Sie weitere Attribute als Metadaten anlegen und diese Objekten zuweisen.

Konkret können Sie beispielsweise Informationen über den Autor als Attribute eines Bildrahmens in dem Dokument hinterlegen. Die einzige mir bislang bekannte sinnvolle Nutzung dieser Funktion: Das Erstellen eines Inhaltsverzeichnisses, bei dem der Inhalt des Feldes *Wert* in das Verzeichnis übernommen wird.

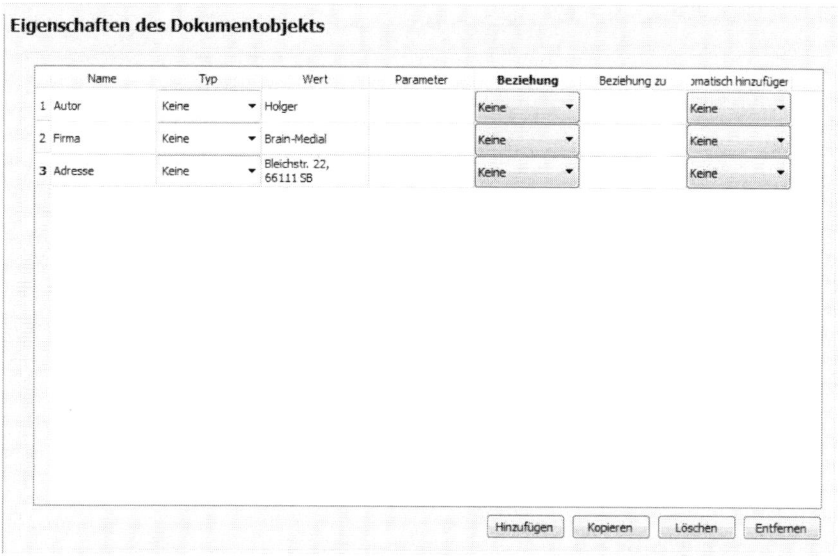

Sie können weitere Metadaten für Ihre Dokumente anlegen.

10.13 Inhaltsverzeichnisse und Indizes

In dieser Kategorie können Sie Inhaltsverzeichnisse und Indizes anlegen. Wie das geht, ist in Kapitel 5.3.1 beschrieben.

10.14 Tastenkürzel

Wenn Sie Scribus intensiv nutzen, sind Sie für jede Funktion froh, die Sie bei der Optimierung von Arbeitsabläufen unterstützt. Wenn Sie dabei sind, an den Inhalten zu arbeiten, ist es praktisch, wenn man schnell man den einen oder anderen Befehl mit einer Tastenkombination ausführen kann.

Aber auch Notebook-Besitzer schätzen diese Möglichkeit sehr, weil man ohne großen Aufwand die wichtigsten Aktionen über die Tastatur erledigen kann.

Und für den Fall, dass eine bestimmte Funktion noch nicht mit einer Tastenkombination ausgeführt werden kann, ist auch das kein Problem: Weisen Sie diesem einfach ein eigenes Tastenkürzel zu.

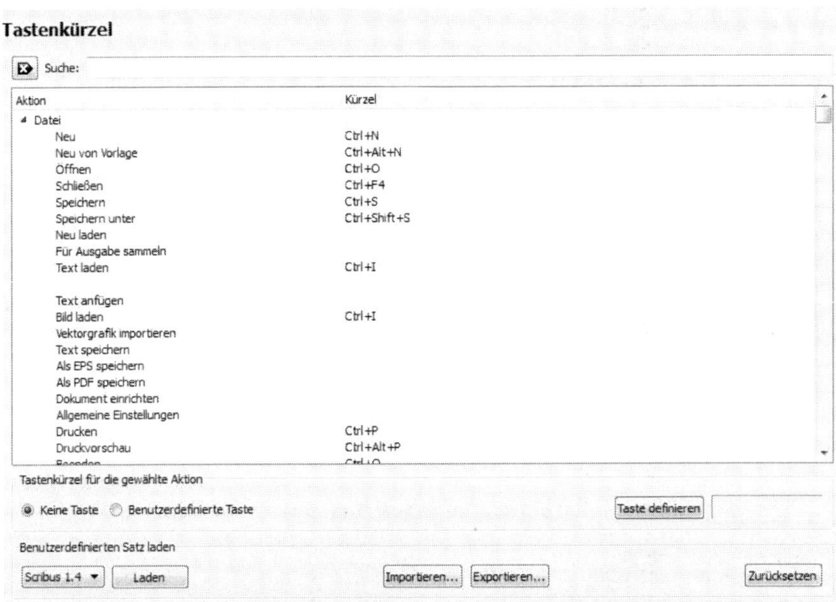

Die Konfiguration der Tastenkürzel.

Die Kategorie *Tastenkürzel* stellt Ihnen im Kopfbereich eine Suchfunktion zur Verfügung, mit der Sie die darunterliegende Ansicht gezielt einschränken können. Das ist gerade auch dann sinnvoll, wenn Sie für einen von Ihnen häufig verwendeten Befehl das passende Kürzel suchen. Die Suche verwendet die Befehlsnamen.

Werden Sie in der Suche nicht fündig, können Sie aus dem Suchergebnis heraus auch eigene Tastenkombinationen anlegen.

Unterhalb der Suche finden die Sie die Befehls- und Tastenkürzelübersicht. Die Einträge sind in erster Linie nach Menübefehlen sortiert. Das erleichtert die Orientierung in den Einstellungen.

Und so legen Sie eine eigene Kombination an:

1. Markieren Sie zunächst den Befehl, dem Sie eine Tastenkombination zuweisen wollen.
2. Dann aktivieren Sie unterhalb der Befehlsliste die Option *Benutzerdefinierte Taste*.
3. Klicken Sie rechts auf die Schaltfläche *Taste definieren*.
4. Betätigen Sie dann die gewünschte Tastenkombination auf Ihrer Tastatur. Scribus zeigt die ausgeführte Kombination rechts neben der *Taste definieren*-Schaltfläche an.

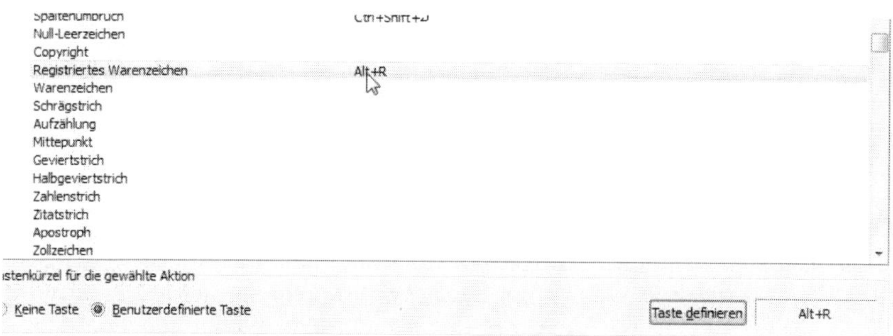

Dem Einfügen des registrierten Warenzeichens wurde die Kombination *Alt* + *R* zugewiesen.

Wenn Sie eine Kombination nicht mehr benötigen oder Ihnen beim Anlegen ein Fehler unterlaufen ist, können Sie den Eintrag einfach löschen. Markieren Sie dazu die Aktion und klicken Sie anschließend auf die Schaltfläche *Zurücksetzen*.

Eine weitere sehr praktische Funktion hat diese Kategorie zu bieten: Mit den beiden Tasten *Importieren* und *Exportieren* können Sie die aktuelle Belegung in eine Textdatei schreiben und dann auf Drittsystemen importieren.

Um den Ausgangszustand der Tastenbelegung wiederherzustellen, wählen Sie aus dem Auswahlmenü links die Scribus-Version aus und betätigen die Schaltfläche *Laden*.

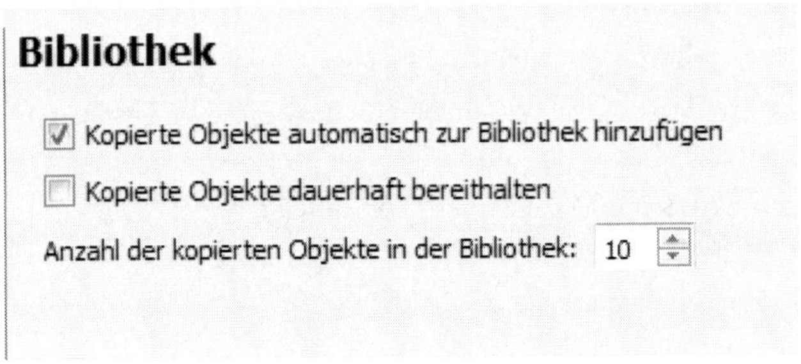

Die Konfiguration der Scribus-Bibliothek.

10.15 Bibliothekkonfiguration

Aus Kapitel 7.10 kennen Sie die Bibliothek, in der Sie Objekte für den einfachen Zugriff ablegen können. Das ist insbesondere bei solchen Objekten nützlich, auf die Sie immer wieder zurückgreifen, beispielsweise bei Logos oder Standardelementen und -texten.

In den Programmeinstellungen können Sie drei Anpassungen vornehmen:

- **Kopierte Objekte automatisch zur Bibliothek hinzufügen:** Diese Option ist standardmäßig aktiviert und speichert kopierte Objekte automatisch in der Bibliothek. Damit wird Ihre Bibliothek quasi zum erweiterten Zwischenspeicher.
- **Kopierte Objekte dauerhaft bereithalten**: Wenn Sie diese Option aktivieren, werden die kopierten Objekte der Bibliothek permanent zugeordnet. Das bedeutet, dass die Objekte auch nach einem Neustart von Scribus noch verfügbar sind.
- **Anzahl der kopierten Objekte in der Bibliothek**: Mit dieser Konfiguration bestimmen Sie, wie viele Objekte in der Bibliothek gespeichert werden sollen. Sie können zwischen 1 und 100 Objekten verwenden.

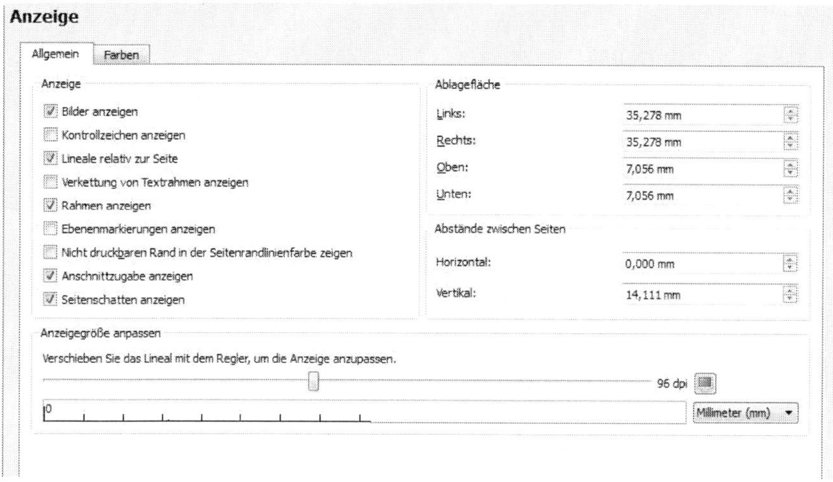

Die allgemeinen Anzeigeeinstellungen.

10.16 Konfiguration der Anzeige

In der Kategorie *Anzeige* finden Sie eine Fülle von Einstellungen, mit denen Sie die Seitenansicht- und -darstellungen verändern können. Die verfügbaren Anpassungen sind so umfangreich, dass sie auf zwei Registerkarten verteilt sind.

Diese Einstellungen berühren lediglich die Darstellung Ihrer Dokumente am PC oder Notebook, nicht aber die Druckausgabe und den PDF-Export.

Beim Zugriff auf diese Kategorie landen Sie automatisch auf der Registerkarte *Allgemein*. Hier finden Sie drei Bereiche. Im Bereich *Anzeige* können Sie folgende Elemente ein- und ausblenden:

- **Bilder anzeigen**: Standardmäßig werden die Bilder, die Sie in Bildrahmen eingefügt haben, auch am Bildschirm angezeigt. Wenn Sie mit einem schwachbrüstigen System arbeiten, kann es durchaus sinnvoll sein, dies zu deaktivieren, weil der Verzicht auf die Darstellung deutlich weniger Systemressourcen beansprucht.
- **Kontrollzeichen**: Von Ihrer Textverarbeitung kennen Sie diese Zeichen, die einen Zeichenumbruch, einen Tabstopp oder auch einen Seitenwechsel anzeigen. Durch Aktivieren dieser Option können Sie diese Kontrollzeichen auch in Scribus einblenden. Zur Korrektur kann es sinnvoll sein, die-

se einzublenden, damit Ihnen z. B. keine doppelten Leerzeichen in einem Textrahmen entgehen.

Die Ansicht kann immer über den Menüfehl *Ansicht> Kontrollzeichen anzeigen* ein- und ausgeschaltet werden.

Ein Textrahmen mit eingeblendeten Kontrollzeichen.

- **Lineale relativ zur Seite**: Standardmäßig werden die Lineale im Arbeitsbereich angezeigt. Damit steht Ihnen ein wichtiges Hilfsmittel für das Positionieren von Objekten zur Verfügung.
- **Verkettung von Textrahmen anzeigen**: Durch die Verkettung von Textrahmen sorgen Sie dafür, dass der Text in einem Rahmen in einem zweiten fortgeführt wird. Durch das Aktivieren dieser Option werden Verkettungen immer angezeigt. Die Ansicht kann ebenfalls für das Ansicht ein- und ausgeschaltet werden.
- **Rahmen anzeigen**: Die eingefügten Objekte besitzen allesamt standardmäßig eine Rahmen. Der hilft Ihnen zu erkennen, welche Ausdehnung das Objekt besitzt. Die Anzeige kann auch deaktiviert werden.

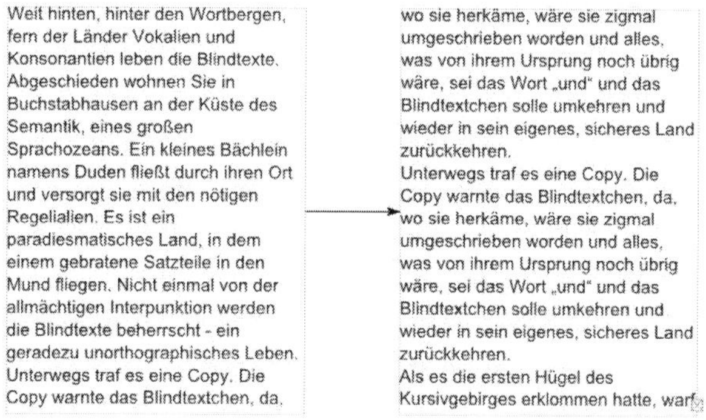

Die Verkettung zweier Textrahmen wird durch den Pfeil gekennzeichnet.

- **Ebenenmarkierungen anzeigen**: Auch die Markierungen für Ihre Ebenen können ein- und ausgeblendet werden.
- **Nicht druckbaren Rand in der Seitenrandlinienfarbe anzeigen**: Durch das Aktivieren dieser Option wird auch der nicht druckbare Rand in der Farbe angezeigt, den Sie den Seitenrandlinien zugewiesen haben. In der Regel kann man auf diese Darstellung verzichten.
- **Anschnittzugabe**: Grafische Elemente, die bis an den Dokumentenrand heranreichen, sollten immer etwas erweitert angelegt werden, damit sie über das spätere Endformat hinausreichen (in der Regel 3 bis 5 mm). Diese sogenannte Beschnittzugabe verhindert, dass beim Beschneiden dünne weiße Linien (Blitzer) an der Außenkante entstehen, wenn der Schnitt ein wenig von der Ideallinie abweicht. Man spricht gelegentlich auch von Beschnittzugabe. Standardmäßig wird die Zugabe angezeigt.
- **Seitenschatten anzeigen**: Scribus platziert hinter seinen Dokumenten einen grauen Rahmen, der optisch wie ein Schatten wirkt. Hier können Sie für die Ausblendung sorgen. Standardmäßig ist der Schatten aktiviert. Er kann nicht über das Menü Ansicht ein- und ausgeblendet werden.

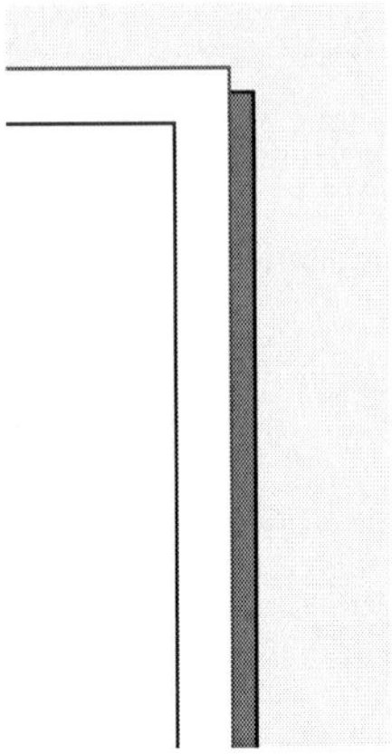

Der Schatten ist standardmäßig aktiviert.

- **Ablagefläche**: Mit diesen vier Einstellungen bestimmen Sie die Größe der Ablagefläche.
- **Abstände zwischen Seiten**: Mit diesen beiden Einstellungen bestimmen Sie die horizontalen und die vertikalen Abstände zwischen den Seiten.
- **Anzeigegröße anpassen**: Schließlich können Sie die Anzeigegröße mit dem Schieberegler an Ihre Bedürfnisse anpassen.

10.17 Konfiguration externer Tools

Scribus greift bei verschiedenen Aufgaben auf verschiedene Drittprogramme zurück, beispielsweise auf den GhostScript-Interpreter. Scribus nutzt dieses Programm, um PostScript und PDF-Dateien lesen und transformieren zu können.

Den Pfad zum GhostScript-Interpreter bestimmen Sie mit der ersten Konfiguration. Sollte der Interpreter installiert sein, aber Scribus beim Programmstart auf eine fehlende GhostScript-Installation hinweisen, sollten Sie den Pfad mit *Ändern* aktualisieren. Die beiden Optionen *Text weichzeichnen* und *Bilder weichzeichnen* wirken sich auf die PDF- und EPS-Anzeige aus. Außerdem können Sie die Auflösung in dpi anpassen.

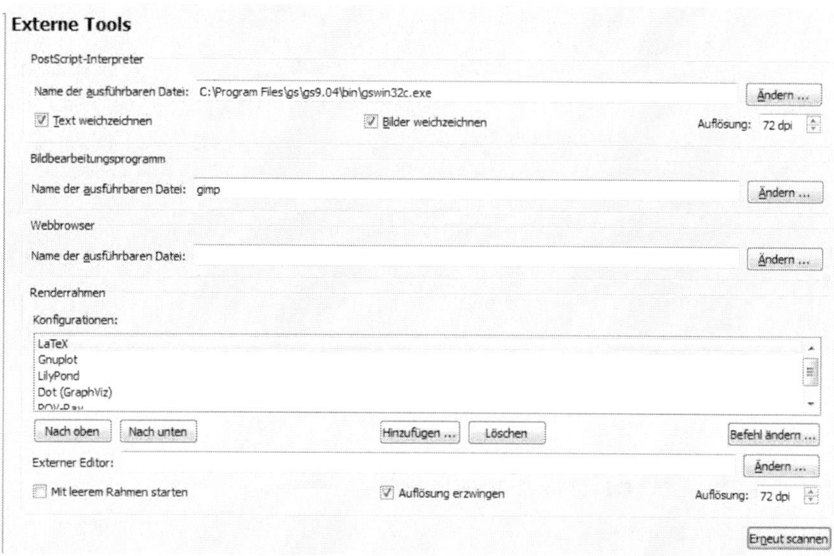

Die Konfiguration der externen Programme, auf die Scribus zurückgreift.

Als Nächstes können Sie das Bildbearbeitungsprogramm auswählen, auf das Scribus gegebenenfalls für das Bearbeiten von Bildern zurückgreift. Die Programmkonfiguration geht standardmäßig davon aus, dass sie Gimp verwenden. Allerdings muss Gimp gesondert installiert werden.

Mit der dritten Konfiguration bestimmen Sie den Webbrowser. Der wird beispielsweise für das Öffnen externer Hilfeseiten benötigt.

Sie können zudem verschiedene Tools für das Erstellen vom Renderrahmen einbinden. Auch hier sind bereits verschiedene Werkzeuge vordefiniert. Um beispielsweise die LaTeX-Komponente verwenden zu können, müssen Sie unter Windows das MiKTeX-Paket installieren. Das finden Sie ebenfalls auf der beiliegenden DVD.

Bei den Tools für das Erzeugen eines Renderrahmens können Sie die Reihenfolge und auch die zu verwendenden Befehle anpassen. Im Eingabefeld können Sie außerdem einen externen Editor einbinden und die Auflösung bestimmen.

Wenn Sie Änderungen an Ihrer Systemkonfiguration vorgenommen haben und beispielsweise den GhostScript-Interpreter oder Gimp nachinstalliert haben, dann können Sie mit einem Klick auf die Schaltfläche *Erneut scannen* diese geänderten Informationen erneut einlesen.

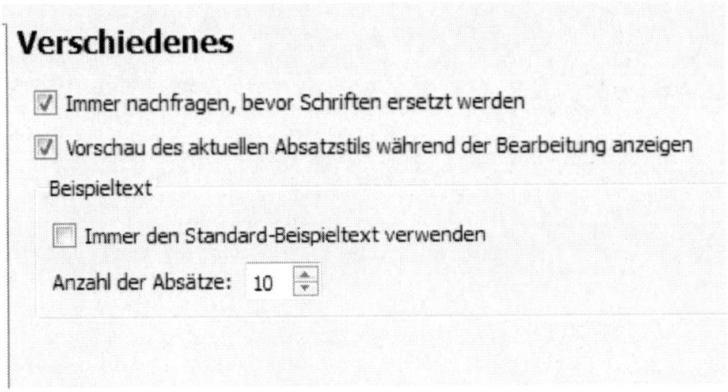

In der Kategorie *Verschiedenes* finden Sie einige wenige Einstellungen.

10.18 Kategorie Verschiedenes

Die Bezeichnung der Kategorie *Verschiedenes* sagt bereits einiges aus. Hier finden Sie drei Einstellungen, die zu keiner anderen Kategorie so recht passen wollen. Hier können Sie folgende Einstellmöglichkeiten anpassen:

- **Immer nachfragen, bevor Schriften ersetzt werden**: Diese Option ist standardmäßig aktiviert. Sie stellt sicher, dass Scribus vor dem Ersetzen einer Schrift die ausdrückliche Zustimmung des Anwenders einholt. Ein Infodialog weist den Benutzer auf die geplante Ersetzung hin und erbittet die Zustimmung.
- **Vorschau des aktuellen Absatzstils während der Bearbeitung anzeigen**: Auch diese Option ist standardmäßig aktiviert. Sie sorgt für die Anzeige des gewählten Absatzstil während der Bearbeitung.
- **Beispieltext/Anzahl der Absätze**: Wenn Sie dieses Kontrollkästchen aktivieren, verwendet Scribus beim Laden des Beispieltextes den klassischen Blindtext „Lorem ipsum dolor...“. Mit der darunterliegenden Konfiguration bestimmen Sie die Anzahl von Absätzen.

10.19 Erweiterungen

Aus Kapitel 7 kennen Sie einige Erweiterungen, sogenannte Plug-ins, die das Scribus-Programm funktional erweitern. Zu diesen Erweiterungen gehören beispielsweise der Barcode-Generator und verschiedene Pfadwerkzeuge. Auch der Farbkreis und die Schriftvorschau gehören zu den Plug-ins.

In der Kategorie *Plug-Ins* listet Scribus die verfügbaren Erweiterungen auf. In Tabellenform werden neben der Plug-in-Bezeichnung der Aufruf – sofern dies über einen Menüeintrag möglich ist, der Typ (Aktion, Öffnen, Speichern, Import, Export etc.), die Plug-in-ID und die Datei, in der die Funktionalität implementiert ist, aufgelistet.

In Scribus 1.4 scheint es keine Möglichkeit mehr zu geben, Erweiterungen zu deaktivieren und wieder zu reaktivieren. In Vorgängerversionen war das noch möglich.

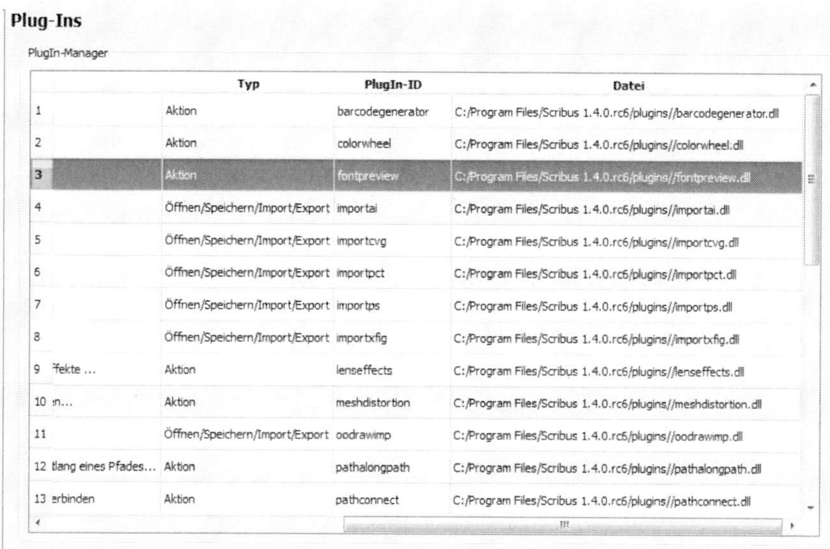
Plug-Ins

PlugIn-Manager

		Typ	PlugIn-ID	Datei
1		Aktion	barcodegenerator	C:/Program Files/Scribus 1.4.0.rc6/plugins//barcodegenerator.dll
2		Aktion	colorwheel	C:/Program Files/Scribus 1.4.0.rc6/plugins//colorwheel.dll
3		Aktion	fontpreview	C:/Program Files/Scribus 1.4.0.rc6/plugins//fontpreview.dll
4		Öffnen/Speichern/Import/Export	importai	C:/Program Files/Scribus 1.4.0.rc6/plugins//importai.dll
5		Öffnen/Speichern/Import/Export	importcvg	C:/Program Files/Scribus 1.4.0.rc6/plugins//importcvg.dll
6		Öffnen/Speichern/Import/Export	importpct	C:/Program Files/Scribus 1.4.0.rc6/plugins//importpct.dll
7		Öffnen/Speichern/Import/Export	importps	C:/Program Files/Scribus 1.4.0.rc6/plugins//importps.dll
8		Öffnen/Speichern/Import/Export	importxfig	C:/Program Files/Scribus 1.4.0.rc6/plugins//importxfig.dll
9	ffekte ...	Aktion	lenseffects	C:/Program Files/Scribus 1.4.0.rc6/plugins//lenseffects.dll
10	n...	Aktion	meshdistortion	C:/Program Files/Scribus 1.4.0.rc6/plugins//meshdistortion.dll
11		Öffnen/Speichern/Import/Export	oodrawimp	C:/Program Files/Scribus 1.4.0.rc6/plugins//oodrawimp.dll
12	tlang eines Pfades...	Aktion	pathalongpath	C:/Program Files/Scribus 1.4.0.rc6/plugins//pathalongpath.dll
13	erbinden	Aktion	pathconnect	C:/Program Files/Scribus 1.4.0.rc6/plugins//pathconnect.dll

Der Plug-in-Manager führt die installierten Erweiterungen auf, erlaubt aber keine weiteren Aktionen.

10.20 Umbruchkontrolle

Mit dem Begriff Umbruchkontrolle werden Sie vermutlich zunächst wenig anfangen können. Hier legen Sie fest, welche Abkürzungen oder Wörter nicht in einem Textrahmen umgebrochen werden dürfen.

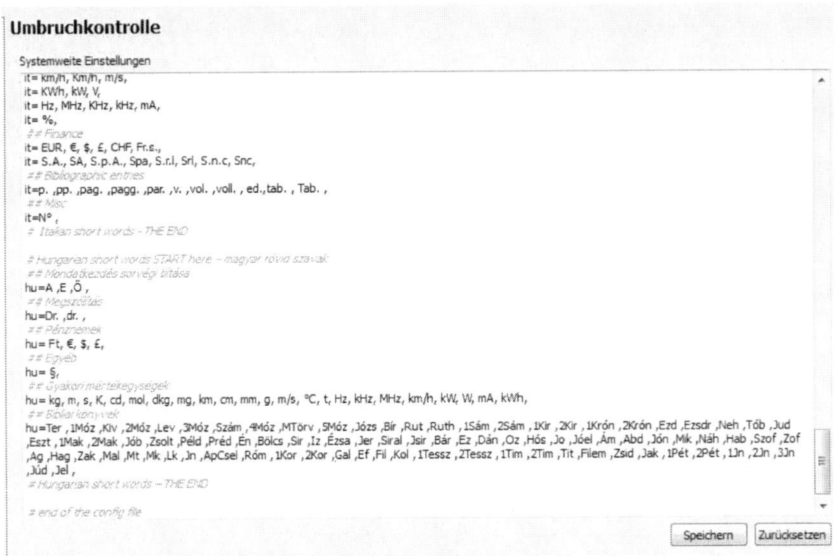

Die Konfiguration der Umbruchkontrolle.

Scribus kommt mit einer Auswahl an vordefinierten Einträgen für verschiedene Sprachen daher. Sie können diese Voreinstellungen um eigene Einträge erweitern und bestehende bearbeiten. Die Übersicht verwendet Sprachkürzel. Hier eine Auswahl einiger Kürzel:

- de = deutsch
- en = englisch
- fr = französisch
- it = italienisch
- sk = slowakisch

Die Standardkonfiguration für deutsche Texte sieht wie folgt aus und kann natürlich beliebig durch Sie erweitert werden:

```
#  German short words START here

## Titles and degrees

de=Dr. ,Prof. ,Hr. ,Hrn. ,Fr. ,Frl. ,Frhr. ,StR ,OStR ,AR
,OAR ,RA ,RAe , MDB, MdB, MDL, MdL, MEP, M.A., M. A.,

## physics and math

de= t, kg, g, mg, km, m, cm, mm, qm, ha, l, L, hl, HL, cl,
dl, min, Min., h, s, Hz, kHz, KHz, MHz, kW, m/s, km/h, MEZ,
Mrd., Mrd, Mio., Mio, Bio., PS, rm, U/min, v. H., v.H., %,

## Misc

de=d. h. ,d.h. , a. a. O., a.a.O.,ŕ ,§ ,§§ , EUR, USD, DM,
GBP, A. D. , A.D., a. D., a.D.,Abb. ,Best.-Nr. ,Nr. ,No. , d.
Ä., d.Ä., d. Gr., d.Gr., d. J., d.J., d. M., d.M., n. M.,
n.M., n. J., n.J., dgl., et al., e.a., e. a.,gegr. ,i. J. ,
i. R., Jh., o. ä., o.ä.,rd. , jun., sen., u. d. M., u.d.M.,
ü. d. M., ü.d.M., v. Chr., v.Chr., n. Chr., n.Chr., v. J.,
v.J., v. M., v.M., & ,

#  German short words - THE END
```

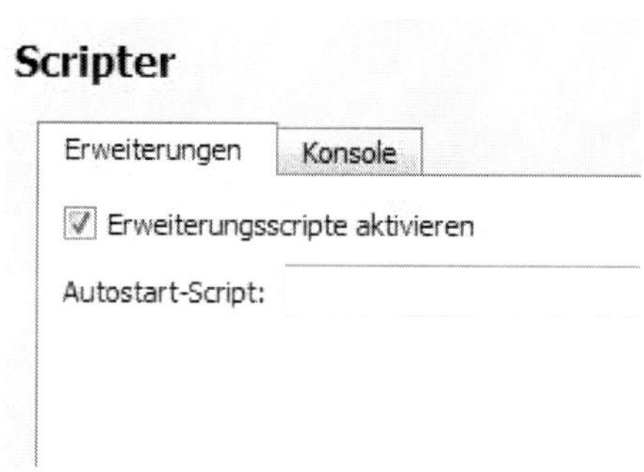

Die Skripter-Konfiguration.

10.21 Scripter-Konfiguration

In der Scripter-Kategorie können Sie die in Scribus integrierten Erweiterungsskripte aktivieren und zusätzlich ein Autostart-Skript festlegen. Die Scripts sind dann über das Script-Menü verfügbar. Sie können auf der Registerkarte *Konsole* außerdem die Syntax-Hervorhebung in der Scripter-Konsole anpassen. Konkret ist die Anpassung der Farbe für folgende Elemente vorgesehen: Basistext, Kommentare, Stichwörter, Zeichen, Fehler, Strings und Zahlen.

Anhang A – More Info

Das vorliegende Buch ist ein fundierter Einstieg in die Welt des Desktop Publishings mit Scribus. Wenn Sie das Buch durchgearbeitet, den einen oder anderen Schritt nachvollzogen und erste eigene Gehversuche unternommen haben, werden Fragen und Probleme auftauchen, die dieses Buch nicht beantwortet bzw. nicht löst.

Dann sind Sie auf weiterführende Informationen angewiesen. Ihre erste Anlaufstelle für Downloads, Fragen etc. ist die Projekt-Site des Scribus-Teams (*http://scribus.net*). Hier finden Sie die aktuellen Downloads, ein Wiki sowie verschiedene Links zu Community-Aktivitäten.

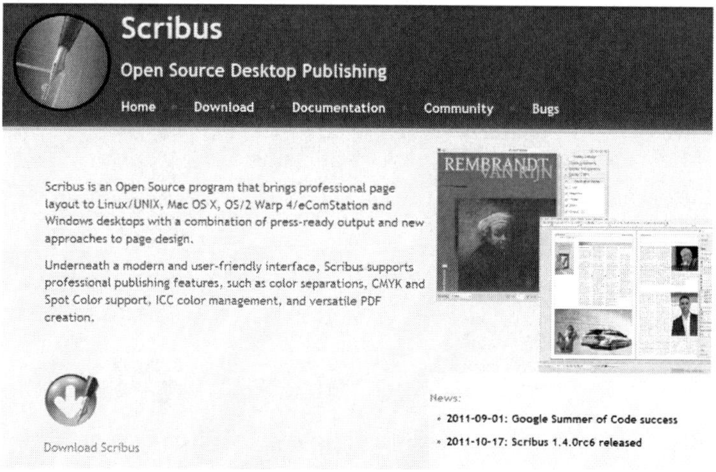

Die Homepage des Scribus-Projekts.

Wenn Sie mit anderen über Probleme beim Praxiseinsatz diskutieren wollen, sollten Sie einen Blick in das Mailinglisten-Archiv (*http://lists.scribus.net/pipermail/scribus/*) werfen oder sich selbst an den Diskussionen beteiligen.

Außerdem gibt es zwei interessante Diskussionsforen, die Sie kennen sollten. Im offiziellen Scribus-Forum (*http://forums.scribus.net*) wird in englischer Sprache diskutiert.

Ein Blick lohnt auch in das deutschsprachige Scribus-Forum (*http://scribus-forum.de*), das seit 2005 von Marco Michely betrieben wird. Das Forum hat (fast) pünktlich zur Verfügbarkeit von Scribus 1.4 ein neues, modernes Gewand erhalten. Das Ergebnis kann sich wirklich sehen lassen. Interessierte Anwender sind aufgerufen, sich intensiv zu beteiligen.

Das deutschsprachige Scribus-Forum präsentiert sich in neuem Gewand.

Anhang B – Scribus in Betrieb nehmen

Scribus ist für die drei wichtigsten Desktop-Betriebssysteme verfügbar: Linux, Mac OS X und Windows. Sie finden die entsprechenden Installationspakete auf der beiliegenden Buch-DVD. Die aktuellsten Pakete können Sie über die Projekt-Website (*http://www.scribus.net*) herunterladen.

Abhängig vom verwendeten Betriebssystem sind unterschiedliche Systemvoraussetzungen zu erfüllen. Scribus kann problemlos auf jedem halbwegs modernen Computer ausgeführt werden. Die Entwickler geben keine Mindestsystemvoraussetzungen vor. Wie so oft gilt: Je mehr, desto besser. Das gilt insbesondere für die RAM-Bestückung.

Linux-Installation

Wenn Sie Scribus unter Linux installieren wollen, können Sie zwei Wege einschlagen: Sie greifen zu den Binaries, die für den jeweiligen Paketmanager verfügbar sind oder Sie verwenden die Quell-Pakete, die Sie allerdings zuerst kompilieren müssen.

Da sich die verschiedenen Linux-Distributionen in Sachen Paketmanagement und Paketinstallation unterschieden, hier die wichtigsten Installationsmethoden für gängige Linux-Varianten:

Distribution	Befehl
Debian/Ubuntu	*apt-get install scribus*
Free BSD	*cd /usr/ports/print/scribus; make install*
Gentoo	*emerge scribus*
Fedora	*rpm -Uvh* *./scribus-1.x.rpm*
SuSE	Greifen Sie zu Yast2 oder verwenden Sie folgende Kommandos: *rpm -Uvh* *./scribus-1.x.rpm*

Für die Ausführung von Scribus sollten Sie auf Seiten des Linux-Systems verschiedene Programme und Softwarekomponenten installieren. Manche sind für die Ausführung von Scribus zwingend, andere sind optional.

Die erforderlichen Software-Komponenten sind folgende:

- **Qt 4.6.0 oder höher**: Hierbei handelt es sich um eine Klassenbibliothek für die plattformübergreifende Programmierung grafischer Benutzeroberflächen in C++.
- **Freetype2 2.1.7 oder höher**: Das ist die Programmbibliothek für die Schriftendarstellung von TrueType-, OpenType-, X11 PCF-, Windows FNT-Fonts und andere mehr). Die Entwickler empfehlen die Installation von Version 2.3.x (oder höher).
- **Littlecms 1.12 oder höher**: Dabei handelt es sich um ein frei verfügbares Farbmanagementsystem. Die Entwickler empfehlen die Verwendung von Version 1.18 oder höher bzw. von Littlecms 2.
- **libtiff 3.6.0 oder höher**: Bibliothek zum Lesen und Schreiben von TIFF-Dateien.
- **libjpeg**: Bibliothek zum Lesen und Schreiben von JPEG-Dateien.
- **libpng**: Bibliothek zum Lesen und Schreiben von PNG-Dateien.
- **CUPS**: Drucksystem für die Ausgabe von Dokumenten auf einem angeschlossenen Drucker.
- **Fontconfig**: Dient der Konfiguration der Schriften. Empfohlen ist Version 2.0 oder höher.

Außerdem ist die Installation folgender Komponenten sinnvoll:

- **GhostScript 8.00 oder höher**: GhostScript ist ein freier Interpreter der Seitenbeschreibungssprache Postscript. Empfohlen wird GhostScript 8.6 oder höher.
- **Python 2.3 oder höher**: Python-Interpreter für die Entwicklung und Ausführung von eigenen Skript.
- **tkinter**: Diese Komponente wird in Scribus für die Schriftvorschau und Skripts verwendet. Die Bezeichnung steht für Toolkit-Interface.
- **python-imaging**: Scribus verwendet diese Bibliotheken für die Schriftvorschau und die Ausführung von Scripts.

Für die Kompilierung des Quellcodes benötigen Sie außerdem folgende Komponenten:

- GCC
- autoconf
- automake
- GNU make

Sind diese Systemvoraussetzungen erfüllt, können Sie sich an die Installation von Scribus machen. Wir gehen im Folgenden davon aus, dass Sie die Archivdatei *scribus-1.4.0.0.tar.bz2* für die Installation verwenden.

Und so gehen Sie vor

1. Entpacken Sie zunächst den Quellcode:

   ```
   tar xjvf scribus-1.4.0.0.tar.bz2
   ```

2. Dann wechseln Sie in das neu erstellte Installationsverzeichnis:

   ```
   cd scribus-1.4.0.0
   ```

3. Führen Sie als Nächstes *configure* aus.

   ```
   ./configure
   ```

   Das Installationsprogramm gibt nach dem Abschluss eine Zusammenfassung aus. Diese sollte bei Ihnen in etwa wie folgt aussehen:

   ```
   Configuration Summary:
      libtiff installed:        Yes
      Libxml2 installed:        Yes
      Freetype2 installed:      Yes
      Fontconfig found:         Yes
      CUPS installed:           Yes
      LittleCMS installed:      Yes
      libtiff installed:        Yes
   ```

```
    Libxml2 installed:        Yes
    Python installed:         Yes
    Configuration options:
    Debugging enabled:        No
    cairo enabled:            No (If you don't know you
need this, ignore it)
```

4. Dann starten Sie die Kompilierung:

```
make
```

5. Wird die Kompilierung fehlerfrei durchgeführt, starten Sie die eigentliche Installation:

```
su -c "make install"
```

   Sie müssen dabei bei das Root-Passwort angeben.

6. Nach dem erfolgreichen Abschluss der Installation können Sie Scribus auf Konsolenebene mit *scribus* starten.

Wenn Sie Scribus mit einem Paketmanager installieren, können Sie über das jeweilige Startmenü der Linux-Distribution das DTP-Programm starten.

Mac OS X-Installation

Deutlich einfacher ist die Installation von Scribus unter Mac OS X. Als Grundvoraussetzung für die Installation gilt das Betriebssystem 10.3.9 (Panther).

Zur Installation klicken Sei einfach doppelt auf die DMG-Datei und fügen Sie Scribus zu Ihren Anwendungen hinzu. Fertig.

Windows-Installation

Auch die Installation unter Windows ist ein Kinderspiel. Sie sollten allerdings vor der Scribus-Installation für die Einrichtung der GhostScript-Komponente sorgen.

Das Scribus-Installationsprogramm starten Sie mit einem Doppelklick auf die Datei *scribus-1.4.0.0-win32-install.exe*. Folgen Sie den Anweisungen auf dem Bildschirm. Sie müssen dabei die Sprachvariante bestimmen, der Lizenz zustimmen und das Zielverzeichnis sowie die Installationsvariante festlegen.

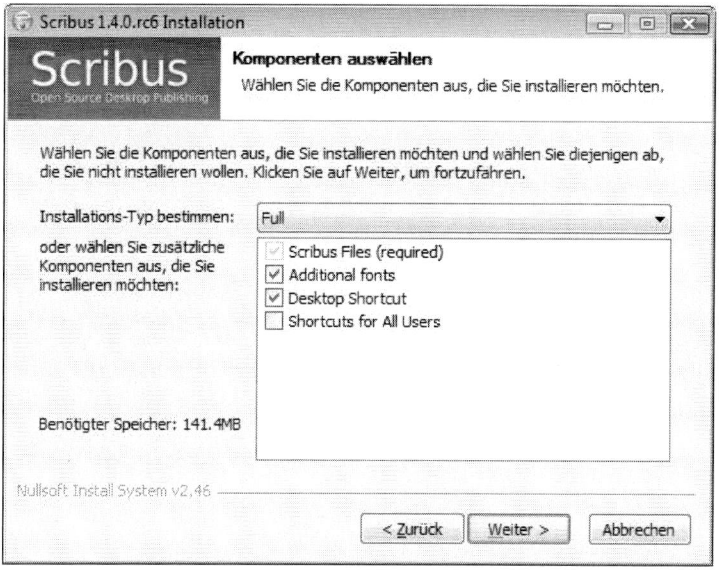

Die Auswahl der Installationsvariante.

Alles andere erledigt das Installationsprogramm. Standardmäßig wird eine Desktop-Verknüpfung angelegt, über die Sie Scribus einfach starten können. Zum Abschluss der Installation ist ebenfalls das Starten des Programms möglich.

Anhang C – Tastenkombinationen

Wenn Sie intensiv mit Scribus arbeiten, so ist in der Praxis jede Funktion willkommen, die hilft oder helfen kann, den Arbeitsfluss zu optimieren. Dazu zählen zweifelsohne auch Tastenkombinationen, mit denen man die verschiedensten Aktionen ausführen kann.

Dabei sind nicht nur Notebook-Nutzer froh für jede Hilfestellung, sondern auch am Desktop gehen manchmal bestimmte Tastenkombinationen leichter von der Hand als der Griff zur Maus.

In den Scribus-Menüs finden Sie das Kürzel *Crtl.*
Es entspricht dem Deutsch *Strg*.

Beachten Sie folgenden: In den Scribus-Menüs finden Sie das Kürzel *Crtl*. Es steht für den englischen Begriff Control. Der wiederum entspricht dem deutschen Begriff Steuerung. Daher finden Sie auf Ihrer Tastatur das Kürzel *Strg*.

Wie Sie aus Kapitel 10 wissen, können Sie eine Fülle von Funktionen per Tastenkombinationen ausführen. Sie wissen auch, dass Sie die Standardbelegung anpassen und erweitern können. Sie kennen aber nicht die tatsächliche Standardbelegung. Diese ist in nachfolgenden Tabellen zusammengefasst:

Menü Datei	
Neu	Strg + N
Neu von Vorlage	Strg + Alt + N
Öffnen	Strg + O
Schließen	Strg + F4
Speichern	Strg + S
Speichern unter	Strg + Shift + S
Text laden	Strg + I
Bild laden	Strg + I
Drucken	Strg + P
Druckvorschau	Strg + Alt + P
Beenden	Strg + Q

Menü Bearbeiten	
Rückgängig	Strg + Z
Wiederherstellen	Strg + Y
Ausschneiden	Strg + X
Kopieren	Strg + C
Einfügen	Strg + V
Kopieren	Strg + Shift + C
Einfügen	Strg + Shift + V
Einfügen (Absolut)	Strg + Alt + Shift + V
Alles auswählen	Strg + A
Erweiterte Objektauswahl	Strg + Alt + A
Alles auswählen rückgängig machen	Strg + Shift +A
Suchen und Ersetzen	Strg + F
Text bearbeiten	Strg + T
Stile	F3

Stile	
Bildeffekte	Strg + E

Menü Objekt	
Duplizieren	Strg + D
Mehrfach duplizieren	Strg + Shift + D
Löschen	Strg + K
Gruppieren	Strg + G
Gruppe auslösen	Strg + Shift + G
Gesperrt	Strg + L
Größenänderung gesperrt	Strg + Shift + L
Weiter nach vorn	Strg +
Weiter nach hinten	Strg +
In den Vordergrund	Pos1
In den Hintergrund	Ende

Menü Einfügen	
Textrahmen einfügen	T
Bildrahmen einfügen	I
Tabelle einfügen	A
Form einfügen	S
Polygon einfügen	P
Linie einfügen	L
Bézierkurze einfügen	B
Freihandlinie einfügen	F
Renderrahmen einfügen	D
Bedingtes Trennzeichen	Strg + Shift + -
Geschützter Bindestrich	Strg + Alt + -
Geschütztes Leerzeichen	Strg + Leerzeichen

Menü Einfügen	
Seitenzahl	Strg + Shift + Shift + P
Zeilenumbruch	Shift + Enter
Rahmenumbruch	Strg + Enter
Spaltenumbruch	Strg + Shift + Enter

Menü Ansicht	
Seitenhöhe	Strg + 0
100 Prozent	Strg + 1
Lineale anzeigen	Strg + Shift +R

Menü Fenster	
Eigenschaften	F2
Ebenen	F6

Menü Hilfe	
Handbuch für Scribus	F1

Objekte im Plug-in-Menü	
Als Vorlage speichern	Strg + Alt + S
Als Bild speichern	Strg + Shift + E

Weitere Tastenbelegungen	
Eintrag auswählen	C
Objekt drehen	R
Vergrößern oder verkleinern	Z
Vergrößern	Strg + +
Verkleinern	Strg + -

Weitere Tastenbelegungen	
Rahmeninhalt bearbeiten	E
Textrahmen bearbeiten	N
Verkettete Textrahmen trennen	U
Farbwähler	Y
Paletten ändern	F12
Hilfslinien ändern	F11
Unicode-Sequenz einfügen	Strg + Shift + U
Kontextmenü zeigen	Menu

Wie bereits erwähnt, werden die Tastenkombinationen in den Programmeinstellungen angelegt und können dort verändert werden. Wie sie aus Kapitel 10 wissen, können Sie quasi jedem Scribus-Befehl eine Tastenkombination zu ordnen.

Und es kommt noch besser: Sie können diese Belegungen einfach exportieren und importieren. Das ist insbesondere für all jene Anwender interessant, die Scribus auf verschiedenen Systemen verwenden und eigene Kombinationen nutzen.

Scribus 1.4 schreibt die Tastenkombinationen übrigens in eine XML-Datei. Diese trägt die Bezeichnung *scribus14.xml* und Sie finden Sie im Unterordner *keysets*. Nachfolgend ist ein Ausschnitt dargestellt, der alle Standardbelegungen enthält. Wie Sie der Datei entnehmen können, ist die Anpassung auch hier recht einfach möglich, wenn Sie ein wenig Englischkenntnisse besitzen.

Zum besseren Verständnis: Die Pünktchen stehen für den Abschnitt in der XML-Datei, in der keine Zuweisung von Tastenkombinationen zu Scribus-Funktionen erfolgt.

Der Ausschnitt:

```
<?xml version="1.0" encoding="UTF-8" ?>
- <shortcutset name="Scribus 1.4">
<function shortcut="F7" name="AspellPlugin" />
<function shortcut="" name="Barcode Generator" />
<function shortcut="" name="ColorWheel" />
<function shortcut="Ctrl+Shift+E" name="ExportAsImage" />
<function shortcut="" name="ExportAsSVG" />
```

```
<function shortcut="" name="FontPreview" />
<function shortcut="" name="LensEffects" />
<function shortcut="" name="MeshDistortion" />
<function shortcut="Ctrl+Alt+N"
name="NewFromDocumentTemplate" />
  …
<function shortcut="Ctrl+Alt+P" name="PrintPreview" />
<function shortcut="Ctrl+Alt+S" name="SaveAsDocumentTemplate"
/>
…
<function shortcut="Ctrl+C" name="editCopy" />
<function shortcut="Ctrl+Shift+C" name="editCopyContents" />
<function shortcut="Ctrl+X" name="editCut" />
<function shortcut="Ctrl+Shift+A" name="editDeselectAll" />
…
<function shortcut="Ctrl+V" name="editPaste" />
<function shortcut="Ctrl+Shift+V" name="editPasteContents" />
<function shortcut="Ctrl+Alt+Shift+V"
name="editPasteContentsAbs" />
…
<function shortcut="Ctrl+Shift+Z" name="editRedoAction" />
…
<function shortcut="Ctrl+F" name="editSearchReplace" />
<function shortcut="Ctrl+A" name="editSelectAll" />
<function shortcut="Ctrl+Alt+A" name="editSelectAllOnLayer"
/>
<function shortcut="F3" name="editStyles" />
<function shortcut="Ctrl+Z" name="editUndoAction" />
…
<function shortcut="Ctrl+W" name="fileClose" />
…
<function shortcut="Ctrl+I" name="fileImportImage" />
```

```
<function shortcut="Ctrl+I" name="fileImportText" />
…
<function shortcut="Ctrl+N" name="fileNew" />
<function shortcut="Ctrl+Alt+N" name="fileNewFromTemplate" />
<function shortcut="Ctrl+O" name="fileOpen" />
…
<function shortcut="Ctrl+P" name="filePrint" />
<function shortcut="Ctrl+Q" name="fileQuit" />
…
<function shortcut="Ctrl+S" name="fileSave" />
<function shortcut="Ctrl+Shift+S" name="fileSaveAs" />
…
<function shortcut="F1" name="helpManual" />
…
<function shortcut="Ctrl+K" name="itemDelete" />
…
<function shortcut="Ctrl+D" name="itemDuplicate" />
…
<function shortcut="Ctrl+G" name="itemGroup" />
…
<function shortcut="Ctrl+L" name="itemLock" />
<function shortcut="Ctrl+Shift+L" name="itemLockSize" />
<function shortcut="Ctrl+↘" name="itemLower" />
<function shortcut="↘" name="itemLowerToBottom" />
<function shortcut="Ctrl+Shift+D" name="itemMulDuplicate" />
…
<function shortcut="Ctrl+↖" name="itemRaise" />
<function shortcut="↖" name="itemRaiseToTop" />
…
<function shortcut="Ctrl+Shift+G" name="itemUngroup" />
```

```
…
<function shortcut="F11" name="specialToggleAllGuides" />
<function shortcut="F12" name="specialToggleAllPalettes" />
<function shortcut="Ctrl+Shift+U"
name="specialUnicodeSequenceBegin" />
…
<function shortcut="Ctrl+E" name="styleImageEffects" />
…
<function shortcut="Ctrl+T" name="toolsEditWithStoryEditor"
/>
…
<function shortcut="P" name="toolsInsertPolygon" />
<function shortcut="D" name="toolsInsertRenderFrame" />
<function shortcut="S" name="toolsInsertShape" />
<function shortcut="A" name="toolsInsertTableFrame" />
<function shortcut="T" name="toolsInsertTextFrame" />
<function shortcut="F6" name="toolsLayers" />
<function shortcut="N" name="toolsLinkTextFrame" />
…
<function shortcut="F2" name="toolsProperties" />
<function shortcut="R" name="toolsRotate" />
…
<function shortcut="C" name="toolsSelect" />
…
<function shortcut="U" name="toolsUnlinkTextFrame" />
<function shortcut="Z" name="toolsZoom" />
<function shortcut="Ctrl++" name="toolsZoomIn" />
<function shortcut="Ctrl+-" name="toolsZoomOut" />
…
<function shortcut="Ctrl+Shift+↵" name="unicodeColumnBreak"
/>
```

```
...
<function shortcut="Ctrl+↵" name="unicodeFrameBreak" />
...
<function shortcut="Shift+↵" name="unicodeNewLine" />
<function shortcut="Ctrl+Alt+-"
name="unicodeNonBreakingHyphen" />
<function shortcut="Ctrl+Space"
name="unicodeNonBreakingSpace" />
...
<function shortcut="Ctrl+Alt+Shift+P"
name="unicodePageNumber" />
...
<function shortcut="Ctrl+Shift+-" name="unicodeSmartHyphen"
/>
...
<function shortcut="Ctrl+1" name="viewFit100" />
...
<function shortcut="Ctrl+0" name="viewFitInWindow" />
...
<function shortcut="Ctrl+Shift+R" name="viewShowRulers" />
...
</shortcutset>
```

Wenn Sie ein wenig XML-Grundkenntnisse besitzen, können Sie diese Voreinstellungen einfach anpassen und gegebenenfalls mit Dritten oder gar dem Scribus-Entwickler-Team austauschen.

Anhang D – Der Scripter in Aktion

Eine weitere tolle Eigenschaft von Scribus: Der DTP-Spezialist ist kein monolithisches Gebilde, sondern kann vielmehr über sogenannte Python-Scripts funktional aufgebohrt werden. Die Verwendung solcher Scripts ist immer dann sinnvoll, wenn Sie wiederkehrende Aktionen automatisieren wollen.

Scribus stellt Ihnen für die Ausführung solcher Skripts den sogenannten Scripter zur Verfügung. Zur Standardinstallation gehören bereits einige Scripts. Alle Script-spezifischen Funktionen sind über das *Script*-Menü verfügbar.

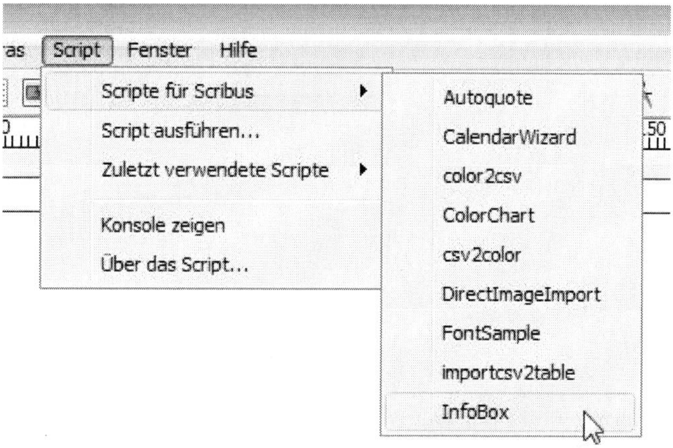

Über das *Script*-Menü führen Sie integrierte Scripts aus.

Im *Script*-Menü finden Sie alle Script-spezifischen Funktionen. Das Untermenü *Scripte für Scribus* umfasst neun Beispielskripts, mit denen Sie durchaus interessante Dinge anstellen können. Wir kommen später noch darauf zu sprechen.

Das Untermenü *Script ausführen* dient dem Laden und der anschließenden Ausführung.

Wenn Sie selbst kleinere Programme erstellen wollen, ist die Konsole hierbei sicherlich eine Hilfe. Die Konsole erlaubt das Erstellen, Bearbeiten und Ausführen von Python-Scripts.

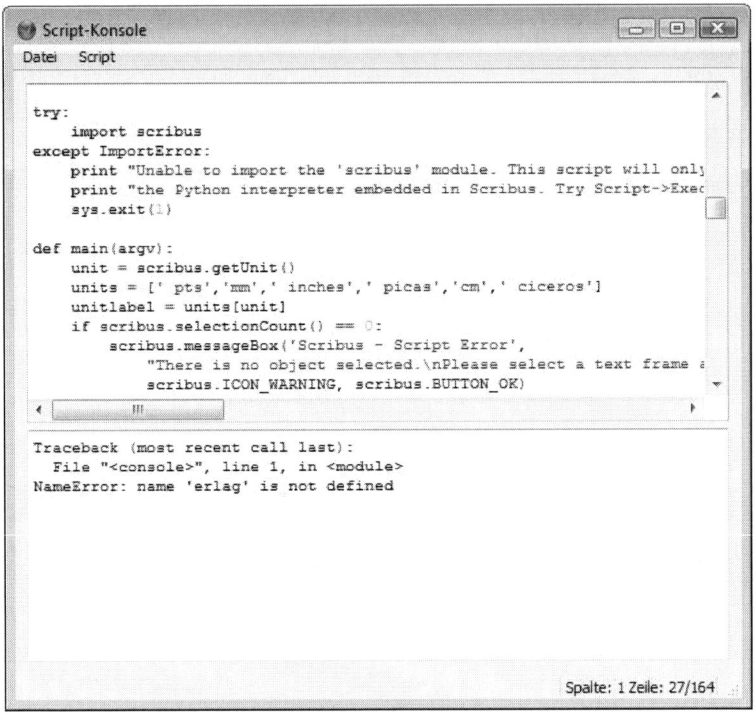

Die Script-Konsole.

Da es sich beim vorliegenden Buch um ein Scribus-Handbuch, nicht aber um eine Einführung in die Python-Programmierung handelt, beschränke ich mich hier auf die Beschreibung der mitgelieferten Scripts.

Nachstehende Tabelle fasst die Scripts und deren Funktionen zusammen:

Script	Beschreibung
Autoquote	Mit diesem Script können Sie das Format der Anführungszeichen in Textrahmen in typographische Zeichen ändern.
Calendar Wizard	Dieses Script stellt Ihnen einen Assistenten zur Verfügung, mit dem Sie einen Kalender in Ihr Scribus-Dokument einfügen können.
colors2csv	Erzeugt eine kommaseparierte Dateien, die die Farbinformationen des Dokuments beinhaltet.
ColorChart	Generiert ein Farb-Chart mit den vordefinierten bzw. angelegten Farben.
csv2color	Import eine CSV-Datei mit den darin enthaltenen Farbinformationen.
DirectImportImage	Erlaubt den direkten Import einer Bilddatei ohne die Verwendung eines Bildrahmens – ähnlich, wie Sie es von Ihrer Textverarbeitung kennen.
FontSample	Erzeugt einen Textrahmen, der ein Beispiel einer oder mehrere auszuwählender Schriften enthält.
importcsv2table	Dieses Script erlaubt den Import einer CSV-Tabelle.
InfoBox	Mit diesem Script erzeugen Sie einen kleineren Textrahmen oberhalb eines bestehenden Textrahmens. Sie können diese Funktion wie eine Überschriftenvariante nutzen.

Anhang E – Glossar

Achromatisch

Dieser Begriff steht für farblose und unbunte Farben.

Additive Farbmischung

→ RGB-System

Akzidenz

Druckerzeugnisse, die meist einen geringen Umfang besitzen. Hier wird meist auf wirkungsvolle Typografie geachtet, beispielsweise bei Privat-, Geschäfts-, Behörden- und vor allem Werbedrucksachen.

Aliasing

Hierbei handelt es sich um die englische Bezeichnung des Sägezahn- oder Treppeneffekts.

Alpha-Kanal

Bezeichnet einen zusätzlichen Kanal in Pixelbildern zur Speicherung von Masken oder Auswahlen.

Anschnitt

→ Beschnitt

ASCII

Akronym für American Standard Code for Information Interchange. Es handelt sich um einen Normcode, mit dem alphanumerische Zeichen und Kontrollzeichen codiert werden. Der 8-Bit-ASCII-Code erlaubt die Darstellung von 256 Zeichen (2 hoch 8).

Auflösung

Bezeichnet die Anzahl der Bildpunkte, die innerhalb einer bestimmten Fläche dargestellt bzw. abgetastet werden können. Dabei gilt: Je höher die Auflösung eines Scanners, umso detailgetreuer kann er die Vorlage abtasten. Beim Drucker gilt: Je höher die Auflösung, umso genauer kann er die zu druckende Datei ausgeben. Die Auflösung wird in dpi (dots per inch = Punkte pro Zoll) angegeben. Druckfähige Dokumente sollten eine Auflösung von 300 dpi besitzen

Ausgabeauflösung

Gibt die Anzahl der Maschinenpunkte pro Längeneinheit an.

Aussparen

Bei diesem Verfahren bleibt ein Teil des Vordergrundobjekts im Hintergrundobjekt zeichnungsfrei, also unbedruckt.

Batch-Verfahren

Bezeichnet die Stapelverarbeitung, bei der die Aufgaben der Reihe nach automatisiert abgearbeitet werden.

Bedruckstoff

Bezeichnet das zu bedruckende Material. In der Regel handelt es sich um Papier (bis ca. 120 mg/ m^2), Karton (bis ca. 200 mg/ m^2) und Pappe (mehr als 500mg/ m^2). Inzwischen können aber auch Bleche, Textilien, Holz, Glas und Körper (Becher, Flaschen) bedruckt werden.

Beschneidungspfad

Bezeichnet den Pfad zum Freistellen von Bildern.

Beschnitt

Bezeichnet den über das Seitenformat hinausragen Rand, der beim Beschneiden auf das Endformat wegfällt. Der Beschnitt ist in der Regel 3 mm.

Bilddateiformate

Dateityp, der festlegt, wie die Bildinformationen formatiert sind. Bildbearbeitungsprogramme wie GIMP unterstützen alle gängigen Formate. Auch Scribus kann mit den wichtigsten Bildformaten umgehen.

Gängige Dateitypen sind BMP (in der Windows-Welt sehr gebräuchlich), EPS und TIFF (für hochauflösende Bilder), GIF und JPEG (für Webgrafiken).

Bildpunkt

→ Pixel

Bildschirmdarstellung

Bzeichnet ein Pixelbild mit einer Auflösung von 72 dpi (MAC) bzw. 96 dpi (PC), das zur Anzeige auf dem Bildschirm gedacht ist.

Bi-Level-Bild

→ Bitmap-Bild, pixelorientierte Grafiken

Binärkompatibel

Beschreibt die Kompatibilität, also Austauschbarkeit von Dateien zwischen verschiedenen Betriebssystemen wie zum Beispiel Linux, Mac OS X und Windows.

Bit

Bezeichnet die kleinste digitale Informationseinheit: 0 oder 1. Weitere Einheiten:

- Byte (B): 8 Bit
- Kilobyte (KB): 1024 B
- Megabyte (MB): 1024 KB oder 1048576 Byte
- Gigabyte (GB): 1024 MB

Bit/s

Übertragungsgeschwindigkeit von Modems und ISDN-Karten, wird in Bits per second angegeben. Eine hohe Geschwindigkeit spart Übertragungszeit.

Bitmap

→ Pixelgrafik

Bitmapbild

Bezeichnung für Schwarzweiß-Bilder.

Blitzer

Bezeichnet unbedruckte Stellen. Es handelt sich um einen drucktechnischen Fehler, bei dem nach dem Druck Papierweiß an Stellen „aufblitzt", die eigentlich mit Druckfarbe bedeckt sein sollten.

BMP

Abkürzung von Bitmap Picture. Bezeichnet pixelorientierte Grafiken (Pixel = Punkt). Es gilt: Je höher die Pixelanzahl der Grafik, umso detaillierter wird das Gesamtbild. Bitmap-Grafiken benötigen allerdings viel Speicherplatz.

Brennen

Bezeichnet das Schreiben von Daten auf einen CD- oder DVD-Rohling. Inzwischen können auch Blu-Ray-Disks erzeugt werden.

Buffer

Bezeichnet den Zwischenspeicher für Daten, in dem diese temporär zur Überbrückung von Geschwindigkeitsunterschieden zweier Hardwarekomponenten abgelegt werden.

Buntfarben

Bezeichnet die Farben, die aus Werten der Primärfarben des verwendeten Farbsystems zusammensetzen werden.

Cache

Bezeichnet einen extrem schnellen Zwischenspeicher, in dem Daten bei der Verarbeitung temporär abgelegt werden.

CD

Abkürzung für Compact Disc.

CIE-System

Bezeichnet ein Farbsystem.

Classic Screens

Bezeichnet ein Rasterverfahren von Barco.

Client

Hierbei handelt es sich um ein Programm, das auf einen Dienst auf einem anderen Server oder Host-Rechner zugreift. Ein Web-Client greift beispielsweise auf einen Webserver zu.

CMM

Abkürzung für Color Management Method.

CMYK

Bezeichnet ein subtraktives Farbsystem, das im Druck verwendet wird. Im Unterschied zu RGB werden bei diesem System sämtliche Farbtöne aus den Druckerfarben Cyan, Magenta, Yellow und Black gemischt. Der Grund ist folgender: Ein Drucker kann mit den drei RGB-Farben Rot, Grün und Blau nicht sämtliche Farbtöne mischen.

Colorsync

Bezeichnet ein Farbmanagementsystem von Apple.

Copyright

Begriff für die Verbreitungs-, Vervielfältigungs- und Nutzungsrechte für den Rechteinhaber. Gilt auch für Druckschriften (Fonts).

CRD

Abkürzung für Color Rendering Dictionary, für PostScript Level 2.

Dateiformat

Bezeichnet und beschreibt, wie Daten gespeichert werden.

Datenkompression

Dient der Verkleinerung von Dateien, um Speicherplatz zu sparen. Kompression ist gerade bei der Verwendung von Bildern im Internet wichtig. Durch optimal komprimierte Dateien lassen sich die Übertragungszeiten durch eine geringe Dateigröße spürbar verringern. Grafikformate wie JPEG und GIF werden bereits beim Abspeichern komprimiert.

Datenträger

Bezeichnet eine Speichereinheit, auf der Daten archiviert oder von einem Rechner zum anderen transportiert werden können.

DCS

Abkürzung für Desktop Color Seperation. Dateiformat für CMYK-Pixelbilder. Die Vorseparierung erfolgt durch gesondertes Speichern der Farbkanäle.

Dehnen

Bezeichnet das nicht-proportionale Vergrößern bzw. Auseinanderziehen eines Objekts.

Dekomprimierung

Bezeichnet ein Verfahren, bei dem eine komprimierte Datei wieder dekomprimiert wird.

Densität

Bezeichnet die optische Dichte.

Dichte (optische)

Bezeichnet die Schwärze.

Digitalproof

Die zu druckenden Daten werden vom Hersteller digital zur Druckerei übermittelt und auf Normal- oder Spezialpapier ausgedruckt. Die Qualität ist dabei fast so gut wie bei einem Analogproof.

Display Postscript

Ermöglicht den Einsatz von PostScript für die Bildschirmdarstellung. Wird auch mit DPS abgekürzt.

Dmax

Bezeichnet den hellsten Punkt im Bild.

Dmin

Bezeichnet den dunkelsten Punkt im Bild.

dpi

Abkürzung für dots per inch, also Punkte pro Zoll. Bei Druckern und Scannern wird die Auflösung in dpi angegeben. Je höher der Wert ist, umso detailgetreuer ist das Scan- bzw. Druckergebnis.

DPS

→ Display Postscript

Drag&Drop

Bezeichnet das Anfassen und Ablegen von Objekten mithilfe der Maus.

Druckertreiber

Schnittstelle zwischen Betriebssystem und Drucker, die zur Ansteuerung von Druckern und anderen Ausgabegeräten dient. Enthält die gerätespezifischen Informationen und sorgt für eine optimale Druckausgabe.

Druckfarbenskala

Bezeichnet die Prozessfarben, die für den Mehrfarbendruck verwendet werden, und zwar inklusive der Reihenfolge des Zusammendrucks. Meist wird die Europa-Skala (entspricht weitgehend DIN 16539) mit den subtraktiven Grundfarben CMYK verwendet. → Farbskala.

Druckform

Bezeichnet den Druckbildspeicher, wie zum Beispiel die Druckplatte im Offsetdruck, der die erforderlichen Informationen für die Wiedergabe von und/oder Text enthält.

Druckkennlinie

Bezeichnet die Tonwertkurve, die an ein Ausgabegerät angepasst ist. Sie hat allerdings keinen Einfluss auf die Anzeige am Bildschirm.

Druckkontrollstreifen

Hierbei handelt es sich um ein Kontrollelement zur visuellen und messtechnischen Prüfung oder Steuerung der Druckqualität. Es wird auf den Druckbogen im Beschnitt mit ausgegeben.

Druckplatte

→ Druckform

Druckpunktzuwachs

→ Tonwertzuwachs

Druckverfahren

Bezeichnet das für den Druck verwendete Verfahren. Zu den bekanntesten Druckverfahren zählen der Digitaldruck, Siebdruck und Offsetdruck. Jedes dieser Verfahren hat Vor- und Nachteile. Bei kleinen Auflagen ist das Digitaldruckverfahren meist das günstigste.

DSC

Abkürzung für Document Structuring Conventions. → PostScript

DTP

Abkürzung für Desktop Publishing. Dabei geht es um das rechnergestützte Setzen hochwertiger Dokumente, die aus Texten und Bildern bestehen und später meist als Publikationen, wie zum Beispiel Broschüren, Magazine, Bücher oder Kataloge, zum Einsatz kommen. Wie der Name schon sagt, stehen beim DTP Desktop-Computer im Mittelpunkt. Programme wie Scribus sind für das Layout und die Druckvorbereitung zuständig.

Duotone

→ Duplexdruck

Duplexdruck

Bei dieser Druckmethode wird mit einer Haupt- und einer Zusatzfarbe gedruckt. Ein im Duplex-Modus erzeugtes Dokument besteht nur aus der Farbe Schwarz und einer zusätzlichen Sonderfarbe.

Durchsichtsvorlage

Hierbei handelt es sich um teiltransparente Druckvorlagen wie zum Beispiele Filme (Negative, Diapositive).

Ebenen

Bezeichnet die Schichten (Layer) eines digitalen Bildes, die sich überlagern. Sie können sich diese als transparente Teilbildfolien vorstellen, die man beliebig einfügen, verschieben und entfernen kann.

EBV

Abkürzung für elektronische Bildverarbeitung. Hierzu gehören nicht nur einfache Aufbereitungen wie z. B. die Anpassung der Helligkeit, des Kontrasts oder der Farbsättigung, sondern auch anspruchsvolle Bildveränderungen wie z. B. das Freistellen, die Fotomontage oder das Composing.

Echtfarbe

Bezeichnet eine Farbe, die nicht aus Prozessfarben gemischt wird.

Echtfarbbild

Bezeichnet ein Bild, das mindestens eine 24Bit-Farbtiefe besitzt.

Endformat

Bezeichnet das beschnittene Format eines Druckformats mit Breite x Höhe in cm oder mm.

Entpacken

→ Dekomprimierung

Entropiekomprimierung

Bezeichnet die Komprimierung ohne Bildqualitätsverlust.

EPS

Abkürzung für Encapsulated PostScript. Es handelt sich um ein Industriestandardformat zum Sichern von Dateien, die PostScript-Bilder und -Grafiken enthalten.

Eine EPS-Datei kann auch Bitmap- und objektorientierte Informationen enthalten. Unterstützt Farbmodelle für Bitmap, Graustufen, RGB, CMYK, Volltonfarben und indexierte Farben.

EPSF

Abkürzung für Encapsulated PostScript Format. → EPS

ESCOR

→ Rasterverfahren

Ethernet

Standard-Netzwerkschnittstelle von Computern.

Europa-Skala

Hierbei handelt es sich um eine in Europa normierte Farbtabelle, die für die im Vierfarbdruck eingesetzten Druckfarben Cyan, Magenta, Yellow und Black (CMYK) die Druckreihenfolge, die Sättigung und den Farbton festlegt. Die Skala liegt als Farbatlas vor. Man begegnet auch dem Begriff Euroskala.

Extension

Englischer Begriff für Dateierweiterung. Es handelt sich dabei um den durch einen Punkt getrennten Bestandteil des Dateinamens. Scribus-Dateien besitzen die Dateierweiterung *SLA*.

Farbauszug

Bezeichnet das Ergebnis einer Farbseparation der Prozessfarben aller in der Farbvorlage enthaltenen Bildelemente.

Farbmanagementsystem

Bezeichnet ein Programm, das für den Farbabgleich zwischen Ausgabegeräten sorgt.

Farbmarken

Diese Markierungen dienen dem Drucker zur Farbkontrolle während des Druckvorgangs.

Farbmetrik

Bezeichnet die quantitative Erfassung und Kennzeichnung von Farbeindrücken. Man spricht daher auch von Farbvalenz.

Farbraum

Fasst die darstellbaren Farben in einem Farbsystem zusammen.

Farbreiz

Bezeichnet die Lichtstrahlung, die eine Farbwahrnehmung im Auge, genauer auf der Netzhaut hervorruft.

Farbseparation

Bezeichnet die Zerlegung einer Farbvorlage, in der Regel mit Farbauszugsfiltern, in ihre Komponenten für den Druck in das CMYK-System.

Farbskala

Dieser Begriff ist ein in verschiedenen Zusammenhängen verwendeter Begriff. Er taucht beispielsweise im Zusammenhang mit genormten Druckfarben, der Druckfarbenskala, den Farbfelder auf Druckkontrollstreifen und den Farbenkontrolltafeln zur Überprüfung der Farbseparation auf.

Farbspektrum

Bezeichnet das durch Dispersion, also Lichtzerlegung, des weißen Lichts erzeugtes Farbenband von ca. 400 nm (Nanometer) bis ca 750 nm: Blau, Cyan, Grün, Gelb, Rot (Blau-, Grün-, Rotbereich). Magenta (Blau und Rot) fehlt in dem Spektrum.

Farbstich

Darunter versteht man den überschüssigen Anteil einer oder zweier Grundfarben, der das gesamte Bild dominiert und somit die Farben verfälscht.

Farbsystem

Farbaufbau-, Farbgliederungs- und -ordnungsprinzip, z. B. RGB- und CMYK-System.

Farbtiefe

Gibt die Anzahl der darstellbaren Farben an. Der Wert wird in Bit angegeben.

Farbumfang

→ Farbraum

Farbvorlagen

Bezeichnet eine farbige Bildvorlage, die nach in Aufsichts-, Durchsichts-, Strich- und Halbtonvorlagen unterteilt ist.

Filter

Funktionen eines Bildbearbeitungsprogramms, mit denen Sie Bilder modifizieren können.

Flächendeckung

Bezeichnet in gerasterten Kopiervorlagen und Drucken den geschwärzten Flächenanteil. Die Deckung wird in Prozent angegeben.

Flexodruck

Bezeichnet eine besondere Form des Reliefdrucks.

Fließtext

Darunter versteht man den fortlaufenden Text in einer Leseschriftgröße.

Format

→ Dateiformat

Freistellen

Beschreibt ein Verfahren, bei dem ein bestimmtes Segment eines Bilds ausgegeben wird.

Gammawert

Gibt das Kontrastmaß für den geradlinigen Teil der Gradastationskurve an, vor allem für die Mitteltöne. Konkret bestimmt er das Dichte-Verhältnis von Eingabe- zu Ausgabewerten.

Gamut

Ein anderer Begriff für Farbumfang oder Farbraum.

GIF

Abkürzung für Graphics Interchange Format. Es handelt sich um ein Dateiformat, das für Grafiken verwendet wird. Es verwendet eine hohe Komprimierung und ermöglicht so kleine Dateigrößen. Es ist eines der Standardformate für Web-Grafiken.

Glanzlicht

Bezeichnet hochweiße Bereiche in Bildern.

Gradation

Bezeichnet die Verteilung der Tiefen, Mitteltöne und Lichter.

Grauschleier

Bezeichnung für einen zu hohen Grauanteil in Farben.

Graustufen

Bezeichnet die Grauwerte im Bereich von 0 bis 255.

Graustufenbild

Hierbei handelt es sich um ein Halbtonbild, das aus Graustufen besteht.

Grauwert

Gibt den Helligkeitswert an.

Grundfarben

→ Primärfarben

Halbton

Tonwert zwischen 0 und 100%.

Halbtonbild

Hierbei handelt es sich um ein Graustufenbild, meist ein Foto.

HiFi-Color

Bezeichnet das Farbsystem mit sechs Primärfarben und Schwarz, bestehend aus CMYK und RGB. Seine Verwendung führt zu besseren Druckergebnissen auf grund eines größeren darzustellenden Farbraums.

Histogramm

Hierbei handelt es sich um die grafische Darstellung der Tonwertverteilung eines Bildes in Linienform.

HKS

Bezeichnet Sonder- oder Schmuckfarbe. Das HKS-Rasterfächer ist eine gute Hilfe bei der Auswahl von gerasterten Farbtönen. Musterfächer sind erhältlich für folgende Einsatzbereiche:

- Offsetdruck für alle gestrichenen Bedruckstoffe
- Buchdruck für Naturpapiere
- Zeitungsdruck
- Endlosdruck für alle Endlospapiere

ICM

Abkürzung für Image Color Matching, ein Farbmanagementsystem von Kodak.

Icon

Synonym für Piktogramm, Sinnbild oder Symbol.

Imaging-Programme

Hierbei handelt es sich um Programme zur Verarbeitung von Pixelbildern.

Imprimatur

Fachbegriff für die Druckfreigabe bzw. Druckreifeerklärung.

Inkompatibilität

Gegensatz zu Kompatibilität. Dateien sind nicht zwischen verschiedenen Programmen austauschbar. → Kompatibilität

Interferenzen

Durch eine Operation entstandene nicht gewünschte Ergebnisse, z. B. durch Rastern einer bereits gerasterten Vorlage.

Interpolation

Bezeichnet die Zwischenwertberechnung, ein Verfahren, das häufig von Grafikprogrammen verwendet wird.

Invertieren

Synonym für Umkehren.

Job

Gebräuchliche Bezeichnung für einen Druckauftrag.

JPEG

Abkürzung für Joint Photographic Expert Group. Dieses Bildformat erlaubt extreme (verlustbehaftete) Komprimierungen mit kleinen Datenverlusten. Ein gebräuchliches Format für Web-Grafik. Es enthält nur Bitmap-Informationen. Unterstützt die Farbmodelle für Graustufen, RGB und CMYK.

Kalibrieren

Bezeichnet das präzise Einstellen eines Geräts.

Kompatibilität

Beschreibt den Umstand, dass Daten zwischen verschiedenen Hard- und/oder Softwarekomponenten ausgetauscht werden können.

Komprimierung

Bezeichnet ein Verfahren, bei dem Dateien platzsparender gepackt werden. Man unterscheidet zwischen verlustbehafteter und verlustfreier Komprimierung.

Konvertierung

Beschreibt die Umwandlung von Daten von einer Form/einem Format in eine andere Form/ein anderes Format. Dabei wird lediglich das Format verändert, nicht aber der Inhalt.

Kunstdruckpapier

Darunter versteht man gestrichene Papiere in höchster Qualität. Eine Sonderstellung nehmen die hochglänzenden, besonders glatt gestrichenen Kunstdruckpapiere ein.

Laminierung

Hierbei handelt es sich um eine Kunststoffschicht, die nach dem Druck auf das Druckerzeugnis aufgebracht wird. Die Laminierung bietet Schutz vor Kratzern, Rissen und Feuchtigkeit und sie erhält die Leuchtkraft und Qualität des Drucks.

Laufweite

Darunter versteht man die Wortlänge, die durch die Abstände der Zeichen voneinander bestimmt wird. Bei Programmen wie Scribus können Sie die durch den Schriftentwickler festgelegt Normallaufweite beliebig anpassen.

Layer

Englischer Begriff für Schicht oder Ebene.

Level 1 oder 2

Bezeichnet meist unterschiedliche Sprachumfänge von PostScript.

Lesezeichen

Sie können in PDF-Dokumenten Lesezeichen anlegen, um später bestimmte Stellen einfacher ausfindig zu machen.

Lichter

Mit diesem Begriff wird der hellste Tonwert in einem Bild bezeichnet.

Linienraster

Dient der Erzeugung von scheinbaren Graustufen durch unterschiedlich starke Linien.

lpc

Abkürzung für lines per cm, zu Deutsch Linien pro cm.

lpi

Abkürzung für lines per inch, zu Deutsch Linien pro Zoll.

Luminanz

Synonym für Helligkeit.

LZW

Abkürzung für Lempel-Ziv-Welch. Komprimierungsalgorithmus.

Maschinenpunkt

Bezeichnet ein Pixel bei Ausgabegeräten.

Maske

Man verwendet Masken für die Darstellung oder Bearbeitung von bestimmten Bildbereichen. Diese Funktion ist mit Pfaden zum Freistellen vergleichbar.

Mitteltonbilder

Bezeichnet Halbton- und Rasterbilder, deren Details sich überwiegend im Mitteltonbereich befinden.

Mitteltöne

Bezeichnung für die mittleren Tonwerte in einem Bild.

Moiré

Bezeichnet die auffällige regelmäßige Musterung, die in erster Linie durch die Verwendung von falschen Rasterwinkeln entsteht.

Nachbilder

Bezeichnet Bilder mit vorwiegend Details in dunklen Bereichen, den Tiefen.

Objektorientiert

Man spricht auch von objektorientierter Grafik. → Vektorgrafik

Offsetdruck

Die meisten Druckereien fallen in den Bereich des Offsetdrucks. Bei dieser Drucktechnik befinden sich die zu druckenden und nicht zu druckenden (farbfreundlichen und farbabweisenden) Elemente auf der Druckplatte. Man spricht auch von Flachdruck.

OPI

Abkürzung für Open Prepress Interface. Es handelt sich um ein System zur schnellen Ausgabe von Grafiken und Bildern in niedriger Auflösung.

Outline Font

Bezeichnet eine vektororientierte Schrift, die durch die Konut-Beschreibung digitalisiert wird.

Packen

→ Komprimieren

Parameter

Bezeichnet Einflussfaktor, als veränderliche und/oder charakteristische Größen, die sich auf die Verarbeitung auswirken.

Passermarken, Passkreuz

Hierbei handelt es sich um feine Linienkreuze außerhalb des Druckbereichs, die beim Mehrfarbendruck exakte Montagemöglichkeit bieten. Sie dienen auch zur Kontrolle des präzisen Zusammendrucks.

Passerungenauigkeit

Bezeichnet Abweichung vom standgenauen Über- und Nebeneinanderdruck, die im Druck Blitzer und Farbfälschungen verursachen.

PDF

Abkürzung für Portable Document Format. Das Quasi-Standardformat von Adobe für den Austausch von Dokumenten zwischen unterschiedlichen Betriebssystemen. Das Besondere an PDF Dokumenten ist ihre äußerst geringe Dateigröße sowie das intelligente Schrifthandling. Die wichtigsten Vorteile: Plattformunabhängiges Format, weitgehend medienunabhängig und kompaktes Dateiformat. Dank spezieller Sicherheitsmechanismen kann man die Inhalte schützen.

Peripherie

Unter diesem Sammelbegriff fasst man periphere Geräte wie z. B. Drucker, Monitor etc., zusammen, die an einen Computer angeschlossen werden.

Pfad

Bezeichnet die Gesamtheit der manuell oder automatisch mit Ankerpunkten erzeugten Geraden und/ oder Kurven. → Vektorgrafiken

PFM

Abkurzung für PostScript Font Metric. Bedeutet so viel wie PostScript-Schrift-Metrikdatei für Leerräume, Unterschneidungen etc.

PICT

Hierbei handelt es sich um ein gängiges Mac-Dateiformat für Grafiken und Bilder.

Pixel

Bezeichnet einen Bildpunkt, die kleinste Informationseinheit für Ausgabegeräte.

Pixelbilder

Bezeichnet Bilder, die aus einer festen Matrix von Pixeln bestehen.

Pixelgrafik

Bei diesen Grafiken erfolgt die Bilddarstellung durch ein Gitter oder Raster aus Pixeln. Jeder Pixel besitzt eine exakte Position und einen bestimmten Farbwert. Beim Arbeiten mit Pixelbildern bearbeitet man Pixelgruppen statt Objekte oder Formen. Dieser Typ wird meist bei Fotos verwendet, weil man hier feine Farbabstufungen wiedergeben kann.

Plug-in

Bezeichnung für Programmerweiterungen. Scribus verwendet eine Fülle von Plug-ins, beispielsweise das Barcode-Plug-in.

PostScript

Bezeichnet die Standardseitenbeschreibungssprache für Ausgabegeräte in der grafischen Industrie.

PPD

Abkürzung für PostScript Print Description. In diesem Dateien sind Treiber zum Ausdrucken von PostScript-Dateien enthalten.

Preview

Synonym für Vorschau oder Voransicht.

Primärfarben

Farben in einem Farbsystem, aus denen sämtliche Farbnuancen entstehen.

Proof

Bezeichnet einen Korrektur- oder Probeabzug, der Ihnen einen Vorgeschmack auf das endgültige Druckergebnis liefert. Anhand des Proofs können Sie kontrollieren, ob die Inhalte nach dem Druck auch wie gewünscht dargestellt werden. → Analogproof und Digitalproof

Proprietäres Format

Bezeichnet ein Dateiformat einer Software, das durch den Hersteller eingeführt wurde. Die Eigenschaften sind im Unterschied zu offenen Formaten wie XML oder SVG nicht offengelegt.

Prozessfarben

Cyan, Magenta und Gelb für den Druck. Rot, Grün und Blau für den Bildschirm.

Punktform

Bezeichnet die Form eines Rasterpunkts.

Quadruplex

Bezeichnet ein Bild aus vier Farben, das aus einer Hauptfarbe und drei Zusatzfarben zur Erhöhung des Tonwertumfangs besteht.

Qualitätsfaktor

→ Samplingfaktor

Rasterbild

Darunter versteht man ein Bild, in dem Halbtöne durch Rasterpunkte wiedergegeben werden.

Rasterpunkt

Bezeichnet einen aus Maschinenpunkten zusammengesetzten Punkt, der einen Grauwert darstellt.

Rasterungssystem

Hierbei handelt es sich um ein spezielles Verfahren zur Vermeidung von Moiré-Effekten.

Rasterweite

Bezeichnet die Anzahl der Rasterpunkte pro Längeneinheit. Sie wird in der Regel in lpi angegeben.

Rasterwinkel

Bezeichnet die Winkelung der Rasterpunkte für jede Prozessfarbe.

Referenzfarbe

Bezeichnet eine leicht erkennbare Farbe, die als Referenz dient.

Rendering

Hierunter versteht man die Erstellung einer Grafik aus einer Skizze oder einem Modell. So kann damit beispielsweise das Erstellen von fotorealistischen dreidimensionalen Bildern gemeint sein.

Reproduktion

Erneutes Herstellen von bereits existierenden Daten.

Reset

Bezeichnet das Rücksetzen in den Anfangszustand. Wird häufig im Zusammenhang mit elektronischen Systemen verwendet.

Restore

Bezeichnet den Befehl, der einen Ausgangszustand wieder herstellt.

RGB-System

Farbsystem, das die additiven Grundfarben Rot, Grün und Blau verwendet.

RIP

Abkürzung für Raster Image Processor. Dient der Verarbeitung von PostScript-Daten und gibt diese in gerasterter Form an den Belichter weiter.

Rohscan

Bezeichnet ein gescanntes, aber noch unbearbeitetes Bild.

Sampling

Dieser Begriff hat mehrere Bedeutungen. Er bezeichnet beispielsweise die Bilddigitalisierung durch Aufteilung in Pixel-Matrix. Dabei wird die Sampling-Rate (Scanauflösung) in ppi angegeben. Er beschreibt auch die Vermehrung oder Verminderung der Pixelanzahl eines Bilds durch Interpolation oder Löschen von Pixeln.

Sampling-Faktor

Gibt den Multiplikator der Rasterweite an.

Sättigung

Gibt den Grauanteil einer Farbe an. Die höchste Sättigung liegt beim Wert 0.

Scanner

Der Scanner ist ein Gerät, das ähnlich wie ein Kopierer Bilder, Grafiken und Fotos abtastet und für den Computer in verwendbare digitale Daten umwandelt. Das Resultat ist eine Datei, die im Computer bearbeitet werden kann. Es gibt verschiedene Scanner, z. B.: Hand-, Flachtbett-, Einzug- oder Trommelscanner.

Schmuckfarben

Hierunter versteht man Zusatz- und/oder Echtfarben.

Schriftformat

Bestimmt das Aussehen eines Textes. Schriften können in Größen, Farbe und Schnitt (normal, fett, kursiv) verändert werden.

Schwarzaufbau

Bestimmt die Anteile der Farbe Schwarz in einem Vierfarbbild.

Schwarzpunkt

Gibt den dunkelsten Punkt in einem Bild an.

Schwellenwert

Bezeichnet den Grenzwert, ab dem eine Änderung eintritt.

Selektive Farbkorrektur

Bezeichnet die Korrektur von ausgewählten Bildfarben.

Sekundärfarben

Bezeichnet die Farben in einem Farbsystem, die durch die Mischung zweier Primärfarben entstehen.

Separation

Bezeichnet die Umwandlung von einem Farbsystem, also beispielsweise von RGB- in das CMYK-System.

Separationsarten

Man unterscheidet zwischen UCR und GCR.

Siebdruck

Hierbei handelt es sich um ein Schablonendruckverfahren. Die Schablone bedeckt die Bereiche außerhalb des Bildes.

Skalieren

Bezeichnet die Veränderung oder Anpassung der Größe eines Objekts. Mit Scribus können Sie Schriften, aber auch beliebige Objekte in ihrer Größe verändern. Werden Breite und Höhe im gleichen Verhältnis verändert, spricht man von proportionalem Skalieren.

Sonderfarbe

Anderer Begriff für Echt- oder Schmuckfarbe.

Stauchen

Bezeichnet das Verkleinern bzw. Zusammenschieben eines Objekts.

Subtraktive Farbmischung

→ CMYK-System

Tertiärfarben

Bezeichnet die Farben, die sich aus Anteilen aller drei Prozessfarben zusammensetzen.

Textur

Synonym für Oberflächenmusterung und Struktur.

Thumbnail

Bezeichnet die verkleinerte Ansicht einer Seite oder eines Bilds. Verschiedene Bildverarbeitungsprogramme stellen Thumbnail-Ansichten (engl. Daumennagel) für die Darstellung des Seitenaufbaus dar und das Verschieben von Seiten zur Verfügung.

Tiefen

Bezeichnet die dunkelsten Tonwerte im Bild.

TIF, TIFF

Abkürzung für Tagged Image File (Format). Dies ist ein Standardgrafikformat zur Darstellung von Graustufen- und Farbbildern. Erlaubt eine verlustfreie Komprimierung. Es unterstützt Farbmodelle für Bitmap, Graustufen, RGB, CMYK und indexierte Farben.

Tonwerte

Gibt die Helligkeitswerte an.

Tonwertkurve

Zeigt die Tonwertverteilung eines Bilds in Kurvenform an.

Tonwertumfang

Gibt den Unterschied zwischen dem dunkelsten und hellsten Ton an.

Tonwertverteilung

Gibt die Verteilung der Tonwerte eines Bilds an.

Trapping

Gelegentlich zeigt das Druckergebnis kleine Zwischenräume zwischen angrenzenden Farbflächen, die sogenannten Blitzer. Um diese unschönen Effekte zu vermeiden, können die im Toleranzbereich auftretenden Ungenauigkeiten mit verschiedenen Verfahren bereits im Vorfeld ausgeglichen werden:

- Aussparen
- Überdrucken
- Überfüllen
- Unterfüllen

Triplex

Bezeichnet ein Bild, das aus drei ähnlichen Farben besteht, also aus einer Hauptfarbe und zwei Zusatzfarben.

Überdrucken

Hierbei wird eine Druckfarbe über eine darunter liegende gedruckt.

Überfüllung

Das Vordergrundobjekt wird gedehnt, um Blitzer zu vermeiden.

UCA

Abkürzung von Under Color Addition. Unterfarbenzugabe.

UCR

Abkürzung von Under Color Removal. Unterfarbenentfernung.

Unbunte Farben

Bezeichnet Schwarz und Weiß sowie alle weiteren Grautöne.

Unreine Farben

Bezeichnet die Farben, die unerwünschte Farbanteile enthalten.

Unterfarbenentfernung

Ein Verfahren, bei dem der Anteil von Prozessfarben durch Schwarz ersetzt wird.

Unterfarbenzugabe

Hier wird Schwarz mit einem bestimmten Prozentsatz an Prozessfarben unterlegt.

Unterfüllung

Bezeichnet ein Verfahren zum Vermeiden von Blitzern.

Vektorgrafik

Grafik, die aus Linien, Kurven und Farbinformationen besteht. Weil dazu nur Anfangs- und Endpunkte sowie die Richtung der Linien zu speichern sind, kommen Vektorgrafiken mit wenig Speicherplatz aus. Das Gegenstück: die Pixelgrafiken.

Verknüpfung

Hierbei handelt es sich um einen Verweis auf eine externe, separate Datei. Meist werden Abbildungen mit Dokumenten verknüpft und nicht mit dem Dokument zusammen gespeichert.

Verlustbehaftete Komprimierung

Bei solchen Komprimierungsverfahren entstehen ohne Verluste an den Bildinformationen.

Verlustfreie Komprimierung

Bei dieser Komprimierung erfolgt kein ohne Verlust von Bildinformationen.

Vierfarbbild

Bezeichnet ein Bild, das aus vier Farbkanälen besteht. → CMYK

Volltonfarben

Bezeichnet Farben, die auf einer eigenen Auszugsplatte gedruckt werden, wenn Farbauszüge definiert wurden. Die Volltonfarbe wird mit einer speziellen, eigenen Druckfarbe gedruckt.

Weißpunkt

Bezeichnet den hellsten Punkt im Bild.

Wiedergebbare Farbe

Hierunter versteht man Farben innerhalb des CMYK-Farbraums.

Zauberstab

Ein Werkzeug in Bildbearbeitungsprogrammen, das der Auswahl von Bildbereichen mit ähnlichen Tonwerten dient.

Anhang F – Buch-DVD

Das vorliegende Buch ist als fundierter Einstieg in die Welt von Scribus konzipiert. Damit all das aber nicht nur Theorie bleibt, sondern Sie direkt in die DTP-Welt eintauchen können, finden Sie auf der beiliegenden DVD alle notwendigen Programme, Tools und Daten, um direkt mit Scribus loslegen können.

Die beiliegende DVD umfasst folgende Verzeichnisse:

- **Scribus**: Zu Scribus ist in diesem Buch alles Wichtige gesagt. In diesem Verzeichnis finden Sie Scribus für Linux, Mac OS X und Windows.
- **GhostScript**: GhostScript ist ein freier PostScript- und PDF-Interpreter. Es besteht aus einem Paket, das eine API mit Funktionen bereitstellt, um PostScript und PDF auf Druckern oder Bildschirmen darzustellen. Sie benötigen es beispielsweise, um das Barcode-Plug-in nutzen zu können. In diesem Verzeichnis finden Sie den Interpreter für Linux, Mac OS X und Windows.
- **Gimp**: Gimp (GNU Image Manipulation Program) ist ein hervorragendes Bildbearbeitungsprogramm. Sie können es beispielsweise für das Konvertieren und Bearbeiten von Bildern verwenden. In diesem Verzeichnis finden Sie das Programm für Linux, Mac OS X und Windows.
- **Inkscape**: Inkscape ist ein Open Source-Programm für das Erstellen von Vektorgrafiken. Es eignet sich zum Erstellen von Logos, Vektorkunst, technischen Diagrammen, Landkarten, Stadtplänen, Flugblättern, CD-Motiven, Postern, Schriftzügen etc. In diesem Verzeichnis finden Sie das Programm für Linux, Mac OS X und Windows.
- **LibreOffice**: Der OpenOffice-Fork spielt hervorragend mit Scribus zusammen. Sie können insbesondere LibreOffice-Dokumenten importieren und daraus z. B. ganze Bücher druckfähig gestalten und aufbereiten. In diesem Verzeichnis finden Sie das Office-Paket für Linux, Mac OS X und Windows.
- **FontForge**: FontForge ist ein freies Schriftbearbeitungsprogramm zum Entwerfen und Bearbeiten von Computerschriften. In diesem Verzeichnis finden Sie das Programm für Linux, Mac OS X und Windows.

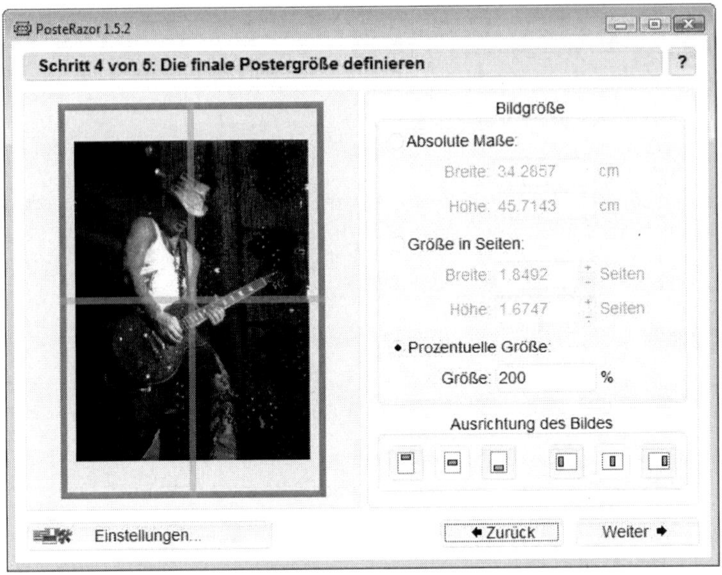

Mit PosteRazor können Sie Bilder in beliebiger Größe drucken. Das Programm verteilt sie auf mehrere Seiten und fügt auch noch die Überlappungen zum Kleben sowie Druckerränder ein.

- **PosteRazor**: Der PosteRazor schneidet eine Rasterbilddatei in Stücke, die anschließend ausgedruckt und zu einem Poster zusammengefügt werden können. In diesem Verzeichnis finden Sie das Programm für Linux, Mac OS X und Windows.
- **MiKTeX**: Das MiKTeX-Paket erlaubt die Verarbeitung von TeX-Daten unter Windows. Sie benötigen das Paket für das Erstellen von Renderrahmen unter Windows.
- **Cliparts**: In diesem Verzeichnis finden Sie Tausende freier Clipart-Grafiken, die Sie hervorragend in Ihren Scribus-Dokumenten verwenden können.
- **Fonts**: In diesem Verzeichnis finden Sie Hunderte freier Schriften. Nehmen Sie sich die Zeit und stöbern Sie ein wenig. Sie werden staunen, welche tollen freien Fonts es gibt.
- **Beispiele**: Faste alle Beispiele dieses Buch finden Sie in diesem Ordner. Fühlen Sie sich frei, diese nach Lust und Laune zu bearbeiten.

Index

1/2

A

B

C

D

E

F

G

H

I

J

K

L

M

N

O

P

Q

R

S

T

U

Weitere Brain-Media.de-Bücher

Dreambox 8000 kompakt

Die neue Dreambox 8000 stellt ihre Vorgänger allesamt in den Schatten. Was Sie alles mit der Dreambox 8000 anfangen können, verrät Ihnen die Neuauflage unseres Dreambox-Klassikers.
Mit einem Vorwort des Dream Multimedia-Geschäftsführers Karasu.

Umfang: ca. 450 Seiten plus CD
ISBN: 978-3-939316-90-9
Preis: 29,80 EUR

VU+ kompakt

Der VU+ ist inzwischen der beliebteste Festplatten-Receiver auf Linux-Basis. Kein Wunder, denn er bietet das beste Preis-Leistungs-Verhältnis aller derzeit verfügbaren Geräte. In diesem Handbuch erfahren Sie, wie Sie noch mehr aus dem Gerät herausholen.

Umfang: ca. 350 Seiten plus CD
ISBN: 978-3-939316-85-5
Preis: 29,80 EUR

Liferay kompakt

Mit Liferay können Sie in Ihrem Unternehmen ein Mitarbeiter- und Prozess-orientiertes Portal aufbauen, das Daten, Informationen und Anwendungen über den Webbrowser zugänglich macht. Machen Sie es Cisco, T-Mobile und vielen anderen nach und optimieren Sie die Geschäftsprozesse im Unternehmen mit Liferay.

Umfang: 320 Seiten plus CD
ISBN: 978-3-939316-78-7
Preis: 29,80 EUR

Dreambox 800 kompakt

Die Dreambox 800 ist der kleine Bruder der Dreambox 8000. Was Sie alles mit dem Gerät anfangen können, verrät Ihnen unser Praxishandbuch. Alle Tools finden Sie auf der beiliegenden CD. Mit einem Vorwort des Dream Multimedia-Geschäftsführers Karasu.

Umfang: 420 Seiten + CD
ISBN: 978-3-939316-88-6
Preis: 24,80 EUR

WeTab kompakt

Mit dem WeTab ist es dem gleichnamigen Hersteller gelungen, Bewegung in den Tablet-Markt zubringen. Mit dem in Deutschland entwickelten Tablet PC gibt es eine echte Alternative zum iPad. Unser Handbuch stellt Ihnen die vielfältigen Einsatzmöglichkeiten vor.

Umfang: 220 Seiten
ISBN: 978-3-939316-92-3
Preis: 19,80 EUR

EPUB kompakt

EPUB ist das Standardformat für das Erstellen von E-Books. In diesem Handbuch verrät Ihnen EPUB-Guru Holger Reibold, wie Sie Ihre bestehende Dokumente in das E-Book-Format konvertieren. Als Mitglied des IDPF, das für den EPUB-Standard verantwortlich ist, kennt Reibold das EPUB-Format wie kaum ein anderer.

Umfang: ca. 250 Seiten
ISBN: 978-3-939316-84-8
Preis: 19,80 EUR
Erscheint: ca. Frühjahr 2012

Archos Internet Tablet kompakt

Das Archos Internet Tablet hat den Tablet-Markt dank seines unschlagbaren Preises ordentlich aufgemischt. Dabei muss sich das Gerät keinesfalls vor Konkurrenten scheuen, die nicht selten ein Vielfaches kosten. Alles für den Praxiseinsatz erfahren Sie in diesem Handbuch.

Umfang: ca. 250 Seiten
ISBN: 978-3-939316-89-3
Preis: 19,80 EUR
Erscheint: ca. Frühjahr 2012

Galaxy SII kompakt

Unzählige Tests haben es gezeigt: Das Samsung Galaxy SII ist nicht nur ein ernstzunehmender Konkurrent für das iPhone, sondern vielmehr in fast allen Belangen besser. In unserem Handbuch erfahren Sie, was Sie mit einem der besten Smartphones alles anstellen können.

Umfang: ca. 350 Seiten
ISBN: 978-3-939316-94-7
Preis: 29,80 EUR
Erscheint: ca. Frühjahr 2012